교육연구방법론

손충기 저

Education Research Methodology

태영출판사

머리말

역사적으로 인간들이 이룩해 낸 문화와 문명은 어느 부문이나 요소건 우연에 의한 소산은 없는 법이며 모두가 연구 활동이 축적된 결과이다. 10여 년 전과 비교해 보면 오늘의 교육현상은 매우 다른 양상을 지니고 진행되고 있다. 교육과정이 달라졌고, 수업방법이 달라졌으며, 평가방식에 커다란 변화가 일어나고 있다. 이러한 변화는 우연히 혹은 저절로 일어난 것이 아니다. 교육현상에 관한 연구가 다양한 측면에서 이루어지고, 그 결과를 교육현장에 접목시키고자 한 다양한 시도의 소산이다. 시시각각으로 변화를 거듭하고 있는 다른 분야도 마찬가지다.

그런데, 문화와 문명이 양면성을 지닌 것처럼 연구도 항상 가치지향적인 방향으로만 이루어지는 것은 아니며 때로는 문화와 문명을 파괴하거나 윤리·도덕의 문제를 부단히 제기하는 성격을 지니고 있다. 연구윤리란, 한 편에서는 연구과정에 허위사실이나 오류가 끼어들어 연구를 왜곡시킴으로써 현상에 대한 기술과 설명이 빗나가고, 예측과 통제가 엉터리로 이루어져 사람들을 현혹시킨다는 뜻이며, 다른 한 편에서는 인간, 인류가 보편적으로 추구하는 삶의 방향과 배치되는 연구가 수행됨으로써 불행한 결과를 초래하는 데 악용된다는 것을 뜻한다.

연구가 왜곡되지 않도록 하기 위해서는 일차적으로 연구방법론에 관한 기본적인 지식을 습득할 것이 요구된다. 그것은 크게 연구 설계에 관한 지식, 자료 및 정보수집에 관한 지식, 자료의 분석에 관한 지식, 연구논문 작성에 관한 지식 등이 핵심이다. 이러한 지식은 연구의 목적 달성이라는 축을 중심으로 하나로 통합될 때 올바른 방법적 지식을 지녔다고 할 수 있다. 이런 생각을 하는 한편에서는, 필자가 교육연구

방법론에 관한 책을 쓴다는 것은 참으로 주제 넘는 일이라는 생각을 하였다. 필자는 연구방법론에 관한 이론을 깊이 있게 공부한 것도 아니고, 연구방법론을 적용한 연구 활동을 왕성하게 한 경험도 풍부하지 못한 때문이다.

이러한 입장의 필자가 연구방법론을 집필하게 된 동기는 교사가 되어 평가를 수행하고 연구 활동을 하게 될 예비교사들과 현직 교사들, 그리고 대학원생들이 학위논문을 작성하는 데 도움을 줄 수 있는 쉬운 책을 써 보고 싶은 욕구가 있었다.

교육학 분야만 하더라도 참고문헌에서 밝힌 바와 같이 훌륭한 석학들이 펴 낸 연구방법론 저서를 쉽게 접할 수 있는 게 현실이다. 그러한 저서들 중에는 실험설계나 자료의 통계적 분석 영역이 너무 어려워 이해하기가 쉽지 않은 저서들이 있는가 하면, 매우 쉽게 내용을 기술함으로써 수업에서 약간의 도움만 주어도, 심지어는 독학으로 익힐 수 있는 저서도 있다. 필자는 후자와 같은 책을 써 보고 싶었던 것이다.

그런 동기로 책을 쓰다 보니 내용의 중복이나 장황하게 해설을 한 부분이 없지 않다. 특히, 연구방법론의 기본적인 개념이나 연구 활동의 절차 부분은 의도적으로 내용을 중복시켰다. 이것은 필자의 수업 경험에 바탕한 것이다.

이러한 동기와 의도로 책을 쓰기는 하였으나 여전히 두렵고 부끄럽고 부족함을 느낀다. 아마도 이러한 느낌은 영원히 지울 수는 없을 것이지만, 또 다음 기회에 보충하고 보완하고 고쳐나갈 수밖에 없을 것 같다.

제자는 스승을 닮는다고 했던가? 행동과학연구소의 이성진 소장님, 서울대학교 명예교수이신 이홍우 교수님, 인하대학교 명예교수이신 백용덕 교수님은 필자로 하여금 탐구활동의 즐거움을 느끼게 해 주시고, 글 쓰는 방법을 깨우쳐 주신 영원히 잊을 수 없는 스승님들이시다. 이분들의 가르침이 없었다면 이 책을 쓸 용기를 도저히 낼 수 없었을 것이다.

끝으로 이 책이 세상에 나오기까지 내용의 조직과 체제를 손질하고, 내용의 보충과 교정보느라 귀중한 시간을 할애하여 산파역을 해 준 제주대학교 박정환 교수와, 출판사의 어려운 여건에도 불구하고 이 책이 세상에 나오도록 출판해 주신 태영출판사의 김현태 사장님과 편집부 여러분께 감사드린다.

2006년 7월

저자 손 충 기 씀

차 례

제 1 장 교육연구의 기초

제 2 장 교육연구 활동의 절차

제 3 장 연구계획서의 작성과 논문의 체제 및 기술 방법

제 5 장 실험설계론

제 1 장

교육연구의 기초

사회생활에서 사람들 사이에 '연구'라는 말처럼 흔하게 사용되는 용어도 드물 것이다. 질문에 답하기가 어렵거나 새로운 요구 사항이라도 주어지면 '연구해 보겠다' 라는 말이 자연스럽게 나온다. 연구라는 용어가 자주 사용됨에도 불구하고, '연구란 무엇인가?' 라는 질문을 받으면 쉽게 대답하기가 어려운 것을 느낀다. 인간의 삶 자체가 연구의 과정이므로 그 속에서 살다 보니 그 말의 의미가 무엇인가를 곰곰이 생각해 볼 기회가 없었기 때문일 것이다.

"연구란 무엇이며, 어떻게 하는 것인가?" 라는 질문은, 아마도 여러 가지 이유로 논문을 작성할 필요가 있는 초심자들이 당면하고 있는 문제를 해결해 보려는 맥락에서 제기되는 것으로 볼 수 있다. 그렇다고 해서 이 질문이 논문작성의 초심자들에게서만 제기되는 것은 아니며, 연구 수행에 대한 경험이 많은 사람들의 경우에도 자신의 연구활동을 보다 타당하고 신뢰롭게, 그리고 해당 학문공동체에서 인정받으려는 경우 제기될 수 있고 제기되어야 할 질문이기도 하다.

제1장에서는 교육연구의 일반적인 원리와 기초 개념의 학습에 초점을 둔다. 교육연구의 목적과 특징, 행동과학적 연구에서 사용되는 주요 개념의 의미와 성격, 교육연구의 유형과 각 유형의 특징을 이해함으로써 교육연구의 논리와 실제에의 적응능력을 기르는 데 주안점을 둔다. 특히, 여기서는 교육연구란 행동과학적 연구의 범주에 들기 때문에 좁은 의미로는 '교육연구'로, 넓은 의미로는 '행동과학적 연구'로 혼용할 것이다.

학습목표

1. 구체적인 연구 주제가 주어지면 그 주제에 관한 연구의 목적과 목표를 기술할 수 있다.
2. 교육연구의 일반적인 특징을 기술할 수 있다.
3. 교육연구의 기본적인 유형으로서 기술적 연구와 실험적 연구의 특징을 비교 설명할 수 있다.
4. 기초연구와 응용연구의 차이를 설명할 수 있으며, 교육연구물 중에서 양자를 구분할 줄 안다.
5. 실험연구에서 등질적 집단 구성의 중요성을 설명할 수 있다.
6. 변인, 측정, 가설, 표집 등의 개념의 의미를 기술할 수 있다.
7. 개념의 조작적 정의의 의미와 중요성을 설명할 수 있다.
8. 4대 측정척도의 의미를 알고, 구체적인 예를 지적할 수 있다.
9. 가설 검증의 절차를 기술할 수 있다.
10. 유의도의 의미를 설명할 수 있다.

제1절 교육연구의 목적과 특징

1. 교육연구의 목적과 목표

인간을 대상으로 하는 연구란 기본적으로 행동과학적 연구(behavioral research)이다. 우리가 상정할 수 있는 인간 대상 혹은 인간 개재(介在) 연구는 모두가 행동과학적 연구라고 할 수 있다. 특히, 심리학이나 교육학 또는 사회학, 의학 등은 인간이 탐구의 중심에 있다는 점에서 행동과학 연구의 대표적인 분야이다. 연구란 분류의 기준에 따라서 매우 다양하게 분류할 수 있다. 역사·철학적 연구가 있는가 하면, 예언·기획연구가 있다. 기초연구가 있는가 하면 응용연구, 개발연구가 있을 수 있다. 연구의 영역 중 행동과학적 연구란 인간의 행동에 관한 연구를 일컫는다. 즉, 인간과 인간을 둘러싸고 있는 환경과의 관계를 '현상(現象)'으로 규정하고 이 현상을 탐구하는 과학적 활동을 통칭하여 행동과학적 연구라고 한다.

그러므로 본서에서는 역사·철학적 연구나 순수 자연과학적 연구는 주 관심 대상에서 제외한다. 역사·철학적 연구는 '과학적 연구'가 요구하는 연구의 요건, 즉 가설을 검증하는 체계적인 과정을 밟지 않는다는 점에서, 순수 자연과학적 연구는 '인간의 행동'을 연구의 중심에 두지 않는다는 점에서 제외한다.

오래 전부터 사람들은 주위에서 일어나는 여러 현상에 대하여 많은 의문과 궁금증, 견해차를 지니고 이를 풀어보려는 노력을 기울여 왔다. 이러한 노력은 때로는 인간의 호기심을 충족시키려는 차원에서 이루어지기도 하고, 동일 현상에 대한 견해차의 원인과 이를 좁히기 위해서, 때로는 삶의 질을 향상시키려는 것이기도 하였다. 인간은 왜 죽는가? 죽은 뒤에는 어떻게 되는가? 인간의 성격은 어떤 것들이 결정하며, 성격 형성에 부모의 영향력은 어느 정도 되는가? 와 같이 충족시키기 매우 어려운 호기심에서부터, 성격과 문제해결력 간에는 어떤 관계가 있으며, 학교 행정가의 어떤 리더십 유형이 교사들의 직무만족도를 향상시키는 데 더 기여하는가? 와 같은 풀리기 쉬울 것 같은 문제에 이르기까지 무수한 의문을 제기하고 그에 대한 해답을 추구하여 왔다.

이러한 의문에 해답을 추구하는 활동으로서 사람들은 때로는 주술적(呪術的)인 방법으로, 때로는 권위 있는 사람의 견해를 들어, 때로는 선험적(先驗的)인 직관(直觀)이, 때로는 개인적인 경험이, 때로는 일반적인 상식 등이 동원되었다. 이러한 방법들은 시대와 상황, 문제의 성격에 따라서 문제 혹은 의문을 해결하는 적절한 방법으로 인정되기도 하였다. 그러나 사람들의 인지가 발달하고 지혜수준이 높아감에 따라서 보다 객관적이고 신뢰할만한 방법에 대한 요청이 증가하게 되었다. 이러한 요청은 급기야 '과학'이라는 인간활동을 탄생시키게 되었다.

과학(science)은 '알아내다' 또는 '아는 것'이라는 의미를 지닌 라틴어 scire에서 유래되었다. 앞의 여러 가지 문제해결의 방법들도 모두 과학의 목적과 동일한 목적을 지니고 있으나, 그것들과 과학의 차이점은 알아내는 과정과 결론 도출 과정의 체계성, 결론의 객관성과 신뢰성, 근거와 증거의 명확성, 경험적 검증을 거듭해 나가면서 진(眞, true)과 위(僞, false)를 판별하려는 자기수정성(自己修正性) 등이다.

인류가 발전시켜온 이와 같은 과학적 연구의 목적은, 궁극적으로는 앞에서 기술한 바와 같이, 인간 자신과 주변 환경에 대하여 제기하는 의문과 문제를 해결하려는 호기심 충족, 같은 현상을 서로 다르게 보는 견해차의 해소와 인간 삶의 질 향상을 통한 행복감 증진이라고 할 수 있다. 현대 인류가 발전시켜 놓았다고 하는 문화와 문명이 인간의 행복감 증진에 기여했는가 하는 문제는 여전히 과학적 연구를 기다리는 주제이기도 하지만, 현대 사회가 향유하고 있는 문화나 문명은 곧 과학적 연구의 소산인 셈이다.

호기심이나 문제를 체계적이고 객관적이며 신뢰롭게 해결하려는 인간의 노력, 보다 구체적으로 현상에 내재해 있는 여러 사상(事象)간의 추정된 관계에 대한 이론과 가설에 따라 실시되는 체계적이고 통제된 경험적 또는 비판적인 연구를 과학적 연구라고 한다. 그러면 이러한 노력은 어떤 목적을 추구하는가? 즉, 행동과학적 연구의 목적은 무엇인가? 그 궁극적인 목적이 인간의 행복을 추구하고, 문화와 문명을 발전시킨다고 기술하는 것은 너무 추상적이다. **과학적 연구의 목적**은 인간과 환경을 올바로 이해하고 설명하는 데 동원되는 **이론(theory)의 형성**이다.

이론이란 다양한 법칙(law)들의 체계적인 망(網)이다. 그렇다면, 인간과 환경에 대한 적절한 이해와 올바른 설명 방식을 찾으려는 과학 혹은 **연구의 목표**는 무엇인가?

첫째, 현상(인간과 환경)에 대한 객관적인 **기술(記述, description)**이다. 기술이란 현상에 대하여 관찰한 사실들을 있는 그대로 기록, 드러내는 일이다. 남녀 학생의 지능검사 결과 "남학생은 수리력이 우수하고, 여학생은 어휘력이 우수하다"든지, 성격유형과 구매행동과의 관계를 관찰해 보았더니 "A형 성격의 소유자일수록 스트레스에 더욱 잘 노출되며 충동구매 경향이 강하다"든지, 교원의 동기요인과 직무의욕과의 관계를 분석해 보았더니 "위생요인(衛生要因, hygiene factor)보다는 동기요인(動機要因, motivation factor)이 교원의 근무의욕과 더 상관이 높다" 등과 같은 진술은 현상에 포함되어 있는 어떤 측면들에 대한 기술에 해당한다.

우리가 일차적으로 관심 갖는 교육현상은 너무나 많은 요인들이 얽혀 있어 실로 복잡하여 그 내포(內包)와 외연(外延)을 명확하게 드러내기가 어렵다. 그러하기 때문에 요인들 간의 관계, 요소와 요소간의 차이를 밝혀보고자 하는 문제가 엄청나게 다양하며 많다. 혹자는 지난 100여 년 이상 엄청난 연구가 수행되었기 때문에 교육현상에 대한 탐구나 설명방식의 기술이 거의 끝난 것으로 생각한다. 예컨대, 학생의 지능과 학업성취도와의 관계를 밝혀보고자 무수한 연구가 수행되었다. 그러나 지금까지 이 두 변인 간의 관계가 어떠한가에 대한 결론은 내려지지 않고 있으며, 지금도 앞으로도 계속 중요한 연구주제가 될 것임에 틀림없다. 이처럼, 교육현상의 사실을 밝혀내려는 연구는 멈춤이 없이 진행되고 있다. 어떤 특성을 지닌 학생의 학업성취도가 높은가, 교사가 학생과 어떻게 상호작용할 때 교육적 성취가 높게 나타나는가 등 비교적 용이하게 기술될 수 있을 것 같은 현상들조차 우리는 아직 명확한 해답을 가지고 있지를 못하다. 그래서 여전히 현상에는 무슨 일이 벌어지고 있는가에 대한 의문을 제기하게 된다.

둘째의 목표는 밝혀진 사실 혹은 기술에 대한 **설명(explanation)**이다. 설명이란 어느 특정한 사건발생의 인과분석(因果分析)이나 사실 혹은 기술의 근거를 밝히는 일이다. 기술이 사실에 관한 진술이라면, 설명은 그 사실의 성립조건 또는 정당화에 해당하는 진술이다. 남학생이 여학생보다 수리력이 우수한 것으로 나타났다(기술)

면, 그 이유는 무엇이며, 이러한 현상을 어떻게 설명할 수 있는가? 반대로 여학생이 남학생에 비하여 어휘력이 우수한 이유는 무엇인가? 왜 A type 성격 소유자일수록 스트레스를 더 많이 받는가 등의 질문에 해답을 주는 것이 설명이다. 이러한 질문에의 해답은 특정 개인을 염두에 두기보다는, 그리고 단일 요인으로 해답을 찾기보다는 남자와 여자라는 성별간의 일반적인 차이의 규명 설명이 값진 것이며, 단일 요인보다는 포괄적이고 충분한 요인에 대한 탐구를 연구에서는 보다 가치 있게 본다.

현상에 내재하고 있는 변인과 변인간의 관련성을 설명하려는 근본적인 이유는 이해(理解, understand)이다. 이해하려는 노력은 무지로부터 탈출하려는 인간의 욕구일 뿐만 아니라 이해 없이 삶의 질을 개선할 수는 없는 일이다.

행동과학적 연구의 세 번째 목표는 **예측(豫測, prediction)**이다. 인간은 본성적으로 앞으로 일어날 일을 예측하려는 존재이다. 비단 과학자나 연구자가 아니더라도 모든 인간은 내일을 예측하면서 살고, 또 그렇게 되어 있다. 내일은 비가 올 것 같다고 예측하기도 하고, 의과대학에 진학하면 풍요로운 삶이 보장될 것이라고 예측한다. 지능지수가 높은 아이는 학업성취도가 높을 것이라고 예측하며, 온도를 높이면 부피가 팽창할 것이라고 예측한다. 그런데 이러한 예측이 정확한가(신뢰로운가)의 문제는 그렇게 간단하지가 않다. '온도가 높아지면 부피가 늘어날 것이다' 라는 예측은 비교적 정확하나, '지능지수가 높으면 학업성취도가 높을 것이다' 라는 예측은 그러하지 못하다. 왜 그런가? 그리고 과학자들은 왜 예측을 하려고 하고, 보통사람과는 어떻게 다르게 예측을 하는가? 이러한 질문에 대한 해답도 결국 과학적 연구에 의하여 추구될 대상이다.

행동과학적 연구의 네 번째 목표는 **통제(統制, control)**이다. 통제란 어떤 현상의 원인 또는 필수적인 조건을 조작(操作)함으로써 인간의 힘으로 그 현상을 일어나게 하기도 하고, 일어나지 못하도록 하게 하는 것을 말한다. 일상적으로 사용하는 통제란 '억제', '가로막음' 등의 의미로 쓰이나 행동과학에서의 통제란 '조장(助長)'의 의미가 추가된다. 학업성적을 향상시키는데 기여하는 조건도 통제하여야 하지만 비행을 줄이기 위한 조건도 통제하게 된다. 통제가 적절하기 위해서는 앞 단계의 기술, 설명, 예측이 어느 정도 잘 이루어졌느냐에 의존하는 것은 물론이다.

탐구과제

1. "교육연구란 가치중립적인 활동이다" 라는 주장에 대한 개인의 의견을 제시해 보시오.
2. 과학 혹은 연구란 인간과 사회환경에 대한 기본적인 몇 가지 가정에 바탕하여 이루어지기 마련이다. 그러한 가정에는 어떤 것이 있으며, 그러한 가정이 필요한 이유는 무엇인가를 논하시오.
3. "교사의 수업행동과 자아개념 및 학습태도와의 관계"라는 연구를 수행하였다고 가정하자. 연구 결과를 나름대로 추정한 후 이 연구의 목적을 (1) 記述, (2) 說明, (3) 豫測, (4) 統制 등 네 측면에서 설명해 보시오.
4. 교육연구는 특정 개인의 특성을 밝히거나 한 개인이 지니고 있는 두 변인간의 관계 규명보다는(특수화) 개인들이 속한 집단(가능한 한 큰 규모의 집단)에 관한 것에 주안점을 둔다(일반화). 왜 그러한가?

2. 교육연구의 특징(요건)

연구를 뜻하는 영어 단어는 'research'이다. 이 단어는 '다시'를 뜻하는 're'와 '찾다'를 의미하는 'search'의 합성어이다. 이는 연구라는 활동이 無에서 有를 창조하거나 전혀 새로운 무언가를 발견하려는 것이라기보다는 누군가에 의해 찾았거나 덜 찾아진 무언가를 다시 찾는 일, 혹은 찾은 모습을 확장하거나 다시 찾는 일 등이라는 것이다. 즉, 연구란 누군가에 의해 발견한 원리, 법칙, 이론 등에 기초한 활동이라는 의미를 지닌다.

모든 인간활동은 활동의 의미와 성격에 적합하도록 하기 위한 특징과 요건이 있다. 토론, 여행, 수업, 자동차 운전 등 모든 활동은 그것을 보다 타당하게 만들기 위한 요건이 있기 마련이다. 교육연구도 마찬가지다. 교육연구가 연구답게 이루어지기 위해서는 그 활동 나름의 **요건**을 갖추어야 한다.

1) 논리적이고 객관적인 근거 배경을 지님

과학적 연구의 요건으로 객관성을 지적할 수 있다. 행동과학적 연구 혹은 교육연구란 근거 있는 주장이나 공적(公的)으로 검증된 견해를 동원하여 인간행동이나 교육현상에 대한 기술, 설명, 예측, 통제를 하는 것이다. 때로는 연구를 수행하다 보면 관련 기록이나 이론 혹은 연구물들을 찾기가 어려운 경우도 있다. 그러나 세상에는 새로운 것이란 있을 수 없다. 직접 혹은 간접적으로 연구자가 도전하려는 연구 주제나 문제에 관련하여 누군가가 밝히려고 노력한 기록은 반드시 있기 마련이다. 과학적인 연구란 학문공동체에 의하여 함께 건축물을 완성해 가는 과정에서 연구자는 벽돌 한 장을 쌓아 올리는 활동에 비유할 수 있다. 이 일은 기존의 근거에 대한 정당성을 밝히고 수정 가능성을 찾는 일이기도 하다. 그러므로 연구자는 자신의 연구문제와 관련되어 있는 근거(이론적 배경)를 가능한 한 풍부하게 수집 분석하는 것이 요구된다. 연구란 자신이 주장하는 바의 근거를 찾는 작업이다. 근거 없는 주장은 공허한 고집이며 사적(私的) 견해이다.

2) 사실에 기초를 둠

여기에서 '사실(facts)'이라는 용어는 다소간 복잡한 의미를 지니고 있다. '있는 그대로' 라는 의미를 지니기도 하지만, '조건의 통제나 집단 혹은 처치의 통제'도 왜곡됨이 없이 설계대로 진행되어야 한다는 점, 관찰된 현상을 설명함에 있어서 형이상학적인 설명 방식이나 사적 견해나 경험에 바탕하지 않는다는 의미를 포함한다. 따라서 연구자가 의도한대로 연구의 결과를 끌고 가는 것이어서는 안 된다. 특히, 사실에 기초를 둔다고 할 때 자료 수집 방법이 중요한 요소이다. 가설을 검증하기 위하여 자료를 수집하고 이를 적절한 통계적 방법을 적용하여 분석하게 되는 데, 자료 수집 자체가 사실에 입각하지 않고 왜곡된 경우라면 이미 과학적 연구는 아니다. 자료 수집을 위해 사용되는 도구가 타당도, 신뢰도, 객관도를 지녀야 한다는 주장은 바로 이 때문이다.

행동과학적 연구가 사실에 기초한다고는 하지만, 이 말을 가설이나 본질에 대한 가정을 배제하고 경험적 사실을 축적하는 귀납적 방법만이 유효하다는 것으로 이해할 필요는 없다. 연구가 사실에 기초해야 한다는 말은 연구자가 연구의 결과에 대한 나름대로의 예측이나 선입관을 가져서는 안 된다는 말이라기보다는 예측이나 선입관에 이끌려서는 안 된다는 의미로 이해할 필요가 있다.

3) 대부분 변인간의 관계(혹은 차이)를 밝힘

행동과학적 연구 혹은 교육연구가 인간행동 현상이나 교육현상에 포함되어 있는 변인간의 관계 혹은 차이를 밝힌다는 것은 'A변인과 B변인 간에는 어떤 관계가 있는가?' 혹은 'A집단과 B집단 간에 C특성은 어떤 차이가 있는가?'와 같은 문제를 추구한다는 의미이다. 행동과학적 연구가 모두 혹은 항상 이와 같이 둘 이상의 변인간의 관계만을 추구하는 것은 아니다. 그러나 이러한 둘 이상의 현상간의 관계를 밝혀 법칙을 발견하고 발견된 법칙들의 논리적인 망인 이론을 형성하려는 목적을 추구한다.

4) 가설(假設)이나 기존 이론의 타당성을 검증함

행동과학적 연구나 교육연구의 두드러진 특징의 하나는 검증하려는 가설을 설정한다는 점이다. 가설이란 둘 혹은 그 이상의 변인(현상)들 간의 관계에 대한 잠정적인 결과를 기술한 문장이다. 다시 말하면, **가설이란 결과의 예견이나 통찰 진술문**이다. 행동과학적 연구는 연구자의 연구문제와 관련된 선행연구, 기존의 이론, 각종 관련 문헌을 수집 분석하거나 때에 따라서는 직관에 의해 연구를 수행함으로써 나타날 결과를 미리 예측해 보고 그러한 예측이 맞는지 여부를 객관적이고 체계적인 절차를 통해 확인하게 된다. 연구자가 가설을 갖는다는 것은 연구가 주먹구구식으로 진행되는 것이 아님을 뜻하기도 한다.

여기에서 이론이란 현상을 이해하고 설명하며 예측하고 통제하기 위하여 변인간의 관계를 구체화함으로써 현상에 대한 체계적인 관점을 나타내는 상호 관련된 개념, 정의(定義), 명제(命題)들의 망이다. 자연과학 혹은 자연현상을 설명하려는 이론뿐만 아니라 행동과학의 세계에서 이론은 영원한 진(眞, true)으로 간주되지 않는다. 뉴턴의 만유인력의 법칙은 아인슈타인의 상대성 이론으로 대체되었으며, 영국의 천재 물리학자 스티븐 호킹 박사의 블랙홀 이론은 그 스스로 이론의 오류를 인정하고 캘리포니아 공대의 존 프레스킬 교수의 이른 바 "블랙홀 정보 패러독스 이론"을 인정했다.

이처럼, 모든 자연과학 분야의 이론조차 일순간 진(眞)으로 인정되던 것이 누군가의 연구에 의해 위(僞)로 판명되면 그 이론의 타당성은 부인된다. 비교적 엄격한 통제 조건 하에서 수행되는 자연과학 분야의 이론들조차 타당성 검증 과정을 거쳐 새로운 이론으로 대체되어 가는데, 변화무쌍한 환경 속의 복잡한 인간 특성을 연구 대상으로 하는 행동과학 분야는 이론의 수명이 짧을 수밖에 없다. 그러므로 한 번 정립된 이론은 부단히 검증되어 眞·僞 여부를 확인할 것을 요구받는다.

블랙홀 이론이란?

1975년 영국의 천재 물리학자 스티븐 호킹(Steven Hawking)박사는 "블랙홀에서 빨아들인 물질의 정보는 나오지 않고 오랜 시간이 지나면 빛(호킹 복사, Hawking radiation)만 사방으로 퍼져 나올 뿐 결국 증발해 버린다"고 주장한 것. 그러나, 그 스스로 2004년 7월 21일 아일랜드 더블린에서 열린 제17차 일반상대성 및 중력에 대한 국제학회에서 "블랙홀로 빨려 들어간 물질의 정보(물리량)가 '뭉개진 형태로 다시 나올 수 있다'는 사실을 시인하였다.

5) 조건의 통제

행동과학적 연구의 범주에 포함되는 어떤 연구이건 타당하고 객관적이며 신뢰로운 결과를 도출하고 결론을 내리기 위해서는 조건의 통제가 필수적이다. 실험연구는 말할 것이 없고 조사연구라 할지라도 연구 결과를 왜곡시키거나 타당한 결론에 도달하지 못하도록 하는 각종 오염요인을 다양한 방법으로 통제할 것이 요구된다.

행동과학적 연구가 통제해야 할 조건을 통제하지 않거나 못하는 경우, 그 연구는 그 만큼 타당하지 못한 결과를 초래하게 되며, 그렇게 될 때 그 연구는 쓸모없는 것이 되는 것이다. 예컨대, 수면시간과 학습집중력과의 관계를 연구하기 위해 중학생 30명을 15명씩 2집단으로 나눈 후 한 집단은 5시간씩, 다른 한 집단은 8시간씩 수면하도록 하는 방법으로 1개월간 지속하면서 중간 중간에 학습집중력을 측정하여 비교해 보았더니 8시간 수면집단의 학습집중도가 높았다. 그래서 연구자는 수면시간이 짧으면 학습집중도가 떨어진다고 결론을 내렸다고 가정해 보자. 여러분은 이 연구의 결론을 그대로 받아들이겠는가? 어떤 변인의 '통제'가 어떻게 이루어졌는가에 대한 언급 없이는 아직 결론을 수용할 단계가 아니다.

6) 검증이 가능한 문제와 방법에 관심

여기서 '검증'이라는 용어는 가설의 眞·僞 여부를 객관적인 방법으로 판단한다는 의미이다. 아무리 훌륭하고 가치로운 연구주제나 문제가 있다고 할지라도 객관적인 방법으로 연구자가 설정한 가설의 옳고 그름을 판단할 수 없다면 연구자는 도전하지 않는다.

예컨대, '학생들의 성적이 유전과 환경 중에서 어느 요인의 영향을 더 많이 받는가?', '지식교육과 정의적 교육 중 어느 것이 더 중요한가?', '햄버거와 우유를 주식으로 한 경우와 전통 한식을 주식으로 한 경우 어느 집단의 지능이 더 잘 발달하는가?'와 같은 문제는 교육연구로서 매우 가치 있고 도전해 봄직한 문제이다. 그러나 어느 것이 더 많은 영향을 미치며, 어느 영역과 어느 주식유형이 더 중요한가를 객관적으로 규명할 방법이 적절하지 않기 때문에 연구자가 관심은 지닐 수 있으되, 연구를 할 수 없는 것이다.

7) 체계성을 중시함

여기서 체계성이란 질서정연함, 앞과 뒤가 일치함, 논리 정연함 등의 의미이다. 연구활동이란 연구 주제가 결정되면, 그 주제의 범주 내에서 연구문제가 추출되고, 연구문제의 배경과 성격이 분명하게 기술되는 작업이다. 또 이는 연구주제와 연구문제에 타당한 이론들이 검토되어 가설이 자연스럽게 도출되며, 연구문제의 해결에 가장 적합한 연구방법이 적용되어야 하고, 자료 분석 결과에 충실한 해석이 이루어지며, 결과에 기초하여 결론이 맺어지는 매우 규칙적인 작업인 것이다. 뿐만 아니라, 연구는 그 성격과 목적에 따라서 주어진 보고서(혹은 논문) 작성 체제를 지켜야 하며, 번호 붙이기, 목차 만들기, 표 작성하기, 참고문헌 제시하기 등 일정한 규칙을 따라서 이루어져야 하는 것이다. 따라서 연구활동에 대한 약간의 전문성을 지닌 사람이라면 연구 주제(제목)만 보고서도 연구활동의 전반을 조망할 수 있게 된다.

탐구과제

1. 교육연구 분야에서 검증이 가능한 문제와 불가능한 문제의 예를 각각 3개씩 제시해 보라.
2. "연구의 타당성" 이라는 용어의 의미를 설명해 보시오.
3. 연구에서 "사회경제적 지위(SES)와 학업성취도와의 관계" 라는 연구 주제와 "사회경제적 지위에 따른 학업성취도의 차이"라는 말은 근본적으로 동일한 것이다. 그 이유를 구체적인 예를 들어 설명해 보시오.
4. 조사연구에서 조건의 통제란 어떤 듯이며, 어떤 의의를 갖는가를 설명해 보시오.

제2절 교육연구의 기본 개념

1. 변인과 요인

1) 변인(變因)의 뜻과 분류

연구자들이 설정하는 연구 주제나 문제의 진술문에는 항상 변인(variables)이 등장하기 마련이다. 따라서 연구자들은 변인을 다룬다. 연구하는 구성개념이나 속성을 '변인'이라고 부른다. 교육학, 사회학, 심리학, 경영학 등에서 사용하는 중요한 변인으로는 성, 사회경제적 지위, 사회계층, 조직의 생산성, 열망 수준, 애착, 적성, 불안, 자아개념, 과업지향, 지도성, 동조, 학업성적 등 무수히 많다. 변인은 여러 가지 다른 값을 갖는 속성으로 일컬어진다. 즉, **변인이란 개체들이 서로 다른 값을 지님으로써 차이가 나타나는 어떤 것**이라고 할 수 있다. 그러므로 변인의 반대는 상수(常數, constant)이다.

다른 말로 표현하면, 변인이란 숫자나 값이 부여되는 일종의 기호이다. x가 변인이라면, 그것은 수치가 할당된 기호이다. 이러한 변인은 여러 가지로 분류되지만, 행동과학에서는 특히, 독립변인과 종속변인, 능동변인과 속성변인, 연속변인과 유목변인의 의미를 이해하는 것이 중요하다.

(1) 독립변인과 종속변인

이들 변인의 구분은, 앞에서 그 특징을 살펴본 바와 같이, 변인을 분류하는 가장 유용한 방법이다. 왜냐하면, 변인을 이렇게 분류해 놓고 보면 보편적인 적용가능성이 커지고, 연구 상황이나 문제를 단순화해 주며, 연구를 개념화시키고 설계를 하거나 연구결과를 발표할 때 특히 이해하기 쉽기 때문이다.

독립변인(independent variable)이란 추정된 결과인 종속변인의 추정된 원인이라고 할 수 있다. 이를 실험연구에서는 처치변인(treatment variable) 혹은 실험변인이라고도 불리우며 보통 분류변인(classification variable)이라고 한다. 또 독립변인은 종속변인보다 선행하는 먼저 작용한다는 점에서 선행변인이라고 할 수 있다.

반면에 **종속변인(dependent variable)**은 독립변인의 작용에 의하여 나타나는 결과변인이며, 처치에 의해서 발생하는 반응이므로 반응변인(response variable)이고, 반응을 연구자가 조작하는 것이 아니라 있는 그대로의 측정만 할 뿐이므로 측정변인(measurement variable)이다. 이들 변인의 구별은 변인의 종류를 말하기보다는 변인의 용도가 어떻게 되는가에 따른 것이다.

(2) 능동변인과 속성변인

이 두 변인의 의미를 이해하는 것이 중요한 경우는 특히 실험연구에서이다. **능동변인(active variable)**은 조작된 변인이며 **속성변인(attribute variable)**은 측정되는 변인이다. **조작(操作, operation)**이란 각기 다른 피험자에게 서로 다른 처치를 가하는 것을 의미한다. 어떤 연구자가 한 집단에 어떤 처치를 가할 때, 예컨대, A집단에는 강의법으로 수업을 하고 B집단에는 토론법을 적용하였다면 이러한 방법의 적용이 조작이다.

조작할 수 없는, 혹은 조작하지 않은 변인은 속성변인이다. 조작이 불가능하거나 조작이 매우 어려운 변인들이 많이 있다. 많은 인간의 특성, 즉 지능, 성, 인종, 지역, 사회경제적 지위, 인지양식, 성취동기, 가치관 등은 모두 속성변인이다. 연구

참여자들은 이러한 변인의 어떤 양을 이미 지니고 있는 상태로 연구에 참여한다. 유전이나 성장기의 환경, 기타 연구자가 통제할 수 없는 어떤 상황이 현재의 그들을 만들어 놓은 것이다.

어떤 변인은 그 자체의 성질상 항상 속성변인이지만(예 : 성), 연구설계 방식에 따라서 다른 어떤 변인은 속성변인이 될 수도 있고 능동변인이 될 수도 있다. 이러한 변인의 성격 때문에 '동일한' 관계를 다른 방식으로 연구할 수가 있는 것이다. 이의 좋은 예가 '불안'이라는 변인을 들 수 있다. 연구자는 불안을 측정할 수도 있지만, 불안감을 조작할 수도 있는 것이다.

(3) 연속변인과 유목변인

연속변인(continuous variable)은 일정한 범위 내에서 서열화된 일련의 값을 가질 수 있다. 즉, 연속변인의 값은 적어도 척도의 수준에서 서열척도 이상(동간척도 또는 비율척도 등)에 해당하며, 변인의 큰 값은 작은 값보다 해당 특성이 더 많음을 의미한다. 예컨대, 불안을 측정하기 위해 어떤 척도를 이용하여 불안을 측정하였다면 낮은 불안 수준에서 높은 불안 수준까지 연속적인 양을 나타낸다. 또 실제의 연구 사태에서 연속변인을 사용할 때 연속 측정치는 일정한 점수 범위 내에 속하며 각 개인은 연속적인 척도의 어느 한 지점(점수)을 차지하게 된다. 그리고 연속변인 측정치는 절대값(정수)을 갖기보다는 이론적으로 무한한 소수점을 갖는 것으로 가정한다. 따라서 측정치의 정확한계를 설정할 수 있는 것이다. 예컨대, 어떤 사람의 지능을 측정한 결과 지능지수 124가 계산되었다면 '124'란 지능지수가 정확하게 124라는 것을 의미하는 것은 아니다. 따라서 그의 지능지수는 대략 혹은 약 124 정도 된다는 의미이며, 정확하게는 '123.5-124.5'로 나타내어야 하는 것을 편의상 124로 나타내는 것이다. 연속변인을 양적 변인이라고 부르기도 한다.

유목변인(categorical variable)이란 측정척도 수준에서 명명척도에 속하는 것이다. 명명척도에 해당하는 대상은 둘 혹은 그 이상의 부분집합을 갖는다. 개인들은 어떤 부분집합을 규정하는 특성의 소유 여부에 따라서 유목화 된다. 그러므로 유목화 되는 개인은 부분집합을 규정하는 특성을 지니고 있거나 지니고 있지 않은 것이다. 예컨대, 성이나 거주지, 종교, 사회경제적 지위 등은 유목변인의 적절한 예이다.

유목변인을 질적 변인이라고 부르기도 한다.

연속변인은 연구의 필요에 따라서 유목변인으로 전환시키기도 한다. 예컨대, 학업성적은 연속변인이다. 이를 일정한 점수 급간을 정하여 80점 이상은 '우수'로, 79점부터 70점까지는 '보통'으로, 69점 이하는 '열등' 등 세 개의 유목으로 나누어 유목변인으로 만들 수 있다.

(4) 통제변인과 매개변인

행동과학적 연구 상황은 연구자가 관심가지는 모든 변인을 연구에 포함시킬 수는 없는 일이다. 변인 중 일부는 그것들이 독립변인과 종속변인의 관계에 조정적인 효과나 부분적인 효과를 미치지 않는다는 점을 밝히기 위해 통제해야 할 경우가 있다. 따라서 **통제변인**(control variable)이란 연구설계상 그 변인의 영향을 사전에, 혹은 통계적인 방법으로 봉쇄시키거나 제거하지 않으면 관찰된 현상에 영향을 미칠지도 모르는 변인을 일컫는다. 예컨대, 세 가지 교수법이 학생들의 창의력 증진에 미치는 효과를 검증하려는 연구를 수행할 때 교수법 외에 창의력에 영향을 미칠 것으로 상정되는 변인, 예컨대 지능과 같은 변인은 통제변인인 셈이다.

매개변인(intervening variable)은 이론적으로는 관찰된 현상에 영향을 미치기는 하지만 관찰, 측정, 조작될 수 없는 변인을 일컫는다. 매개변인의 효과는 관찰된 현상에 관한 독립변인과 종속변인의 관계 혹은 그 효과에 의해서 추정될 뿐이다. 그렇다고 해서 매개변인은 항상 추정하는 성질을 지니는 것은 아니며, 연구자가 이 변인을 연구설계에 포함시켜 그 효과를 규명할 수도 있는 것이다.

(5) 구획변인

연구자의 관심이 아님에도 불구하고 하나의 독립변인으로 간주되어 분석에 포함되는 변인을 **구획변인(區劃變因, blocking variable)**이라고 부른다. 흔히 피험자의 연령, 성, 경제수준 등과 같이 피험자의 고유한 속성을 나타내는 변인이 이에 해당한다. 이러한 변인들이 분석과정에서 독립변인의 일종으로 간주되고, 그 때문에 피험자들이 집단으로 분류되지만, 그것이 종속변인에 영향력을 행사할 것으로 예상을 하면서도 그것의 효과는 연구자의 주 관심사가 아니므로 독립변인으로 부르는 대신에 구획변인이라고 명명한다. 연구설계 중 **구획설계(blocking design)**란 바로 이러한 변인이 포함된 설계를 의미한다.

예컨대, 직장인의 직무스트레스가 성별에 따라서 차이가 있는가를 연구하고자 할 때 t검증이나 일원변량분석을 통하여 성별 차이를 밝혔다고 할 때, 직무의 성격 또는 연령 등에 따라서 여전히 성별 차이가 있는가를 밝히는 것이 의미가 있을 수 있다. 연구자의 주 관심사는 성별 차이를 밝히는 것이지만, 직무 성격이나 연령 등의 구획변인의 영향력을 조직적으로 제거하게 되면 성별에 따른 차이를 보다 분명하게 밝힐 수 있게 된다. 특히 구획변인은 공변량분석에서 공변인(共變因, covariate)과 동일한 역할을 하는 변인이다. 다만 공변량분석에서의 공변인은 연속변인인 반면에, 구획변인은 유목변인(범주변인)이라는 차이가 있다.

2) 요인(要因)

요인(factor)은 변인에 내재해 있으리라고 추정되는 속성들의 공통인자를 일컫는다. 지능이라는 변인은 어휘력, 수리력과 같은 요인으로 구성되어 있다고 추정하며, 자아개념 변인은 능력적 자아, 신체적 자아, 사회적 자아 등과 같은 요인으로 구성되어 있다고 추론한다. 따라서 요인은 변인의 하위변인인 셈이다.

인간이 만들어 내거나 찾아내는 변인은 대부분 여러 개의 요인으로 구성되기 마련이다. 물론, 변인과 마찬가지로 요인도 연구자가 찾아서 가장 적합하다고 판단되는 이름을 붙이는 것이다. 또 변인과 요인의 관계는 주어진 상황에서의 상위개념과 하위개념의 위치를 지닐 뿐 다른 상황에서는 요인이 변인이 되고, 다시 그 아래에 요인을 설정할 수 있다.

2. 변인의 조작적 정의

과학자나 연구자들이 사용하는 변인으로서의 개념은 명확하게 정의하지 않으면 관찰할 수가 없고, 설혹 관찰한다고 하더라도 관찰의 객관성을 상실하게 된다. 또 개념을 분명하게 정의하지 않은 채 사용하는 경우 연구자와 연구물을 읽는 독자 간에 하나의 개념을 두고 다양한 해석을 하게 됨으로써 의사소통이 어렵게 된다. 예컨대, 누군가가 "자기 주도적 학습행동과 학업성취도와의 관계"를 연구한다고 할 때, '자기 주도적 학습행동'이 무엇을 의미하며, '학업성취도'가 어떤 뜻으로 사용되고 있는가를 분명하게 정의하지 않으면, 이러한 개념들은 다양한 의미를 지니므로, 두 변인간의 관계가 어떤 과정을 거쳐 밝혔는가를 이해하기 곤란해진다. 그러므로 연구자는 자신이 사용하는 개념을 명확하게 정의하고 그와 같은 정의 방식대로 일관되게 그 개념을 사용해야 한다.

개념의 정의 방식은 크게 사전적(구성적) 정의와 조작적 정의로 구분하며, 과학에서 사용하는 정의 방식은 조작직 정의이다. 사전적 정의란 하나의 개념을 정의할 때 다른 개념을 사용해서 정의하는 것이다. 예컨대, '지능'을 추상적으로 사고하는 능력, 문제해결 능력, 상황이나 사태를 조작하는 지성 등으로 정의하는 것이다. 이와 같은 사전적 정의가 지닌 문제점은 하나의 개념을 정의하는 문장에 등장하는 또 다른 개념들을 계속적으로 정의하지 않으면 그 의미가 분명하게 드러나지 않으며, 그것을 관찰(측정)하기가 어렵다는 점이다. '지능'의 예에서 추상적으로 사고하는 능력을 관찰하기 위해서는 또 다시 이 능력을 정의하지 않으면 안 된다.

조작적 정의(operational definition)는 측정의 조작적 정의와 실험적인 조작적 정의로 나누어진다(Kerlinger, 1973 : 31). **측정의 조작적 정의**는 그 변인을 어떻게 측정할 것인가를 기술한다. 예컨대, 학업성취도는 '표준화 학업성취검사에 의한 점수 혹은 석차'라고 정의할 수 있으며, 사회성은 '친하다고 지각하는 친구들의 수'라고 정의할 수 있다.

실험적 조작적 정의는 연구자가 변인을 조작(실험)하는 세부내용을 구체적으로 밝힘으로써 그것에 의미를 부여하는 방법이다. 예컨대, 교수방법으로서 '강의법은 교사가 교과내용을 칠판에 적거나 상세하게 해설해 나가고, 학습자들이 교사의 설명을 듣거나 내용을 노트에 적어 가면서 공부하는 방법'으로, '소집단 토론법'은 '교사가 제시하는 토론 주제에 대하여 소집단별로 토론한 후 전체 집단에서 발표하고 질의 응답하는 방법'으로 정의하는 것이다.

이와 같이 연구자가 사용하는 개념의 조작적 정의는 연구자로 하여금 변인을 측정할 수 있게 하고, 이론－가설－개념 수준과 관찰 수준 사이를 연결해 주는 구실을 하기 때문에 과학적 연구에서의 필수적인 요건이다. 관찰(측정)없이는 연구를 수행할 수가 없고, 연구 변인을 어떻게 관찰할 것인가에 대한 분명하고도 세부적인 지시가 없이는 관찰이 불가능하다.

탐구과제

1. 다음의 개념들을 조작적으로 정의하시오.
 (1) 사회성
 (2) 자기주도적 학습
 (3) 대인스트레스 대처양식
 (4) 열망수준
2. 개념의 조작적 정의의 문제점을 기술하시오.

3. 측 정

1) 측정(測定, measurement)의 의미와 분류

(1) 측정의 의미

변인의 측정 없이는 행동과학적 연구란 수행될 수 없다. 과학적 연구의 질은 유의미한 변인의 선정과 다루고자 하는 변인의 정확한 측정에 달려 있다고 해도 과언이 아니다. 측정이란 어떤 법칙에 따라서 변인의 양을 숫자로 밝히는 과정이다. 즉, 측정이란 속성을 규제하는 어떤 규칙에 따라서 대상의 어떤 속성을 표시하기 위하여 숫자를 배정하는 일이라고 할 수 있다. 이렇듯 측정을 어떤 대상에게 속성을 양화하는 과정, 즉 속성의 수량화라고 할 수 있다. 수량화란 속성이 얼마만큼 존재하고 있는가에 따라서 그 정도를 나타내기 위해 숫자가 갖는 성질을 이에 배당하는 과정이다.

그러면 **수가 갖는 특성**이란 무엇인가? 또는 이러한 수의 특성은 어떤 과정에 의해서 한 속성에 배정되는가?

첫째, 숫자는 어떤 대상의 이름 대신 사용된다.

둘째, 숫자는 크기에 따라서 순서를 갖는다.

셋째, 숫자간의 차이는 순서를 갖는다. 즉, 어떤 두 수 간의 차는 어떤 다른 두 수 간의 차이보다 크거나 작거나 혹은 같다.

넷째, 수는 '0'으로 표시되는 고유한 출발점(절대영점)을 가지고 있다.

따라서 인간이 사용하는 숫자는 이름대신 사용되는 숫자, 순서를 나타내는 숫자, 거리를 나타내는 숫자, 절대영점을 갖는 숫자 등이 있다.

(2) 측정수준(척도)의 분류

이러한 숫자가 갖는 성질에 따라서 행동과학적 연구에서 사용되는 숫자는 다음의 네 가지 척도 수준으로 분류된다. 각 척도 수준은 수의 용도가 다르다는 점을 나타냄과 동시에 통계적 분석에서 서로 다른 방식으로 기능하기 때문에 통계분석에서 유의해야 한다.

1 명명척도

명명척도(命名尺度, nominal scale)는 단순히 사물이나 대상 혹은 연구 변인을 분류하기 위하여 또는 어떤 명칭의 대신 사용하기 위하여 숫자가 배정된 경우를 말한다. 운동선수의 등 번호, 남자와 여자에게 1 혹은 2라는 숫자를 부여한 것, 지역을 숫자로 분류한 것, 자동차 번호, 주민등록번호, 아파트의 동과 호수 등이 이에 해당한다. 이러한 명명척도는 각 부분집합의 변인에 따른 빈도나 백분율을 계산하는 정도의 분석에만 사용될 뿐이며, 숫자의 가감승제는 무의미하다.

2 서열척도

서열척도(序列尺度, ordinal scale)는 한 속성의 측정 결과가 보다 크다 혹은 많다든가, 작다 혹은 적다든가와 같은 순위에 관한 정보를 알려 주기는 하지만 크고 작은 정도에 관한 정보는 알려 주지 못한다. 학생들을 신장의 큰 순서대로 서열을 매겨 숫자를 부여한 경우, 달리기에서의 등수, 성적의 석차, 판매량의 순위 등이 이에 해당한다. 이러한 서열척도인 등수는 '보다 낫다', '보다 낮다'와 같은 비교적인 정보는 제공해 주지만 '얼마나 낫고' '얼마나 낮은지'에 관한 정보는 제공해 주지 못한다. 등급에 관한 숫자로 평균치를 구한다든지, 어떤 특성의 등급에서 다른 특성의 등급을 더하거나 빼는 등의 숫자 조작은 무의미하다.

3 동간척도

동간척도(同間尺度, interval scale)란 서열척도가 갖는 서열에 관한 정보뿐만 아니라 척도상의 한 수치와 다른 수치간의 차이는 측정된 속성의 양의 정도를 나타내 준다. 온도, 학업성적, 표준화된 심리검사에서의 측정치 등이 이에 해당한다. 동간척도는 측정한 속성의 양에 관한 정보를 제공해 주기 때문에 평균, 표준편차, 상관계수와 같은 통계치를 구할 수 있다. 그러나 동간척도는 숫자의 근원적 출발점인 絶對零點(해당 속성이 전혀 없는 상태를 '0'으로 나타낼 수 있는 양의 출발점)이 없기 때문에 비율관계가 성립되지 않는다. 따라서 '10° 는 5° 보다 2배 높은 기온이다' 혹은 '80점은 40점보다 두 배 높은 성적이다'라는 명제는 성립되지 않는다.

4 비율척도

비율척도(比率尺度, ratio scale)는 동간척도가 지니고 있는 서열, 동간성 외에 절대영점을 갖는 척도이다. 따라서 비율척도에서의 '0'이란 어떤 속성이 전혀 없음을 의미하는 숫자이다. 길이나 무게, 시간, 표준점수 등을 나타내는 숫자가 이에 해당하며, 모든 척도 중에서 그 제한이 가장 많은 반면에 어떠한 복잡하고 강력한 통계적 분석이라도 자유스럽게 할 수 있는 가장 이상적인 척도이다.

5 절대척도

절대척도(絶對尺度, absolute scale)란 시대나 사회문화적 차이에 관계없이 언제, 어디서나 동일한 양으로 이해되고 사용되는 척도를 일컫는다. 나이, 과일의 개수, 일수, 시간, 사례수 등이 이에 해당하며 비율척도와 중첩된 경우가 대부분이다.

이상의 각 척도 수준은 그에 따라서 적용할 수 있는 자료의 통계적 분석 방법이 서로 달라야 한다. 연구자들은 자신이 다루고 있는 자료가 측정의 어느 수준에 해당하는가를 정확하게 가려 자료의 성격에 적합한 통계적 분석 방법을 적용하도록 해야 할 것이다.

4. 가설(假設)과 유의도(有意度)

모든 연구가 가설을 설정하여 검증하는 방식을 취하는 것은 아니다. 그러나 일반적으로 행동과학적 연구, 특히 실험적 연구는 가설을 진술하고 이를 검증하기 위한 연구설계를 적용한다. 또 연구의 목적과 성격에 따라서 가설을 명확하게 진술해야만 하는 경우가 있는가 하면, 단순히 어떤 현상을 기술하고 사실적 내용만을 드리내는 목적이나 성격을 갖는 연구라면 가설을 진술할 필요는 없을 것이다.

1) 가설이란?

A **hypothesis** is a conjectural statement of the relation between two or more variables. Hypotheses are always in declarative sentence from, and they relate, either generally or specifically, variables to variables. There are two criteria for "good" hypotheses and hypothesis statements. They are the same as two of those for problems and problem statements. One, hypotheses are statements about the relations between variables. Two, hypotheses carry clear implications for testing the stated relations. These criteria mean, then, that hypothesis statements contain two or more variables that are measurable or potentially measurable and that they specify how the variables are related. A statement that lacks either or both these characteristics is no hypothesis in the scientific sense of the word(Kerlinger, 1973 : 18).

가설이란 경험적인 검증에 앞서 세우는 연구 결과에 대한 잠정적인 진술이라는 점, 가설은 변인간의 관계에 대한 진술이라는 점, 가설은 진술된 관계를 검증한다는 분명한 의미를 지닌다. 그런데 검증 대상이 되는 가설은 기존의 이론이나 선행연구 등 근거를 가지고 설정한 것이기는 하지만 반드시 확신에 근거를 두고 있는 것이 아니므로 연구결과 기각될 수 있으며 또한 수정될 수 있다. 가설은 크게 연구가설과 통계적 가설로, 그리고 통계적 가설은 영가설과 대립가설로 구분된다.

(1) 연구가설(H_1)

연구가설이란 어떤 연구변인들에 관련된 이론으로부터(예: 학업성취이론) 논리적으로 변인과 변인과의 관계를 추론한 진술이다. 다르게 표현하면, 통계량의 차이는 우연발생적인 것이 아니라 표본이 대표하는 모집단의 모수치 간에 유의한 차이가 있다는 진술이다. 예컨대, 자기효능감과 학업성취이론을 토대로 "자기효능감 수준에 따라서 학업성취도는 차이가 있을 것이다"로 연구가설을 세울 수 있으며, 이를 기호로 "$H_1 : \mu_1 \neq \mu_2$, 또는 $H_1 : \mu_1 - \mu_2 \neq 0$"으로 나타낸다.

다시 말하면, 영가설은 통계치가 제공하는 확률의 측면에서 평가하는 것이며, 연구가설은 논리적 대안으로서 검증하고자 하는 현상에 관한 예측이다. 연구가설은 영가설을 부정하고 논리적인 대안을 받아들이기 위한 진술이므로 대립가설(H_A) 또는 대체가설이라고도 한다. 따라서 이 두 가설은 모집단과 표본을 연결시켜 주는 역할을 한다.

(2) 통계적 가설로서의 영가설(零假設) : H_0

영가설이란 통계량의 차이 혹은 관계는 단지 우연의 법칙에서 나온 표본추출오차로 생긴 차이나 관계라는 주장이다. 예컨대, "자기효능감 상・하 집단 간 학업성취도는 차이가 없다"라는 진술이며, 이를 기호로 "$H_0 : \mu_1 = \mu_2$, 또는 $\mu_1 - \mu_2 = 0$"로 나타낸다.

이와 같은 영가설은 연구자가 설정한 연구가설을 검증하기 위한 방편으로 설정된다. 즉, 연구자는 자신이 설정한 가설을 직접적으로 검증하기보다는 영가설을 검증한 후 그 결과에 따라서 자신의 가설을 확인하는 절차를 거치게 된다.

2) 가설검증의 절차

가설을 긍정(채택) 또는 부정(기각)하는 절차를 가설검증이라고 한다. 가설검증은 실험연구 또는 실제상황에서 근거 있는 예측치와 결과치를 비교하는 데 쓰인다. **가설검증의 절차**는 다음과 같다.

(1) 영가설(H0)과 연구가설(H1)의 설정

(2) 유의수준과 임계치의 결정

(3) H0의 긍정영역과 부정영역 결정

(4) 통계치의 계산

(5) 통계치를 일정 유의수준 임계치에 비교

(6) 결론 : 연구가설의 긍정 혹은 부정

영가설과 연구가설은 서로 반대이다. 두 개의 상반된 가설 중에서 현재까지 주장되어 온 것을 영가설로 정하며, 반대로 기존상태로부터 새로운 변화 또는 효과가 존재한다는 주장 혹은 연구자가 실제로 진술한 것이 연구가설이다.

3) 양방(兩方)검증과 일방(一方)검증

가설검증은 크게 양방검증(양측검증)과 일방검증(단측검증)으로 나누며, 일방검증은 다시 왼쪽 끝부분 검증과 오른쪽 끝부분 검증으로 나눈다. 이것을 표로 나타내면 〈표 1.1〉과 같다.

〈표 1.1〉 양방검증과 일방검증

양방검증	일방검증	
	왼쪽 끝부분 검증	오른쪽 끝부분 검증
$H_0 : \mu_1 = \mu_2$, 또는 $\mu_1 - \mu_2 = 0$	$H_0 : \mu_1 \geq \mu_2$	$H_0 : \mu_1 \leq \mu_2$
$H_1 : \mu_1 \neq \mu_2$, 또는 $\mu_1 - \mu_2 \neq 0$	$H_1 : \mu_1 < \mu_2$	$H_1 : \mu_1 > \mu_2$

위의 표에서 보면 양방검증은 등호를, 일방검증은 부등호를 가지고 있다. 검증방법을 선택하는 기준은 연구자의 관심 혹은 연구문제의 성격에 달려 있다. 연구자의 연구가설에서 모집단 평균이 진술된 값과 같지 않다고 주장하거나, 두 집단 간 차이가 있을 것이라는 단순한 연구문제인 경우에는 **양방검증**을 한다. 그리고 모집단 평균이 진술된 값보다 작거나, A집단이 B집단보다 통계치가 적을 것이라고 가설을 설정한 경우에는 왼쪽 끝부분 검증, 진술된 값보다 크거나 A집단이 B집단보다 통계치가 클 것이라고 가설을 설정한 경우에는 오른쪽 끝부분 검증, 즉 **일방검증**을 한다. 양방검증에서는 진술된 가설이 참인가 거짓인가 만을 밝히며, 일방검증은 증감 방향을 구체적으로 검증한다. 영가설은 각각의 연구가설과 반대로 하면 된다. 그러나 유의할 것은 가설의 채택 또는 기각의 1차적 대상이 영가설이라는 점이다. 영가설의 긍정 여부를 검증한 연후에 연구가설의 수용 여부가 결정되는 것이다.

【양방검증의 예】

(1) 결혼만족도가 높은 집단과 낮은 집단 간에는 제품구매 행동에 차이가 있을 것이다.

(2) 교직경력이 낮은 교사와 많은 교사 간에는 교사의 수업평가에 학생이 참여하는 것에 대한 태도가 다를 것이다.

(3) 남학생과 여학생 간에는 감성지능이 다를 것이다.

(4) 자아개념과 자아효능감은 관계가 있을 것이다.

【일방검증의 예】

(1) (선행 연구나 이론적 배경의 검토에 의하면) A형 성격의 여성은 B형 성격에 비하여 충동구매 행동이 강할 것이다.

(2) 집단탐구 수업모형을 적용하면 강의법보다 문제해결력이 향상될 것이다.

(3) 자아성찰 훈련프로그램 실시는 자아개념을 긍정적으로 변화시킬 것이다.

(4) 우뇌 기능 활성화 프로그램은 창의력 향상에 유의한 영향을 미칠 것이다.

탐구과제

1. 일반적으로 양방검증보다 일방검증 대상인 가설을 설정한 연구가 더 과학적이라고 할 수 있다. 그 이유는 무엇인가?
2. 가설검증의 논리는 연구자 자신이 설정한 가설(연구가설)을 직접적으로 검증하기보다는 통계적 가설로서의 '영가설'을 검증하고, 그 결과에 따라서 연구가설의 긍정 혹은 기각을 결정한다. 이와 같은 가설검증의 기제의 필요성을 설명하고, 생활주변에서 유사한 예를 들어보시오.

4) 가설검증에서의 오류

가설검증에서 연구자는 설정한 영가설 H_0를 받아들이거나 부정하거나 둘 중의 어느 하나를 결정하게 된다. 그런데 실제로 영가설 H_0가 참(眞)이어서 이를 긍정하거나, 영가설 H_0가 거짓(僞)이어서 이를 부정하는 결정을 했다면 가설검증에서 올바른 결정을 내린 경우가 된다. 반면에 영가설 H_0가 참(眞)임에도 불구하고 이를 부정하거나, 영가설 H_0가 거짓(僞)임에도 이를 긍정하는 경우에는 가설검증에서 오류를 범하게 되는 것이다. 전자를 **제1종 오류(type Ⅰ error)**라고 하고, 후자를 **제2종 오류(type Ⅱ error)**라고 부른다. 이 관계가 〈표 1.2〉에 제시되어 있다.

〈표 1.2〉 가설검증의 4가지 다른 사태와 이와 관련된 확률

두 가지 중 결정	연구문제의 상태	
	H_0 가 참(眞)인 경우	H_a 가 거짓(僞)인 경우
H_0 : 긍정	정확한 결론 $(1-\alpha)$	제2종 오류 β
H_0 : 부정	제1종 오류 α	정확한 결론 $(1-\beta)$

5) 가설의 진술 방법

가설을 잘 진술하기 위해서는 가설 진술 방법의 일반적 원리에 맞게 진술해야

한다. 그 원리는 다음과 같다.

(1) 변인간의 관계로 진술한다.

(2) 경험적으로 검증이 가능토록 진술한다.

(3) 간단명료하게 진술한다.

(4) 선언적 혹은 가정적 형식을 택하여 진술(미래형)한다.

(5) 사전에 설정하되, 그 근거를 밝힌다.

6) 가설의 평가

어떤 가설이 더 중요하고 좋은 가설인가의 평가 기준은 먼저, 가설의 진술 방법적 원리를 잘 적용한 가설이어야 한다. 이 외에 좋은 가설 여부를 평가하기 위한 몇 가지 기준을 제시하면 다음과 같다.

(1) 경험적 혹은 과학적 검증가능성이 높아야 한다.

① 이론적으로 그 의미가 분명한 개념과 변인, 객관적으로 관찰 측정이 가능한 변인을 다루어야 한다.

② "…을 해야 한다", "…이 더 좋다", "…이 바람직하지 않다" 등의 감정이나 의지를 표현하는 용어를 사용하지 않는다.

③ 초자연적 현상(주술, 점, 사후세계 등)이나 종교적 신념을 나타내는 진술은 피한다.

(2) 일반화의 정도가 높아야 한다.

과학, 이론의 생성, 가설 검증 등은 현상에 도사리고 있는 개별 사례, 특수한 경우에 적용하려는 목적이 아니라 보다 넓은 대상, 다양한 사례, 일반적인 경우에 적용하는 목적을 갖는다. 예컨대, 철수와 영희라는 개별 사례보다는 1학년 학생들, 중학생들, 청소년들에게 적용할 수 있는 것을 추구한다. 또 도덕성 발달 수준을 밝힐 경우, 도덕성이 발현되는 일반적인 상황을 두루 포괄하는 방식으로 관찰을 하는 것이며 특수한 경우만을 표집하여 관찰이나 측정을 하는 방식으로 가설을 설정하는 것이 아니다.

(3) 기존 지식체제와의 일관성 및 합리적 근거를 지니고 있어야 한다.

가설은 연구를 통하여 나타날 것으로 기대하는 결과에 대한 진술이라고 했다.

이 때, '기대되는' 이라는 말은 연구자가 의도적으로 기대되는 방향으로 연구 상황을 끌고 간다는 것이 아니라, 타당하고 합리적인 근거에 바탕 하여 기대하는 바를 정당화 할 수 있어야 한다는 의미이다. 그러므로 연구자는 누군가 "왜 그렇게 가설을 세웠는가?" 라고 질문할 경우 객관적인 근거를 가지고 자신의 가설이 정당함을 설명할 수 있어야 한다.

(4) 같은 가설이라면, 이론체계와 기본 가정이 단순할수록(단순성) 좋은 가설이다.

가설은 검증하기 위한 것이고 검증되어야만 한다. 검증되어야 하는 가설이 복잡하거나 이론체계에 맞지 않을 경우 검증하기란 어려운 일이다. 예컨대 "A와 B학습방법은 학업성적을 향상시킬 것이다"라는 가설이 있을 때, A학습방법은 검증되었으나 B학습방법은 검증되지 않을 수 있다. 따라서 이러한 경우 "A학습방법은 학업성적을 향상시킬 것이다"와 "B학습방법은 학업성적을 향상시킬 것이다"와 같이 두개의 가설로 진술하는 것이 보다 타당하다.

(5) 기각된 가설도 그 자체로 유용성을 지닌다.

이론은 변하고 발전한다. 때로는 폐기되는 이론도 있다. 교육이론은 주어진 조건 또는 환경에 따라 변할 수 있다. 이론의 변화에 따라 가설도 변할 수 있으며 기각될 수도 있다. 체계적인 연구설계에 의한 실험에서 가설이 기각되었을 경우, 선행연구와 재미있는 논의를 전개할 수 있다. 왜냐하면 기존의 교육의 이론을 새로운 시각에서 관찰할 수 있는 조건이 마련되었기 때문이다.

5. 유의도(혹은, 유의수준)

본서를 통하여 유의도 혹은 유의수준이라는 개념을 매우 자주 접하게 될 것이다. 이 개념은 자극-반응 연구이건 반응-반응 연구이건 통계적 분석에서 거의 필수적으로 등장하고 있으므로 먼저 이 개념의 의미를 분명하게 이해해 둘 필요가 있다. 먼저, 가상적인 연구의 상황을 생각해 보자.

어떤 연구자가 중학생을 대상으로 각성훈련 프로그램을 받으면 정서지능이 향상되는가를 밝혀보려고 한다. 즉, 훈련을 받은 집단과 통제집단 간에 정서지능이 차이가 있는가를 규명하려고 한다. 연구자는 가설을 "훈련프로그램을 받은 집단의 정서지능이 통제집단에 비해 유의하게 높을 것이다"로 정했다. 이러한 가설검증을 위해 일단의 집단에 일정 기간 프로그램을 실시하고 프로그램 실시 전과 후에 두 집단의 정서지능을 측정하여 통계적 분석을 하였다. 그 결과, 훈련을 받은 집단과 통제집단 간에 p〈.01수준에서 유의한 차이가 나타나, 이 프로그램이 중학생의 정서지능을 향상시키는 데 영향을 준다고 결론을 내렸다.

이 연구의 예에서 가설의 검증을 위해 연구자는 "두 집단 간의 정서지능지수의 차가 유의하다"라는 증거를 보여주어야 한다. 여기서 '유의(有意)'라는 용어는 단순히 우연이 아님을 의미한다. '유의한 차이'라 함은 연구자가 확신하는 차이가 우연적 변화에 의하여 나타나는 차이가 아니라 독립변인의 작용(각성훈련 프로그램의 적용)에 의해서 나타난 차이를 말한다. 우연이 배제됐다는 단순한 의미만을 내포하기 때문에 차이가 필연적으로 중요하고 근본적이라는 뜻이 아니며 더욱이 아주 큰 차이가 있다거나 그 차이가 중요하다는 뜻이 아니다. 유의한 차는 사소한 것일 수도 있으나 적어도 우연에 의한 것은 아니다는 뜻이다. 중요한 차이는 유의함이 틀림없으나 유의라는 말 자체와 중요하다는 말을 혼동해서는 안 된다.

또한 연구자는 통계적 분석을 통하여 규명된 유의도는 실제적 유의도와는 다르다는 점도 염두에 두어야 한다. 통계적으로 유의한 차가 실제로는 무의미한 차이일 수도 있으며, 반대로 통계적으로는 유의한 차가 아니지만 실제로는 의미 있는 차 일수도 있다. 행동과학적 연구자가 단순히 통계적 분석 결과에만 의존하여 결론을 내려서는 안 되는 이유가 여기에 있다.

일반적으로 가설검증에서 α(알파)의 수준은 α=.05, α=.01, α=.001 등으로 정한다. 이 때 α는 유의수준을 나타내는 문자이다. 다시 말하면, 유의수준이란 제1종 오류 α의 최대치를 말한다. "유의하다"라고 할 때, 이것은 모수치와 표본통계치의 차이가 현저하여 통계치의 확률이 영가설을 부정할 수 있을 만큼 낮은 경우를 뜻한다. 유의수준이 설정되었을 때 가설을 채택하거나 기각시키는 판단기준이 있어야 하는데, 이 값을 임계치(臨界値)라고 한다. 임계치는 가설검증의 종류와 문제의 성격에 따른 통계적 분석 방법에 따라서 서로 다른 값을 갖는다. α=.05 수준을 $P \leq .05$로 표기할 수 있는데, 이것은 계산된 확률수준이 .05보다 작거나 같다, 혹은 영가설을 기각할 때 범할 수 있는 오류의 확률이 .05(5%) 이하라는 것을 의미한다. 따라서 이는 영가설을 기각시킨다는 의미이다.

〈표 1.3〉 유의도 표현방법

기호	α	수준	확률
*	.05	$p \leq .05$	5%
**	.01	$p \leq .01$	1%
***	.001	$p \leq .001$	0.1%

탐구과제

1. 연구자가 설정한 가설이 기각되는 결과가 나타나는 이유를 설명해 보시오.
2. 가설검증을 통하여 나타난 결과 중 유의한 차가 별로 중요하지 않은 경우와, 유의한 차는 없으나 중요한 차이라고 주장할 수 있는 예를 들고, 그 이유를 설명해 보시오.
3. 가설검증에서의 제1종 오류와 제2종 오류를 줄이기 위한 방안을 기술하시오.
4. 가설의 채택 혹은 기각을 결정하기 위하여 설정한 유의도는 연구의 목적 혹은 성격에 따라서 달라질 수 있다. 유의도를 높여야 할 경우와 낮추어야 할 경우의 연구 예를 하나씩 제시하시오.

6. 표집 · 표본 · 표집오차

교육현상을 탐구하기 위해 연구대상자 집단 전체 혹은 연구하려는 특성 전체를 직접적으로 조사하거나 관찰하거나 실험해 보면 정확한 결과와 결론을 내릴 수 있다. 그러나 대부분의 교육연구에서는 현실적으로 전집의 모든 요소를 조사하거나 관찰하거나 실험대상으로 삼을 수 없으며 조사 대상 중에서 전체를 대표할 수 있는 일부 요소를 선정하여 연구하는 표본연구를 수행한다. 즉, 중학생이 연구대상이라고 할 때, 중학생 전체가 아닌 축소된 집단을, 자아개념이라고 할 때, 자아개념 전체가 아닌 자아개념의 일부분을, 국어성적은 국어교과에 관한 모든 내용이 아닌 일부 내용을 추출하여 연구하거나 측정하는 것이다.

즉, 행동과학적 연구는 대부분 연구 대상의 전집을 직접적으로 측정하거나 관찰하기 보다는 전집으로부터 연구 대상자 혹은 연구변인의 일부를 표집(선정)하여 만들어진 소규모의 표본을 대상으로 수행된다. 따라서 표본이 대표적인 표본(representative sample)이냐 아니냐에 따라서 연구 결과가 의미가 있게 되기도 하고 무용지물이 되기도 한다. 대표적인 표본이 아닌 경우에는 표집오차가 크게 작용하여 연구결과를 왜곡시키게 되기 때문이다.

표집오차를 최소화하기 위해서는 대표본을 연구 대상으로 하는 것이 바람직하다. 그러나 대표본이라고 하더라도 전집을 대표할 수 있는 대표적 표본이 안 되는 경우에는 대표적 소표본이 오히려 더 타당한 결론을 이끌어 내는 데 도움이 된다. 연구자가 표집 방법에 신중을 기하여야 하는 이유가 여기에 있다. 교육연구에서의 이와 같은 연구대상에 관한 논리를 제시하면 [그림 1.1]과 같다.

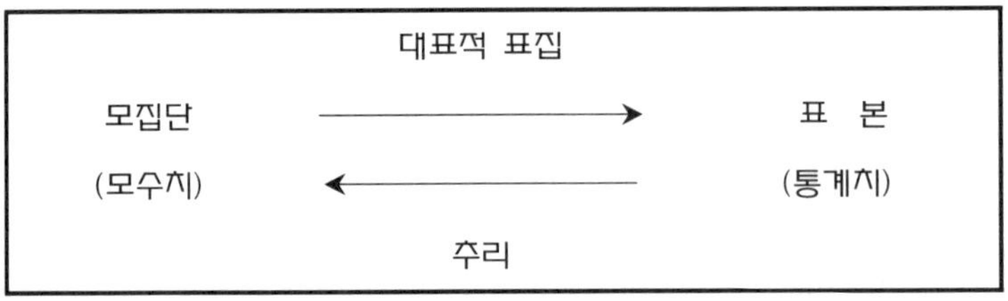

[그림 1.1] 교육연구에서의 연구대상 관련 논리

1) 표집 관련 기본 용어들

연구대상의 표집에 관련한 기본적인 용어의 의미부터 정리해 보자.

(1) 전집(全集) 혹은 모집단(母集團)

전집 혹은 모집단이란 연구 대상이 되는 사람이나 변인, 개념, 현상들 전체 집단 혹은 연구대상이 되는 전체 요소들의 집합을 일컫는다. 실제적인 연구에서는 전집에 대한 조작적 정의를 내리는 것이 필요할 때가 많다. 예컨대, 사교육에 대한 학부모들의 태도를 연구하려고 하는 경우에, "이 연구에서 학부모들이란 J시에 거주하는 중·고등학생 자녀를 둔 40대의 父와 母를 일컫는다." "이 연구에서 학력이란 1학기 중간고사와 기말고사 성적을 일컫는다" 등으로 전집을 정의하게 된다. 따라서 **전집의 크기는 전집에 대한 조작적 정의에 따라서 달라진다.**

전집 혹은 모집단에는 전집치(全集値, parameter) 혹은 모수치(母數値)가 존재한다. 예컨대, 30,000명의 중학생 전집에는 전집치로서 도덕성 발달지수와 정서지능 각각의 평균치, 표준편차, 두 변인간의 상관계수 등이 존재한다. 그런데, 이러한 전집치는 30,000명을 모두 측정하여 수집한 자료의 분석을 통해 계산된 것이기 때문에 신뢰도(오차) 문제가 제기되지 않는다.

(2) 요소(要素, elements)

요소란 전집을 구성하고 있는 개체들, 혹은 그 개체들의 특정 특성을 일컫는다. 예컨대, 어느 대학의 재학생이 연구 대상이라면 재학생 전체를 전집이라고 하고, 전집을 구성하고 있는 대학생 한 사람 한 사람을 요소라고 한다. 또 학력을 측정하려는 경우, 측정 대상인 교과들, 각 교과들에서 측정하려고 규정한 모든 학력 종류들(지식, 이해, 적용, 분석, 종합, 평가, 태도, 기능 등)이 요소이다.

(3) 표집 또는 표본추출(sampling)

전집 혹은 모집단으로부터 실제로 관찰하거나 측정하려는 연구대상을 추출하는 절차를 **표집** 혹은 **표본추출**이라고 한다. 표집 방법은 다양한 방법이 있으나, 그 핵심은 전집을 잘 대표할 수 있는 표본이 되도록 하는 것이다.

(4) 표집단위(sample unit)

표집단위 혹은 **표본추출단위**란 표집의 단위이다. 대부분이 요소로서의 개인이 되지만, 경우에 따라서는 학과, 단과대학, 대학교, 동, 아파트, 시, 도 등이 될 수도 있다. 따라서 표집단위는 대부분 몇 개의 층으로 구성되어 있다.

(5) 표본체제(혹은 표본틀, sampling frame)

표본체제란 표집단위의 목록표, 표집단위에 속하는 요소들의 리스트로서 전화번호부, 출석부, 학적부, 대학명부, 주민등록대장 등이 이에 해당한다. 실제 연구에서 연구대상을 기술할 경우 표본체제에 대한 조작적 정의가 요구됨은 두 말할 나위가 없다.

(6) 표본(標本, sample)

표본이란 표집절차를 통하여 선정된 직접적인 연구대상 집합을 일컫는다. 전집에 전집치가 존재하듯이, 표본에는 통계치(statistics)가 존재한다. 거듭 지적하는 바이지만, 대부분의 연구는 표본의 통계치를 가지고 전집의 전집치를 추리하는 방식을 취한다.

(7) 표본추출률(sampling fraction)

표집률이라고도 하며, 전집의 크기에 대한 표본의 크기의 비율을 **표본추출률**이라고 한다. 전집이 30,000명인데 이 중 300명을 표집하여 연구한다면 표본추출률은 $p = \frac{300}{30,000} \times 100 = \frac{3}{3}$ 즉 1%이다.

(8) 가중표본추출(weighted sampling)

가중표본추출을 **가중(加重)표집**으로 부르기도 한다. 연구의 상황은 전집을 구성하고 있는 단위집단의 절대적인 요소 수에 의해 결정할 수 없으며 연구의 내적 혹은 외적 타당도를 높이기 위해 전집의 규모가 적은 경우라도 표본추출율을 높이고, 전집의 규모가 큰 경우라고 하더라도 적은 수를 표집하는 낮은 표본추출율을 적용하여야 할 경우가 있다. 예컨대, 초등학교 교사의 직무만족도를 교사의 성에 따라서 비교해 보고자 할 때, 여교사가 절대적으로 많은 상황에서 남/여 교사를 같은 표본추출율로 표집하는 것은 합리적이지 못하며, 오히려 표본의 크기가 비슷하도록 표집하는 것이 더 타당할 것이다.

2) 표집오차(sampling error)

전집을 직접 관찰하거나 조사하지 않고 표본을 구성하여 계산된 통계치로 전집치를 추리하려는 경우에는 언제나 전집치와 통계치 간의 차, 혹은 표집에 의한 표본의 통계치와 모수치 간의 불일치가 발생하기 마련이다. 이와 같은 차이나 불일치를

표집오차(표집에 의해 발생한 오차)라고 한다. 표집오차를 줄이기 위해서는 전집을 잘 대표하는 대표적 표집방법이 적용되어야 한다. 이러한 표집방법은 4장 4절에 제시되어 있다.

3) 오차의 종류와 성격

연구설계의 생명은 연구의 순수성을 얼마나 잘 살려내느냐 하는 것이다. 즉, 연구가 원래 의도한 목적을 순수하게 달성하는가 하는 것이 연구설계의 일차적인 관심사이다. 연구과정에 잡다한 요인이 작용하거나 연구의 순수성을 저해하는 다양한 요인들을 적절하게 차단하거나 통제하지 못하는 경우 연구 자체의 생명이 위태로울 수 있다. 이러한 문제와 관련된 키워드가 오차라는 개념이다.

연구를 수행하면서 부딪치는 문제 중 가장 일반적인 것이 오차이다. **오차(誤差)**란 관찰치와 실재값과의 차를 일컫는다. 특히, 인간을 대상으로 질문지를 실시하거나 실험을 하거나 관찰을 하거나 어느 경우이건 관찰치(측정치)는 실재하는 속성의 크기와 다를 수밖에 없다. 그리고 개인의 경우에 발생할 수 있는 오차는 많은 사례를 표본으로 하여 측정하는 경우에는 오차는 더 커지는 것은 당연하다. 연구자는 오차를 원천적으로 제거할 수는 없다. 그러나 오차의 정체를 명확하게 이해하고 이를 최소화하기 위한 연구설계를 하도록 노력하느냐의 여부가 연구자의 능력과 연구의 질을 결정한다는 점을 유의해야 할 것이다.

오차는 표본오차와 비표본오차로 구분되며, 비표본오차는 무응답오차와 응답오차로, 그리고 응답 오차는 연구자 오차, 면담자 오차, 응답자 오차 등으로 분류할 수 있다(이군희, 2001 : 155).

(1) 표본오차

표본오차는 전집을 직접 관찰하거나 측정하지 않고 표본을 대상으로 연구함으로써 발생하는 오차이다. 이 오차는 근본적으로 해소시킬 수 없으며 표본의 크기를 크게 하면서 대표적인 표본이 되도록 표집방법을 적용하는 것이 이 오차를 최소화하는 방안이다.

(2) 비표본오차

비표본오차는 표본오차 이외의 모든 오차를 일컫는다. 여기에 해당하는 무응답오차는 표본의 특정 사례가 어떤 원인에 의해 응답을 하지 않아서(측정을 하지 못하여) 발생하는 오차이며, 응답오차는 연구대상이 응답은 하였으나 부정확한 응답, 정확한 응답의 기록 착오나 분석상의 오류 등을 말한다. 이와 같은 응답오차는 연구자, 면접자, 응답자 등에 의해 발생될 수 있기 때문에 연구자 오차, 면담자 오차, 응답자 오차 등으로 명명한다. 이와 같은 오차를 최소화하기 위해서는 연구설계 과정에서 연구자가 세심한 주의를 기울이는 방법 외에 특별한 것이 없다.

제3절 교육연구의 유형

교육연구는 연구의 목적과 연구 방법, 연구수행에 사용하는 자료의 성격, 연구가 수행되는 시기 등에 따라서 다양한 유형으로 분류할 수 있다. 교육연구의 유형 구분은 엄격하게 이루어질 수 없으며 편의상의 분류일 뿐이다. 모든 연구유형은 서로 보완적으로 이루어지기 마련이며 서로 혼합된 성격을 지님을 이해할 필요가 있다.

1. 기초연구와 응용연구

1) 기초연구

기초연구(basic research)란 기본적으로 법칙의 발견 혹은 이론 정립을 목적으로 하는 연구로서 과학적 지식의 발전을 위한 창조적 연구를 일컫는다. 이는 연구의 목표 중 '기술'과 '설명'에 초점이 맞추어져 있는 연구이다. 기초연구는 주로 자연과학

분야에서 이루어지고 있는 연구라고 할 수 있으며, 교육연구에서 기초연구, 특히 순수기초연구라고 할 만한 것을 찾기는 쉽지 않으나, 교육학 석사학위나 박사학위 논문은 기초연구로 분류될 수 있는 것이 많다. 교육연구란 교육현상(실제)을 연구의 대상으로 삼으며, 연구 결과는 교육의 실제에 어떤 방식으로건 관련되어 있거나 관련되지 않으면 안 되기 때문이다.

2) 응용연구

응용연구(applied research)란 애초부터 현실의 문제를 해결하거나 개선하는데 활용할 것을 염두에 두고 수행한 연구를 일컫는다. 교육현장연구는 거의 대부분 응용연구로 분류할 수 있다.

교육연구를 크게 기초연구와 응용연구로 분류할 때 어떤 연구가 어디에 속하는가를 따져야 할 경우 다음과 같은 연속선상에서 분류 혹은 판단하는 것이 타당하다. 즉, 어떤 연구가 순수기초연구로 혹은 순수응용연구로 분류될 수 있는 것이 아니며, 그 연속선상의 어느 위치에 해당하는 것으로 분류하는 것이 더 적절하다.

순수기초연구 ←── 기초연구 — 기초 · 응용연구 — 응용연구 ──→ 순수응용연구

2. 기술적 연구(조사연구, 발달연구, 사례연구, 상관연구, 내용분석) 對 실험적 연구(실험연구, 준 실험연구)

교육연구 혹은 행동과학적 연구의 유형이나 형태는 연구의 목적, 문제의 성격과 연구 내용, 내용이나 문제해결의 절차나 특성, 측정도구의 성격 등에 따라서 매우 다양하다. 그러나 모든 유형의 교육연구 유형을 유사한 성질끼리 묶어 보면 기본적으로 기술적(記述的) 연구 혹은 관찰연구와 실험연구로 대별할 수 있다. 전자는 아무런 실험적 처치 없이 있는 그대로의 상태를 관찰(조사, 면접, 검사 등)하여 현상을 탐구하는 형태이며, 후자는 실험대상 집단에 어떤 형태이건 실험적 처치를 가하는 과정을 거치는 형태를 취한다.

1) 기술적 연구

기술적 연구란 현상을 사실대로 드러내는 것이 목적인 연구를 일컫는다. 이러한 연구는 주로 "…이 …하다"의 형태를 취한다. 따라서 인관관계를 규명하는 것이 아니다.

행동과학 분야의 대부분의 연구는 어떤 변인을 한 차원에서 측정한 것과 다른 차원에서 측정한 것을 비교하는 형태를 취한다. 기술적 연구는 반응변인(反應變因)과 반응변인간의 비교만으로 족하다. 반응변인이란 이미 존재하는 혹은 다른 자극의 작용 없이 그 자체로 측정되는 변인을 일컫는다. 자극변인이 작용하지 않기 때문에 반응-반응연구는 상관과 인과관계를 규명할 수 없다. 그러나 이 연구결과는 연구자로 하여금 어떤 현상을 예언할 수 있게 한다. 이 점이 바로 반응-반응변인 연구의 존재가치인 셈이다. 그러나 이 연구방법을 이용하여 원인적 요인을 가려내었다는 가정에 쉽게 빠지지 않도록 조심해야 한다.

(1) 기술적 연구의 예시

연구주제 : 학생에 대한 교사의 태도와 학생의 집단응집력과의 관계
연구문제 : 학생에 대한 교사의 수용태도와 거부태도 간 학생의 집단응집력은 유의한 차이가 있는가?

이 연구에서 연구자는 교사의 수용-거부 태도 정도를 측정하기 위한 신뢰롭고 타당한 측정도구를 개발했다. 이 도구는 전체학생에 대한 교사의 수용-거부 태도를 등위로 나타낼 수 있는 서열척도였다. 예컨대, 갑돌이에 대한 교사의 수용-거부 태도가 갑순이 보다 더 강한가 또는 약한가를 나타낼 수 있는 도구였다. 이렇게 해서 전체 학생에 대한 등위가 결정되었다. 그런 다음 연구자는 일주일 동안 학생들을 관찰하여 각각의 학생들이 나타내는 집단지향적 행동의 횟수를 계산하였다. 이 결과 연구자는 두 변인 간에 어떤 관계가 분명히 있음을 발견하였다. 즉 교사에 의해 더 많이 거부되는 학생일수록 더 적은 횟수의 집단지향적 행동을 나타내었다.

이 결과의 확인만으로도 매우 가치 있는 연구이다. 왜냐하면 우리는 학생의 미래행동을 예언할 수 있기 때문이다. 즉 교사의 학생 수용-거부 태도의 정도에 따라 각기 학생의 집단지향적 행동의 정도를 예언할 수 있다.

그러나 이 경우 두 변인 간에 인과관계가 성립될 수 있는가? 꼭 그렇지는 않다. 적극적인 자극변인이 작용하지 않았기 때문에 인과관계가 성립한다고 말할 수는 없다. 또한 관계의 방향도 결정할 수 없다. 교사의 거부태도 때문에 학생의 집단지향적 행동이 덜 나타나는지, 학생의 집단지향적 행동이 교사의 거부반응을 일으키는지 알 수가 없다. 이 두 변인간의 관계를 보다 쉽게 이해할 수 있게끔 문자나 기호로 도시하면 다음과 같다. 이때 A는 교사의 수용-거부반응의 정도를, B는 학생의 집단지향적 행동의 횟수를, X는 제 3변인을, 그리고 '→' 는 관계의 방향을 의미한다.

A ⟶ B

이 연구에서 밝혀지지는 않았지만 A(교사의 수용태도)가 B(학생의 집단지향적 행동)를 유발한다는 추리가 가능하다.

B ⟶ A

이 추리 역시 가능하다. 즉 B(학생의 집단지향적 행동)가 A(교사의 수용태도)를 유발한다고 가정할 수 있다.

X ⟶ A/B

이 추리 역시 가능하다. 즉 X(알려지지 않은 제 3변인)가 A와 B간의 관계의 원인이라고 가정할 수 있다. 예컨대, 변인 X는 학교에 만연되어 있는 갈등 또는 불신감과 같은 심리적 분위기라고 할 수 있으며 이러한 분위기가 학생들 간의 응집력을 저하시킬 수 있다

위의 세 가지 설명은 모두 성립될 수 있으나 어느 설명이 진짜 설명인지를 기술적

연구에서는 밝혀낼 도리가 없다. 그렇다고 기술적 연구는 근본적으로 타당하지 못한 연구방법이라고 못 박아서는 안 된다. 문제가 되는 것은 반응-반응변인 연구를 잘못 적용하는 경우다. 기술적 연구가 잘못 적용되는 경우는 신문, 잡지 심지어는 전문적인 연구지에서도 흔히 발견할 수 있다. 예컨대, 어떤 잡지에서 보도하기를 "많은 학교들이 열린교육체제를 도입한 이래 학생들의 비행이 이전보다 2배로 증가되었다. 따라서 가능한 한 각 학교는 열린교육을 해서는 안 된다" 라고 지적했다면 그 잡지는 두 변인 간에 인과관계가 있는 것처럼 해석하는 크나 큰 실수를 범하고 있음을 유의하여야 한다.

기술적 연구는 앞에서 언급한 바와 같이 우리에게 예측을 가능하게 해주기 때문에 대단히 가치 있는 연구방법이다. 또 다른 기술적 연구의 가치는 논리의 관점에서 찾을 수 있다. 예컨대, 특정 프로그램의 투입이 정서지능지수의 향상에 영향을 미치는가를 규명하기 위한 실험 연구는 특정 프로그램이라는 자극변인이 독립변인으로서 영향력을 지니는가, 즉 원인적 변인으로 작용하는가를 알아보기 위하여 동질화된 실험집단과 통제집단을 구성하여 인위적으로 실험집단에 프로그램을 적용시키게 된다.

그런데 프로그램의 실시는 인간발달상의 부작용을 초래할 수도 있다. 이와 같은 예는 인간을 대상으로 실험하는 실험 연구가 안고 있는 윤리적 도덕적 차원의 크나큰 문제점이다. 그러므로 선진국에서는 이미 인간 연구에서 많은 제약과 사전-사후 조치를 엄격하게 규정하고 있음을 유의할 필요가 있다. 인과관계규명이 가능하다는 실험 연구의 가치보다는 윤리적 가치문제가 더 우선적이어야 함은 물론이다. 이런 경우에 비록 인과관계 규명은 불가능할지라도 예언만이라도 가능한 연구의 적용으로 만족해야 할 경우가 많다. 어설픈 연구자의 과업달성적 이기심에 의하여 숭고한 인간의 존엄성이 손상을 받아서는 안 되기 때문이다.

또 기술적 연구의 가치는 연구를 수행할 수 있는 가능성에서 찾을 수 있다. 실험 연구는 엄밀한 조작과 통제가 요구되는바 인간을 대상으로 하는 교육연구에서 조작(操作)과 통제가 거의 불가능한 경우가 많다. 이럴 경우 기술적 연구가 더 돋보이게 적용될 수 있는 것이다.

(2) 기술적 연구에서 가설의 검증

기술적 연구를 수행하는 경우 다음과 같은 두 가지 일반적 가설을 검증할 수 있다.

① 차(差)의 가설

가설 : 대도시, 중소도시, 농어촌 지역 학생 간에 학업성적과 자아개념은 차이가 있을 것이다.

이 경우 연구자는 한 변인(거주 지역)의 측정에서 분명하게 다른 둘 이상의 집단을 선정한다. 그런 다음 다른 변인에서도 각 집단에 차가 있는가를 밝히면 된다. 실험적 연구와는 달리 등질화(等質化)된 집단들을 선정할 필요도 없고 다른 처지를 할 필요도 없다. 기술적 연구에서는 등질화 되지 않은 한 변인에서 다른 집단들을 선정하고 똑같은 검사도구로 다른 변인을 측정하여 차이가 있는가를 확인한다.

예를 들어, 중학교 학생들을 대상으로 하여 대도시지역, 중소도시지역, 농어촌지역 등 세 지역 간에 학업성적, 학업자아개념 등에서 차이가 있는가를 연구하였다고 가정해 보자. 그 결과 학생의 지능, 성, 그리고 사회경제적 지위(SES)를 통제했을 때 세 지역 집단 간에 학업성적과 학업자아개념 등에서 차이가 없는 것으로 나타났다고 가정하자. 이러한 연구는 차의 가설을 검증하는 기술적 연구의 전형적인 한 예가 된다. 세 집단 간의 학업 성적과 자아개념에서 차가 있는가를 알아보기 위한 것이기 때문에 차의 가설을 검증하고 있다고 볼 수 있다.

② 관계의 가설

가설 : 교사의 수업에 대한 학생평가와 학생의 기대 성적 간에는 유의한 상관이 있을 것이다.

이 경우 한 집단을 선정한 후 두 개 또는 그 이상의 변인들을 측정하여 변인 간에 상관이 있는가를 알아본다. 이러한 방식의 연구를 상관연구라고 하며 비록 인과관계의 가정은 할 수 없지만 타당한 예언은 가능하다.

예컨대, 고등학생을 대상으로 교사의 수업평가 결과와 학생의 여러 특성 간에 관계가 있는가를 밝히기 위한 연구가 수행되었다고 가정하자. 학생 300명이 교사의 수업을 평정 척도에 의해 평가하고 해당 과목에서 기대하는 성적과 수업평가 점수간의 상관관계가 계산될 것이다. 이 결과 두 변인 간에 의의 있는 정적상관이 발견되었다고 가정하자. 즉 학생들의 기대 성적이 높을수록 교사의 수업평가가 긍정적이었다. 이 결과를 가지고서 인과관계를 추론할 수는 없지만 학생의 기대성적을 가지고서 교사의 수업평가 결과를 우연이상으로 더 정확하게 예언을 할 수 있게 해 준다.

이렇게 관계의 정도를 검증하는 기술적 연구는 이런 측정된 변인간의 연합, 또는 상관을 규명해 준다. 이러한 연구의 궁극적 목적은 우연이상으로 더 정확한 예언을 가능하게 해 주는 의의 있는 상관을 찾는 데 있다.

(3) 기술적 연구의 예

① 학습우수아와 학습부진아의 지능, 창의성, 감성지능 비교 연구
② 체벌에 대한 학생, 교사, 학부모의 태도 비교 연구
③ 자아의식의 발달에 대한 종단적 연구
④ 집단따돌림 아동의 생활사 연구
⑤ 초·중·고교 학생의 통제소재와 성격과의 관계
⑥ 가정의 심리적 환경과 도덕성 발달과의 관계
⑦ 교과서에 나타난 성 사회화 양식 연구

2) 실험적 연구

실험적 연구란 독립변인을 조작 혹은 처치한 후 그 결과가 종속변인에 어떤 변화가 발생하는가를 실험적 절차를 통하여 규명하려는 연구이다.

(1) 독립변인과 종속변인

실험연구는 실험자의 세심한 통제를 요구한다. 실험자는 자극변인이 실험집단에

충분히 반영되어 작용하도록 실험을 설계하고 수행한다. 이때 실험집단에 작용하는 자극변인을 흔히 **독립변인**이라고 부른다. 독립변인은 다음과 같은 속성이 있다.

① 피실험자에게 제시된 자극의 어떤 형태다.

② 인과관계의 원인적 역할을 하는 한쪽 변인이다.

③ 실험자의 적극적인 조정(treatment)을 필요로 한다.

피실험자에게 자극변인을 제시한 후 실험자는 피실험자의 반응에 어떤 변화가 있었는가를 확인한다. 새로이 또는 변화된 피실험자의 반응을 **종속변인**이라고 부른다. 처음에 지시된 자극에 의해 나타나거나 또는 변화된 반응이기 때문이다. 종속변인은 다음과 같은 성질이 있다.

① 피실험자에게서 측정된 변인이다.

② 인과관계의 결과적 역할을 하는 한쪽 변인이다.

③ 실험자에 의해서 측정될 뿐 조정되지는 않는다.

예를 들어, 한 연구자가 "어떤 프로그램(X)을 받으면 정서지능지수가 올라갈 것이다."라는 가설을 검증한다고 하자. 이러한 가설을 검증하고자 연구자는 두 집단을 선정하였는데 두 집단 간의 모든 인간의 능력은 동등하게 하였다.(사실은 엄격한 의미에서 집단 간의 동등성을 기할 수 없지만 그래도 무선배치하는 방법이 가장 타당한 것으로 알려져 있다.)

일단 두 집단이 결정되면 실험자는 한 집단에게는 프로그램을 실시하고 다른 집단에게는 그 프로그램을 실시하지 않는 것 외에는 모든 처치를 똑같이 하였다. 이때 프로그램을 실시한 집단을 **실험집단**이라고 하고 실시하지 않는 집단을 **통제집단**(統制集團)이라고 한다. 피실험자는 자신이 어느 집단에 속해 있는지를 알아서는 안 된다. 만일 피실험자가 자신이 실험집단에 속해 있음을 알게 될 경우 알게 모르게 심리적 영향을 받게 되며 대개의 경우 성취동기(여기서는 연구가 의도하는 방향으로 심리가 작용하는 것을 일컬음)가 높아지거나 낮아지는 경향이 있기 때문이다. 이러한 이유로 해서 실험자는 실험내적 타당도를 저해하는 요인을 제거하기 위하여 통제집단에게도 어떤 가짜 프로그램을 실시한다.

실험자 역시 어떤 집단이 실험집단이고 통제집단인지를 또는 피실험자들이 어느 집단에 속하고 있는지를 알아서는 안 된다. 만일 알게 될 경우 실험자가 설정했던 가설이 긍정되는 방향으로, 혹은 부정되는 방향으로 자신도 모르는 사이에 영향을 줄 가능성이 있다. 그러므로 피실험자와 실험자 모두 어떤 집단이 어떤 집단인지를 서로 모르게 설계하는 실험을 이중 눈가림(double blind)방법이 이상적인 실험상황이라고 할 수 있다. 실험연구에서는 이러한 절차가 필수적으로 요구된다. 또한 두 집단은 일정기간의 실험이 끝난 후 표준화된 검사의 실시방법에 따라 사전검사에서와 똑같은 정서지능검사를 받아야 한다.

이상과 같은 실험연구의 예에서 피실험자에게 투입된 프로그램(X)과 가짜 프로그램은 독립변인이 되며 정서지능지수(Y)는 종속변인이 된다. 만일 모든 다른 조건이 동등했고(잡음변인이 없었고) 개발한 프로그램을 투입한 실험집단의 피실험자들이 가짜 프로그램을 투입한 통제집단의 피실험자들보다 유의하게 높은 정서지능지수를 얻었다면 이미 설정되었던 가설은 합법적으로 긍정되어 프로그램은 정서지능지수 향상에 효과가 있다고 결론 지울 수 있게 된다.

우리는 여기서 다음과 같은 사항을 인식할 필요가 있다. 즉 투입한 프로그램은 첫째 자극변인이며, 둘째 인과관계의 원인적 역할을 하는 한쪽 변인이며, 셋째 연구자(실험자)에 의해 적극적으로 조정된다는 사실이다. '적극적으로 조정된다' 함은 피실험자에 의해서가 아니라 실험자에 의해서 어떤 집단이 프로그램을 받고 어떤 집단이 가짜 프로그램을 받는지가 결정된다는 의미이다.

아울러 주지해야 할 또 다른 사항은 정서지능지수는 첫째, 피실험자에게 검사를 실시하여 얻어진 반응이며, 둘째, 인과관계의 결과적 역할을 하는 한쪽 변인이다. 그리고 셋째, 연구자(실험자)가 임의로 조정할 수 없으며, 단지 측정만 할 따름인 변인이다.

(2) 실험설계

실험연구는 거의 대부분 실험설계에 기초하여 연구가 진행된다. 실험설계의 방법은 검사의 시기, 실험집단과 통제집단의 집단구성을 위한 연구대상자의 배치 방법, 실험처치 방법의 배열에 따라 여러 가지가 있지만 그 기본적인 것은 세 가지다. 즉 사후검사설계, 사전-사후 검사설계, 결합집단설계 등이다. 연구자의 주된 관심은 자극-반응형태의 연구가 엄밀하게 통제된 실험조건하에서 수행될 수 있도록 사전에 등질화된 실험, 통제집단을 구성하는데 있다. 살험설계의 구체적인 내용은

제5장에서 다루기로 하고, 여기서는 등질집단 구성의 몇 가지 예만 살펴보기로 한다.

① **사후검사설계**

이 설계에서 연구자는 실험집단에만 실험 처치를 가한 후 종속변인을 측정한다. 실험집단과 통제집단간의 등질화 문제는 무선배치를 통해 해결한다. 피실험자들은 무선적으로 선정되어 무선적으로 두 집단에 할당된다. 이 설계가 가능한 것은 두 집단간에 존재할 수 있는 어떤 경우의 차이도 무선적 표집과 배치과정을 통하여 상쇄된다는 가정을 할 수 있기 때문이다. 앞에서 예시한 정서지능발달에 대한 어떤 프로그램의 효과를 검증하는 경우, 연구자는 사후검사 설계 하에서는 다음과 같은 과정을 밟게 된다.

- 집단들은 무선적으로 구성한다(random assignment)
- 실험집단에게는 개발한 프로그램을 투입하고, 통제집단에게는 가짜프로그램을 투입한다(treatment)
- 모든 피실험자들에게 정서지능검사를 실시한다.
- 두 집단 간 정서지능검사 점수의 차이가 의의 있는가를 통계적 검증을 통하여 확인한다. 이 연구설계를 다음과 같이 간단한 형으로 나타낼 수 있다.

R	X	O_1
R		O_2

(R : 무선할당, X : 처치, O : 측정 또는 관찰)

② **사전－사후 검사설계**

사전-사후검사설계의 기본 가정은 실험처치를 받은 실험집단의 사후검사 점수가 사전검사 점수에 비하여 유의하게 높고(향상되었고), 통제집단은 사전-사후검사 점수의 차가 나타나지 않는다면, 실험처치의 효과가 있다는 것이다. 이처럼 이 설계에서는 종속변인은 독립변인이 작용되기 전과 후 두 번 측정되며 후에 변화가 있었다면, 그것은 독립변인으로 말미암은 것이라고 판단한다. 사후검사 설계는 상당기간의 시간상의 경과 때문에 사후검사 점수의 증가 혹은 감소가 실험적 처치 때문인지, 다른 어떤 요인이 작용하여 발생한 것인지를 분간해 내기 어렵다는 난점을 지닌다. 이 기간 동안 피실험자는 의도하지 않았던 잡다한 자극에 영향을 받을 수 있다. 그러므로 이 설계에서는 통제집단이 필요하게 된다. 이 경우의 통제집단은 사전, 사후 검사는 받지만 독립변인이 작용하지 않는다.

예를 들어, "감성지능 훈련이 조직 애착을 향상시킬 것이다"라는 가설을 검증한다고 하자. 실험집단에게는 사전에 조직 애착도를 측정하고 다음에 감성지능 훈련을 시키고 그런 다음 조직 애착도를 다시 측정한다. 한편, 통제 집단에게는 사전, 사후에 조직애착도(組織愛着度, organizational attachment)를 두 번 측정하지만 감성지능 훈련은 시키지 않는다. 이렇게 함으로써 연구자는 사후검사에 영향을 줄 수 있는 잡음변인, 즉 성숙, 학습, 사전검사에 의한 연습의 효과 등을 통제할 수 있다. 통제집단을 구성하는 한, 이 설계는 강력한 연구방법이 될 수 있으나 통제집단이 없는 경우 결과는 모호하게 된다. 이 연구설계를 다음과 같이 간단한 형으로 나타낼 수 있다.

(집단 A)	O_1	X	O_2
(통제집단)	O_1		O2

(O_1 : 사전검사, O_2 : 사후검사, X : 처치)

③ **결합집단설계**

등질적 집단을 구성하는 또 다른 방법은 관련변인에 근거하여 피실험자를 짝지어 표집하는 일이다. 프로그램(X)이 정서지능지수 향상에 미치는 효과에 관심 있는 연구자는 지능, 연령, 학력 등과 같은 변인에 근거하여 두 집단을 구성한다. 만일 실험집단에 나이는 12살이고 지능은 118, 학력은 5학년인 피실험자를 배정했다면 통제집단에도 이러한 변인과 비슷한 특성을 가진 다른 피실험자를 배정한다. 이 방법은 확실히 효과적이긴 하지만 그리 쉬운 일이 아니다. 가능한 짝진 피실험자들을 표집하기가 어렵기 때문이며 더우기 종속변인에 영향을 주는 관련변인들이 비슷한 피실험자를 찾기란 불가능하기 때문이다. 이 연구 설계를 다음과 같이 간단한 형으로 나타낼 수 있다.

M	X	O_1
M		O_1

(M : 결합표집, X : 처치, O : 측정 또는 관찰)

(3) 실험연구에서 차의 검증

모든 실험 연구에서 차의 가설은 검증되어야 한다. 등질적 집단들을 구성한 후, 각기 다른 자극적 처치(독립변인의 조작)를 하여 그 결과로서의 종속변인에서 차이가 있는가를 측정한다. 종속변인에서의 차가 우연히 일어난 것이 아니라 일정 확률 이상으로 의의가 있는 것이라면 연구자는 그 차가 피실험자들에게 부과된 각기 다른 처치 때문에 발생한 것이라고 결론짓게 된다.

(4) 실험적 연구의 예

① 가치갈등 수업모형이 아동의 도덕발달에 미치는 영향
② 교사의 모호한 언어사용이 아동들의 언어발달에 미치는 영향
③ 교사수업에 대한 수행평가가 수업효율성에 미치는 영향

3. 양적 연구(조사연구, 실험연구, 관찰연구) 對 질적 연구(문화 기술적 연구, 역사 연구)

1) 양적 연구

여기서 양적(量的)이란 '수량적'이라는 말의 줄임 표현이다. 일정하게 체계 지워진 측정 도구를 이용하여 인간 혹은 환경에 관한 측정, 조사, 관찰이 이루어지고, 그 결과를 양화하여 통계적 분석이 이루어지는 것을 기본 요건으로 하는 연구를 양적 연구라고 한다.

기술적 연구와 실험연구가 양적 연구에 속하며, 기술적 연구 중 '내용분석연구'는 분석 결과를 양화 하여 통계적 분석이 이루어진 경우에는 양적 연구로, 내용분석의 특징만을 기술한 경우 질적 연구로 분류할 수 있다.

2) 질적 연구

질적(質的) 이라는 용어에서 '질'이란 '양'에 반대되는 것으로 어떤 것의 자연적인 상태의 존재 유무를 일컫는다. 그러한 존재 유무는 관찰한 바로 그것을 문장으로 기술할 수도 있고, 양적으로 정리할 수도 있기 때문에 양화 과정의 유무에 따라 양적 연구와 질적 연구를 구분하는 것은 부적절하다. 질적 연구의 대표적인 예가 역사 연구와 민족지학적(民族誌學的)연구를 들 수 있다. 역사학자는 문헌을 수집 고찰한 후 역사적 사실을 있는 그대로 기술하며, 고고학이나 문화인류학 분야에서는 특정 시점의 인간생활 상태를 규명하기 위하여 그 시점의 문화를 사실대로 기술해 내기 위해 노력한다. 질적 연구의 몇 가지 연구주제의 예를 들면 다음과 같다.

① 도서지역 아동들의 학교생활에 대한 생태학적 연구
② 대도시와 농촌지역 아동들의 문화적 특성 비교 연구

탐구주제

1. 양적 연구와 질적 연구의 차이점을 (1) 탐구 대상이나 현상을 보는 관점으로서의 존재론과 현상의 실재를 인식하는 방법으로서의 인식론, (2) 연구목적, (3) 연구 대상, (4) 연구방법, (5) 자료 분석과 활용 방법 등의 기준에 따라서 비교 기술해 보시오.
2. 양적 연구와 질적 연구의 장 · 단점을 비교해 보시오.

4. 상관적 연구 對 인과-비교적 연구

1) 상관적 연구

상관적 연구란 두 개 이상의 변인 간 관계성을 추구하는 연구이다. 주로 기술적 연구가 이에 해당한다. 상관적 연구는 변인간의 인과적 관계를 분명하게 밝힐 수는 없다. 상관적 연구의 예를 들면 다음과 같다.

① 아동이 지각한 교사행동과 자아개념 및 학습태도와의 관계
② 고교생의 스트레스와 성격간의 관계 연구
③ 가정환경과 도덕성 발달과의 관계

2) 인과－비교적 연구

인과(因果)-비교적 연구는 원인과 결과의 관계를 규명하는 연구로서 엄격하게 통제된 상황에서 수행된 실험연구가 이에 해당한다. 많은 연구들이 인과관계를 밝힌 것처럼 보고되는 경우가 있으나 인과관계가 있으리라는 추론만을 할 수 있는 경우가 대부분이다. 인과-비교적 연구의 몇 가지 예를 들면 다음과 같다.

① 가정환경, 자아개념, 학업성취간의 상호관계분석
② 수업형태와 학습양식이 학업성취에 미치는 영향
③ 초등학교 학생이 지각한 교사-학생의 인간관계가 학습태도 및 학습동기에 미치는 영향

5. 종단적 연구 對 횡단적 연구

이 두 연구유형의 구분은 연구가 수행되는 시기 혹은 기간에 따른 분류이다. **종단적(縱斷的) 연구**(longitudinal research)란 일정한 연구대상을 3년 혹은 10년 등 비교적 긴 기간동안 추적 관찰하여 시간의 경과에 따른 변화와 추세를 밝히려는 연구이다. 횡단적 연구의 좋은 예로서, 한국행동과학연구소에서 1976년부터 당시 2세 영아 115명을 표집하여 현재까지 그들의 신체적 성장 특성, 인지적 사회성 발달 특성 등을 추적하는 연구를 수행하고 있다.

이와 같은 유형의 종단적 연구 이외의 모든 연구를 **횡단적(橫斷的) 연구**(cross-sectional research)라고 할 수 있다. 이는 비교적 짧은 특정 시점에서 일단의 연구대상을 표집하거나 선정하여 이루어지는 연구이며, 교육과 교육학 분야

의 대부분의 연구는 횡단적 연구인 셈이다.

탐구과제

1. 기술적 연구가 지니고 있는 장점과 한계(난점)를 기술해 보시오.
2. 실험연구의 장점과 한계에 대하여 논하시오.
3. "교육연구는 양적 연구와 질적 연구의 통합적 접근이 필요하다"라는 주장에 대한 자신의 견해를 제시해 보시오.
4. 종단적 연구와 횡단적 연구의 특징과 한계에 대하여 기술해 보시오.

이상에서 살펴 본 교육연구의 일반적 유형의 특징과 각 유형에 해당하는 구체적인 연구유형을 정리하면 다음과 같다.

〈표 1.4〉 연구 유형별 특징

구분	유형	특징	세부 유형
연구목적에 의한 구분	기초연구	· 법칙이나 이론의 정립 · 이론의 검증 · 현상의 기술, 설명	· 기술연구 · 설명연구
	응용연구	· 문제의 해결방안 모색 · 법칙이나 이론의 적용 가능성 연구 · 현상의 예측, 통제	· 처방연구 · 통제연구 · 예언연구 · 정책연구 · 현장(실행)연구
	조사연구	· 변인간 관계나 변인별 분포에 관심이 있음. · 변인이 조작되지 않음. · 자연적 상황하에서 변인의 특성을 조사함.	· 상관연구 · 실태연구 · 인과연구 · 비교연구
	준실험적 연구	· 최소한 한 개의 독립변인이 조작됨. · 조작된 변인의 효과 규명이 연구의 주안점임. · 자연적 상황하의 집단이 그대로 사용됨.	· 예언연구 · 통제연구
	실험적 연구	· 최소한 한 개의 독립변인이 조작됨. · 조작된 변인의 효과 규명이 연구의 주안점임. · 피험자가 실험처치 집단에 무선적으로 할당됨	· 예언연구 · 통제연구

연구방법의 특성에 따른 분류	조사연구	· 주로 횡단적 연구임 · 관찰을 위한 도구 사용에 크게 의존 · 현상의 기술, 설명이 목적임	· 실태를 밝히기 위한 모든 연구 유형이 포함됨 · 평가연구
	실험적 연구	· 인과관계를 규명하기 위해 실험실, 조작된 실험상황, 자연적인 장면에서 독립변인의 처치에 따른 종속변인의 변화 상태 규명	· 예언연구 · 통제연구 · 인과연구
	문헌연구	· 문헌의 수집 및 분석	· 역사연구 · 내용분석연구
	문화기술적 연구	· 현재의 현상에 관한 총체적인 기술체계를 개발하거나, 사실대로 기술해 냄.	· 사례연구 · 민속학적 연구 · 자연주의적 연구
연구시점에 의한 분류	종단적 연구	· 일정한 사례를 표집하여 비교적 장기적으로 추적 관찰	· 발달연구
	횡단적 연구	· 특정 시기에 일정한 사례를 표집하여 관찰	· 종단적 연구 이외의 모든 연구 유형이 포함됨

또 연구자료의 특성에 따른 연구유형의 특징을 정리하면 다음과 같다.

〈표 1.5〉 연구자료의 특성에 따른 연구유형의 특징

자료	교육연구의 유형		
	기술적 연구	상관적 연구	인과-비교 연구
양적 자료	· 변인을 기술하기 위해 양적 기술통계치 (평균치, 중앙치)가 사용됨.	· 변인간 관계를 밝히기 위해 양적 기술통계치(상관계수)가 사용됨.	· 변인간 인과관계를 규명하기 위해 양적 검증 통계치가 사용됨.
질적 자료	· 특성이나 현상을 기술하기 위해 언어적 보고와 같은 질적 자료가 사용됨.	· 특성들 간의 관련성을 알아 보기 위해 언어적 보고와 같은 질적 자료가 사용됨.	· 현상간 인과관계를 규명하기 위해 언어적 보고와 같은 질적 자료가 사용됨.

제 2 장

교육연구 활동의 절차

연구활동이란 성격상 체계적이고 조직적이며 구조적인 활동을 요한다. 연구활동의 시작에서부터 마무리되기까지 활동의 절차를 기계적인 과정으로 이해할 필요는 없으나 비교적 질서정연한 탐구활동을 수행할 때 목적 달성이 용이하다. 겉옷을 입고 속옷을 입을 수 없으며, 씨앗부터 뿌리고 밭이랑을 만들 수 없는 것과 같다.

연구활동을 전문적으로 하는 사람들은 체계적인 절차를 따라 연구를 수행하지 않는 경우도 있으나, 이들도 일반적인 절차를 중요시하며 충실하려고 노력한다. 따라서 연구활동의 초심자들은 연구활동의 절차를 잘 익혀 각 활동에서 해야 할 일을 충실하게 수행해 감으로써 연구다운 연구를 수행할 수 있게 된다.

연구활동은 연구주제와 문제를 발견하는 것으로부터 출발한다. 연구주제와 연구하고자 하는 문제가 분명하게 드러나면 연구의 절반은 끝났다고 해도 과언이 아닐 정도로 중요하고 어려운 과정이다. 그것은 이 장에서 살펴보려는 연구활동의 절차 전 과정들이 통합적으로 고려되어야 함을 의미하기 때문이다. 그러므로 연구활동의 절차는 활동들이 분절되는 것이라기보다는 앞뒤가 상호 유기적으로 연계되는 통합적 활동임을 인식할 필요가 있다.

학습목표

1. 교육연구의 일반적 절차를 기술할 수 있다.
2. 연구주제 선정의 기준을 설명할 수 있다.
3. 연구문제 진술의 기준을 설명할 수 있다.
4. 연구설계의 의미와 요소를 기술할 수 있다.
5. 표본오차와 비표본오차의 예를 지적할 수 있다.
6. 측정도구 개발 절차를 기술할 수 있다.
7. 측정도구 개발에서 '예비검사'의 의의와 방법을 기술할 수 있다.

제1절 교육연구 활동의 절차 개요

행동과학적 연구로서 교육 · 심리 · 사회연구의 정형화된 절차가 있는 것은 아니다. 연구활동의 일정한 요소나 일거리가 시작에서부터 마무리 단계까지 질서정연하게 단계적으로 이루어지는 경우도 있고(**절차적 모형**), 활동요소나 일거리들이 어떤 순서나 단계가 있기는 하지만 끝이 불분명하여 다시 처음의 단계로 되돌아가 순환되는 경우도 있으며(**순환적 모형**), 시작은 분명하나 각 활동요소나 일거리들이 무질서하게 혹은 앞으로 진행되다가도 다시 전 단계나 앞의 어느 단계로 되돌아가 재검토와 수정과정을 거쳐 어느 시점에 다다르면 마무리되는 역동적이고 상호작용적으로 이루어지는 모습으로도(**역동적 상호작용모형**) 그려 볼 수 있다. 연구의 성격에 따라서 연구의 절차를 다양하게 기술할 수 있다. 어떤 성격의 행동과학적 연구라 할지라도 다음과 같은 활동 요소는 공통적이다. 여기에서는 가장 이해하기 쉽고 일반적으로 채택되고 있는 절차적 모형을 중심으로 다음과 같이 연구의 일반적 절차를 제시한다.

1. 연구주제와 문제의 발견 및 진술
2. 연구의 설계
3. 관련문헌의 검토
4. 측정도구의 개발 혹은 선정
5. 자료수집 및 통계적 분석
6. 자료 분석 결과 정리와 해석
7. 논의 및 결론 도출
8. 연구보고서 또는 논문 작성

1. 연구주제와 문제의 발견 및 진술

어떤 필요에 의하여 연구해 보고자 하는 분야 혹은 영역에서 연구문제를 함축적으로 나타낼 수 있는 주제를 정하고, 밝히고자 하는 연구문제를 기술한다. 비유컨대, 집을 짓는 데 아파트인가, 단독주택인가, 규모는 어느 정도로 할 것인가, 위치는 어디로 할 것인가를 정하는 일이다.

2. 연구의 설계

연구주제가 드러나고 밝혀보고자 하는 문제가 밝혀졌으면 연구주제를 어떻게 다룰 것인가에 관한 전체적인 구상(설계)이 이루어지게 된다. **연구의 설계**란 매우 포괄적인 의미를 지니는 것으로, 여기에는 이하의 여러 가지 연구활동들에 관한 전반적인 계획 특히, 연구방법을 중심으로 연구주제와 연구문제를 어떻게 다루고 해결할 것인가에 대한 방안을 모색하고 이를 체계적으로 조직하는 과정이 포함된다. 연구가 본래 추구하고자 하는 바가 타당하게 수행되느냐의 여부는 곧 연구설계의 적절성에 달려 있다고 할 수 있다.

3. 관련문헌의 검토

연구문제와 관련된 이론, 선행연구, 기타 관련 문헌을 수집 분석한다. 이 과정에서 연구문제의 이론적 배경을 구축하고, 측정도구의 개발 방향을 설정하며, 연구문제에 대한 통찰을 얻는다.

4. 측정도구의 개발 혹은 선정

연구문제의 해결에 가장 적합한 측정도구를 개발하거나 기존에 개발되어 있는 도구를 선정하고, 측정도구의 측정학적 조건(특히, 타당도와 신뢰도)을 확인한다. 특히, 측정도구의 개발은 그 자체가 훌륭한 연구주제가 될 수 있으며, 매우 체계적인 연구설계가 요구된다.

5. 자료수집 및 통계적 분석

측정오차가 최소화되도록 하는 조건에서 자료를 수집한다. 또 연구문제의 성격에 가장 적합한 통계적 분석을 하며, 분석 결과를 표로 제작하고 해석한다. 통계적 분석은 어렵고 복잡한 통계적 분석을 적용하기보다는 문제의 성격에 가장 적합한 분석 방법을 적용하는 것이 무엇보다 중요하다.

6. 자료 분석 결과 정리와 해석

자료의 통계적 분석 결과를 이해하고 보기 좋게 정리하여 표로 제작하고 표의 핵심적인 내용을 해석한다. 따라서 이 부분은 통상 "연구 결과 및 해석"이라는 방식으로 구성된다. 자료의 통계적 분석 결과를 표로 제시하는 것만으로 연구 결과를 밝히는 것이 가능하지만 표의 의미가 무엇인가를 알기가 어려운 경우가 대부분이기 때문에 표에 제시된 의미가 무엇인가를 알기 쉽게 설명하는 일이 '해석'이다.

7. 논의 및 결론 도출

연구의 결과는 연구자가 기대한 바와 일관되게 나타나는 경우도 있으나(가설 검증의 경우 가설이 수용되는 것) 기대한 바와 상반되거나 예상하지 못한 결과가 나타날 수도 있다. **"논의"**란 연구자가 수행한 연구 결과에 대하여 기존의 이론과 선행연구, 연구자의 독특한 통찰력 등을 동원하여 다각도로 검토하고 분석하는 일이다. 또 이에 근거하여 결론을 내린다. "연구의 결과"와 "연구의 결론"은 엄연히 다른 성격을 지닌다. 연구를 통하여 나타난 결과에 충실하게 연구문제 혹은 연구내용에 대한 결론을 내려야 하며, 연구문제에 대한 해답 중심으로 진술한다.

또 연구의 목적과 성격에 따라서 결론부분에 "제언"을 기술하거나, 장의 제목을 "결론 및 제언" 또는 "논의, 결론, 제언" 등으로 표기하는 경우가 있다. 일반적으로 정책개발 연구나 현장 개선 연구가 아닌 학위논문의 경우에는 '제언'을 기술하는 것은 부적절하다.

8. 연구보고서 또는 논문 작성

논의 및 결론을 도출하면 연구보고서 또는 논문은 마무리 단계에 접어든다. 논문의 글쓰기 방법, 인용과 참고문헌, 연구논문과 보고서의 평가기준, 논문 작성에서 유의할 점 등을 고려해서 작성한다면 체계적이고 논리적인 보고서가 될 것이다. 이러한 내용에 대해 제 7 장에서 자세하게 다룰 것이다.

탐구과제

1. 다음의 세 가지 연구를 수행하려고 한다. 연구의 절차와 방법을 기술해 보시오.
   가. 학교교육과정 구성과 운영 실태에 관한 조사 연구
   나. 수업유형이 학습자의 학습태도 형성에 미치는 효과
   다. 학습부진성향 측정 도구의 표준화를 위한 연구

제2절 연구의 세부 단계별 내용

1. 연구주제 및 문제의 발견과 진술

가. 연구주제 및 문제의 발견과 진술

나. 연구의 설계

다. 관련문헌의 검토

라. 측정도구의 개발 혹은 선정

마. 자료수집 및 통계적 분석

바. 자료 분석 결과 정리와 해석

사. 논의 및 결론 도출

아. 연구보고서 또는 논문 작성

1) 연구문제의 발견[참신한 문제, 문제다운(의미 있는) 문제]

연구를 전문적으로 수행하는 사람들도 마찬가지지만, 특히 학위논문을 준비하는 사람에게서 가장 어렵게 느껴지는 것이 연구문제를 발견하는 일이다. 주변에 널려 있는 것이 학술논문이며, 도서관에 그토록 많은 논문들이 쌓여 있는 것을 보면서도 연구해 보고자 하는 문제를 찾아낸다는 것은 여전히 오리무중인 경우가 많다. 인터넷을 통하여 논문목록과 초록을 검색하는 능력이 있으면서도, 수많은 논문들의 수집능력이 있으면서도 막상 자신이 연구해 보려는 문제나 주제를 찾고 설정하기란 여간 힘든 일이 아님을 실감하게 될 것이다.

참신하면서 문제다운 문제를 발견하는 일은 연구의 출발점이며 연구문제에 따라서 연구활동 전반이 결정된다는 점에서 어려움을 느끼는 것은 당연하다. 연구문제를 찾아 적절하게 주제로 진술했다면 연구활동의 반은 끝났다고 해도 과언이 아니므로 그 일이 쉬운 것이 아님은 자연스러운 것이다. 연구문제는 연구해 보고자 하는 문제에 의해 연구 주제가 설정되며, 고찰할 이론이나 자료가 결정되고, 연구에 대한 전반적인 설계가 좌우되기 때문에 어렵기도 한 일이다. 이와 같은 연구문제의 발견을 위한 왕도가 따로 있는 것은 아니며, 인간과 인간을 둘러싸고 있는 환경에의 깊은 관심과 민감성, 그리고 통찰이 무엇보다 중요하다. 연구문제를 발견하는 데 참고할 수 있는 몇 가지 사항을 기술하면 다음과 같다.

(1) 문제의식과 주의 깊은 관찰

교육현상이나 사회현상 속의 다양한 요소들, 특히 인간행동과 환경문제에 대한 감수성과 회의, 즉 'why 의식'이 중요하다. 보통 사람들은 어린이나 학생의 어떤 행동을 지나치고 마는 경우가 있으나 그 행동을 문제의식을 가지고 이모저모 관찰해 볼 때 중요한 연구주제 혹은 문제를 발견할 수 있는 것이다. 예컨대, 학업성취도가 높은 학생의 행동 특성을 지능이 높고 가정환경이 좋은 것 등으로만 보지 않고 다른 학생들에게서 발견되지 않는 어떤 습관이 있음을 관찰하고서 도대체 어떤 습관인가를 탐구해 보고자 하면 거기에서 훌륭한 연구 주제와 문제를 발견할 수 있게 된다.

(2) 빠른 정보

현대 사회를 정보화 사회라고 하기도 하고 정보에의 접근기회가 경쟁력이라는 말이 있듯이, 과학 혹은 연구를 수행하는 분야에서도 관련 정보를 빠르게 검토・수집・분석하여 활용하는 일이 중요하다. 연구자는 최근 연구동향-학회지, 각 대학 논문집, 학위논문, 외국 학술지 등-에 민감성을 가지고 검토해 보면 좋은 주제와 문제를 발견하게 된다. 연구주제나 문제란 완전히 창의적인 것은 있을 수 없으며 누군가에 의해 제시한 것들을 관찰하고 검토하는 과정에서 도출되는 것이다. 자신이 연구해 보고자 하는 간절한 주제가 있다면 그 방면의 연구물 혹은 정보를 수집하여 검토할 수 있을 것이다. 그러나 관심 있는 연구주제가 없이 막연하게 연구주제를 찾으려고 할 경우라도 학술지나 학위논문들을 막연하게 살펴보는 과정에서 자신의 연구주제나 연구문제를 발견할 수도 있다.

한국학술정보원(KERIS)의 학술연구정보서비스(www.riss4u.net)에 접속하거나 각 대학의 전자도서관에 접속하면 다양한 논문의 원문과 초록을 접할 수 있다.

(3) 최신 논문의 분석(비판적 독서)

관심 있는 분야의 논문을 몇 편 수집하여 다음과 같은 사항에 유의하면서 읽고 분석해 보는 노력은 연구주제를 발견하고 연구문제를 추출하는데 도움을 준다.

① 지식의 흡수보다는 연구의 타당성을 검토할 것.

② 해당 논문에서 미해결된 문제 혹은 파생될 수 있는 문제가 무엇인가를 깊이 생각해 볼 것.

③ 다른 접근 방법이 있는가를 생각하면서 읽을 것.

④ 논쟁거리나 논의부분을 철저하게 읽을 것.

⑤ 연구방법과 결과해석이 타당한가를 검토할 것.

⑥ 교육현장과 관련지어 결과를 재검토해 볼 것.

(4) 관심 있는 주제와 관련된 이론의 검토

관심 있는 주제가 있다면 관련 전문적인 서적에서 이론이 어떻게 전개되고 있는가를 검토해 보면 연구주제와 문제를 구체화 하는 데 도움을 받을 수도 있다.

(5) 지도교수나 동료와의 대화와 논의

학위논문을 작성하는 경우, 지도교수나 동료들에게 자신의 관심사를 이야기 하고 조언을 구하는 것이 도움이 될 수도 있다. 여기서 주의할 것은 연구주제와 연구문제의 출처는 연구자 자신이어야 하며, 지도교수나 타인이어서는 안 된다는 점이다. 종종 지도교수에게 연구할 주제를 정해 달라는 요구는 하는 경우가 있다. 이것은 연구를 주체적으로 수행하지 못할 뿐만 아니라 자신의 연구가 될 수 없는 일이다.

2) 연구주제의 설정과 문제의 진술

(1) 연구주제 설정의 기준

① 새롭고 참신한 주제

연구주제를 선정할 때 새롭고 참신한 제목을 선정하라는 요청은 다른 사람이 사용한 제목을 선정해서는 안 된다는 말로 이해할 필요는 없다. 필요한 경우, 한 번 선정한 주제를 계속하여 선정함으로써 어떤 경향성을 발견하려는 연구가 수행될 수도 있고, 동일한 제목으로 대상을 달리하거나 자료수집방법을 바꿔서 연구가 수행될 수도 있을 것이다. 이러한 연구도 가치 있는 연구가 될 수 있음은 물론이다. 여기서 강조하는 바는 구태의연하게 타인이 수행한 주제를 선정하여 별로 새로울 것도 없는 연구문제나 방법으로 연구를 수행하지 말라는 것이다.

[부적절한 주제의 예]

지능과 학업성적과의 관계에 관한 연구

[적절한 연구주제의 예]

지능 및 자기효능감과 학업성취도와의 관계

---

② **중요한 주제**(이론적 의의, 실용적 가치, 방법론적 의의)

어떤 연구주제가 중요한가를 판단하기란 용이한 일이 아니다. 그러나, 기존의 이론과 관련성을 지니는 주제, 즉 기존 이론의 타당성 검증이나 확장에 도움을 줄 수 있는 주제라든지, 단순히 이론적 측면에만 머무르지 않고 현실을 개선하는 데 도움 주는 주제, 혹은 방법론적 발전에 기여할 수 있는 주제 등은 중요성을 결정하는 요소가 될 것이다.

[부적절한 주제의 예]

학교장의 지도성 유형에 대한 교사의 지각 연구

[적절한 연구주제의 예]

학교장의 지도성 유형과 학교효과성과의 관계

---

③ **가능한 주제**(연구자의 능력, 자료수집의 가능성, 시간과 경비)

[부적절한 주제의 예]

· 대학 총장의 지도성 개발 프로그램 개발과 그 효과 검증 연구
· 성격 개선을 위한 환경 조성의 효과에 관한 연구

[적절한 연구주제의 예]

· 학교풍토 및 환경과 학업성취도와의 관계

---

④ **의미 있는 변인들**

연구주제는 단순한 호기심의 표현으로 끝나는 것이어서는 안 된다. 연구주제에 드러나 있는 변인들이 논리적 혹은 경험적으로 의미 있는 관계를 지니고 있다는 객관적인 근거가 이어야 한다. 예컨대, "고교생의 신장과 학업성적 간의 관계"라는 연구주제는 호기심을 충족시키는 주제일 수는 있으나 학문적 가치나 인간특성의 이해라는 과학적 연구 주제로서는 설정하기 곤란하다. 그러므로 연구주제는 변인들 간의 관계가 논리적으로 혹은 경험적으로 성립된다는 근거가 있어야 하며, 바로 이 점에서 연구자가 연구 주제를 설정하는 바로 그 순간 연구자는 결과가 어떻게 나타나리라는 예측을 하고 있는 셈이다.

[부적절한 주제의 예]
부모의 양육태도와 대학생의 학교생활 적응도와의 관계에 관한 연구

[적절한 연구주제의 예]
부모의 양육태도와 아동의 성격과의 관계

(2) 연구주제의 진술 원리

① 거창한 제목을 피하고 구체적인 주제로 진술할 것

[부적절한 주제의 예]
학업성취도와 인생성공과의 관계에 관한 연구

[적절한 연구주제의 예]
지능, 사회경제적 지위, 성취동기, 학업성취도와의 관계성 연구

② 과학적인 용어를 사용하여 간결하게 표현할 것

[부적절한 주제의 예]
유치원 원아와 초등학교 1학년 아동의 혼합반 협동학습프로그램이 원아와 아동의 자기주도적 학습력 증진에 미치는 영향에 관한 연구

[적절한 연구주제의 예]
유치원-초등학교 협동학습 프로그램이 자기주도적 학습력에 미치는 영향

③ 독립변인-종속변인의 관계로, 의미 있는 변인들로 명확하게 표현되도록 할 것

연구주제나 연구문제는 변인과 변인과의 관계로 진술하며, 변인을 제시하는 순서는 독립변인을 먼저 기술하고 종속변인을 뒤에 기술한다. 또한 변인은 의미 있는 변인들로 명확하게 표현해야 한다. 여기서 의미 있는 변인이란 일상생활에서 사용하는 용어가 아니라 과학의 세계에서 탐구의 가치가 있는 변인이라는 뜻이다.

[부적절한 주제의 예]

학습습관 변화에 미치는 학습태도 프로그램의 효과에 관한 연구

[적절한 연구주제의 예]

학습태도 프로그램이 학습습관의 변화에 미치는 효과

④ 연구의 내용 혹은 연구설계에 적합하도록 "관계", "영향", "효과" 등의 용어를 사용 할 것

'영향'이나 '효과'와 같은 용어는 조건이 적절하게 통제된 상황 하에서 수행된 실험연구나 일정한 시간의 경과에 따른 변화(영향이나 효과)를 규명해 낼 수 있는 종단적 연구 등 인과관계가 분명하게 규명될 수 있는 연구에서 사용하는 것이 적절하다. 이에 비하여, '관계'라는 용어는 두 개 이상의 변인들의 관련성, 관계 정도만을 밝히는 연구주제에서 사용하는 것이다. 따라서 두 변인을 측정하여 통계적 분석을 하였더니 관계가 있다는 말과, 둘이 관계가 있기 때문에 변인 A가 변인 B에 영향을 미쳤다거나 변화에 효과가 있다는 말은 서로 구분하여야 한다.

[부적절한 주제의 예]

(1) 자기효능감과 학습태도가 학업성적에 미친 영향에 관한 연구

[적절한 연구주제의 예]

(1) 자기효능감, 학습태도와 학업성취도와의 관계
(2) 자기조절학습능력 및 귀인성향과 학업성취도와의 관계
(3) 자기조절학습능력과 귀인성향이 학업성취도에 미치는 영향

⑤ '연구' 라는 용어 사용의 문제

대부분의 연구들의 주제를 보면 "변인 A와 변인 B와의 관계에 관한 연구", "변인 A가 변인 B에 미친 영향에 관한 연구" 등과 같이 연구주제의 말미에 '연구'라는 용어를 사용하고 있다. 이러한 용어 사용이 잘 못된 것은 아니지만 연구주제는 가장 경제적인 표현방식을 취한다는 점, 연구라는 용어가 생략되어도 주제에 이미 연구라는 의미가 내포되어 있다는 점 등에 비추어 생략할 것을 제안한다.

(3) 연구문제 진술의 기준

연구주제가 설정되었으면(연구주제는 연구가 진행되는 과정에서 적절하게 수정될 수 있다) 주제와 일관성을 지니는 연구문제를 진술하게 된다. 연구문제란 연구를 통하여 해답을 찾고자 하는 연구의 핵심 요소이다. 연구문제가 올바로 진술되었는가를 평가하는 기준은 다음과 같다.

① 연구문제는 둘 또는 그 이상의 변인간의 관계로 표현했는가?

② 질문 형식('연구내용'은 평서문)으로 분명하고 명확하게 진술했는가?

③ 연구문제는 경험적으로 해답을 제시할 수 있는 것인가?

④ 연구문제의 성격과 배경이 타인의 이해에 도움이 되도록 기술되었는가?

연구문제를 진술할 때는 다음 사항, 즉 문제의 배경과 성격 혹은 의미가 제시되어야 할 필요가 있는 경우 이를 기술하는 것이 바람직하다.

㉮ 연구문제의 성격과 배경

㉯ 연구문제에 대한 좀 더 상세하고 명확한 정의

㉰ 연구문제의 범위와 한계

㉱ 연구문제의 하위문제

㉲ 연구문제의 중요성, 가치, 의의

[부적절한 연구문제 진술의 예]

(1) 교사의 교직만족도는 어떠한가?

(2) 자기주도적 학습능력은 향상될 수 있는가?

[적절한 연구문제의 예]

(1) 교사의 자기효능감과 교직만족도와는 어떤 관계가 있는가?

(2) 직소우 교수-학습방법은 자기주도적 학습능력을 향상시킬 수 있는가?

탐구과제

1. 다음과 같은 연구문제의 진술이 있다. 각각의 타당성과 적절성을 평가해 보시오.

가. 초·중·고 학생들의 애국심 수준은 차이가 있는가?

나. 취학 전 교육프로그램과 초등학교 교육과정과의 연계성은 적절한가?

다. 교사들의 교직에 대한 만족도는 행정가와의 관계, 학생과의 관계, 학부모와의 관계, 교직경력, 현장연구 및 연수 실적 등과 유의한 관계가 있는가?
라. 중등학교의 수행평가는 성공적인가?

2. 연구의 설계

가. 연구주제 및 문제의 발견과 진술
나. 연구의 설계
다. 관련문헌의 검토
라. 측정도구의 개발 혹은 선정
마. 자료수집 및 통계적 분석
바. 자료 분석 결과 정리와 해석
사. 논의 및 결론 도출
아. 연구보고서 또는 논문 작성

연구의 설계란 연구의 필요성과 목적을 충족 내지는 달성하기 위하여 모든 수단과 방법을 구안하고 자원과 환경을 동원 활용하기 위한 계획 수립을 의미한다. 우리가 일정한 목표지점에 도달하는 길이 다양한 경우 어느 길로 가면 시간을 절약하고 편하게 가며 주변의 경관이 아름답고 자연학습 요소가 많은가를 사전에 고려하여 여행 일정과 계획을 짜는 것이 뜻있는 여행을 가능하게 하듯이, 연구도 사전에 연구주제와 문제를 효과적으로 다루고 타당한 결론을 도출해 내기 위한 치밀한 계획 수립이 필요하다.

연구설계에 따라서 연구유형이 결정되며, 연구유형에 따라서 서로 다른 연구설계가 요구된다.

1) 연구설계에 포함되는 내용

앞에서 기술한 바와 같이, 연구설계에 포함되는 내용은 연구주제와 연구문제가 설정된 후 연구에 필요한 모든 활동이 망라된다. 즉, 연구의 목적을 달성하고 내적 외적 타당성을 높이는 데 요구되는 일체의 활동이 연구설계에 포함되는 것이다. 연구설계의 핵심적인 내용은 연구주제나 연구문제를 효과적이고 효율적이며 타당하게 다루는 수단 즉, 연구방법을 구안하는 일이다. 연구설계에 포함되는 내용은 다음과 같다.

연구설계에 포함되는 내용

(1) 연구에 필요한 정보(특히, 측정변인)
(2) 어떤 연구절차
(3) 연구변인의 측정도구와 방법
(4) 표집 방법, 표본의 수
(5) 연구문제나 가설 검증에 적합한 통계적 분석 방법
(6) 연구수행 일정
(7) 연구수행 과정에서 누구에게, 어떤 내용에 대하여 도움을 구할 것인가를 결정
(8) 예상되는 문제가 무엇이며, 이를 어떻게 해결할 것인가를 구상

---

2) 연구설계의 구분

연구설계는 연구의 유형만큼이나 다양하다. 그러나 크게 탐색적 연구설계(exploratory research design)와 결론적 연구설계(conclusive research design)로 구분하며, 결론적 연구설계는 다시 기술적 연구설계(descriptive research design)와 인과관계 연구설계(causal research design)로, 그리고 기술적 연구설계는 횡단적 설계(cross-sectional research design)와 종단적 설계(longitudinal research design)로 구분된다(이군희, 2001 : 147).

(1) 탐색적 연구설계

이 연구설계는 구체적인 결론의 도출이 목적이 아니라 연구자가 지니고 있는

의문을 파악하고 이해하는 목적을 갖는 연구에 적용된다. 연구자가 연구내용에 대하여 자세히 알지 못하거나 해당 분야의 연구가 거의 수행된 바가 없는 경우 유용하게 사용할 수 있으며, 연구진행이나 방법에 있어서 융통성이 크다는 장점을 지닌다.

[탐색적 연구설계가 적용되는 예]
- 중 · 고등학생의 교사 수업평가의 타당성 연구
- 초 · 중등학교 교사 간 순환근무제도 개발 연구

탐색적 연구설계는 주로 질적 연구(qualitative research) 형태의 연구에 적용되며, 따라서 표본의 크기(sample size)가 적고 대표적 표집(representative sampling)의 문제가 심각하게 제기되지 않는다. 또 탐색적 연구설계를 통하여 수행된 연구는 결론적 연구설계를 요하는 연구주제나 문제로 진행할 수 있으며 이러한 과정이 매우 바람직 할 수 있다. 또한 탐색적 연구설계는 연구자의 통찰력과 창의력 및 독창성이 중요한 역할을 한다. 그러나 지나치게 논리적인 비약을 하거나 결과의 확대해석 등을 하지 않도록 유의해야 한다.

(2) 결론적 연구설계

결론적 연구설계는 조사연구(기술적 연구)와 실험연구(인과관계 연구)에서 적용되는 연구설계이다. 조사연구나 실험연구는 연구결과에 바탕 하여 분명한 결론을 내리는 목적을 갖는다(물론, 결론이 항상 분명한 것은 아니다). 그러므로 연구내용이나 연구문제, 가설이 구체적으로 진술된다. 이 연구설계는 탐색적 연구설계에 비하여 비교적 체계적이고 엄정하게 계획이 집행되도록 설계된다.

이 연구설계가 적용되는 연구는 탐색적 연구설계에 비하여 상대적으로 표본의 크기가 크며, 대표적 표본이 구성되는 것을 전제로 하는 경우가 많다. 따라서 연구의 내적 외적 타당성을 극대화하도록 연구를 설계하는 것이 핵심적인 요건이다. 결론적 연구설계는 주로 양적 접근을 하는 연구에 적용되며, 전문 학술지에 발표할 논문 혹은 대학원의 학위논문 작성에 주로 적용된다.

[결론적 연구설계가 적용되는 예]
① 부모의 양육방식과 자녀의 도덕성 발달과의 관계
② 진로의식의 변화에 대한 종단적 연구
③ 가치갈등 수업모형이 도덕성 발달에 미치는 영향

(3) 횡단적 연구설계

앞의 교육연구 유형에서 기술한 바 있듯이, 횡단적 연구설계란 특정 시점에서 측정, 관찰 등의 자료수집이 이루어짐을 전제하는 연구에 적용되는 설계를 일컫는다. 여기서의 시점이란 하루가 될 수도 있고, 몇 주가 될 수도 있으며 1년이 될 수도 있다. 즉, 횡단적 연구와 종단적 연구의 관찰과 자료수집 기간을 일정하게 정하기란 어려운 일이다. 어느 아동 집단을 선정하고 1년 동안 매일 주의집중력을 측정하여 1년 간의 경향과 추이의 특징을 규명하는 연구라도 종단적 연구가 될 수 있는가 하면, 교직관 개발 프로그램을 2년 동안 실시하고 그 효과를 검증하는 연구도 횡단적 연구로 분류할 수 있기 때문이다. 비교적 긴 기간 동안의 변화 추이나 특이한 경향성을 밝히려는 종단적 연구 이외의 대부분의 연구는 횡단적 연구설계가 적용되는 연구들이라고 볼 수 있다.

횡단적 연구설계는 자료 수집의 대상 집단인 표본이 하나인 단일 횡단적 설계와(예 : 질문지 또는 설문지 조사 설계), 2개 이상의 표본이 추출되며 각 표본에서 한번만의 조사가 이루어지는 설계인(예 : 일정 기간을 두고 조사하는 여론조사 설계) 다중 횡단적 설계로 구분된다.

(4) 종단적 연구설계

종단적 연구설계(또는 多時點 設計, 패널설계)는 종단적 연구 수행 시 적용되는 연구에 대한 전반적인 계획이다. 종단적 연구란 개인 혹은 일정한 사례를 선정하여 표본을 고정시킨 후 비교적 긴 기간 특성의 관찰을 통하여 시간 경과에 따른 변화의 특성 혹은 경향이나 추이를 규명하려는 목적을 갖는 연구를 일컫는다. 예를 들어 어느 시기에 초등학교 1학년 아동 30명을 선정하여 이들이 대학에 입학할 때까지 지능, 정서, 귀인성향, 내외통제 성향 등을 주기적으로 측정하여 연구를 수행하는 것이 이에 해당한다. 따라서 어느 일정 시기에 측정이나 실험을 하고 그 결과를 통계적 분석을 하는 방식의 횡단적 연구와 그 설계(계획)가 달라져야 함은 당연하다.

(5) 인과관계 설계

이 설계는 원인변인과 결과변인간의 관계를 밝히려는 실험연구에서 적용된다. 물론 기술적 목적을 갖는 연구설계에서도 변인들 간의 관계를 파악하기는 하지만 기술적 연구설계로서는 원인과 결과를 밝히는 것은 곤란하다. 인과관계 연구설계에서는 원인이라고 생각하는 변인 이외의 다른 변인이 결과변인에 영향을 미치지 않도록 가외요인의 통제가 매우 중요하다. 따라서 인과관계 설계의 생명은 **max-mincon(극대-극소-통제) 원리**이다. 즉 연구하는 변인의 체계적 변량은 극대화하고, 오차변량은 최소화하며, 가외의 체계적 변량은 통제할 수 있도록 설계되어야 한다는 것이다.

3. 관련문헌의 검토

가. 연구주제 및 문제의 발견과 진술
나. 연구의 설계
다. 관련문헌의 검토
라. 측정도구의 개발 혹은 선정
마. 자료수집 및 통계적 분석
바. 자료 분석 결과 정리와 해석
사. 논의 및 결론 도출
아. 연구보고서 또는 논문 작성

훌륭한 연구자, 우수한 논문을 작성하는 사람은 우수한 문헌연구자요 다양한 문헌을 쉬임없이 수집하고 읽고 분석하고 비교하는 등의 활동으로 많은 시간을 보낸다. 훌륭한 연구자, 우수한 논문작성자란 평소에 해당분야의 저서, 학술지, 논문, 자료 등을 읽고 검토하는 과정을 통해 자연스럽게 연구역량을 기른 사람이며, 어느 순간 통찰력이나 어쩌다가 그런 수준에 도달하는 것이 아니다. 평소에 다양한 주제를 많이 접해 본 사람, 다른 사람이 쓴 글을 자주 읽고 비평해 볼 기회를 자주 가진 사람, 타인이 적용한 연구방법에 대하여 공부할 수 있는 기회를 많이 가진 사람, 특히 다른 사람이 작성한 논문을 많이 읽고 거기에서 무엇인가를 학습한 사람이 좋은 논문을 작성할 가능성이 크다.

예컨대, 연구주제란 완전하게 새롭거나 창의적인 것은 있을 수 없다. 즉, 연구주제로 설정한 변인을 다루는 문헌은 누군가에 의하여 기술되고 연구되어 어디엔가 존재하고 있다. 그러한 주제들을 많이 접해 본 사람이 좋은 연구주제를 선정하게 되고 질 높은 연구를 수행할 가능성이 크다. 그러므로 연구활동의 과정을 협의로 혹은 체제적으로 기술하는 경우, 연구주제가 정해진 후에 관련문헌을 검토하는 것으로 기술할 수는 있으나, 실제로는 논문을 포함한 많은 문헌을 읽고 검토하는 과정을 통해 주제가 자연스럽게 도출되는 것이다.

1) 관련 문헌 검토의 목적

(1) 연구주제와 해당하는 분야의 연구현황, 즉 기존에 발견된 것이 무엇인가를 파악한다.

(2) 문제해결을 위한 접근방법의 탐색(측정도구 및 연구설계 등)에 도움을 준다.

(3) 연구의 이론적 기초와 가설설정의 근거 확보 : 이론적 배경은 연구문제를 명료하게 드러내고, 연구가설을 뒷받침하며, 연구에서 사용할 방법이나 기본 가정의 근거를 제시한다.

① 선행연구에 대한 비판적 검토를 통하여 보충하고 보완되어야 할 점을 밝혀 자신의 연구수행에 활용한다.

② 연구자 본인이 갖고 있는 연구문제 논리를 정당화한다.

③ 연구가설 설정을 위한 논리를 정립한다.

(4) 연구에서 적용한 통계분석 방법에 대한 학습할 수 있다.

(5) 관련 문헌의 검토는 자신의 연구보고서 혹은 논문 작성의 거의 모든 부분에 인용되거나 참고할 수 있으므로 연구를 보다 잘 수행하기 위하여 필요하다.

2) 관련문헌 검토의 절차

(1) 앞의 연구설계 단계에서 구상한 문헌의 종류와 소재지, 구입방법 등을 확인한다.

(2) 자료수집 : 학위논문, 대학 연구소 논문, 학회지 논문, 해외 학술지(http : // www.eric.ac.kr/http : www.riss4u.net) 등

(3) 독서카드의 작성 : 카드를 제작하거나 노트를 사용할 수 있으며, 자기 나름의 창의적인 작성 형식을 개발하여 활용한다. 이는 비단 연구논문을 작성하는 사람들뿐만 아니라 교과목 수강이나 학술활동에의 참가시 학문하는 사람들이 습관적으로 활용해야 할 방법이다.

(4) 출처(연구자 혹은 저자, 연도, 논문명 혹은 저서명, 판수, 출판지역과 출판사 등)를 정확하게 기술하며, 특히 인용하거나 참고할 내용을 기술하고 있는 부분의 면수(page)를 정확하게 적어 둔다.

(5) 인용과 요약을 명확하게 구분하여 논문 작성시에 이를 밝힌다.

① 인용 : 원문을 그대로 옮겨오는 것으로, 직접인용과 간접인용 등 인용한 글을 제시하는 방법을 따라야 한다("인용과 참고문헌 제시 방법" 참조).

② 요약 : 원문을 그대로 옮겨오지는 않았으나 원 저자의 글을 요약하여 논문 작성시에 기술하는 경우 원문의 출처와 해당 면수를 밝혀야 한다.

[독서카드 작성의 예. 1]

1. 출처 : Kenneth D. Bailey(1994). Methods of Social Research(4th ed.). New York : The Free Press.
2. 인용 내용 : 만약 연구자가 신념이나 가치, 견해 등에 관한 것이 아니라 실제행동에 관한 자료수집에 관심이 있다면, 연구자에 의해 행동의 직접적인 관찰이 질문지나 자료연구와 같은 자료수집 방법보다 우수한 안면타당도를 지니는 것으로 볼 수 있다.
3. 인용면수 : 268

[독서카드 작성의 예. 2]

1. 출처 : 강효숙(1990). 아동이 지각한 교사행동과 자아개념 및 학습태도와의 관계 연구. 석사학위논문, 숙명여자대학교 교육대학원.
2. 인용 내용 : 초등학교 6학년을 대상으로 한 연구 결과, 수업시간에 교사행동을 긍정적으로 지각할수록 학업에 대한 흥미와 관심은 높아지며 학급에서도 원만 하고 화목한 교우관계가 형성되어 학습태도에 깊은 영향을 주고 있음을 알 수 있다. 그러나 교사행동을 긍정적으로 지각하더라도 교사에 대한 존경과 호의적인 태도가 바람직한 학습태도 형성에 크게 영향을 주지는 않는다.
3. 인용 면수 : 45
4. 인용 형태 : 간접 인용

4. 측정도구의 개발 혹은 선정

- 가. 연구주제 및 문제의 발견과 진술
- 나. 연구의 설계
- 다. 관련문헌의 검토
- **라. 측정도구의 개발 혹은 선정**
- 마. 자료수집 및 통계적 분석
- 바. 자료 분석 결과 정리와 해석
- 사. 논의 및 결론 도출
- 아. 연구보고서 또는 논문 작성

측정도구 선정은 자신의 연구문제에 적합한 기존에 표준화되어 있는 검사지를 선택한다는 의미와, 기존에 개발되어 있는 측정도구를 연구자의 연구문제에 적합하게 수정하거나 변형하는 것을 포함한다. 따라서 이 경우에는 측정도구의 개발과는 다른 활동이 요구된다.

측정도구를 선정하여 사용하거나 새로 개발하거나 측정도구와 관련하여 생각하여야 할 핵심적인 사항은 연구주제와 연구문제 해결에 가장 적합하다는 근거를 가져야 한다는 점이다. 그와 같은 근거의 핵심은 타당도와 신뢰도이다.

그러므로 기존에 개발되어 있는 측정도구를 선정하여 사용하는 경우에도 그 도구의 활용방법의 표준화, 타당도와 신뢰도에 관한 충분한 근거를 확보하는 일이 중요하다. 이러한 사실을 염두에 두고, 여기서는 측정도구를 개발(제작)하는 문제만을 살펴보고자 한다.

측정도구를 개발하는 일은 매우 어렵고 복잡한 과정을 거쳐야 한다. 측정도구 개발 과정은 검사의 종류와 목적에 따라서 상당히 다르다. 흔히, 지능검사나 적성검사 혹은 성격검사와 같은 표준화 검사를 제작하는 과정은 신중해야 하며, 연구를 수행하기 위한 측정도구(질문지, 면접 체크리스트 등) 개발은 간단한 절차를 거치는 것으로 생각하는 경향이 있으나 이는 매우 잘 못된 사고이다.

물론 측정도구의 표준화 작업은 교육연구용 측정도구 개발 과정보다는 몇 개 과정이 더 요구된다. 또 학력측정을 위한 도구와 정의적 특성을 측정하려는 도구, 신체 · 기능적 특성을 측정하기 위한 도구 등에 따라서 측정도구 개발 과정이나 단계가 다르다. 그러나 어느 경우든지 측정도구 개발의 절차가 표준화되어 있는 것은 아니지만, 몇 가지 공통적인 개발 절차가 있다.

그것은 (1) 측정도구 개발 계획의 수립 (2) 문항의 작성 (3) 예비검사 실시와 그 통계적 분석 (4) 본 검사도구의 확정 및 도구의 측정학적 정보 확인 (5) 측정도구 이용 및 측정 결과 해석 방법 기술 등이다. 자세한 내용은 4장 2절에 기술되어 있다.

5. 자료수집 및 통계적 분석

가. 연구주제 및 문제의 발견과 진술

나. 연구의 설계

다. 관련문헌의 검토

라. 측정도구의 개발 혹은 선정

마. 자료수집 및 통계적 분석

바. 자료 분석 결과 정리와 해석

사. 논의 및 결론 도출

아. 연구보고서 또는 논문 작성

1) 자료수집

검사 실시 또는 질문지를 실시하여 자료를 수집하는 절차는 응답의 신뢰도, 측정의 신뢰도에 큰 영향을 미친다. 여기서는 연구를 위한 자료수집 방법으로 개인적 혹은 집단적인 질문지 실시를 중심으로 방법적 원리 및 유의사항을 살펴보고자 한다. 자세한 내용은 4장 4절에 기술되어 있다.

(1) 자료수집의 방법

① 전화 면접 : 연구자 혹은 보조원이 실시
② 우편을 통한 자료 수집
③ 개인적인 실시 : 연구자 혹은 도우미가 실시
④ 집단적 실시 : 연구자 혹은 도우미가 실시
이와 같은 자료수집의 방법들은 각각 장점과 단점(문제점)을 지니기 마련이다.

자료수집 방법을 구체적으로 밝혀야 하는 이유는 어떤 방법으로 자료를 수집하느냐에 따라서 수집한 자료의 성격이 달라지며, 자료수집 방법은 나름대로 제한점을 갖기 때문에 그러한 사실을 독자들에게 알려주어야 하기 때문이다.

(2) 자료 수집의 절차

① 표본의 선정 : 가능한 한 대표적 표집, 큰 표본
② 연구자가 직접 자료를 수집하지 못하는 경우, 도움을 줄 사람에게 협조 당부
③ 검사 실시 시간대의 결정
④ 분위기 및 동기 조성(rapport 형성, 정직한 반응)
⑤ 응답 방법 및 지시의 정확화(표준화 검사의 경우, 이 요소가 매우 중요하다)
⑥ 검사 실시 : 검사 실시 중 질문에의 응답 문제
⑦ 질문지 수집(회수)

2) 자료수집에서의 오차와 반응 문제

(1) 오차의 유형

① 해석적 오차 : 자료수집의 목적, 방법 등의 이해 부족, 독해력 부족
② 외인적 오차(변산적 오차, variable error) : 환경, 정서적 불안감 등의 영향
③ 검사자 오차(tester error, personal error) : 진지성, 이해력, 편견과 부주의, 친절감 등의 영향
④ 항상적 오차(constant error, 고정적 오차) : 피검사자의 가정환경과 같은 고정된 변인의 영향

(2) 측정오차의 발생 요인으로서 측정과정 요인의 최적화 문제

오차의 유형에서 살펴본 바와 같이, 자료수집 과정에서는 다양한 유형의 오차가 발생한다. 즉, 측정에서의 오차는 측정과정, 즉 검사를 실시하는 물리적 · 심리적 환경 여하에 따라서 발생하기도 하며, 검사자가 피검사자를 불친절하게 대하거나

검사에 대한 이해가 충분하지 못할 경우, 진지성이 부족하고 검사 실시 자체에 대한 편견 혹은 부주의 등도 오차를 발생시킨다. 또 검사를 실시하는 물리적 환경이나 검사에 대한 불안감, 낮은 동기 등도 오차를 발생시키는 요인들이다. 따라서 검사를 실시하는 시간은 측정대상자들이 심리적으로 안정감을 지닐 수 있는 시간대를 결정한다든지, 검사의 분위기를 안정시킨다든지, 검사의 동기를 적정하게 유지한다든지 등의 노력이 필요하다.

3) 자료의 통계적 분석

(1) 수집한 자료(측정도구로서 질문지와 같은 것)의 검토

① 계획한 표본 수대로 실시하였는가?
② 성실한 응답인가, 무성의한 응답인가?
③ 완전한 도구인가, 중간에 반응을 중지하거나 대충 응답한 것인가?
④ 이러한 과정을 거쳐 통계적 분석에 사용할 도구를 선정(추출)한다.

(2) 코딩 매뉴얼 작성

- **연구를 위한 질문지**

다음의 가상적인 자료는 〈교수의 수업에 대한 학생평가의 타당성 연구〉에 관한 자료이다. 이를 이용하여 질문지가 수집되었다고 가정하고 통계분석을 위한 기초작업으로서 코딩 매뉴얼 작성 방법을 기술하고자 한다.

가. 응답자의 인적 사항
1. 학년 : (　　)학년
2. 성별 : ① 남　② 여
3. 계열 : ① 인문사회계　② 자연계　③ 공학계　④ 예체능계
4. 지난 학기 성적(평점 평균) : (　　)점
5. 학급규모 : (　　) 명

6. 이수구분 : ① 교양 ② 전공 ③ 교직

7. 이 과목에서 기대하는 성적 : ① 4.5 ② 4.0 ③ 3.5 ④ 3.0 ⑤ 2.5 이하

8. 담당 교수의 경력 : ① 20년 이상 ② 15-19년 ③ 10-14년
④ 5-9년 ⑤ 4년 이하

나. 수업평가 질문문항

〈수업 효율성에 대한 의견〉

1. 수업목표와 수업이 일치하였다.	1	2	3	4	5
2. 매 시간 수업내용 및 구성은 적절하였다.	1	2	3	4	5
3. 수업내용은 수업목표를 달성하는데 적절하였다.	1	2	3	4	5
4. 수업은 핵심적인 내용을 적절히 반영하여 전개하였다.	1	2	3	4	5
5. 수업내용은 최근의 학문경향을 잘 반영하였다.	1	2	3	4	5
6. 교수의 설명은 이해하기 쉽고 적절하였다.	1	2	3	4	5
7. 교수는 어려운 내용이라도 적절한 예를 들어 이해하기 쉽게 설명하였다.	1	2	3	4	5
8. 교수는 칠판, 유인물, 수업보조자료 등을 효과적으로 활용하여 이해를 쉽게 하였다.	1	2	3	4	5
9. 교수는 유익하고 적절한 토론을 주도하였다.	1	2	3	4	5
10. 교수는 내용에 따라서 수업방법을 자주 바꿔 수업을 역동적으로 진행하였다.	1	2	3	4	5
11. 과제물의 제시와 평가는 적절하였다.	1	2	3	4	5
12. 과제물은 수업내용을 보충하는데 도움이 되었다.	1	2	3	4	5
13. 시험문제는 수업내용을 적절하게 반영하였다.	1	2	3	4	5
14. 시험은 형식적이지 않고 수업내용을 적절히 보완하여 수업효과를 높이는데 도움이 되었다.	1	2	3	4	5
15. 교수는 강의준비를 성실하게 하였다.	1	2	3	4	5
16. 교수는 주제에 대하여 해박한 지식을 지니고 있다.	1	2	3	4	5
17. 교수는 학생들의 인격을 존중하였다.	1	2	3	4	5
18. 교수는 휴강·결강 없이 성실하게 수업하였다.	1	2	3	4	5
19. 이 과목의 수업내용을 전반적으로 잘 이해하였다.	1	2	3	4	5
20. 수업이 진행됨에 따라 교과에 대한 흥미와 지적 수준이	1	2	3	4	5

증진되었다.	1 2 3 4 5
21. 나는 이 과목을 다른 학생들에게 수강을 권하고 싶다.	1 2 3 4 5
22. 이 과목의 수업목표는 분명하였다.	1 2 3 4 5
23. 수업내용은 조직적으로 잘 진행되었다.	1 2 3 4 5
24. 수업방법은 과목의 특성과 목표달성에 적절하였다.	1 2 3 4 5
25. 과제물과 시험은 수업내용을 적절하게 반영하였다.	1 2 3 4 5
26. 교수는 충실하게 수업을 준비하고 성실하게 수업을 진행	1 2 3 4 5
했다.	1 2 3 4 5
27. 이 강좌는 나에게 많은 지식을 습득하도록 하였다.	
28. 전반적으로 이 강좌는 훌륭하였다.	

- **코딩 매뉴얼**(coding manual)

이제 코딩(컴퓨터에 입력)을 시작하기 전에 코딩 매뉴얼을 만들어 보자.

Var. Name	Column	Label	Identification
ID	1-3	ID	응답자 일련번호
A1	4	학년별	1 : 1학년, 2 : 2학년, 3 : 3학년, 4 : 4학년
A2	5	성별	1 : 남학생, 2 : 여학생
A3	6	학문계열	1 : 인문사회, 2 : 자연, 3 : 공학, 4 : 예체능
A4	7-9	지난학기 성적	평점평균 세 자리(소수점 두 자리)
A5	10	학급규모	1 : 80명 이상, 2 : 41-79명, 3 : 40명 이하
A6	11	이수구분	1 : 교양, 2 : 전공, 3 : 교직
A7	12	기대하는 성적	1 : 4.5, 2 : 4.0, 3 : 3.5, 4 : 3.0, 5 : 2.5 이하
A8	13	담당교수 경력	1 : 20년 이상, 2 : 15-19, 3 : 10-14, 4 : 5-9, 5 : 4년 이하
V1	14	문항 1	수업목표
V2	15	문항 2	수업내용
V3	16	문항 3	수업내용

V4	17	문항 4	수업내용
V5	18	문항 5	수업내용
V6	19	문항 6	수업방법
V7	20	문항 7	수업방법
V8	21	문항 8	수업방법
V9	22	문항 9	수업방법
V10	23	문항 10	수업방법
V11	24	문항 11	수업평가
V12	25	문항 12	수업평가
V13	26	문항 13	수업평가
V14	27	문항 14	수업평가
V15	28	문항 15	교수활동
V16	29	문항 16	교수활동
V17	30	문항 17	교수활동
V18	31	문항 18	교수활동
V19	32	문항 19	수업효율성
V20	33	문항 20	수업효율성
V21	34	문항 21	수업효율성
V22	35	문항 22	수업목표
V23	36	문항 23	수업내용
V24	37	문항 24	수업방법
V25	38	문항 25	수업평가
V26	39	문항 26	교수활동
V27	40	문항 27	수업효율성
V28	41	문항 28	수업효율성

코딩 매뉴얼을 만들면……

첫째, 공동연구에서 자료를 공유하거나 함께 자료를 입력할 때 같은 형식으로 입력할 수 있다.

둘째, 통계분석을 다른 사람에게 의뢰할 때 입력된 자료에 대한 이해를 보다 쉽게 설명할 수 있다. 때로는 설명하지 않아도 입력자료와 코딩 매뉴얼을 전달하면 분석하는 사람은 이를 쉽게 알 수 있다.

셋째, 자료를 일정 기간(6개월 1년 또는 2년)이 지난 후에도 자료의 형태를 쉽게 이해할 수 있다. 필자의 경우 자료를 입력한 다음 6개월 정도 지나게 되면 그 자료의 형태를 기억할 수 없는 경험을 했다. 이러한 경우 코딩 매뉴얼이 있다면 그 자료의 형태를 쉽게 알 수 있을 것이다.

(3) 통계적 분석을 위한 자료의 입력(한글에서 자료입력과 ASCII(텍스트) 파일 형태로 저장)

한글에서 자료를 입력하는 것은 누구나 쉽게(?) 할 수 있을 것이다. 한글에서 자료를 입력하는 것이 자판의 커서나 엔터를 사용하지 않고, 단지 질문지에 응답한 결과만 입력하면 되기 때문에 SPSS 데이터 에디터 창에서 입력하는 것보다 쉽다.

코딩 매뉴얼에 따라 아래 그림과 같이 자료를 입력한다.

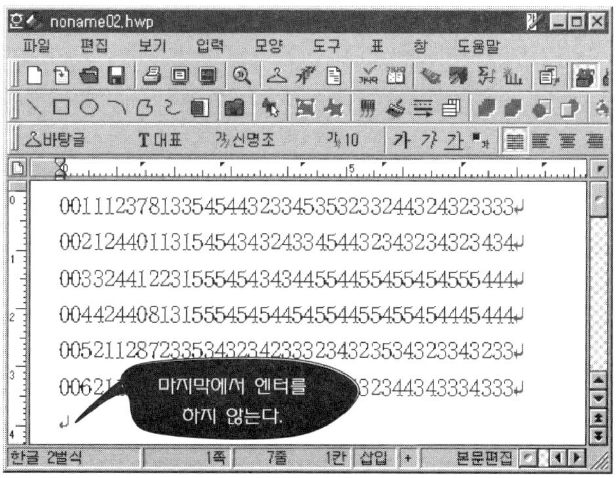

주의 : 여기에서 주의해야 할 사항은 마지막 자료를 입력한 다음 Enter를 하지 않도록 한다. Enter를 한 후에 자료를 저장하게 되면 마지막 줄도 한 사례로 인식한다. 즉 변수가 없어도 사례가 된다. 물론 통계처리를 하는 과정에서 변수가 없는 사례는 분석에서 제외한 다음 분석할 수 있지만 사례수 하나가 더 인식하게 되므로 사전에 제거하는 것이 보다 좋다.

이제 자료를 입력 했으면 저장해 보자. 한글 형태(HWP)로 저장하면 SPSS 프로그램에서 사용할 수 없다. 따라서 텍스트 형태(txt)로 저장해야 한다. ASCII 형태의 텍스트 파일로 저장하기 위해 다음 그림처럼 **[파일] → [새 이름으로] → [파일형식] → [텍스트 조합형]**으로 선택한 다음 저장하자. 흔글 버전에 따라 파일형식을 선택하는 방식이 조금씩 다르지만 [텍스트형]으로 저장하면 된다.

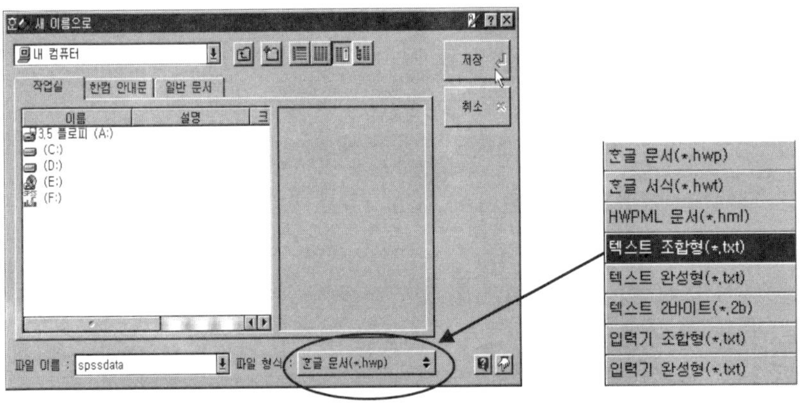

주의 : 만약 자료에 숫자가 아닌 한글 이름과 같은 글자가 있다면 텍스트 완성형으로 저장해야 한다. 만약 조합형으로 저장하게 되면 SPSS에서 글자가 깨진 상태로 나타난다.

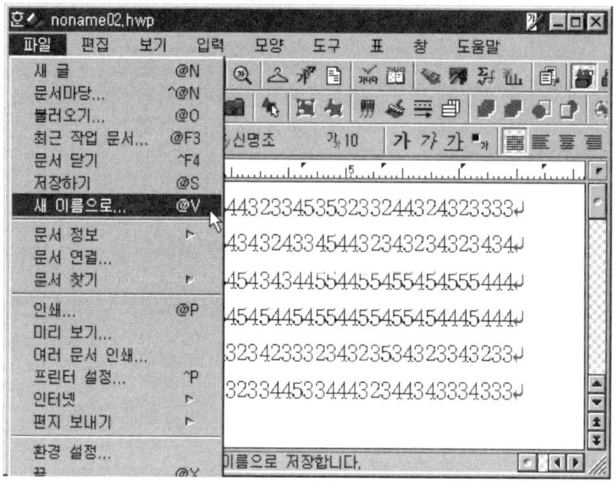

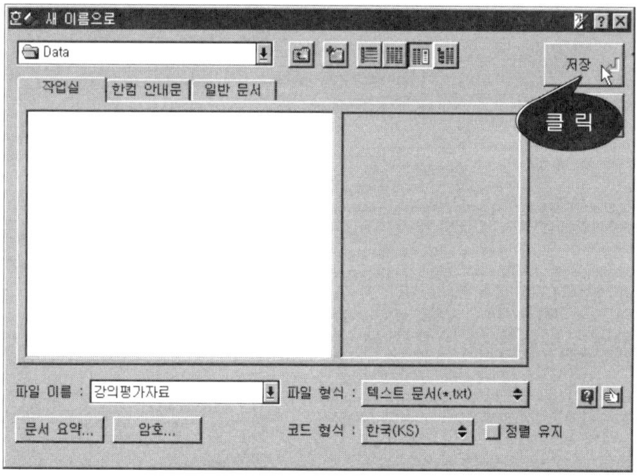

텍스트 형태로 저장한 다음 한글을 종료하면 [noname01.hwp를 저장할까요 ?] 라는 대화상자가 나타난다. 이것은 텍스트 형태로는 저장했지만 한글 형태로는 저장하지 않았기 때문에 나타나는 대화상자이다. 만약을 위해서 한글 형태로 저장하는 것이 좋다.

(4) 통계적 분석

① 연구문제에 가장 적합한 통계적 분석 방법 적용
② 다양한 통계적 분석
③ 정확한 통계적 분석 : 수작업, 계산기 이용, 컴퓨터 활용
④ 통계적 분석에 대한 지식과 컴퓨터 프로그램 활용 능력과의 통합
이와 같은 통계적 분석 방법에 관한 구체적인 내용은 제6장에서 기술한다.

6. 자료 분석 결과 정리와 해석

가. 연구주제 및 문제의 발견과 진술
나. 연구의 설계
다. 관련문헌의 검토
라. 측정도구의 개발 혹은 선정
마. 자료수집 및 통계적 분석
바. 자료 분석 결과 정리와 해석
사. 논의 및 결론 도출
아. 연구보고서 또는 논문 작성

수집한 자료의 통계적 분석이 끝나면, 연구보고서 혹은 논문의 연구결과 부문에 제시할 표를 만들어 제시하고 표의 중요한 내용의 해석을 한다.

1) 표 만들기

(1) 독자가 이해하기 쉽게 표를 만든다.

(2) 표를 제시하는 방식은 학문 영역에 따라서 약간씩 다르다. 교육과 교육학 분야의 경우, 한국교육학회 또는 미국심리학회(APA) 표 제시 방식을 취한다.

(3) 연구문제의 순서에 따라서 표를 제시한다.

(4) 한국교육학회, APA의 표 만들기 방식

① 표의 중앙에 표 제목을 제시한다. (예 : 〈표 2.1〉)

② 표의 가로축에는 성별, 학년별, 지역별과 같은 사회인구학적 변인을, 세로축에는 측정 변인을 제시한다.

③ 표에는 중요한 분석내용이 누락되지 않는 범위에서 간단하게 작성한다.

④ 표의 좌·우 양쪽 선분은 생략하며, 표 안에도 가능한 한 선분을 생략한다.

⑤ 표의 윗 선은 두 줄 선분으로 표시한다.

⑥ 가로축의 변인 간에는 두 줄 선분으로 구분한다.

【표 작성 및 제시의 예 1】

〈표 2.1〉 학습부진아와 우수아의 가정환경 지각 점수의 차이 검증

집단	N	M	SD	t	p
학습부진아	48	34.24	8.15	5.5991	.0189
학습우수아	34	36.84	7.61		

【표 작성 및 제시의 예 2】

〈표 2.2〉 학습부진아와 우수아의 가정환경 지각 점수의 차이 검증

집단	N	M	SD	t
학습부진아	48	34.24	8.15	5.60**
학습우수아	34	36.84	7.61	

** p〈.01

2) 표 해석하기

(1) 표의 제시만으로 독자가 연구 결과를 분명하게 이해할 수 없는 주요 내용은 해석(설명)되어야 한다.

(2) 표의 해석은 통계적 분석 결과 사실에 근거하여 해석해야 하며, 과장, 왜곡, 지나친 논리적 비약이 있어서는 안 된다.

(3) 표의 해석은 간단명료해야 하며, 표에 제시된 뻔한 사실을 장황하게 기술하지 말아야 한다.

(4) 해석의 동일한 문구나 기술내용이 지루하게 반복되지 않도록 변화 있는 기술이어야 한다.

(5) 표의 해석 내용은 표 제시 다음에 기술하는 것이 원칙이다.

(6) 지면의 안배 문제나 해석을 먼저 하고 표를 제시하는 것이 효과적이라고 판단될 경우에는 해석 후 표를 제시할 수도 있다.

【표 해석의 예】

〈표 2.3〉 학습부진아와 우수아의 가정환경 지각 점수의 차이 검증

집단	N	M	SD	t
학습부진아	48	34.24	8.15	5.60**
학습우수아	34	36.84	7.61	

** p〈.01

"학습부진아와 학습우수아간 가정환경의 지각 점수의 차이 검증 결과는 우수아가 부진아에 비하여 보다 긍정적으로 지각하였으며, 두 집단 간 평균치의 차는 1% 수준에서 유의한 것으로 나타났다."

7. 논의 및 결론 도출

- 가. 연구주제 및 문제의 발견과 진술
- 나. 연구의 설계
- 다. 관련문헌의 검토
- 라. 측정도구의 개발 혹은 선정
- 마. 자료수집 및 통계적 분석
- 바. 자료 분석 결과 정리와 해석
- **사. 논의 및 결론 도출**
- 아. 연구보고서 또는 논문 작성

연구에서, 특히 학위논문에서 논의의 학문적 가치는 매우 크며, 저자는 이를 특별히 강조하고자 한다.

1) 논의(論議)

논의란 연구 결과(기술)에 대한 근거나 이유를 밝히는 일종의 '설명'이다. 근거나 이유는 역시 타당성 있는 근거에 바탕 하여 제시되어야 한다. 그러나 근거와 이유가 항상 누구에게나 분명한 것은 아니며 연구자의 추론, 가정, 통찰에 의존해야 하는 경우도 있다. 바로 이 점에서 논의 부문은 연구보고서나 논문의 다른 부문에 비해 연구자의 개인적 의견이 비교적 허용될수 있다는 특성을 지닌다. 바로 이러한 논의의 성격이 연구자에게 중요한 학술적 가치를 높여 주는 것이다. 연구를 수행하고서 "_____이______하다."로 끝나 버린다면, 새로운 사실 발견의 가치는 있을지언정, "왜?" 라는 질문은 여전히 남게 될 것이다. 논의 부문에서 기술하게 되는 내용은 다음과 같다.

(1) 왜 이와 같은 결과가 나타났는가? 이와 같은 결과가 나타난 이유를 어떻게 설명할 수 있는가?
(2) 연구 결과 중에서 가설의 수용이나 기각 혹은 연구문제에 대한 해답이 기존의 이론이나 연구 결과와 불일치하는 결과가 나타난 이유는 무엇인가?
(3) 연구 결과의 특정 내용은 이론적(학문적)으로 어떤 가치를 지니는가?
(4) 특정 연구 결과는 현장 혹은 현실적인 문제 해결에 어떻게 관련되며, 문제해결을 위한 시사점이나 가치는 무엇인가?

2) 결 론

(1) 결론은 연구 문제에 대한 답 혹은 가설 검증 결과에 대한 기술이다. 그러므로 결론의 개수는 연구 문제나 가설의 수치와 일치한다.

(2) 연구문제나 가설과 관련 없는 일반적인 진술, 특히 연구와 관계없는 진술은 하지 않는다.

(3) 향후 연구를 안내하는 내용, 연구의 제한점 극복 방안 등도 결론에 제시할 수 있으나 적절한 것은 아니다.

(4) 제언하는 내용을 결론에 제시하는 것이 가능하지만, 학위논문에서는 부적절하다.

8. 연구보고서 또는 논문 작성

가. 연구주제 및 문제의 발견과 진술

나. 연구의 설계

다. 관련문헌의 검토

라. 측정도구의 개발 혹은 선정

마. 자료수집 및 통계적 분석

바. 자료 분석 결과 정리와 해석

사. 논의 및 결론 도출

아. 연구보고서 또는 논문 작성

연구보고서 또는 논문, 학위논문 작성은 매우 창의적인 작업이기 때문에 일률적인 원칙이나 기준을 제시하기는 어렵다. 그리고 그 작성 방법이나 체제는 학문 영역에 따라서 상당히 다르기도 하다. 그러나 일반적이고 공통적인 사항이 없는 것은 아니다.

1) 체제(體制)

(1) 표지, 속표지, 영문 표기, 면 수(페이지) 밝히기

(2) 해당 분야(학위논문의 경우 대학원, 한국학술진흥재단, 교육현장연구의 경우 한국교원단체연합회, 정부 부처 등)에서 요구하는 체제를 정확하게 따른다.

(3) 학위논문의 경우, 공통 사항

① 표지
② 간지
③ 속 표지
④ 인준지
⑤ 영문초록(ABSTRACT)
⑥ 목 차
⑦ 표 목차
⑧ 그림 목차
⑨ 본문(서론～결론)
⑩ 참고문헌
⑪ 부록

2) 목차 정하기 : 학문 영역, 연구의 목적과 성격, 유형에 따라서 다름

(1) 서론(필요에 따라서 3～5개의 절로 구성)

① 연구의 필요성(또는 문제의 제기, 또는 연구의 필요성과 목적)
② 연구의 목적(또는 연구의 목적과 내용)
③ 연구 문제(또는 연구의 내용)

④ 용어의 정의

⑤ 연구의 제한점(또는 연구의 한계)

(2) 이론적 배경

① 연구 주제 혹은 연구문제에 관련되어 있는 이론들을 체계적으로 정리한다.

② 연구 문제의 중요성이나 연구의 가치를 부각시키기 위한 방편으로 이론을 정리한다.

③ 가설 설정의 근거를 찾는다.

④ 기존 이론에서 다루어지지 않고 있는 부분을 규명한다.

⑤ 관련 선행 연구 고찰

(3) 가설(가설 검증 연구의 경우, 또는 필요한 경우)

(4) 프로그램 개발(필요한 경우)

(5) 연구 방법

① 연구 대상 및 표집 방법

② 연구 도구

③ 자료수집 및 분석 방법

(6) 연구 결과 및 해석

(7) 논의

(8) 요약 및 결론

(9) 참고문헌

(10) 부록

탐구과제

- 다음의 표를 기초로 연구의 결과와 결론을 설명하시오.

학습부진아와 우수아의 가정환경 지각 점수의 차이 검증

집단	N	M	SD	t
학습부진아	48	34.24	8.15	5.60**
학습우수아	34	36.84	7.61	

** $p < .01$

제 3 장

연구계획서의 작성과 논문의 체제 및 기술 방법

연구는 문제의식을 구체화 한 연구문제를 가지고 연구를 수행하기 위한 계획서의 작성으로부터 구체화된다. 교육연구 계획서가 일정하게 정해져 있는 형식이 있는 것은 아니다.

일반적으로 이용되고 있는 연구 계획서의 형식에 익숙해지고 연구 계획서의 형식에 적합하도록 계획서를 작성하는 일은 연구에 대한 자신감을 갖게 해 주고, 연구를 보다 타당하고 객관적으로 수행할 수 있게 만들어 준다.

또 교육연구를 포함한 연구활동은 일정한 체제에 적합하게 작성하기를 요구받는다. 아무리 훌륭한 연구를 수행했다고 하더라도 연구보고서의 체제가 요구하는 바에 적합하게 작성되지 못하면 연구논문으로서 인정받지 못하게 된다.

제3장에서는 연구계획서 작성 방법과 논문의 체제를 다룬다. 연구계획서 작성의 단계와 각 단계에서 수행하는 활동 내용, 작성한 연구 계획서를 평가하기 위한 기준, 학위 취득을 위한 논문과 교육현장 연구를 위한 보고서의 체제의 구조 및 체제내의 각 항목을 기술하는 방법, 인용과 참고문헌 제시 방법, 그리고 논문의 평가 기준 등을 학습한다.

학습목표

1. 연구계획서 작성의 대략적인 절차를 기술할 수 있다.
2. 연구계획서의 일반적인 체제를 기술할 수 있다.
3. 연구계획서 체제에 포함되어 있는 각 항목의 기술방법을 기술할 수 있다.
4. 타인이 작성한 연구계획서를 적합한 기준에 따라서 평가할 수 있다.
5. 학위논문의 체제를 기술할 수 있다.
6. 학위논문의 체제에 포함되어 있는 다음의 항목의 기술 방법을 기술할 수 있다.
   (1) 연구의 필요성
   (2) 연구내용 혹은 연구문제
   (3) 연구의 제한점
   (4) 이론적 배경
   (5) 논의
   (6) 요약 및 결론
7. 인용의 방법에 대하여 기술할 수 있다.
8. 참고문헌 제시 방법으로서 APA양식에 대하여 기술할 수 있다.
9. 타인이 작성한 연구논문을 적합한 기준에 따라서 평가할 수 있다.

제1절 연구계획서 작성 방법

연구계획서(reserch argenda, reserch proposal)란 건축설계도나 여행일정 또는 수업준비안과 같은 것이며, 연구란 연구계획서의 집행과정이다.

1. 연구계획서 작성의 필요성

연구계획서는 대체로 두 가지로 크게 나눌 수 있다. 이러한 구별은 연구의 형태나 목적에 따른 것이다. 일반적으로 많이 볼 수 있는 연구계획은 학생들이 졸업논문을 위해서 지도교수나 논문 지도위원회에 제출하는 계획안이다. 학생들의 연구계획서는 연구를 수행하는 데 있어서 아주 중요한 단계이다. 따라서 학생 뿐 아니라 초보자에게도 연구 계획서의 작성은 연구 과정에 있어서 이행해야 할 필수 단계로 요구된다. 또한 흔히 볼 수 있는 것으로는 연구자가 어떤 재단이나 학교, 정부기관에 제출하는 연구계획서가 있다. 이런 경우는 연구 이전에 그 연구에 대한 승인을 얻는데 그 목적이 있는 것이다. 대학 교수나 또는 일반 연구자들이 어떤 기관의 승인을 얻기 위해 제출하는 것이 보통 여기에 속한다. 연구에 대한 경제적 보조(연구비)가 주어지는지의 여부는 대개의 경우 제안된 연구계획서에 의존하는 것이 보통이다.

연구계획서는 대개 연구의 직접적 동기에 따라 구별된다. 연구계획서는 학위취득을 위한 것이든 또는 경제적 보조를 얻기 위한 것이든 연구를 해 나가는 데 있어서 중요한 첫 단계가 되어야 한다는 것이 일반적인 주장이다.

연구과정에 있어서 연구계획서를 쓰지 않고 생략하더라도 연구가 되지 않는 것은 아니다. 초보자는 가능한 한 연구 계획서를 쓰지 않고 연구를 하려 한다. 연구 계획서의 작성은 사실 귀찮고 시간이 드는 작업임에 틀림이 없다. 그러나 연구 계획서를 작성하면 그만큼 연구의 질이 높아질 수 있다. 연구의 목적이나 방법, 과정들이 분명하지 않을 때 연구계획서를 쓰는 것은 매우 힘이 든다. 즉,

연구계획서는 연구를 더 효과적으로 이끌어 좋은 연구를 해 내기 위한 하나의 수단으로, 교육 연구 과정에서 꼭 필요하다. 많은 시간과 노력을 허비한 뒤 연구를 포기하게 되거나, 연구의 과정에서 많은 어려움으로 고생하는 경우는 대개 연구계획서 없이 생각한 연구들이다. 연구계획서를 작성해야 하는 이유를 구체적으로 제시하면 다음과 같다.

1) 연구에 대한 조직적, 체계적 사고가 가능하다.

연구계획서는 자신이 수행하고자 하는 연구주제, 연구문제, 연구의 방법을 포함한 연구설계 및 연구과정 전반에 대하여 체계적이고 조직적으로 사고를 할 수 있게 해 준다. 연구활동이란 어쩌다 해 보면 좋은 연구가 수행되는 것이 아니며 매우 체계적이고 조직적인 활동을 요한다. 체계적, 조직적인 사고를 통하여 연구활동 전반에 대해 수정할 점을 조기에 발견하여 수정할 기회를 갖게 된다.

2) 필요한 자료, 문헌 수집과 진행절차를 명백히 해 준다.

연구, 혹은 과학적 활동이란 무에서 유를 창조해 내는 작업이 아니다. 어떤 성격의 연구든지 기존에 누군가에 의해서 탐구해 놓은 기초 위에서 수행되기 마련이다. 여기에 연구를 수행할 때 필요한 자료를 수집 분석하여 활용할 필요성이 제기된다. 그런데 어떤 자료가 수집 분석되어야 하는가, 어떤 문헌을 참고하여 연구를 수행할 것인가, 그와 같은 자료나 문헌을 어디서 어떻게 수집할 것인가 하는 문제는 사전에 연구계획서를 작성해 나가는 과정에서 해결되기 쉽다.

특히, 연구계획서에는 연구문제와 가설, 그것들을 해결하기 위한 방법을 포함한 연구설계가 밝혀지기 마련인데, 연구의 도구나 통계적 분석 방법 등이 분명하지 못하게 되면 연구 자체가 무산되는 경우도 생기게 된다. 연구계획서는 어떤 도구를 이용하여 어떻게 자료 수집을 하며, 자료의 통계적 분석은 어떤 방법을 적용할 것인지에 대하여 사전에 연구계획서를 읽는 독자나 지도교수와의 의사소통을 원활하게 한다.

3) 타인의 비평과 조언을 받을 기회를 제공 받는다.

흔히 자신의 연구에 대해서 지나치게 애착과 집착을 갖다 보면 어떤 측면에서 문제가 있고 미흡한 점이 있는가를 잘 모르게 된다. 자신의 연구에 대한 전반적인 사항을 정리하여 타인(지도교수나 동료, 선·후배 등)에게 제시해 보면 자기 자신이 미쳐 깨닫지 못한 문제점과 개선점을 지적 받을 수 있다.

4) 생산적이고 경제적인 연구를 수행할 수 있다.

잘 짜여진 연구계획서는 연구활동의 반이 진행되었다고 할 정도로 실제의 연구에 도움을 준다. 연구주제는 물론 연구의 필요성, 연구문제 (내용), 연구의 제한점, 이론적 배경, 예상되는 결과 등을 사전에 잘 작성해 두면 본 연구수행에서 그만큼 노력을 절약할 수 있게 된다.

5) 연구에 대한 사전 승인을 얻는 서류가 된다.

논문 지도교수나 또는 논문 지도위원들이 연구자의 연구 활동을 승인한다는 것은 연구자가 구체적으로 작성한 연구계획서를 승인한다는 것이다. 연구계획서가 없으면 무슨 연구를, 어떤 연구 방법에 의해서 하는 것인지, 무엇을 승인하는지 확실하지 않게 된다. 이 말은 연구에 대한 승인을 서류상으로 표기해 둔다는 행정적 의미도 있지만, 연구자의 입장에서 보면 연구의 과정에 있어서 계획의 범위를 결정하여 주는 결과를 가져다준다. 만약에 연구계획을 변경하려면 자료수집 이전에 수정하여 지도교수(연구 지도위원)들의 승인을 받는 것이 보통이다. 승인을 받는다는 것은 연구의 객관성를 높인다는 뜻도 된다.

6) 연구활동 전반에 대한 조망능력을 기르며, 연구 수행에 필요한 조언과 지원 방법을 익힐 수 있다.

연구계획서를 작성한다면 연구자 본인이 앞으로 무엇을 해야 할 것인가를 전반적으로 검토하고 수행할 수 있다. 연구자 본인이 전반적인 연구활동을 모두 수행할 수 있다면 가장 이상적이지만, 전문가의 조언을 구해야 할 경우 어떤 내용과 어떤 방법에서 조언을 구해야 할지를 결정할 수 있다.

2. 연구계획서 작성(고안)의 단계

연구계획서 작성활동이 어디에서 시작하여 어떤 과정을 거쳐 어디에서 종결되어야 하는가에 대하여 원칙이나 정형(定型)이 있는 것은 아니지만 일반적인 절차를 생각해 볼 수 있다.

1) 연구계획서 작성의 20단계

(1) 여러 주제에 대해 찾고, 이에 대해 토론하거나 생각한다.
(2) 어떤 생각이 싹트는 단계 : 만약 이렇게 된다면 어떨까? 왜 그렇게 될까?
(3) 사고의 폭을 좁혀 간다. 무엇을 알고 싶어 하지? 문제의 중요성이 명확해졌는가?
(4) 의문점을 명확하게, 구체적으로 정리한다.
(5) (의문점에 대한) 해답이 중요한 것인가를 결정한다.
(6) 관련 문헌을 조사 한다 : 왜(이때까지) 여기에 대한 답이 없었는지가 명확해졌는지, 명확하게 답이 있는 것인가?
(7) 집중적으로 관련 문헌을 읽는다.
(8) 연구방법에 대해 생각 : 어떤 연구방법이 가장 적합한가? 해답을 찾아낼 수 있는 근거가 있는가?
(9) 자력으로 연구를 수행할 수 있는가, 누구의 도움을 받아야 하는가?
(10) 연구계획을 대충 잡는다.
(11) 어떤 처리 방법을 택해야 할지 생각한다.
(12) 어떤 (자료)분석방법을 택해야 할지 생각한다.
(13) (연구)계획을 검토하고 다듬는다 : 모든 가능한 결과의 의미가 명확해졌는

가? 만약 수정할 필요가 있으면 8-14 단계 중 적당한 단계로 돌아간다.

(14) 모든 연구절차를 자세하게 구체화한다.

(15) 첫 번째 완전한 연구계획 초고를 준비한다.

(16) 동료들 혹은 지도교수와 함께 (이에 대해) 토론한다. 중요한 결점이 발견되면 수정한다.

(17) 예비조사를 하고 자료를 분석하며 모든 절차를 검토한다.

(18) 수정된 연구계획 초고를 마련한다. 실제에 있어 어떤 문제가 생겼는가?

(19) 지도교수 혹은 연구계획서 심사위원회에 제출한다. (자신의) 연구계획서를 설명하고 이를 지지 받는다.

(20) 최종 연구계획서를 작성한다.

2) 연구계획서 작성 단계별 주요 내용

제 1-4 단계

연구동기가 강하면 평상시에도 독서, 대화를 통해서 늘 생각하게 되므로 연구에 대한 아이디어가 빨리 떠오르게 된다. 처음 연구문제를 생각할 때는 실용성이나 연구 가능성에 대한 고려를 하지 않는 것이 보통이며, 이런 경향이 오히려 중요하고 창의적인 연구를 낳게 하는 원동력이 되기도 한다. 그러나 연구에 대한 아이디어가 떠오르면 그것에 대해 구체적인 의문을 가져서 막연한 아이디어를 더 구체화시켜야 한다. 연구를 통해 알고자 하는 것이 무엇인지를 가능한 한 분명히 하는 것이 중요하다. 막연한 생각을 구체화시킨다는 것은 결코 쉬운 일은 아니다. 구체화란 말은 모호한 아이디어를 실제로 다룰 수 있는, 연구해 나갈 수 있는 문제로 만들어 내는 것을 말한다. 연구대상, 조건, 기간, 장소, 연구요인 등을 고려하게 되면 연구에 대한 아이디어를 좀 더 구체화시킬 수가 있다.

연구에 대한 아이디어를 구체적인 질문 형식이나 알고자 하는 문제로 서술한 뒤에 "아직도 추구할 가치가 있는 것인가?"를 자문해 볼 필요가 있다. 연구가치를 따질 때, 시작하려는 연구가 연구자 자신에게 얼마만큼 중요한 의미를 가져오는지, 교육현장의 문제해결에 도움이 될 수 있는지, 교육의 개선에 기여할 것인지, 전문분야에 얼마나 공헌을 할 수 있는 것인지 등을 고려해야 한다.

제 5 단계

연구결과가 어째서 중요한가에 대한 이유를 설명하고 연구의 가치를 좀 더 구체적으로 설명하는 단계이다. 연구자 나름대로 연구의 공헌점을 정하는 것으로 연구의 구체적 목적을 서술하는 기초가 된다. 연구란 학문을 하는 한 방법으로서 이제까지 알려지지 않은 지식을 발견해 내는 것이다. 연구의 가치는 연구결과의 실제적 응용이 뒤따라야 한다. 또한 학문에 있어서 이론적 지식을 발견하기 위한 것이기도 하다. 그러나 응용적 가치와 학문적 가치 어느 하나만이라도 무방하다. 학생들의 연구논문 중에는 후자의 경우가 많고 또한 그것이 장려되어야 한다.

제 6-8 단계

관련된 문헌이나 자료를 수집하는 단계이다. 이 단계에서 연구문제에 관련된 문헌 연구자료들을 조사하는 이유는 문제에 대한 답이 나와 있는지 즉, 연구가 이미 되어 있는지 어떤지를 알기 위한 것이다.

관련된 문헌이나 자료를 찾는 동안에 그 연구문제에 대한 해답을 연구자 스스로가 알게 되는 경우도 있다. 즉, 연구를 계속하지 않아도 문제에 대한 해결을 얻게 되는 경우를 말한다. 이런 경우 그 답이 널리 알려진 것이 아니고 연구자 스스로가 처음으로 알아낸 것이면 전문학술지를 통해서 간단히 발표하고 그 분야의 전문인들에게 알려야 의미가 있다.

관련된 문헌을 더 철저하게 조사하여 연구문제에 대한 해답이 왜 아직도 밝혀져 있지 않은가에 대해서까지도 밝혀내야 한다. 앞으로 할 연구가 아직도 이루어져 있지 않은 이유를 알 때 연구의 필요성과 목적이 분명하고 연구의 방향이 뚜렷하게 잡혀지는 것이다.

제 9-14 단계

연구문제에 대한 해답이 없을 때는 연구를 수행해야 할 필요가 있게 되는데 그 문제를 연구자의 역량에 비추어 다룰 수 있는 문제인지 어떤지를 연구자는 검토해야 한다. 문제해결에 대한 검토에는 문제해결을 위한 탐구방법을 생각해야 하는데, 여기서 연구자는 이 문제해결에 어떤 방법이 최선인지 여러 가지 방법을 검토해야 한다. 모든 가능한 방법 중에서 최선의 방법을 택한 뒤에는 연구의 골격을 대강 적고, 연구에 쓰이는 구체적 측정방법과 결과의 분석방법을 검토해야 한다.

초보자 가운데는 연구를 시작한 뒤에 구체적 연구방법이나 결과의 분석방법을 찾는 사람이 많은데 연구의 제목이니 연구문제, 연구를 위한 도구(질문지 등)를 수시로 바꾸는 사람들일수록 사전에 연구방법이나 분석방법에 대한 검토를 하지 않는 경우가 많다. 연구문제는 연구의 가능성이 있을 때 비로소 자기의 연구문제가 되는 것이며, 그 구체적 방법이 따르지 않을 때 그 연구는 불가능하게 된다. 연구문제가 생긴 뒤, 연구방법을 생각하는 것이 논리적 사고의 순서이기는 하지만 실제로는 연구문제와 동시에 방법을 생각하는 것이 보통이다.

제 15-16 단계

연구문제에 대한 연구방법과 자료에 대한 분석방법이 구체화된 뒤에는 연구의 골격을 짜고, 구체적인 연구의 진행과정을 세운 뒤, 연구계획서를 작성하게 된다. 작성된 연구계획서를 동료들과 교수, 지도교수와 상의하여 그들의 의견을 들어 필요한 경우 수정한다. 이 과정에서 연구계획의 잘못을 발견하게 되고, 그것을 수정하고, 보충하게 된다.

연구에 대한 아이디어가 싹트고 그 중요성이 인정되고, 연구의 방법이나 과정이 비교적 순조롭게 머리 속에 정리가 된 경우라도 연구계획서를 작성하는 일은 보통 쉬운 일이 아니다. 꽤 전문적인 연구자라도 연구계획서 작성을 끝까지 연기하는 습성은 어쩔 수 없다. 그래서 연구계획서 제출이 강제성을 띠지 않은 경우에는 계획서를 쓰는 사람이 별로 흔하지 않다. 초보자의 경우 연구에 대해 자신이 없고 그 계획서에 대한 비판을 피하려는 심리 때문에 연구계획서 작성의 회피가 더욱 심하다. 하지만 연구계획서 없이 연구에 대한 의견을 얻으려고 하거나 연구에 대한 비판이나 평을 하는 것은 학문하는 자세로 적합하지 않다. 학생들에게 요구하는 논문은 학계에 대한 그 논문의 공헌과 아울러 학문하는 방법, 즉 지식을 탐구하는 태도와 방법에 익숙하게 하기 위해서이다. 학생들로 하여금 연구계획서를 제출하게 하고 지도교수나 지도위원회에서 그 계획서를 검토하는 과정을 통해서 학문이 발전하며 학생들은 그 과정을 통해 학문하는 방법을 터득하게 되는 것이다.

제 17-20 단계

연구계획이 확정되면 거기에 따라 예비조사를 할 필요가 있다. 예비조사를 하는 것은 어떻게 보면 시간과 비용이 들뿐만 아니라 불필요하게 연구를 오래 끄는 것으로 생각될 수 있으나, 사실은 시간과 비용을 절약하게 되고 연구의 질을 높이려는 데 예비조사의 목적이 있다. 아무리 연구계획이 잘 짜여져 있다 해도 연구를 실시하면 예기치 않았던 숨은 문제들이 많이 있기 마련이다. 연구를 시작한 뒤, 자료수집 과정에서 문제가 생겨서 연구를 연기하는 경우가 있는가 하면, 연구를 중도에서 포기해야 하는 경우도 생기게 된다. 이런 일을 사전에 막기 위해서는 예비조사가 꼭 필요하며 예비조사의 결과에 따라 연구계획을 수정, 보완하게 된다. 수정, 보완된 연구계획서를 다시 지도교수나 심사위원회에 제시하고 서로의 의견을 교환하여 마지막 승인을 받게 된다

3. 연구계획서에 포함되어야 할 내용과 기술 방법

연구계획서에 어떤 내용이 포함되어야 하는가에 대해서는 일정한 규칙이나 원칙이 있는 것은 아니다. 또 연구계획서에 포함되어야 할 내용은 연구자에 따라, 연구주제에 따라, 연구의 성격에 따라 달라질 수 있다. 특히, 교육현장 연구계획서의 경우에는 용어가 '실행가설'과 같은 용어를 사용함으로써 일반적인 연구계획서의 기술 내용과 다른 것으로 생각하기 쉬우나 기본적인 틀은 크게 다르지 않으며, 교육부나 교육청의 별도의 지침에 의해 작성하면 될 것이다.

여기에서는 교육현상을 기술, 설명, 예언, 통제할 목적으로 수행되는 일반적인 연구계획서의 내용을 요약하고 각 항목에 대하여 주로 실증적, 실험적 연구를 중심으로 하는 학위논문 연구계획서를 중심으로 설명해 보려고 한다.

Ⅰ. 연구주제(연구제목)
Ⅱ. 서론
  1. 연구의 필요성
  2. 연구의 목적
  3. 연구문제 (또는 연구의 내용)
  4. 용어에 대한 정의
  5. 연구의 한계
Ⅲ. 이론적 배경
Ⅳ. 가 설
Ⅴ. 연구의 방법
  1. 연구의 대상과 표집방법
  2. 연구도구
  3. 자료수집 및 분석방법
Ⅵ. 향후 진행계획
Ⅶ. 기대되는 성과
 * 참고문헌
 * 부록

각 장의 구성 내용과 기술 방법을 설명하면 다음과 같다.

1) 연구주제(제목)

연구주제를 설명하고 확정하는 일은 연구의 반이 끝났다고 할 정도로 힘들고 중요한 일이다. 여기에서는 연구주제의 자원 (또는 원천)과 연구주제 설정의 방법 등을 생각해 보려고 한다.

(1) 연구주제의 자원

연구주제를 어디에서 찾을 것인가는 왕도가 있는 것이 아니며, 많은 독서, 교육현상에 대한 문제의식, 기존의 다양한 연구주제에 대한 탐구, 전문가와의 빈번한 접촉과 대화, 그리고 무엇이 됐든지 주제 하나를 적어 보는 것 등이 도움이 될 것이다. 사실, 교육의 세계는 해결되어야 하고 탐구해야 할 문제들로 산적되어 있다고 해도 과언이 아니다. 다음에서 연구주제의 자원이라고 할 만한 몇 가지를 제시해 본다.

① 교육의 과정(過程)에서 : 교육의 목적, 내용, 방법, 평가 측면
② 교육활동의 인적 구성에서 : 학생, 교사, 행정가, 학부모, 일반사회인
③ 교육과정에서 : 교육과정, 교과 외 과정
④ 교육프로그램 또는 학교수준에서 : 유치원, 초등학교, 중학교, 고등학교, 대학교, 사회교육
⑤ 아동들의 특성에서 : 정상, 특수아
⑥ 교육환경에서 : 가정, 학교, 사회(도서지역, 산간벽지 등 포함), 산업체
⑦ 인간의 제 특성에서 : 지적 특성, 정의적 특성, 사회성, 일반적 의견, 의식구조, 신체 발달
⑧ 지도의 내용에서 : 교과, 생활, 진로, 특기, 적성
⑨ 교육의 시간차원에서 : 과거, 현재, 미래
⑩ 이상 각 자원들의 상호 관련성에서

(2) 연구주제의 선정과 설정 방법

대개의 경우 연구계획서에 밝힌 연구제목이 본 연구제목으로까지 가는 경우가 많다. 그렇기 때문에 제목의 선정은 연구계획서에서부터 신중을 기해야 할 필요가 있다. 연구제목을 정한다는 것은 그리 쉬운 일이 아니다. **연구제목의 선정에서 주의해야 할 사항**을 밝히면 다음과 같다.

첫째, 연구제목은 연구하려는 영역을 분명히 밝히는 것이어야 한다. 그러기 위해서는 대체로 그 제목이 길어지는데 긴 제목은 산만한 경우가 많다. 연구제목을 짧게 하면 제목이 연구내용을 분명히 설명하지 못하고, 또 길게 하면 너무 설명적이어서 제목으로서의 기능을 잘 발휘하지 못하기 때문에, 초보자의 경우는 짧은 제목으로 정하고 그 대신에 부제목을 길게 다는 경우를 흔히 볼 수 있다. 다음과 같은 논문 제목을 생각해 보자.

학생들의 교사에 대한 기대에 관한 연구
-K 지역 초등학교와 중·고등학교를 대상으로 교사의 수업방법, 인간관계 등을 중심으로-

위의 제목을 보면 부제목이 주 제목보다 길다. 부제목의 길이와 주 제목의 길이에 대한 비율이 있는 것은 아니다. 하지만 부제목이 긴 이상 전체 제목은 긴 제목으로 되고 만다. 주제목에서 부제목까지 다 읽어야 하므로 결국 하나의 제목이나 마찬가지이다.

특히, 부제목을 붙이는 경우 "……을 중심으로"라는 진술을 발견하게 되는데 가능한 한 붙이지 않는 것이 좋으며 따라서 이런 경우에는 제목에 포함시키는 것이 바람직하다.

연구제목은 연구의 내용과 방법이 시사되는 범위 내에서 가능한 한 간단명료하게 표현하는 것이 좋다. 따라서 위의 예에서는 "초·중·고등학교 학생들의 교사에 대한 기대"이면 논문제목으로 충분할 것이다.

둘째, 연구주제는 연구내용을 대표하는 범위에서 좁게(작은), 간단명료하게 진술하는 것이 좋다. 너무 일반적이거나 추상적인 주제 또는 너무 광범위하여 무엇을 연구하려고 하는가가 불분명한 연구주제는 바람직하지 못하다. 예를 들면, 제목을 "학생들의 태도 연구"라고 한다면 너무 광범위하고 무엇을 연구하려고 하는가를 알 수 없는 제목이 된다.

셋째, 연구제목은 연구의 성질상 전문적이어야 하지만 가능한 한 전문적인 용어나 기술적인 용어를 피하고 쉬운 용어를 사용하는 것이 좋다. 이 말은 전문적인 용어, 기술적인 용어를 사용해서는 안 된다는 의미는 아니다. 쉬운 용어가 있는데도 불구하고 허세를 부리거나 권위 있게 보이기 위해 어려운 용어를 사용해서는 안 된다는 것이다.

2) 서 론

(1) 연구의 필요성

연구는 어떤 필요성이 있기 때문에 수행하는 활동이다. 여기에서 지적하는 연구의 필요성은 연구비를 받을 필요성이나 학위 취득의 필요성과 같은 수단적 필요성이 아니라 연구가 그 자체로 필요로 하는 바의 목적으로서의 필요성을 일컫는다. 그러므로 연구의 필요성은 연구의 본질적인 가치라고 해도 좋다.

연구자는 이론적이고 학술적인 틀 안에서 연구의 필요성을 서술해야 한다. "연구가 필요하다"든지 "이 연구는 공헌도가 클 것이다"와 같은 일반적인 말들을 되풀이하는 게 아니라 학문적인 연구인만큼, 학문적인 틀이나 이론, 논리에 맞게 연구의 필요성을 서술해야 한다. 그러기 위해서 연구자는 이미 관련된 연구논문이나 문헌들을 철저히 조사하여 연구하려는 문제의 가치를 합리화시켜야 한다.

연구의 필요성을 제시하는 한 가지 방법으로는 연구자가 연구주제에 대해 연구들이 잘 되어 있지 않다는 사실을 증명하는 일이다. 어떤 지식에 관해 어떤 부문의 연구가 결여되어 있다면 이는 연구의 필요성을 합리화시켜 주는 일이 된다.

그 이전의 연구들이 시간적으로 너무 오래되어서 현 시점에는 어떻게 될 것인가에 큰 관심을 가지게 될 때 연구는 필요하게 된다. 이런 경우 연구자는 그 이전의 연구 이후 꽤 시간이 짧다는 것을 제시해야 할 뿐만 아니라, 같은 연구를 되풀이해야 할 필요성을 서술해야 한다.

연구의 필요성을 제시하는 마지막 방법으로 연구자는 다른 연구들에서 잘못된 점을 발견하거나 또는 그 이전의 같은 주제의 연구들에서 결여된 점을 보완해야 할 이유 등을 제시하는 것이다.

위에서 말한, 연구의 필요성을 제시하는 방법 모두가 관련된 문헌이나 연구물에 대한 조사에 의한 것이다. 따라서 "연구의 의의"라고 주제를 붙이는 대신에 "관련된 연구의 개관"이라는 제목 하에서 연구의 필요성이나 의의를 논하는 사람도 있다. 또 한 가지의 연구의 필요성은, 특히 교육 분야에서의 연구의 필요성은 교육현장 문제의 해결이나 개선의 필요성에서도 찾아볼 수 있을 것이다.

(2) 연구의 목적

연구의 목적은 '연구의 필요성'과 중첩되는 성격이 있으나 반드시 같은 것은 아니며, 학자에 따라서 '연구의 내용'과 같은 성격을 지니는 것으로 간주하기도 한다. 그러나 연구의 목적은 연구의 내용과는 다르다. 교육의 목적과 교육의 내용이 다른 것과 같다.

이 연구의 목적은 교사에 대한 학생들의 기대가 학생과 교사의 성별, 학교급별, 지역별에 따라 어떤 영역에서 어떤 차이가 있는가를 밝힘으로써 학생들의 행동특성을 보다 타당하게 기술(記述)하고 설명(說明)해 보려는 것이다.

연구의 목적은 이 연구의 근본적인 의도와 지향점이다. 그리고 최종적으로 이 연구를 통하여 성취하고자 하는 종착점이다. 앞에서 제시한 연구주제의 예〈학생들의 교사에 대한 기대〉에서 연구의 목적을 기술해 보자.

교육연구의 목적은 교육의 세계에 드러나고 있는 여러 현상들을 기술(記述), 설명(說明), 예언(豫言), 통제(統制)하려는 것이므로 연구의 목적은 이러한 네 가지의 일반적인 교육연구의 목적 중 하나 또는 둘 이상의 목적을 구체적으로 기술(記述)하는 것이 된다.

(3) 연구문제(또는 연구의 내용)

연구문제란 연구자가 이 연구를 통하여 최종적으로 해답을 찾아보려는 문제들이다. 또는 연구의 목적을 달성하기 위한 보다 세부적인 내용이다.

'연구문제'라고 기술한 경우는 각 진술문이 의문문으로 이루어지며, '연구의 내용'이라고 한 경우는 평서문으로 진술된다. 또한 연구문제는 연구의 주제가 내포하고 있는 탐구문제를 보다 세분화하는 것이므로 1, 2, 3, …… 등의 번호나 첫째, 둘째, 셋째, …… 등의 순서를 정하여 진술하는 것이 바람직하다.

연구문제의 진술에서 가장 중요한 사항은 연구주제와의 일관성과 직접적인 관련성이다. 연구주제와 무관하거나 별로 관련이 없는 연구문제 설정은 삼가야 하며 유의해야 할 사항이다. 또 연구문제는 변인과 변인과의 관계로 진술하여 무엇을 묻는지가 분명히 드러내야 한다.

이제, 앞에서 예를 든 연구주제 "초·중·고등학교 학생들의 교사에 대한 기대"를 가지고 연구문제를 설정해 본다면, 이 연구에서 규명하고자 하는 연구문제는 다음과 같다.

연구문제 예
1) 학생들은 교사의 어떤 역할에 대한 기대가 가장 높은가?
2) 학생들은 바람직한 교사행동 특성을 무엇으로 보는가?
3) 능력 면에서 교사 자질에 대한 학생들의 기대는 어떻게 나타나는가?
4) 성격 면에서 본 교사 자질에 대한 학생들의 기대는 무엇인가?
5) 교사에 대한 기대는 초등학생, 중학생, 고등학생 간에 차이가 있는가?
6) 교사에 대한 기대는 학교급별 학생들의 성별에 따라 어떤 차이를 보이는가?

물론 연구문제는 이러한 예들 보다 심층적인 연구설계를 필요로 하는 형태로 진술할 수 있다. 예를 들면, 학생의 학업성취 수준, 성격 등의 변인과 교사에 대한 기대를 관련지워 연구문제를 진술할 수 있을 것이다.

그런데 위의 연구주제와 관련하여 다음과 같은 연구문제를 생각해 보자.

"학생들은 교사들의 교직생활 만족도에 대하여 어떻게 지각하는가?"

이 연구문제는 문제 자체로 중요하거나 탐구할 수 있는 문제라고 하더라도 주제와의 관련성이 없는 연구문제이다. 이처럼 연구문제의 진술은 철저하게 연구주제와 관련을 맺고 연구주제의 범위 내에서 진술되어야 한다.

(4) 용어에 대한 정의

용어에 대한 정의는 연구주제나 연구문제에 드러나고 있는 중요한 용어에 대하여 명확히 그 의미를 밝혀 주는 일이다.

위에서 말한 바와 같이, 연구의 개념에 있어 여러 가지로 해석될 수 있는 것은 그 뜻을 분명히 해야 할 필요가 있다. 용어에 대한 분명한 이해는 정확한 의사소통을 위해서 대단히 중요하다. 예를 들면, '지능'이란 말은 일반적으로 쓸 때 그 뜻이 아주 넓으므로 연구자가 뜻하는 지능이 지능지수를 말하는 것이라 할지라도 언어에 기초를 둔 지능지수일 수도 있고 비언어적 지능지수일 수도 있다. 또 이러한 지능지수들은 제작자에 따라 지능의 개념이 달라지기 때문에, 연구자는 자신의 연구에서 사용하는 지능이란 어느 검사에 나타난 어떤 수치라는 것을 밝혀야 한다.

또 자아개념(self-concept)이나 성취동기, 학업성취도 등 구성개념(constructs)

들은 용어를 사용하는 사람들에 따라 매우 다양한 의미를 지니게 된다. 이러한 구성개념들은 연구자 자신의 연구에서는 어떠한 의미를 지니는 것으로 사용할 것인지를 명백히 해 두어야 하는 것이다.

그러나 연구에서 사용되는 모든 용어를 정의해야 하는 것은 아니다. 진술문은 그 기초단위가 개념인데 그러한 개념들을 모두 정의할 필요는 없다. 용어에 대한 정의가 되지 않으면 의사소통이 곤란한 새로운 용어나 전문적인 학술용어만을 정의하면 충분하다. 앞의 연구주제에서 '기대'라는 용어를 굳이 정의할 필요는 없는 것이다.

(5) 연구의 제한점(한계)

연구의 제한점은 연구의 범위나 한계를 제시해 줌과 동시에 이 연구가 지니고 있는 제한점을 밝히는 일이다. 특히, 연구의 대상에 관련한 제한점이나 연구도구가 지니고 있는 제한점을 제시하게 된다. 연구의 제한점을 구체적으로 밝히는 일은 일종의 연구의 약점을 드러낸다는 점에서 밝히기를 꺼리는 경향이 있으나 과학의 발전을 위하고 유사한 연구를 수행하려는 사람들에게 연구의 방향을 안내한다는 점에서 중요한 일이 아닐 수 없다. 연구의 제한점은 주요내용을 항목별로 제시하고 간략하게 기술하면 될 것이다.

3) 이론적 배경

이론적 배경을 밝히는 일은 해당 연구의 배경이 되는 이론들을 탐색하고 정리하는 것이다. 무릇 모든 연구는 기존의 이론의 바탕 위에서 이루어지는 것이며 기존 이론의 연장이거나 확장 또는 수정에 관련된다. 이론적 배경을 밝히는 데서 특히 유의해야 할 사항은 다음과 같다.

첫째, 이론적 배경은 연구주제에 관한 잡다한 내용들을 무질서하게 모아 놓은 일이 아니며 주제에 관한 중요한 이론을 검토하는 것이다.

둘째, 이론적 배경이라는 말에서 '배경(背景)'이란 연구주제나 연구문제의 뿌리라는 말과 같다. 즉 연구주제나 연구문제 또는 가설 등이 기존의 과학적 탐구 위에서

(또는 이론적 바탕 위에서) 자연스럽게 논리적으로 도출된 것이라는 주제, 문제, 가설 등의 정당화라고 볼 수 있다.

셋째, 따라서 이론적 배경은 조사나 실험의 구체적인 내용을 안내하는 구실을 다하도록 탐구되고 정리되어야 한다. 예컨대, 질문지를 제작하는 경우 질문 문항들이 아무렇게나 만들어지는 것이 아니라 모두 이론적인 바탕 위에서 만들어져야 하는 것이다. 질문지나 연구도구의 제작시 가장 먼저 해야 할 일이 이론적 배경을 탐색하는 것이라는 말은 바로 이 때문이다.

넷째, 이론적 배경은 자신의 연구 결과를 해석하는 데 참고할 수 있는 아이디어를 얻고, 기존의 이론과 자신의 연구결과를 비교하면서 논의를 전개하기 위한 정보를 얻는 작업이기도 하다.

이론(theory)이란 일련의 법칙(law)들이 연역적으로 연결된 법칙들의 망이며, 이 법칙은 가설이 검증된 것이다. 또한 **가설(hypothesis)**은 두 변인 또는 그 이상의 변인들 간의 관계에 대한 잠정적 결론이다. 이렇게 보면, 이론적 배경이란 하나의 현상을 설명하기 위하여 이전에 수행된 실증적인 연구나 탐구결과를 검토한다는 의미와 같은 것이며, 이러한 점에서 수행연구를 고찰하는 일도 이 부분에서 해야 할 일이라고 할 수 있다. 다음에서 이론적 배경이라는 장(章)에 제시될 수 있는 예(例)를 살펴보자.

연구주제 : 지능과 학업성적과의 관계

Ⅱ. **이론적 배경**

가. 지능이론

1. 지능의 개념
2. 지능발달의 조건
3. 지능이 인간특성의 발달에 미치는 영향

나. 학업성적이론

1. 학업성적 결정요인에 대한 탐색
2. 학업성적 결정요인으로서의 지능

다. 선행연구 고찰

---

4) 가설(假說)

가설은 앞에서 제시한 연구문제에 대한 잠정적인 결과를 진술한 문장을 말한다. 예컨대, 연구문제가 "가정의 심리적 환경과 아동의 도덕성 발달과의 관계는 연령이 낮은 집단과 많은 집단 간에 유의한 차이가 있는가?"라고 설정되었다면 가설은 다음과 같이 진술될 수 있을 것이다.

가설 : 가정의 심리적 환경과 아동의 도덕성 발달과의 관계는 연령이 낮은 집단일수록 유의한 관계가 있을 것이다.

가설(假說)은 단순한 가정(假定, assumtion)과는 다르다. 가정은 그럴듯한 예측이라고 한다면, 가설은 그렇게 진술될 수 있는 배경과 근거가 있어야 한다. 앞의 이론적 배경에서 가설은 근거를 밝히는 일이 요구된다는 점을 지적했거니와 누군가가 당신이 무슨 근거로 그러한 가설을 설정했느냐고 질문한다면, 이 질문에 대하여 "막연히 그럴 것 같아서"가 아니라 이러이러한 이론과 근거에서 설정하였다는 정당화를 할 수 있어야 하는 것이다.

그러므로 가설을 진술한 다음에는 그 가설의 정당성 또는 가설 설정의 근거를 기존 이론이나 선행연구 결과를 기초로 간단명료하게 제시하는 것이 요구된다.

또 가설은 연구문제에 따라서 주 가설(主 假說)과 부 가설(副 假說)로 나누어 제시할 수 있다. 즉, 범위가 보다 크고 일반적인 수준에서 가설을 설정하고, 이를 보다 세부적이고 구체적으로 가설을 설정할 수도 있다.

5) 연구의 방법

연구계획서에 제시하는 연구의 방법은 연구의 대상과 표집방법, 도구, 자료수집 및 분석방법을 포함하게 된다.

(1) 연구의 대상과 표집방법

연구의 대상이란 실제 조사나 실험을 하려는 대상을 일컫는다. 여기에는 연구주제나 문제에 따라 초등학교 4학년일 수도 있고, 중학교 1, 2, 3학년일 수도 있으며, 중학생과 고등학생일 수도 있다. 그러한 대상들 중에서 이 연구에서는 어느 정도의 사례수를 연구대상으로 할 것인가를 대상자의 사회인구학적 배경(성별, 초·중·고등학교별, 지역별, 학력별 등) 에 따라 표로 나타내고, 그러한 대상을 연구하려는 이유를 밝히면 된다.

또 여기에서는 연구대상의 전집(population)을 밝히고 대상자를 선정하는 방법(표집방법)을 제시한다. 표집방법에 대한 자세한 내용은 4장 4절에 제시되어 있다.

(2) 연구도구

도구란 연구에서 사용될 질문지나 검사지와 같이 자료수집에 사용할 수단을 일컫는다. 연구문제에 대한 해답을 찾기 위하여, 그리고 가설의 검증을 위하여 사용되는 수단(手段)이라는 점에서 흔히 도구(道具)라고 명명한다. 이 부문에서는 연구도구의 일반적 성격, 연구도구의 개발과정, 연구도구의 구성과 형식 등을 밝힌다.

그러나 연구계획서를 작성하는 단계에서 이러한 내용을 상세하게 밝힌다는 것은 아직 준비가 안 된 상태일 가능성이 있으므로 앞으로 수행하게 될 계획을 미래형으로 진술하면 될 것이다. 아무튼 도구에 관한 기술에서 가장 중요한 것은 연구주제와 연구문제와의 일관성이다. 주제에 시사되지도 않은 내용이나 연구문제 해결과는 관련 없는 문항을 아무리 많이 포함시켜서 연구를 수행한다 하더라도 의미 없는 일이 되는 것이다.

(3) 자료수집 및 분석방법

자료수집 방법은 앞으로 어떤 방법으로 자료를 수집하겠다는 계획을 진술하는 것이다. 직접 방문하여 자료를 수집할 것인지, 동료들의 도움을 얻어 수집할 것인지, 우송하여 실시할 것인지, 면접을 실시할 것인지 등의 자료수집 방법을 밝히게 된다. 이러한 자료수집 방법에 대한 진술이나 언급이 중요한 것은 각각의 방법이 지니고 있는 특징과 문제점(장점과 단점)이 있는 것이므로 그러한 특징과 문제점을 사전에 검토함으로써 보다 적절한 자료수집 방법을 모색하도록 하는데 있다.

또 자료의 분석방법은 앞의 연구대상과 도구에 대한 사항이 분명해 져야 강구될 수 있는 것이며 연구대상과 도구의 성격에 맞는 타당한 통계적 분석방법이 동원될 것이 요구된다.

6) 향후 진행계획

연구계획서가 작성된 시점에서부터 연구가 종료될 때까지의 활동들을 일정별로 제시한다.

7) 기대되는 성과

여기에서는 이 연구를 통하여 얻게 되는 가치를 밝힌다. 앞의 연구의 필요성이나 목적부분의 내용과 중복되는 경우가 있으며, 이 연구를 통하여 이론적, 실제적 가치가 무엇인가를 언급함으로써 연구의 처음부터 끝까지 견지되어야 할 일관성과 체계성을 유지하고 연구자의 연구 주제에 대한 확신을 표명하는 의의가 있다.

8) 참고문헌

(1) 참고문헌은 글자 그대로 연구계획서를 작성하면서 참고한 서적이나 문헌을 밝히는 일이다. 따라서 참고하지도 않은 서적이나 문헌을 많이 제시하는 것은 피하도록 한다.

(2) 참고문헌 제시 방식

① 단행본의 경우 : 저자명(출판년도). 책명. 출판사 지역 : 출판사명.

② 연구논문의 경우 : 연구자명(출판년도). 연구주제명, 논문출판기관명.

③ 2편 이상의 논문 수록된 종합보고서의 경우 : 연구자명(출판연도). 연구주제명. 종합보고서 출판기관 또는 편자명. 종합보고서명. 출판기관명.
[이 경우, 종합보고서명은 고딕 혹은 진한 글자체로 표기함]

(3) 참고문헌은 한글 참고문헌과 외국어로 표기된 참고문헌 순으로, 연구자나 저자명의 가, 나, 다 순으로, 알파벳순으로 제시한다.

9) 부록

연구계획서의 본문에 포함시키기 곤란하거나 부적절한 참고자료, 표, 잠정적인 측정도구 등을 제시할 필요가 있는 경우 '부록'에 제시한다.

4. 공개발표를 위한 연구계획서의 체제와 작성 방법

학위논문을 포함한 대부분의 연구계획서는 공개된 장소에서 다수인을 대상으로 공개 발표하고, 질의응답 절차를 거쳐 평가를 받도록 하고 있다. 여기서는 학위논문 작성을 위한 공개발표 계획서 작성 체제와 대략적인 분량을 제시하고자 한다. 발표를 위한 연구계획서 작성은 반드시 필요한 사항을 요약하는 형식으로 작성하여 주어진 시간 내에 효과적으로 발표하도록 계획서가 작성되는 것이 중요하다.

다음은 연구계획서의 일반적인 내용 구성 체제 및 각 항목의 작성 분량에 대한 기술이다.

*는 필수 사항이며, 나머지는 연구주제에 따라서 결정되며, 각 장과 절, 항의 작성 분량(쪽수)은 대략적인 수치임

Ⅰ*. **연구주제(제목)**

Ⅱ*. **서론**(A4용지 3.5~6쪽)

- 1*. 연구의 필요성(A4용지 1~2쪽)
- 2. 연구의 목적(A4용지 1쪽)
- 3*. 연구문제(또는 연구의 내용)(A4용지 0.5~1쪽)
- 4*. 용어에 대한 정의(A4용지 0.5~1쪽)
- 5. 연구의 한계(A4용지 0.5~1쪽)

Ⅲ*. **이론적 배경**(A4용지 5~10쪽)

Ⅳ. **가 설**(A4용지 0.5~1쪽)

Ⅴ*. **연구의 방법**(A4용지 3~7쪽)

- 1*. 연구의 대상과 표집방법(A4용지 0.5~1쪽)

2*. 도구(A4용지 2~5쪽)
3*. 자료수집 및 분석방법(A4용지 0.5~1쪽)
Ⅵ. **향후 진행 계획**(A4용지 0.5~1쪽)
Ⅶ. **기대되는 성과**(A4용지 0.5~1쪽)
* **참고문헌**
* **부록** : 연구에 사용할 도구

공개발표를 위한 연구계획서의 편집 체제는 다음과 같다.

1) 표지(지도교수명을 밝히지 않음)
2) 속표지(표지와 동일하되, 지도교수명을 밝힘)
3) 목차, 표목차, 그림목차
4) 서론 / 이하 연구계획서 체제와 동일
[이하의 내용부터 쪽수를 1부터 매김]

5. 연구계획서의 평가 기준

연구계획서가 잘 작성되었는가를 판단하기 위한 기준은 연구계획의 성격, 목적, 그리고 계획서를 제출하는 기관 등에 따라서 다르다. 그러나 공통적으로 요구되는 평가 기준이 있을 수 있다. 연구계획서를 작성할 때 연구자 스스로 아래 평가 기준을 염두에 두고 작성한다면 좋은 계획서가 될 것이다.

1) 학위논문 작성을 위한 연구계획서 평가기준

번호	평가 기준	미흡(1)–우수(5)
1	연구제목은 간결하면서 연구내용을 파악할 수 있을 만큼 적절하다.	
2	가치 있고 참신한 연구 주제를 설정하였다.	
3	연구자의 능력에 비추어 충분히 완성할 수 있는 주제를 선정하였다.	

4	연구계획서의 체제에 맞게 작성하였다.	
5	연구의 필요성과 목적이 적절하고 분명하게 진술되었다.	
6	연구문제, 혹은 연구의 내용이 분명하게 진술되어 있다.	
7	연구의 제한점이 진술되어 있다.	
8	연구에서 사용된 주요 용어가 정의되어 있다.	
9	고찰할 이론적 배경의 타당한 항목(내용)이 밝혀져 있다.	
10	선행연구와 본 연구의 연구문제간의 관련성이 분명하다.	
11	관계문헌은 포괄적이면서 최신의 것으로 고찰하려는 계획이 밝혀져 있다.	
12	전집과 표본에 관한 언급이 분명하게 제시되었다.	
13	적절한 표집방법을 강구하고 있다.	
14	연구 도구의 구성에 대한 내용이 밝혀져 있다.	
15	자료수집의 방법 및 절차가 설명되어 있다.	
16	자료분석을 위한 적절한 통계적 방법이 선정 밝혀져 있다.	
17	연구계획서의 내용 진술이 명확하다.	
18	계획서의 내용이 논리적으로 진술되어 있다.	

2) 한국학술진흥재단의 대학 교육과정 개발 관련 연구계획서 평가 기준

평가항목 (배점)		측정 지표	평가 내용	점수	비고
일반 공통 기준	기초학문 발전 및 균형있는 교육과정 개발에 대한 기여도[25]	교육과정 개선 계획이 당해 대학의 특성에 맞추어 교양교육과 전공교육이 균형있게 개발되어 대학교육의 질전 향상과 기초학문 발전에 기여할 수 있는가?			
	교육과정 개선 목표 달성도[25]	현행 교육과정의 문제점 분석, 수요조사 및 실태조사 등에 바탕하여 당초의 분명한 개선목표에 따라 정상적인 절차와 일정대로 추진?			

	교육과정 개발 계획에 대한 의지와 계획의 실행 가능성[25]	교육과정 개선에 대한 자율적 · 적극적 개선의지, 연구결과에 따라 실질적인 교육과정 개선으로 이어질 수 있도록 구체적인 실행을 전제로 추진되는가?			
	대학의 발전계획 및 타 유형의 교유과정 개발 계획과의 연계 정도[25]	교육과정 개선 계획이 모집단위 광역화에 따른 학사조직 개혁, 총체적인 대학 특성화와 발전방향 및 타 유형의 개선계획과 유기적으로 연계되어 추진되는가?			
계				100	100점 만점 환산 점수

6. 연구계획서의 예시 (부록 참조)

제2절 학위논문의 체제와 작성 방법

1. 일반적인 체제

학위취득을 위한 논문의 체제가 일정하게 정해져 있는 것은 아니다. 연구 분야, 혹은 연구의 성격이나 목적에 따라서 적합한 체제를 취하면 된다. 그리고 학위취득을 위한 논문작성의 경우라고 하더라도 대학이나 학문분야에 따라서 요구하는 체제와 작성 방법이 다를 수 있다. 그러나 조사연구나 실험연구 등의 행동과학적 연구의 논문 체제는 일반적으로 다음과 같은 체제를 취한다.

연구주제 (연구제목)

Ⅰ. 서론
  1. 연구의 필요성[또는, 연구의 필요성과 목적]
  2. 연구의 목적
  3. 연구문제 (또는 연구의 내용)
  4. 용어에 대한 정의
  5. 연구의 한계
Ⅱ. 이론적 배경
Ⅲ. 가 설
Ⅳ. 연구의 방법
  1. 연구의 대상과 표집방법
  2. 연구도구
  3. 자료수집 및 분석방법
Ⅴ. 연구결과(또는 연구결과 및 해석)
Ⅵ. 논의
Ⅶ. 요약, 결론(또는 요약, 결론 및 제언)
 * 참고문헌
 * 부 록

2. 체제별 작성 방법

1) 연구주제 (연구제목)

이 부분은 연구계획서 작성 부분에서 설명한 바와 동일하다. 연구계획서 작성시 설정한 연구주제(제목)의 수정이 요구되는 경우에는 수정하면 될 것이다(학위논문의 경우에는 정해진 기간에 일정한 절차를 거쳐 수정하여야 함). 연구계획서 작성시 설정한 연구 제목은 계획서에 대한 다른 사람들의 평가를 받는 과정에서, 혹은 연구자 자신이 연구계획서를 실행에 옮겨 나가는 과정에서 연구의 내용의 일부가 추가 혹은 삭제되는 경우 주제를 바꿔야 할 필요성이 제기될 수도 있을 것이다.

2) 서 론

(1) 연구의 필요성

'연구의 필요성' 절은 연구가 수행될 필요성이 무엇인가를 밝혀 독자들로 하여금 연구자가 어떤 필요성을 느껴 연구를 수행했는가를 이해하도록 하는 것이다. 연구의 필요성이 구체적으로 기술되지 않으면 그저 그렇고 그런 연구를 수행했다는 인상을 주게 된다.

연구의 필요성 부분의 기술은 주로 연구자의 주관적인 생각에 바탕하여 기술된다. 그러나 연구자의 주관적인 생각이 사적인 견해라는 의미는 아니다. 연구자는 자신의 주관성을 객관화하기 위하여 기존의 이론이나 연구들을 인용하거나 끄집어들일 수 있다는 점에서 '주관적 객관성'이라는 입장에서 연구의 필요성 부분을 기술한다. 연구의 필요성 부분의 기술에서 언급할 수 있는 내용들은 다음과 같다.

① 주제와 관련한 연구가 수행된 상황에 비추어 연구결과들이 일치를 보이고 있지 않아 연구가 필요하다.
② 주제와 관련한 연구가 오래 전에 수행되어 사회문화적 변화에 따라서 새로 연구할 필요가 있다.
③ 주제와 관련된 연구가 수행되지 못한 상황이다. 혹은 외국에서는 연구가 이루어졌으나 국내에서는 연구가 거의 수행되지 않아 연구가 필요하다.
④ 이론이 실증적으로 검증될 필요가 있다.
⑤ 교육현장의 교육효과를 증진할 필요가 있다.
⑥ 연구의 당위성을 밝힘으로써 연구의 필요성을 부각시킨다.
⑦ 기존 연구의 제한점, 문제점 등을 객관적으로 드러내어 연구의 필요성을 기술한다.
⑧ 기존연구와는 다른 각도에서 연구할 필요성이 있다.
⑨ 기존 연구의 대상이나 연구방법을 다르게 적용한 연구가 수행될 필요가 있다.

(2) 연구의 목적 : 간결, 명확하게 진술

'연구의 목적' 절은 연구를 통하여 달성하려는 바가 무엇인가를 기술하는 부문이다. 연구의 목적과 연구내용을 묶어 하나의 절로 표현하거나, 양자가 같은 성격의 것으로 생각하는 사람들이 있다. 그러나 '교육목적'과 '교육내용'이 다른 개념이듯이, 연구의 목적과 연구내용은 다르다. 연구의 목적에 기술될 사항의 몇 가지 예를 들면 다음과 같다.

① 기존 이론의 타당성을 검증하려는 목적을 갖는다.
② 교육의 개선에 요구되는 기초자료를 제공하려는 목적을 갖는다.
③ 현상의 실태, 변인간의 관련성을 기술하고 이해하려는 목적을 갖는다.
④ 타당하고 신뢰로운 프로그램의 개발이 목적이다.
⑤ 프로그램의 효과를 검증하려는 것이 목적이다.

(3) 연구의 문제(내용)

연구문제란 연구를 통하여 해답을 추구하려는 문제이다. 이는 곧 연구에서 핵심적인 사항이다. 연구문제로 표현하기도 하고, 연구내용으로 표현하기도 하지만, 양자는 기술방식의 차이만 있을 뿐 근본적으로 같은 의미를 지닌다.
① 연구를 통하여 해답을 얻고자 하는 문제는 무엇인가?
② 연구의 필요성, 목적과 일치하는 방법으로 진술
③ 의문문 형태로(연구의 내용이라면, 평서문 형태) 간단명료하게 진술
④ 필요한 경우, 연구문제의 배경, 정의를 기술한다.

(4) 용어의 정의

① 특별하게 취급되는 용어가 이 연구에서는 어떤 의미로 사용되는가를 밝힌다.
② 특수한 용어가 다른 학자들이나 연구자들이 정의한 바를 개괄한 후에 이 연구에서는 어떤 의미로 쓰이는가를 조작적으로 정의한다.

③ 평이하거나 굳이 정의하지 않아도 되는 용어는 정의하지 않는다.

(5) 연구의 제한점

연구의 제한점은 크게 두 가지 의미를 갖는다. 하나는, 이 연구의 범주와 영역을 밝히는 것이며, 다른 하나는 한계 혹은 약점을 기술하는 것이다. 전자에 해당하는 내용은 충실하게 밝혀야 하며, 연구의 약점을 지나치게 부각시켜 연구의 타당성 자체를 부인할만한 내용은(예컨대, 측정도구가 지니고 있는 결정적인 약점인 “타당도나 신뢰도가 의문시 된다”와 같은 기술) 기술하지 않는 것이 바람직하다. 그리고 연구자가 사전에 연구의 약점을 충분히 해결할 수 있었던 내용도 기술하지 말아야 한다. 그러한 약점이라면 사전에 대비하고 해결되었어야 하기 때문이다. 이 절에서 기술할 내용은 다음과 같다.

① 표집방법과 표본의 크기에 대한 제한점
② 연구도구가 지니고 있는 제한점
③ 자료수집 방법상의 제한점
④ 이 연구가 지니고 있는 약점이나 문제점
⑤ 연구가 수행되는 범위의 한계를 정하여 밝혀 둠

3) 이론적 배경

(1) 연구계획서 상의 이론적 배경의 뼈대가 제대로 제시되었는가를 세심하게 검토하여 수정한다.

(2) 이론적 배경을 구축하는 데 필요한 저서, 논문, 자료 등을 폭넓게 수집하여 분석한다.

(3) 이론적 배경의 기술 내용은 사실적이고 객관적인 입장에서 기술한다. 따라서 인용이나 요약의 형태를 취하고, 인용 혹은 요약한 자료의 출처를 정확하게 밝힌다.

(4) 이론적 배경을 구성하는 항목은 연구의 ① 중심개념의 정의, ② 중심개념의 개념화(분류, 관계 등), ③ 연구 과정과 동향, ④ 이론의 논쟁점, ⑤ 기타 연구

주제와 문제를 다루는 데 필요한 내용, ⑥ 선행 연구의 고찰(개관) 등의 내용을 논리적으로 조직한다.

(5) 이론적 배경은 자신의 연구의 필요성, 연구문제와 가설, 연구설계 등을 정당화하는 근거가 되며, 자신의 연구결과를 해석하고 비교해 보는 데 도움이 되는 내용으로 구성한다. 연구 주제와 관련이 없거나 문제나 가설의 근거가 될 만한 내용이 아닌 것을 이론적 배경에 기술하지 않도록 유의한다.

【이론적 배경 구성의 예 1】

Ⅰ. **논문제목** : 학습우수아와 학습부진아의 정의적 행동특성 비교연구

Ⅱ. **이론적 배경**

1. 학습우수아와 학습부진아의 개념 정립(정의적 차원)

   가. 개념 정의

   나. 두 집단의 일반적 특성

2. 학습우수아와 학습부진아의 정의적 행동 특성

   정의적 행동 특성의 종류와 성격에 대한 여러 학자, 연구자들의 견해를 검토한 후 이 연구에서 중요한 것으로 다루는 정의적 행동 특성들을 밝힘

3. 학업성적과 정의적 행동특성

   기존 이론, 연구들에서 두 변인간의 관계를 밝힌 결과를 검토하여 가설 설정의 근거 마련

【이론적 배경 구성의 예 2】

Ⅰ. **논문제목** : 초등학교 학생이 지각한 교사-학생의 인간관계가 학습태도 및 학업성취도에 미치는 영향

Ⅱ. **이론적 배경**

1. 인간관계 이론의 정의, 유형 및 중요성

   1) 인간관계의 정의

   2) 인간관계의 유형

3) 현대사회에서의 인간관계의 중요성
2. 학급성원간의 인간관계
1) 학급의 개념과 우리나라의 학급 특성
(1) 학급의 개념
(2) 우리나라의 학급특성
2) 학생 상호간의 인간관계
(1) 학생 상호간의 구조적 특성
(2) 학생 상호간의 인간관계 형성
3. 교사-학생의 인간관계
1) 교사-학생의 인간관계의 특징
2) 교사-학생의 인간관계 형성에 미치는 영향

【이론적 배경 구성의 예 3】

Ⅰ. **논문제목** : 초등학생의 다중지능과 창의성 및 자기효능감과의 관계
Ⅱ. **이론적 배경**
1. 다중지능 이론
1) 다중지능의 개념
2) 다중지능의 준거 : 지능이라고 부를만한 근거
3) 다중지능의 요소
4) 다중지능 이론의 핵심 주장
2. 창의성 이론
1) 창의성의 개념
2) 창의성의 이해 방식
3) 창의성의 구성 요인
3. 자기효능감 이론
1) 자기효능감의 개념
2) 자기효능감 형성의 원천
4. 선행연구 고찰

【이론적 배경 구성의 예 4】

Ⅰ. **논문제목** : 학습부진아의 정의적 특성 분석

Ⅱ. **이론적 배경**

1. 학습부진아의 정의
2. 학습부진의 관련 변인
3. 학습부진의 정의적 특성

【이론적 배경 구성의 예 5】

Ⅰ. **논문제목** : 초등학생의 불안 및 통제소재와 스트레스 대처 양식과의 관계

Ⅱ. **이론적 배경**

1. 특성불안
   1) 불안의 개념
   2) 정신분석학적 견해
   3) 사회심리학적 견해
   4) Spielberger의 불안이론
2. 통제소재 : 항별로 작성하지 않고 개념, 성격, 이론적 접근들, 형성과정 기술
3. 스트레스 대처
   1) 스트레스의 개념 정의
   2) 스트레스에 대한 대처 양식

4) 가 설

연구계획서에 밝혀 놓은 가설을 수정할 필요가 있으면 수정하고, 그러한 가설을 설정하게 된 근거를 가능한 객관적인 사실에 근거하여(이론적 배경, 선행연구의 결과 등) 간략하게 기술한다. 연구계획서 상의 가설을 수정하게 되는 경우는 이론적 배경을 검토하는 과정에서, 혹은 연구설계 상 수정을 요하는 경우나 연구수행

상 상황의 변화가 발생한 경우, 연구문제의 수정이나 변화가 일어난 때 등이다. 가설은 필요한 경우 주가설(主假說)과 부가설(副假說)을 기술할 수 있다.

(1) 연구주제, 연구문제와 일관성 있게 진술한다.

(2) 이론적 배경 내용의 검토로부터 자연스럽게 진술된다(근거 있는 명제임).

(3) 아직 설정되지 않은, 혹은 검증되지 않은 가설을 진술한다.

(4) 검증의 가치가 있는 가설을 진술한다.

(5) 가설을 진술한 직접적 혹은 간접적인 이론적 근거가 있어야 한다.

【가설 진술의 예】

논문제목 : 초등학생의 다중지능과 창의성 및 자기효능감과의 관계

연구문제 : 초등학생의 다중지능 요인들과 창의성간의 관계는 성별에 따라서 다른가?

가설 : 초등학생의 다중지능 요인 중 언어지능, 음악지능, 대인관계지능, 개인이해지능과 창의성과의 관계는 여학생이 더 높고, 논리-수학지능, 공간지능, 신체운동지능, 자연주의지능과 창의성간의 관계는 남학생이 더 높을 것이다(또는 높다).

(또는)

가설 : 초등학생의 다중지능과 창의성과의 관계는 성별에 따라서 다를 것이다.

하위가설 1 : 초등학생의 다중지능 요인 중 언어지능, 음악지능, 대인관계지능, 개인이해지능과 창의성과의 관계는 여학생이 더 높을 것이다(또는 높다)

하위가설 2 : 초등학생의 다중지능 요인 중 논리-수학지능, 공간지능, 신체운동지능, 자연주의지능과 창의성간의 관계는 남학생이 더 높을 것이다(또는 높다)

그리고 가설을 진술한 다음에 이러한 가설을 설정하게 된 근거를 이론이나 기존의 연구들에서 찾아 간략하게 기술한다.

5) 연구의 방법

1. 연구의 대상과 표집방법
2. 연구도구(또는, 측정 도구)
3. 자료수집 및 분석 방법

연구계획서의 집행과정에서 약간의 변화나 수정을 요하는 부분이 “연구의 방법” 章이다. 연구의 방법에 대한 기술은 이 부분을 읽어 보는 타인이 연구를 반복하는 것이 가능할 정도로 가능한 한 구체적으로 기술한다. “연구의 방법” 章은 보통 (1) 연구의 대상과 표집방법 (2) 연구도구(또는 측정도구) (3) 자료수집 및 분석방법 등 3개의 節로 구성한다.

(1) 연구의 대상과 표집 방법

① 연구의 대상과 표집 방법은 연구 결과의 일반화와 표집오차를 염두에 두고 가능한 한 대표본이 되면서 대표적(代表的) 표집을 하도록 한다.
② 연구설계 상 분석의 단위를 염두에 두고 표집 방법을 적용한다. 예컨대, 가정의 사회경제적 지위(상, 중, 하)에 따른 정서적 불안의 차이여부를 규명하려는 경우, 실제 지위의 측정 결과가 중간 집단에 대부분이 몰려 있고, 상(上)이나 하(下)에는 극히 소수의 사례만 나타나는 경우에는 분석 자체가 어려워진다. 이러한 예는 사회적 바람직성(social desirability)을 내포하는 변인의 측정에서 흔히 발견되는 현상이다. 더구나 관련짓고자 하는 분석 단위가 복합적인 변인들이라면 이러한 문제의 고려는 더욱 신중을 기해야 한다.
③ 연구의 대상은 표로 나타내어 연구논문을 읽을 독자들이 간명하게 파악할 수 있도록 한다.

(2) 연구의 도구(측정 도구)

연구의 도구(측정 도구)는 두 가지로 나누어 생각할 수 있다. 하나는 기존에 개발되어 있는 도구를 사용하는 경우이고, 다른 하나는 연구자가 직접 개발하는 경우이다.

① 개발되어 있는 도구를 사용하는 경우

- 연구에 사용하는 도구명을 밝히고, '부록'에 제시하였음을 기술한다.
  (예 : 이 연구에서 사용한 도구는 "중학생용 정서지능 측정 척도"이다(부록 1 참조).
- 도구를 누가, 언제, 어떤 절차를 따라서 개발했는가를 간략하게 기술하고, 해당 도구의 기술측정학적 사항(타당도, 신뢰도)을 밝힌다.
- 도구의 구성 내용을 기술한다. 도구가 측정하는 요인과 요인별 문항 수 등을 가능하면 표로 나타내도록 한다.
- 도구(척도)의 구성 방식과 반응하는 방식을 밝힌다.

② 연구자가 직접 도구를 개발하는 경우

- 도구명을 밝히고, 해당 도구가 부록에 제시되어 있음을 기술하며, 도구의 개발 과정을 상세하게 밝힌다. 이 과정은 누가 보더라도 타당하고 적절한 과정을 거친 것으로 인식할 수 있어야 하며, 타인이 개발과정을 반복이 가능하도록 구체적으로 기술해야 한다.
- 개발한 도구의 기술측정학적 사항(타당도, 신뢰도)을 밝힌다. 특히, 타당도와 신뢰도 확인 방법에 대해서 구체적으로 기술한다.
- 도구의 구성 내용을 기술한다. 도구가 측정하는 요인과 요인별 문항 수 등을 가능하면 표로 나타내도록 한다.
- 도구(척도)의 구성 방식과 반응하는 방식을 밝힌다.

(3) 실험설계

실험연구인 경우에는 타인이 읽어보기만 해도 실험이 어떻게 이루어지고 변인의 통제가 어떻게 이루어졌는가를 쉽게 이해할 수 있도록 실험설계에 대한 자세한 내용을 기술한다. 실험설계의 기본모형, 연구집단의 구성 방법, 실험의 절차, 변인의 통제 방법, 실험기간, 그리고 실험과정에서 발생한 특이 사항 등을 기술한다.

(4) 자료수집 및 분석방법

① 자료수집 방법을 기술한다. 언제, 누가, 어떻게 자료를 수집했는가, 자료수집과정에서 발생한 특별한 환경변화 조건 등도 기술해 둔다. 자료수집 방법은 연구 결과를 바르게 해석하고 연구물을 접하는 독자가 유의할 사항을 시사해 주는 경우가 있으므로 소홀히 할 수 없다.

② 수집한 자료의 통계적 분석 방법 등의 자료분석 방법을 분석의 절차에 따라서 구체적으로 기술한다.

6) 연구결과 [또는 연구결과 및 해석]

연구결과란 연구를 통하여 나타난 사실을 가장 명료하게 밝혀 결론을 도출해 내기 위한 근거를 밝히는 논문의 핵심적인 부분이다. '결과', '결과 및 해석', 또는 다음에 기술하고 있는 논의를 통합하여 '결과 및 논의'라는 용어로 나타내기도 한다.

이 부분은 연구문제 혹은 가설의 순서에 따라서 연구의 내용이 방대한 경우 적절하게 절로 나누어 제시할 수도 있고, 절의 구분 없이 연구문제나 가설의 순서에 따라서 자료의 통계적 분석 결과를 표나 그림으로 나타내고 표의 내용을 의미 있게 해석하는 것이다.

(1) 표나 그림의 제시 방법

일반적으로 통계적 분석표를 제시하는 방식은 연구문제나 가설 혹은 통계적 분석의 목적이나 방법에 따라서 서로 다르나 기본적인 형식의 예는 다음과 같다.

【예 1】

<표 3.1> 성별 야간자율학습에 대한 의견(%)

독립변인 / 종속변인	전체	남학생	여학생
(1) 찬 성	380(45.2)	206(49.2)	174(41.3)
(2) 반 대	461(54.8)	213(50.8)	247(58.7)
계	841(100.0)	419(100.0)	421(100.0)

【해석】

위 표를 보면, 전체적으로 야간자율학습을 찬성하는 비율보다 반대하는 응답율이 높은 가운데 남학생의 찬성율(49.2%)이 여학생(41.3)보다 높게 나타났다. 이러한 결과는 여학생에 비하여 남학생들이 학업에 대한 부담이 크다는 점을 시사해 주는 것으로 볼 수 있다.

【예 2】

<표 3.2> 성별 도덕적 자아개념 점수의 기술통계치

성 별	N	M	SD	t	p
(1) 남 학 생	326	16.8	2.86	5.82.	0017
(2) 여 학 생	339	18.8	1.96		

【해석】

〈표 3.2〉에 나타난 바와 같이, 도덕적 자아개념은 남학생의 평균치가 16.8임에 비해 여학생의 평균치는 18.8로 여학생에게서 더 높다. 그리고 성별 도덕적 자아개념 평균치의 차는 $p<.01$ 수준에서 유의한 것으로 밝혀졌다.

특히, 〈표〉와 [그림]을 작성하는 일반적인 방법은 다음과 같다.

① 본문과 표(또는 그림) 제목 간, 표(또는 그림) 위 아래로 한 줄씩 띄운다.

② 표의 양쪽 옆은 개방하며, 표 내부도 가능한 한 선을 긋지 않는다.

③ 표의 제목은 표의 윗부분에, 그림의 제목은 아래 부분에 밝힌다.

④ 표나 그림이 논문의 본문에 꼭 필요한 내용이 아니면 부록에 제시하여 연구결과 기술의 전체적인 흐름이 방해받지 않도록 한다.

⑤ 표나 그림에 대한 의미 있는 해석이 불필요한 경우에는 표나 그림을 제시하지 않는다.

(2) 표나 그림의 해석 방법

① 표나 그림만으로는 독자들이 이해하기 곤란하거나 어려운 경우에 표에 대한 해석(설명)을 한다.

② 표나 그림에 제시된 내용에 충실하도록 해석하며, 연구자의 주관적인 의견이 개입되지 않도록 한다.

③ 연구문제에 대한 해답(결론)과 표에 나타난 사실을 해석하는 것은 다르다. 표의 해석은 보통 "……한 차이가 나타났다", 혹은 "남학생의 평균치가 여학생에 비하여 유의하게 높게 나타났다" 등과 같이 문제에 대한 해답을 내리기 전의 진술이다.

④ 반복적이고 기계적인 해석 방법을 피하며, 해석내용의 기술에 변화를 준다.

⑤ 해석과정에는 ㉮ 논의 부분을 따로 두지 않을 경우 타인의 연구 결과와 비교하거나 기존 이론과의 일치나 불일치 내용을 기술하는 것이 바람직하다. ㉯ '논의'를 별개의 장으로 설정한 경우에는 순수한 결과의 해석에만 충실하도록 한다.

7) 논 의

실험연구나 가설검증 논문 혹은 연구보고서를 작성함에 있어서 연구자의 주관적 견해가 비교적 허용되는 부분이 논의이다. 그렇다고 해서 연구자의 편견이나 개인적 경험이 개진된다는 것은 아니며, 가능한 한 객관적인 자료나 근거에 입각해서,

혹은 논리적 추론에 바탕 하여 논의하는 것이다. 논의에서 다루게 되는 내용은 다음과 같다.

(1) 자신의 연구 결과에 대한 전반적이고 일반적인 논의

(2) 가설이 부정된 이유는 무엇인가에 대한 논의

(3) 다른 연구자의 연구 결과 혹은 기존의 이론과 불일치하거나 일치하는 연구 결과에 대한 논의. 특히, 불일치한 경우 그 이유에 대한 논의

(4) 뜻밖의 결과가 나타난 이유나 상황에 대한 논의

(5) 이 연구의 가치와 의의에 대한 논의

(6) 이 연구의 한계와 약점, 이를 보완하고 개선하기 위한 방안에 대한 논의

(7) 앞으로 수행되어야 할 필요가 있는 연구의 방향 안내에 대한 논의

그러나 일반적인 조사연구의 경우, 조사한 사실 결과의 제시에 충실해야 하며, 굳이 “논의”의 장이나 절을 설정하여 논의를 전개할 필요는 없는 경우가 대부분이다.

8) 요약 및 결론

요약과 결론은 논문을 마무리 짓는 부분이다. 양자를 분리할 수도 있고, 요약을 생략하고 ‘논의 및 결론’으로 표현할 수도 있으며, ‘요약, 결론 및 제언’이라는 방식으로 나타낼 수도 있다. 그러나 가장 보편적으로 사용하는 표현방식은 ‘요약 및 결론’이다. 이는 지금까지 수행한 연구의 전반적인 내용을 간략하게 요약하고, 이에 바탕하여 연구가 밝힌 바의 주장을 결론으로 제시함으로써 ‘요약 및 결론’만 읽어 봐도 연구논문 한편을 읽은 효과를 가져 오려는 의도가 있다.

요약은 그야말로 연구보고서의 전반을 있는 그대로 간단명료하게 축소시켜 놓은 것으로 연구보고서 전체를 읽지 않아도 연구의 중요한 내용을 알 수 있도록 포괄적일 것이 요구된다. 요약의 분량을 일률적으로 정할 수는 없으나 너무 많은 지면을 차지하여 요약의 효과가 상실되어서도 안 되며, 지나치게 축약시켜 요약부분만 보아서는 논문에 대한 충분한 이해가 되지 않아서도 안 된다.

요약에 포함될 필요가 있는 주요 내용과 작성방법은 다음과 같다.

(1) 연구의 필요성과 목적 : 4~5행의 한 문단 정도

(2) 연구의 내용 혹은 연구문제 : 전부 제시

(3) 가설 : 모두 제시

(4) 연구 방법 : 연구대상, 도구의 요인과 문항 수, 자료수집 방법, 자료 분석 방법

(5) 결과 : 연구내용이나 가설과 관련하여 반드시 포함되어야 할 내용

(6) 결론

결론을 진술하는 방법은 다음과 같다.

(1) 연구문제에 대한 해답(대답)을 간략하게 기술한다. 이 경우, "……결과가 나타났다.", 혹은 "A와 B간에는 유의한 차이가 있음이 밝혀졌다"와 같이 기술하는 경우가 있으나, 이러한 기술내용은 연구 결과에 해당하는 것으로 결론을 진술하고 있다고 볼 수 없다. 따라서 결론은 단정적으로 "차이가 있다", "관계가 없다" 등으로 연구자가 최종적으로 내리는 결론임을 유의해야 한다.

(2) 가설을 검증하는 연구라면, 가설 검증 여부를 결론으로 진술한다.

(3) 연구의 미진한 부분, 연구의 약점과 보완 방안 등을 기술한다.

(4) 연구와는 별 상관없는 일반적인 사항이나 상식적인 내용을 결론에 기술하지 않는다.

(5) 정책적인 연구가 아닌 순수한 학술지향적 연구(예 : 학위논문)인 경우 '제언' 사항을 기술하는 것은 부적절하다.

9) 참고문헌

참고문헌은 연구를 수행하면서 참고한 문헌을 제시한다.

(1) 한글로 쓰여진 저서나 논문은 저자나 연구자 성명의 가, 나, 다 순으로 배열한다.

(2) 외국어로 쓰여진 저서나 논문은 저자나 연구자의 이름순으로 배열한다.

(3) 참고문헌 제시 방식은 학위논문인 경우 해당 대학에서, 현장연구의 경우 정해진 규정에 따라서, 학회논문인 경우에는 해당 학회가 요구하는 방식을 따른다.

(4) 연구수행 과정에서 실제로 참고하지 않은 문헌은 가능한 한 제시하지 않는다.

10) 부 록

부록에 제시할 내용이나 자료는 다음과 같으며, 순서에 따라서 번호를 붙여서로 구분되도록 한다.

(1) 연구에 사용한 질문지를 포함한 척도

(2) 본문에 제시하기 곤란하거나 반드시 본문에 제시할 필요가 없다고 판단되는 부차적인 통계분석표

(3) 양이 많은 통계적 수치나 자료(예 : 3개월 분량의 학습지도안, 6개월간 적용한 훈련프로그램 등).

(4) 저서나 논문 중 1페이지 이상을 길게 인용해야 하는 경우의 인용글

(5) 그 외 본문에 기술하기 곤란한 내용

탐구과제

- 자신이 관심 갖는 분야의 연구주제를 하나 정하고, 연구계획서를 작성하시오.

제3절 교육현장 연구논문의 체제와 작성 방법

교육현장 연구논문의 체제나 작성 방법이 규정화되어 있는 것은 아니다. 그러나 대체적으로 적용하고 있는 체제가 있으므로 이 체제에 준하여 작성하되, 연구의 주제나 성격에 따라서 창의적인 작성체제를 적용하는 것이 필요하다.

교육현장 연구논문의 체제와 작성방법은 학위논문의 그것과 근본적으로는 동일하다. 다만, 교육현장 연구논문은 교육현장에서 드러나고 있는 문제점을 구체적으로 드러내어 그 개선방법을 제시하거나, 교육의 효과성을 높이기 위한 방안을 개발 혹은 제안하는 데 초점을 둔다는 점에서 주로 응용연구의 성격을 갖는다는 점이

특징이다. 그러므로 어느 면에서는 교육현장 연구가 학위논문에 비하여 보다 구체적이며, 진술의 근거도 더욱 분명하게 제시된다는 점에서 논문의 체제도 더 복잡하며, 연구주제에 따라서는 방대한 양의 논문이 작성되기도 한다.

여기서는 교육현장 연구의 두 가지 유형, 즉 실험연구와 조사연구(기술적 연구)의 논문 구성 체제와, 체제 중 학위논문 체제와 특징적인 차이점이라고 할 수 있는 내용의 작성방법만을 기술하고자 한다.

1. 실험연구의 체제와 작성 방법

교육현장 연구 중 실험연구의 논문체제는 일반적으로 다음과 같다.

Ⅰ. 서론
1. 연구의 필요성
2. 연구의 목적
3. 실태분석
4. 연구의 문제
5. 실행과제의 설정
6. 용어의 정의
7. 연구의 제한점

Ⅱ. 이론적 배경
1. 이론적 고찰
2. 선행연구의 고찰
3. 이론적 고찰이 이 연구에 주는 시사점

Ⅲ. 연구 방법 및 절차
1. 연구 대상 및 기간
2. 연구도구의 개발

3. 자료처리 방법
4. 연구 진행 절차

Ⅳ. 연구의 실제
1. 실행과제 1
2. 실행과제 2
(중략)

Ⅴ. 연구의 결과
1. 실험반과 비교반의 학업성취도 비교(예)
2. 실험 전·후 간 실험반과 비교반의 학업성취도의 비교(예)

Ⅵ. 요약, 결론 및 제언
1. 요약
2. 결론
3. 제언

참고문헌
부록

이상의 교육현장 연구 논문의 체제를 통하여 알 수 있듯이, 논문의 구성체제가 학위논문의 그것과 약간 다름을 알 수 있다. 즉, 서론에 '실태분석'과 '실행과제 설정'이 포함되며, 이론적 배경에서는 '이론적 고찰이 이 연구에 주는 시사점'이 추가되고, 연구방법 및 절차에는 '연구 기간', '연구 진행 절차'가 밝혀지며, 연구의 실제라는 장이 새로이 추가되어 있다. 그리고 제언이 제시되는 등이 다르다. 이러한 체제의 특징이 학위논문과 다른 사항이기 때문에 이들을 중심으로 그 작성방법을 간략하게 기술하고자 한다.

가. 실태분석

실태분석은 연구주제 및 연구목적과 관련하여 필요한 대상이나 환경조건의 사실적 실태를 조사하여 밝힌다. 예컨대, 학생들의 학업성취도를 향상시키는 것에 초점을 둔 실험연구라면 학생들의 학습행태에 관련한 실태, 교사의 수업행동에 관련한 실태, 학부모의 자녀 학습지원 행동 실태 등이 파악 분석될 수 있다.

실태분석은 그 필요성과 분석내용과 방법, 그리고 분석 결과를 명료하게 표로 나타내면 효과적이다.

나. 실행과제 설정

이는 연구문제를 어떻게 해결할 것인가를 간단명료하게 밝히는 내용 진술이다. 연구문제가 의문문 형태를 지닌다면, 실행과제 설정은 평서문으로 문제의 해결방안을 기술한다.

다. 이론적 고찰이 이 연구에 주는 시사점

이 부분은 이론적 고찰과 이 연구가 어떤 관련성을 지니는가를 구체적으로 밝힘으로써 양자 간의 긴밀한 연계성을 갖는다는 증거를 제시하는 것이다. 간혹 이론적인 내용을 장황하고 복잡하게 기술하기는 하지만, 그러한 내용들이 해당 연구와 어떻게 관련되는지, 어떤 의의를 갖는지가 불분명함으로써 이론적 배경 구축의 기능을 제대로 수행하지 못하는 경우가 있다. 이러한 문제를 해결하기 위해서는 연구자가 자신의 연구주제와 연구문제를 해결하는데 직접적으로 도움을 주고 관련되는 이론을 체계적으로 검토했다는 증거를 나타내 보일 필요가 있는 것이다.

라. 연구 기간

학위논문에서는 보통 연구 기간을 밝히지 않으나, 교육현장 연구의 경우에는 연구의 시작 시점부터 종료되기까지의 기간을 밝힌다. 예컨대, “이 연구는 2006년 9월 10일부터 2006년 12월 10일까지 4개월 간 이루어졌다”와 같이 진술한다.

마. 연구 진행 절차

연구 진행 절차는 연구계획서 작성에서부터 중요한 연구활동들을 (1) 연구활동

(2) 세부 활동 (3) 기간 (4) 유의사항 등의 내용으로 기술하되, 표로 일목요연하게 밝힌다.

바. 연구의 실제 : 실행과제 1

이 부분은 교육현장 연구의 핵심적인 부분이다. 실행과제의 어떤 내용을(과제의 번호 순으로), 어떤 절차를 따라서, 어떻게 해결했는가를 구체적으로 기술한다. 예컨대, 프로그램을 개발하여 적용하고, 그 결과를 검증하는 연구라면 프로그램의 종류와 개발 절차, 개발한 프로그램의 타당성 근거, 개발한 프로그램의 적용 방법 등을 가능한 상세하게 기술한다.

사. 제언

여기에는 연구결과를 현장에 적용하여 문제를 해결하거나 개선하기 위한 인적·물적 환경의 정비 조건, 이 연구의 제한점을 해결하기 위한 방안, 향후 더욱 깊이 있게 수행되어야 할 필요가 있는 연구의 방향, 그리고 행정적·정책적 지원 방안 등을 제시한다. 다만, 연구와 직접적인 관련이 없는 내용을 장황하게 기술하지 않도록 유의한다.

2. 조사연구의 체제와 작성 방법

교육현장 연구로서 조사연구의 논문체제는 학위논문의 체제와 거의 동일하다. 그 체제는 대체로 다음과 같다.

Ⅰ. 서론
  1. 연구의 필요성
  2. 연구의 목적
  3. 연구의 문제
  4. 연구 가설
  5. 용어의 정의
  6. 연구의 제한점

Ⅱ. 이론적 배경
1. 이론적 고찰
2. 선행연구의 고찰

Ⅲ. 연구 방법 및 절차
1. 연구 대상 및 기간
2. 연구도구의 개발
3. 자료수집 및 처리 방법
4. 연구 진행 절차

Ⅳ. 연구의 결과 및 해석
1. 표본집단의 일반적 특성
2. 이하는 연구문제의 번호에 따라서 제목을 붙임

Ⅴ. 요약, 결론 및 제언
1. 요약
2. 결론
3. 제언

참고문헌
부록 : 연구에 사용된 질문지나 검사지 등의 측정도구

탐구과제

1. 학위논문이나 교육현장 연구논문은 일정한 체제를 정하여 이를 적용하도록 요구하고 있다. 그 이유는 무엇이라고 생각하는가?
2. 연구의 제한점과 연구의 한계는 어떻게 다른가를 설명하시오.
3. 학위논문의 '가설'과 교육현장 연구에서의 '실행가설'의 근본적인 차이점을 설명하시오.
4. 교육현장 연구논문의 질을 평가하기 위한 기준(대영역, 중영역, 평가지표 등)을 10개 제시하시오.

제 4 장

연구도구 및 자료수집

연구를 수행하기 위해서는 연구의 목적과 문제해결에 적합한 자료의 수집과 연구문제 해결에 합당한 자료의 분석이 필수적이다. 이를 위해서는 먼저 자료수집을 위한 도구의 준비가 선행되어야 한다. 연구방법이라고 하면 곧 연구도구를 개발하거나 기존의 도구를 검토하여 연구도구를 준비하고, 이를 이용한 자료수집 방법이나 자료의 분석방법을 연상할 정도로 연구방법론에서 연구도구와 자료수집 방법에 대한 이해는 중요하다. 연구를 위한 도구나 자료수집 방법의 종류는 일일이 열거하기가 어려울 정도로 매우 다양하다. 따라서 여기서는 교육연구 분야에서 자주 활용하는 연구도구를 중심으로 연구를 위한 도구 및 자료수집 방법 몇 가지만을 소개하고자 한다. 또 연구를 위한 측정도구가 갖추어야 할 조건과 연구대상자 선정에 관한 내용을 살펴보고자 한다.

연구를 위한 도구와 자료 수집 방법으로 소개되는 관찰법, 질문지법, 면접법, 사례연구법, 사회성 측정법, 검사법 중에서 측정 도구에 보다 중점을 두는 것이 있는가 하면(질문지법, 검사법), 자료 수집의 절차에 초점을 두는 것도 있고(관찰법, 면접법), 연구방법론에 통합적으로 다루는 것(사례연구법, 사회성 측정법)도 있다.

또 연구를 위한 특정도구들은 일정한 요건을 갖추어야 한다. 그것은 타당도, 신뢰도, 객관도, 실용도 등이다. 또한 연구대상을 올바로 선정하여 자료를 수집할 때 연구의 목적을 충실히 달성할 수 있는 것이다.

학습목표

1. 연구를 위한 도구와 자료수집과의 관계를 설명할 수 있다.
2. 관찰법을 이용하여 연구를 수행할 수 있는 예를 지적하고, 이 방법의 유의점을 설명할 수 있다.
3. 질문지법을 이용하여 연구를 수행할 수 있는 예를 지적하고, 이 방법의 유의점을 설명할 수 있다.
4. 질문지의 제작 과정을 자신의 연구주제의 예를 가지고 기술할 수 있다.
5. 면접법의 종류별 특징을 기술할 수 있다.
5. 사례연구법의 주요 특징과 방법적 원리를 설명할 수 있다.
6. 사회성 측정법의 절차와 방법적 원리를 설명할 수 있다.
7. 표준화 검사의 이용시 주의해야 할 사항을 기술할 수 있다.
8. 연구 주제나 문제의 성격과 자료수집 방법과의 관계를 설명할 수 있다.

제1절 연구를 위한 도구들

연구를 위한 도구는 연구주제, 연구문제 등에 따라서 결정되어야 한다. 그리고 연구를 위해 연구자 자신이 연구주제와 연구문제 해결에 가장 적합한 도구를 개발하는 것이 필요하다. 그러나 모든 연구의 수행에서 새로운 도구를 개발할 필요는 없으며 기존에 개발되어 있는 도구를 이용하는 것이 별 문제가 없다면 새로운 도구 개발의 수고를 들일 필요 없이 기존 도구를 이용하면 된다. 특히, 특수한 연구주제나 연구문제인 경우에는 새로운 도구의 개발이 요구되지만, 일반적인 성격이나 지능, 적성, 태도, 가치관, 자아개념 등 인간행동을 연구하기 위하여 개발되어 있는 표준화 검사도구들은 그대로 이용하는 것이 더 타당할 수 있다. 이러한 판단은 결국 연구자의 몫이다.

여기에 소개하는 연구도구 혹은 자료수집을 위한 수단들은 매우 제한된 것들이다. 각 도구들의 특성과 장·단점을 잘 이해하여 이용과 개발에 활용할 수 있는 능력을 기를 필요가 있다.

1. 관찰법(일화기록법, 행동목록법, 평정척도법)

관찰법은 인간이 사용하는 연구방법으로써 가장 오래된 원시적인 방법이면서 어떤 연구에서건 직·간접적으로 활용되는 방법이다. 관찰 없이 연구가 수행될 수 없다. 과학 분야에 있어서는 그 연구대상을 먼저 객관적으로 관찰하는 것이 가장 기본적인 방법이다. 관찰로부터 연구 활동이 시작된다고 하여도 과언이 아니다. 이러한 사실은 인간의 행동을 과학적으로 연구하는데 목적을 둔 학문, 즉 교육 및 심리학분야에서도 마찬가지이다. 교육자는 교육현장 또는 교육일반에 관한 상황에서부터 특수한 연구 분야에 이르기까지 관찰을 계속하고 있다. 그리고 연구자는 아무리 고도로 정교하게 제작된 측정도구를 이용하여 자료를 수집하여 연구를 수행한다고 하더라도 최종적인 판단은 관찰에 의존하기 마련이다. 특히, 질적 연구는 대부분 관찰법에 의존한다.

연구자가 관찰방법을 사용하는 이유는 크게 두 가지로 볼 수 있다(황정규, 1992 : 551). 첫째, 다른 측정방법으로서는 사회적 상호작용의 과정을 사실대로 기술해 내기가 어렵거나 곤란한 경우이다. 학생의 도덕적 행동을 연구하는 경우, 질문지나 다른 측정도구로서는 도덕적 행동을 하는 상황에서 행위의 사실여부를 판단하기란 불가능하거나 한계가 있다. 둘째, 행위자 자신이 직접적인 정보원으로서는 부적당한 경우에 관찰법을 이용할 수밖에 없다. 우리가 인간의 행동을 연구하는 방법은 기본적으로 두 가지이다. 즉 사람을 관찰하느냐, 그 사람에게 묻느냐는 것이다. 여기서 그 사람에게 묻는 것이 여러 가지로 효과적이고 타당할 수 있으나, 묻는 것이 얻으려는 반응을 끌어내기가 어려운 경우가 많다. 예컨대, 상호작용의 질이나 속도, 계속적인 변화의 양상, 언어표현이 부족한 대상자의 행동 등은 질문보다는 관찰에 의존할 수밖에 없다.

관찰법(observational method)은 인간이해의 기본적인 방법으로, 피험자의 연령제한을 받지 않는다는 점에서 유아, 아동, 청년, 성년에 이르기까지 어떤 피험자에게도 적용될 수 있는 방법이다. 관찰법은 관찰자 자신이 사실의 발생을 직접 관찰하고 기록해 두었다가 자료로 삼는 점이 특징이다. 이 방법에서는 관찰계획을 사전에 면밀하게 수립하는 것이 매우 중요하다. 관찰 계획을 성공적으로 이끌기 위한 필수조건을 들면 다음과 같다.

첫째, 관찰 대상을 결정하고 이 대상에 필요한 어떤 특별한 조건을 선택하고 배치한다.

둘째, 관찰 기간 또는 관찰과 관찰 사이의 간격과 횟수를 결정한다.

셋째, 관찰자의 위치와 피험자에게 미칠 영향을 고려한다.

넷째, 관찰하려는 활동이나 행동단위를 정의하고, 관찰의 범위(예를 들면, 개인 또는 집단)를 결정한다.

다섯째, 관찰의 기록형식과 해석을 정확하게 한다.

관찰법은 일반적으로 비조직적 관찰법과 조직적 관찰법으로 분류되는데, 이 두 가지 방법의 본질적인 차이는 관찰하는데 있어서 '조건통제'가 있는가 없는가에 있다.

1) 비조직적(자연적) 관찰법

비조직적 관찰법(unconstructed observation)은 관찰법 중 가장 일반적이고 기초적인 방법이다. 어떤 행동이나 현상이 자연적으로 발생된 그대로의 모습을 관찰하는 방법으로서 관찰대상의 '자연성'이라는 점을 특히 중요시한다. 특별한 조작이나 제한을 두어서 나타나는 행동을 관찰하고자 하는 것도 아니며, 또 그것을 조직적으로 관찰하고자 하는 것도 아니고 일상적인 상황에서 산발적으로 일어난 행동을 조직적인 조작의 의도 없이 관찰하는 것이다. 예를 들면, 교실이나 운동장 또는 여기저기 눈에 띄는 아동, 청소년의 행동 일부 또는 전부를 문자 그대로 보고 기억하고 기록하면서 하나하나 정리 · 비교함으로써 의미 있는 자료로 삼는 것이다.

이 방법은 특별한 계획이나 장치 없이 언제 어디서나 수시로 일상 상황의 자연 그대로 생생한 행동을 관찰할 수 있다는 장점이 있다. 반면에, 관찰하려는 행동을 고루 표집할 수 없기 때문에 관찰이 체계적이지 못하고 한쪽에 치우칠 염려가 있으며 또한 좀 더 자세히 관찰할 필요가 있을 때 반복하여 관찰할 수 없는, 관찰 사상이 일회성에 한정되어 있는 단점을 갖고 있다.

2) 조직적 관찰법

비조직적 관찰법에서는 그 사상이 어떤 이유에서 일어나는지 그 원인과 발생조건을 분석하고 파악하는 것이 곤란하다. 또한 그 사상이 일어나는 것은 일회에 한하는 것이 대부분이므로 후에 다시 관찰하려고 할 경우 불편을 느낀다. 이와 같은 단점을 보완하고 관찰하려는 장면이나 조건을 연구목적에 따라 조직적으로 설정하여 관찰하려는 것이 조직적 관찰법(controlled observation)이다.

가령, 특수한 실험장치 까지는 아니더라도 어떤 의도적인 조건 아래서 학생으로 하여금 자신이 관찰을 당하는지의 여부를 느끼지 못하는 상황에서 자유롭게 행동하는 가운데 관찰하는 것이다. 이 방법에 쓰여 지는 장치로는 투시경과 영상스크린, 그리고 Gesell에 의하여 창안 발전된 영사카메라 등이 있다. 이러한 조직적 관찰법은 실험법의 일종이라고 볼 수 있다.

조직적 관찰법은 관찰자가 관찰한 결과를 기록·정리하는 것이 중요한데, 기록하고 정리하는 방법으로는 다음과 같은 것이 있다.

(1) 시간표집법

이것은 시간을 표집해서 관찰하는 방법이다. 관찰하려고 하는 행동특성이 이루어지고 있는 전체 시간을 기록하는 일이 중요하지만 그 행동이 장시간 계속되면 관찰이 곤란하다. 시간표집법(time sampling method)은 이럴 경우 시간을 표집해서 관찰하는 방법이며, 빈도기록법이라고도 한다. 다시 말하면 특정한 행동특성(공격적 행동, 반항적 행동, 친구와의 대화, 수업에 대한 집중 등)에 있어서 장시간의 관찰 중에서 5분이라든가 10분, 더 짧게는 1분씩으로 잘라서 그 동안의 관찰 사항을 정리하며 반복하여 기록하는 것이다. 이 방법은 거듭해서 자주 일어날 가능성이 있는, 행동 단위가 비교적 짧고 일정한 시간 사이의 발생 정도를 양적으로 측정하는 데에는 가장 적절한 방법이다. 예를 들면, 등교시간 10분, 수업의 중간 휴식시간 10분, 운동장에서 운동하는 장면 5분 등이 그것이다.

이 방법의 변형으로 반복표집법(method of repeated sampling)이 있다. 이 방법은 한 집단의 성원을 관찰함에 있어서, 처음 3분간은 한 사람을, 다음 3분간은 다음 사람을, 그 다음 3분간은 또 다른 사람의 행동을 관찰하는 방식으로 피관찰자를 계속 바꾸어가면서 관찰하는 방법이다. 이 방법은 주어진 시간에 보다 많은 관찰대상자의 행동을 관찰하는 데 유효한 방법이다. 그러나 시간의 경과에 따른 피로의 누적효과 등이 작용하는 경우에는 모든 관찰대상자의 상황통제가 어렵다는 단점이 있다.

(2) 행동요약법

행동요약법(behavior summaries)은 관찰하려고 하는 행동특성을 신체적·지적·정서적·사회적 영역으로 나누어 각 영역의 한 부분에 국한시키거나, 또는 이렇게 분류한 각 영역 중에서 특정 행동에 초점을 맞춰 관찰하는 방법이다. 예를 들어, 사회적 행동을 관찰하려면 사회적 행동을 세분화한다. 그런 후 그 중에 "교우관계의 변화"가 관찰 대상으로 정해졌다면 "초등학교 입학에서부터 졸업할 때까지" 오랫동안 조직적으로 관찰하고 관찰자료를 누가(累加)해서 전체적인 개인의 특성을 재구성하는 방법이다.

이 방법은 어느 특정한 목적을 가지고 행동관찰을 하려고 할 때 흔히 사용하는 방법으로 오랜 시간이 걸린다는 단점이 있다.

(3) 전기적 관찰법

전기적(傳記的) 관찰법(biographical observation)은 관찰하려고 하는 행동특성을 장기간에 걸쳐 계속 관찰하는 것으로 흔히 종단적 방법이라고 한다. 이에 대하여 일정시간 동안 여러 피험자의 특정 행동을 연구하는 방법을 횡단적 방법이라고 하는데, 이 방법은 전체적인 일반적 경향·추세는 파악할 수 있는 반면, 계속적인 변화의 과정은 포착할 수 없는 단점이 있다. 그러나 종단적 방법은 한 개인 혹은 소수의 피험자를 장기간에 걸쳐 계속해서 관찰하게 되므로 개인의 전체성·전일성·변화성을 세밀하게 연구할 수 있으며, 시간적으로 전후의 상호관계를 파악할 수 있다. 어휘수의 증가율, 역할 수행의 변화, 불안감의 변화 등의 행동을 중학교 1학년부터 3학년까지 관찰하는 방법 등이 그 예가 될 수 있다.

(4) 참여관찰법

참여관찰법(participant observation)은 관찰자가 관찰대상과 같은 행동 상황 속에 들어가 피험자의 행동을 관찰하려는 방법이다. 참여관찰이란 "유숙(registering)·해석(interpreting)·기록(recording)을 포함한 상호작용의 역동적 과정"이라고 정의할 수 있다.

관찰자는 참여자로서의 역할에 따라 여러 가지 역할을 수행할 수 있다. 때로는 외지의 방문자로서, 때로는 청취자로서, 때로는 학습자로서, 때로는 리더로서 참가할 수 있다. 또한 관찰자는 언제나 관찰자와 참여자의 이중역할을 해야 한다. 객관적 지위는 참여자이고 주관적 지위는 언제나 관찰자의 입장을 취해야 하는 것이다.

(5) 장면표집법

사건표집법(event sampling method)라고도 하는 이 관찰법은 관찰하려는 행동이 보다 잘 나타날 수 있는 장면을 표집하여 관찰하는 것이 보다 효과적이라고 판단될 때 적용하는 자료수집 방법이다. 아동의 정서적 변화를 연구하기 위해서는 위험스럽거나 요구를 들어 주지 않는 장면을, 사회적 행동을 연구하기 위해서는 소집단 과제수행 장면을, 토론에 대한 태도와 특성을 연구하기 위해서는 집단토론 장면을 직접 관찰하는 것이 필요하다. 이 방법을 적용하기 위해서는 연구자는 그 행동이 언제, 어디에서 가장 잘 일어날 것인가에 대한 충분한 지식을 지니고 있어야 한다.

탐구주제

1. 장면표본법의 장점과 단점을 3가지씩 기술해 보시오.
2. 자료수집 방법으로서의 장면표본법과 수행평가의 공통점 및 차이점을 기술해 보시오.

(6) 실험적 관찰법

실험적 관찰법은 관찰하려는 조건이나 장면을 인위적으로 조작해서 같은 행동을 보다 정확하고 엄밀한 조건 아래서 관찰하려는 방법이다. 조작하는 조건인 독립변인을 통제할 수 있기 때문에(원인) 그에 의해 나타나는 종속변인으로서의 피험자 행동을(결과) 조건의 변화에 따라서 연구하는 인과법칙의 발견을 목적으로 하는 연구에서 효과적으로 적용할 수 있는 방법이다.

예컨대, 학생들의 시험부정행위를 연구하기 위해서 무감독 상황의 친한 친구들만으로 시험장면을 구성한 경우, 친하지 않은 동료들과 한 반을 구성한 경우, 학급담임 교사가 감독을 한 경우, 비담임 교사가 감독한 경우 등 감독상황을 조작하여 시험장면을 관찰하여 학생들의 시험행위를 관찰할 수 있다.

탐구주제

- 실험적 관찰법의 장점과 단점을 설명해 보시오.

3) 관찰법 적용상의 유의점

(1) 관찰법은 매우 실용적인 자료수집 방법임에 틀림없다. 그러나 쉬운 방법이라고 해서 누구나 사용할 수 있는 것은 아니다. 관찰자의 관찰법 적용에 관한 소양 정도는 연구의 성패를 좌우한다.

(2) 사전에 치밀한 계획을 수립하라.

① 관찰 대상

② 관찰의 행동 단위에 대한 정의

③ 구체적인 관찰 방법의 적용

④ 관찰 결과의 기록 방법

⑤ 돌발적인 사건의 처리 방법

⑥ 해석과 진단의 기준 설정

(3) 객관적이고 관찰하려는 행동에만 주목하여 관찰해야 한다.

(4) 행동이 일어나는 상황조건에 대해서도 기록해 두어야 한다.

(5) 관찰하려는 행동의 전후 맥락에 대해서도 민감해야 한다. 즉, 거두절미하고 해당 행동만을 관찰함으로써 단편적인 사소한 행동단위만을 관찰하지 않아야 한다. 그러나 항상 핵심 관찰 행동이 주가 되도록 해야 하며, 관찰자의 주관이 개입되어서는 안 된다.

(6) 행동의 대표적 표본을 관찰해야 한다. 편파적 표본이 되지 않도록 무선표집 방법이나 체계적 표집 방법 등 행동모집단을 대표할 수 있는 행동을 표집해야 한다. 이를 위해서는 위에서 기술한 여러 관찰법 중에서 필요한 방법들을 조합하여 적용하는 것이 도움이 된다.

4) 관찰의 기록 방법

(1) 일화기록법(逸話記錄法)

이 방법은 개인의 성격, 적응, 태도 등을 이해하기 위해서 구체적인 행동사례를 가능한 한 상세히 기록하는 방법이다. 즉, "관찰자가 피관찰자에 대하여 의미 있다고 생각되는 사건의 단순한 기록"으로 정의한다. 즉 개인의 평소 행동을 눈에 띄는 대로 개인에 관계되는 이야깃거리를 물어 들은 그대로 상세하게 기록하여 모아 두는 것이다. 이것을 누적하게 되면 사례연구와 비슷하게 되나 과거의 기록, 발달사, 가족관계를 기록하지 않는다는 점에서 사례연구와는 다르다.

〈표 4.1〉 일화기록표의 예 1

관찰 대상 : 관찰자 :

관찰일 :	관찰장소 :
관찰내용 :	

〈표 4.2〉 일화기록표의 예 2

관찰 대상 : 관찰자 :

날자	장소	사건	진단

(2) 체크리스트법

체크리스트법은 관찰하려는 행동단위를 미리 세분화한 후 이것을 기초로 그와 같은 행동이 일어났을 때 체크하거나 빈도로 표시하는 방법이다. 이 방법은 관찰하려는 행동단위를 의미 있게 분류할 수만 있다면 매우 유용한 관찰기록 방법이다. 관찰하려는 행동단위를 분류할 때는 행동단위의 상호배타성, 행동분류 단위의 단일성, 관찰행동의 포괄성 등의 기준을 충족시키도록 노력해야 한다. 다음 〈표 4.3〉은 토론에 대한 태도 연구에서 적용할 수 있는 체크리스트형 기록표의 예이다.

〈표 4.3〉 체크리스트 기록표

행동 \ 학생명	이영수	박진호	김영희	최상호	손명진
1. 남의 이야기를 경청한다.					
2. 의사표현이 적극적이다.					
3. 남의 의견을 수용한다.					
4. 의견이 남과 달리 창의적이다.					
5. 대안 없이 비판적이다.					
6. 주장의 근거를 제시한다.					
7. 주장이 분명하다.					
8. 타인의 의견을 종합할 줄 안다.					

(3) 기계에 의한 기록법

카메라폰, 녹음기, 비디오, 컴퓨터 등 기계를 이용하여 관찰한 바를 기록하는 방법이다. 기록의 정확성, 즉시성, 보존성 등의 장점이 있으나, 피관찰자가 자신의 행동이 기계에 의해 기록되고 있다는 사실을 인지하는 경우 자연스러운 행동의 표출이 어렵다는 문제가 있다.

2. 질문지

질문지(questionnaire)는 평정척도, 혹은 설문지라고 부르기도 한다. 질문지와 설문지는 같은 의미로 사용하는 경우가 대부분이지만, 질문지는 "질문을 통하여 응답자의 비교적 심층적인 반응을 얻으려는 구조화된 질문 문항들의 묶음"이라고 할 수 있다. 이에 비하여 설문지(設問紙)는 질문 문항들이 질문지에 비하여 덜 심층적인 일반적인 생각이나 의견을 묻는 문항들의 묶음을 일컫는다. 일반적으로 설문지에 비해 질문지는 문항 수가 많으며, 그 개발과정이 보다 체계적이고, 그 용도가 학술지향적이다. 이러한 점에서 평정척도들을 통상 질문지라고 부른다.

평정척도는 '한 개인의 어떤 특성에 관한 생각이나 태도의 표본을 조직적이고 객관적으로 수집하기 위해 고안된 구조화된 질문지'라고 할 수 있으며, 오늘날 가장 보편적으로 이용되는 연구도구요 자료수집 도구라고 할 수 있다. 여기서는 평정척도를 구조적 질문지의 유형으로 포함시키고자 한다.

1) 질문지법의 특징

오늘날 질문지법은 조사연구를 비롯한 대부분의 연구에서 자료수집 방법으로 가장 널리 이용되는 것 중의 하나이다. 이 방법은 많은 인원을 대상으로 일시에 자료를 수집할 수 있으며, 수집한 자료의 통계적 분석이 비교적 용이하기 때문이다. 그러면서도 자료수집 방법으로 가장 많은 문제점을 지니고 있으며, 연구에서 오류를 범할 가능성이 큰 방법이기도 하다.

질문지의 용도는 크게 두 가지이다. 첫째는, 조사대상자의 인적 사항이나 생활배경을 파악하기 위한 것이다. 예컨대, 성별, 연령, 부모의 직업, 가정의 사회경제적 지위, 가족 수, 학력 등이 이에 해당한다. 보통 연구 설계상 독립변인 혹은 구획변인의 성격을 지니며, 이러한 조사대상자의 배경변인에 따라서 연구자가 본격적으로 밝혀보고자 하는 변인에서의 차이, 혹은 배경변인과 종속변인과의 관계 등을 규명하기 위하여 평정척도에 포함된다.

둘째는, 조사대상자의 의견, 판단, 태도, 가치관, 성격, 만족도 등과 같이 심층적인 심리상태나 심리적 작용에 관련한 내용을 묻는 것이다. 예컨대, 학교교육에 대한 태도, 교직생활에 대한 만족도, 성취동기, 스트레스의 원인, 가치관, 도덕적 판단, 교육개혁에 대한 판단 등이 이에 해당하며, 연구에서는 주로 종속변인의 위치에 해당한다.

질문지에는 보통 이 두 가지 사항이 포함되며, 연구의 문제나 주제에 따라서 어떤 내용을 포함하여 어떻게 분석할 것인가가 사전에 충분히 고려되어야 한다.

2) 질문지법의 장점과 단점

(1) 장점

① 다른 자료수집 방법에 비하여 자료수집에 시간과 비용이 덜 든다.
② 조사대상자에 대한 심리적 부담감이 적고 연구자의 영향이 비교적 적다.
③ 익명으로 하는 경우, 질문지 실시를 위한 분위기만 적절하게 조성되면 솔직하게 반응할 수 있다.
④ 관찰이나 면접법과 같이 시간적인 여유가 없을 경우에는 질문지법을 사용할 수밖에 없다.
⑤ 수집한 자료의 통계적 분석이 쉽고 분명하다.

(2) 단점

① 조사대상자의 독해능력이나 언어능력에 의존하기 때문에 적용상 제약을 받는 경우가 있다.

② 질문지에 대한 응답(반응)이 참인지 거짓인지 규명하기가 어렵다. 관찰법이나 면접법에 비하여 응답의 진위(眞僞) 여부를 확인하기가 쉽지 않다. 연구자가 직접 질문지 조사 실시의 목적과 응답 방법을 안내하여 실시한 경우에도 그러하지만, 우편이나 타인의 협조를 받아 실시한 경우에는 더욱 응답의 신뢰성이 문제가 될 수 있다.

③ 질문지의 회수율이 낮을 수 있다. 이 문제는 실제로 분석할 자료의 표집의 대표성을 상실할 우려가 있는 문제이기도 하다. 그리고 부실한 응답자, 중간 중간에

무응답한 응답자가 발생함으로써 자료의 분석이 부적절할 수 있는 문제가 있다.

④ 질문지 혹은 평정척도로 측정한 양(숫자)은 거의 대부분이 서열척도 수준에 해당한다. 즉, '매우 반대'에 반응한 3명의 반대 정도가 동일하다고 할 수 없다는 것이다. 자료의 통계적 분석이 의미 있기 위해서 요구되는 측정치가 주로 동간척도나 비율척도여야 한다. 서열척도 수준의 숫자를 이용한 사칙의 계산 조작은 문제를 안게 된다. 서열척도인 평정척도는 중앙치나 사분편차, 백분위, 등위상관계수 등의 제한적인 통계적 분석만이 가능하다. 이와 같은 질문지가 갖는 문제를 해결하기 위해서는 질문지로 측정되어 나온 원점수를 표준점수와 같은 동간척도 이상으로 척도를 전환한 후 통계적 분석이 이루어져야 한다.

3) 질문지의 형태

질문지는 크게 비구조적 질문지와 구조적 질문지로 구분되며, 비구조적 질문지의 대표적인 형태가 평정척도이다.

(1) 비구조적(개방적, 자유반응적) 질문지

비구조적 질문지는 질문이나 기술해 달라는 연구자의 요구에 개인의 의견이나 판단을 기술하도록 제작된 질문지이다.

【예 1】

여러분이 존경하는 선생님은 어떤 분입니까? 존경하는 선생님의 특성을 자세하게 기술해 주십시오.

【예 2】

학생들의 정보화 능력을 측정하는 문항으로 적합하다고 생각하는 문항을 가능한 다양하게 기술해 주십시오.

【예 3】

현재 진행중인 교육개혁에 대하여 ① 바람직한 방향이라고 생각하는 것과, ② 바람직하지 못하다고 생각하는 내용을 자유롭게 기술해 주십시오.

【예 4】

교수님의 수업 운영에 대하여 제언하거나 개선되기를 바라는 것이 있으면 자유스럽게 기술해 주십시오.

위의 예에서 알 수 있듯이, [예 1]과 [예 2]는 예비질문지의 성격을 갖는 것으로, 이러한 개방적 질문지에의 반응을 기초로 하여 본격적인 질문지의 의미 있는 선택지를 만들기 위한 예비조사용 질문지이다. 그리고 [예 3]과 [예 4]의 목적은 질문지의 말미에 응답한 문항들에 포함된 것이나 포함되지 않은 것이나를 막론하고 응답자의 의견을 창의적으로, 혹은 자유스럽게 기술하도록 하여 논문 작성에 반영하려는 목적으로 만들어진 문항이다.

따라서 비구조적 질문지를 사용함에 있어서 다음과 같은 사항을 유의해야 한다.

① 사용목적에 따라서 결정되어야 한다. 즉, 비구조적 질문지는 본 질문지를 구성하기 위한 예비조사나 태도나 가치관 등의 질적인 내용의 심층적인 상태의 조사 등의 목적에 적합하다.

② 질문지를 통하여 조사하고자 하는 내용에 관한 응답자의 지적 수준에 따라서 결정되어야 한다. 따라서 어느 정도의 지적 수준을 지니고 있는 대상자들에게 실시하여야 한다.

③ 수집한 자료의 통계적 분석 방법에 따라서 결정되어야 한다. 통계적 분석에 대한 기본적인 소양이 없는 경우에는 비구조적 질문지를 활용하지 않는 편이 낫다. 이 경우, 자유스러운 반응의 분석 방법에 대한 지식이 요구된다.

④ 비구조적 질문지와 구조적 질문지는 상호보완적인 방법으로 활용되는 것이 바람직하다.

(2) 구조적 질문지

구조적 질문지는 체계적이고 조직적인 척도로 만들어져 있어서 응답자가 선택지 중에서 자신의 생각과 일치 혹은 불일치하는 것을 선택하거나, 자신의 의견과 일치하는 정도를 체크하거나, 주어진 척도에 순위를 정하는 등의 방법을 택한다.

구조적 질문지가 갖추어야 할 요건은 질문의 명료성, 선택지의 포괄성과 완전성, 선택지의 상호배타성이다. 이러한 질문지의 종류는 다음과 같다.

① 선택형

【예 1】

여러분이 존경하는 선생님은 어떤 분입니까? 존경하는 선생님의 특성을 가장 잘 나타내는 항목을 1개 골라 번호에 ○표해 주세요. 단, 선택할 사항이 없으면, '기타'난에 기술해 주세요.

(1) 잘 가르쳐 주시는 선생님
(2) 학생들의 입장을 잘 이해해 주시는 선생님
(3) 유머가 있고 매사를 긍정적으로 생각하시는 선생님
(4) 학생 개개인에게 관심을 가져 주시는 선생님
(5) 기타

【예 2】

집안 사람들은 여러분에게 평소 어떤 방법으로 꾸중하는지 다음 중 하나만 골라 ○표 하십시오.

	아버지	어머니	형, 언니	동생
1. 타이른다.				
2. 잔소리를 한다.				
3. 즉각 고함을 지른다.				
4. 때린다.				

【예 3】

다음 중 직장을 가진 주부로서 가장 어렵다고 느끼는 것은 무엇입니까? 어렵다고 느끼는 것을 3개 골라 어려운 순위에 따라서 1, 2, 3번호를 (   )에 기입해 주십시오. [선택형 등위법]

(1) 가사노동(   ) (2) 가정경제 문제(   )
(3) 자녀교육(   ) (4) 가족의 애정과 협동(   )
(5) 직장생활에의 적응(   ) (6) 이웃과 친척관계(   )

---

② **체크리스트형**

【예 1】

여러분의 학교생활에서 느끼는 가장 심각한 문제는 무엇입니까? 해당하는 것에 모두 체크하시오.

(1) 성적부진(   ) (2) 용돈부족(   ) (3) 이성관계(   )
(4) 교우관계(   ) (5) 종교문제(   ) (6) 가정불화(   )
(7) 성격문제(   ) (8) 건강문제(   ) (9) 가치관 갈등(   )
(10) 진학문제(   ) (11) 선생님과의 관계(   )

【예 2】

여러분의 교직생활에서 느끼는 가장 심각한 문제는 무엇입니까? 해당하는 것에 모두 체크하시오.

(1) 학생들의 성적부진(   ) (2) 생활지도(   ) (3) 경제적 불안정(   )
(4) 자녀교육(   ) (5) 승진문제(   ) (6) 가정불화(   )
(7) 성격문제(   ) (8) 건강문제(   ) (9) 가치관 갈등(   )
(10) 동료교사와의 관계(   ) (11) 학교행정가와의 관계(   )

---

③ 유목분류형

【예】

다음의 여러 가지 직업의 종류 중에서 남자에게 적합한 직업이라고 생각하면 1을, 여자에게 적합하다고 생각하는 직업에는 2를, 그리고 남자나 여자나 상관없는 직업이라고 생각하면 3을 기록해 주시오. 현재 취업 상태가 아니라 자기의 판단을 기준으로 적어 주십시오.

(1) 경찰(　) (2) 교사(　) (3) 컴퓨터 디자이너(　)
(4) 군인(　) (5) 건축설계사(　) (6) 조리사(　)
(7) 공무원(　) (8) 정치인(　)

---

④ 평정척도형

평정척도는 질문의 내용에 따라서 찬성-반대, 동의-부동의, 만족-불만족, 긍정-부정 등의 정도를 기술된 선택지나 숫자, 그림 등으로 표시된 어떤 것 하나를 선택하도록 만들어진 질문지이다. 이들의 정도를 나타내는 척도는 보통 3, 5, 7단계를 이용한다.

- **기술(記述)평정척도**

【예】

학생은 선생님들과의 관계를 어떻게 생각합니까?

(1) 매우 원만하다 (2) 대체로 원만하다 (3) 그저 그렇다
(4) 원만하지 못한 편이다 (5) 매우 원만하지 못하다

- **도식(圖式)평정척도**

【예】

문항	정말 그렇다	그런 편이다	보통 정도	그렇지 않은 편이다	전혀 그렇지 않다
(1) 나는 공중도덕을 잘 지킨다.	1	2	3	4	5
(2) 나는 필요할 때 거짓말을 한다.	1	2	3	4	5
(3) 나는 다른 사람에게 친근감을 준다.	1	2	3	4	5

- **등위(等位)평정척도**

【예】

선생님께서 담임하고 있는 학급 학생들의 행동특성을 개인별로 평정하여 주십시오.

〈학생 이름 : 성별 : 학생에 대한 신뢰도(5점 중 점〉

학생 행동특성	수	우	미	양	가
(1) 수업에 대한 집중력					
(2) 교우관계					
(3) 성실성					
(4) 표현력					

- **조합비교형 : 강제선택형**

【예 1】

다음의 각 문항에 제시된 두 개의 답지 중 자신의 생각과 일치하는 것을 고르시오.

1. 본인들이 결혼하기를 원하나 양쪽 부모가 반대할 때
   ( ) 결혼해야 한다.
   ( ) 결혼하지 말아야 한다.
2. 법대로 행동하면
   ( ) 결국 손해 본다.
   ( ) 결국 이득이 된다.

【예 2】

이 검사지에는 세 개의 글들이 짝으로 묶여져 있습니다. 여러분은 짝으로 묶여진 세 개의 글 가운데서 무엇을 가장 중요하게 생각하고, 또 무엇을 가장 중요하지 않게 생각하는지를 반드시 하나씩 골라 중요하게 생각하는 것은 ○표를, 중요하지 않게 생각하는 것은 ×표를 (　) 속에 표시해 주세요.

1. 항상 새로운 분야에 관심을 갖는다(　)
2. 단호하고 냉정한 판단을 내린다(　)
3. 가치 있는 일에 전념한다(　)

---

⑥ 순위형

순위형(順位型)은 질문이 요구하는 바에 따라서 항목들의 순위를 숫자로 기입하는 방식의 평적척도이다. 주어진 항목 모두의 순위를 정하도록 요구하기도 하고, 제시된 항목 중에서 몇 개를 고른 후 그것들의 순위를 정하도록 할 수 있다.

【예 1】

현행 교원임용시험제도를 개선하기 위해 시급히 해결해야 할 가장 큰 과제는 무엇이라고 생각하십니까? 2가지를 골라 중요 순으로 1, 2를 기입해 주십시오.

① 충분한 기간을 두고 선발인원 공고
② 다른 공무원시험에 비해 지나치게 높은 가산점 비중
③ 폭넓은 출제위원 선정
④ 특성화되지 못한 양성기관의 교육과정 개선
⑤ 선발 시험의 변별력과 타당성 시비 해결
⑥ 사대 출신과 교직과정 이수자간 불평등 해소
⑦ 기타 : ______________________

---

⑦ Q분류형

【예】

다음의 78개 문항을 여러분의 의견과 일치하는 정도에 따라 각 정도에 해당하는 문항 수만큼 분류하시오.

일치 정도	매우 일치 1	2	3	4	5	6	7	8	매우 불일치 9
분류할 문항수	3	6	8	12	20	12	8	6	3

4) 질문지의 제작 과정

연구 주제에 적합한(타당하고 신뢰로우며 객관도가 높은) 도구, 즉 질문지를 항상 연구자가 직접 제작하는 것은 아니다. 기존에 제작되어 측정 도구의 측정학적 요건을 잘 갖추고 있으며, 기존의 질문지를 사용하는 것이 문제가 없다면 굳이 연구자가 제작하지 않아도 될 것이다. 그러나 기존의 질문지를 그대로 사용하는 경우에는 그렇게 하는 것이 타당하다는 근거를 확보하고 논문에 이를 기술해야 한다. 즉, 연구의 목적을 달성하는 데 적합하다는 점, 도구의 타당도와 신뢰도에 관한 기술을 해야 하는 점이 중요하다.

그러나 기존의 질문지를 수정하거나 새로 제작(개발)해야 하는 경우에는 다소 복잡한 과정을 거치지 않으면 안 된다. 질문지를 새로 개발하는 일은 하나의 연구활동이 되는 셈이다. 새로운 질문지를 제작하는 과정이 표준화되어 있는 것은 아니지만 대체로 다음과 같은 절차를 밟는다.

(1) 질문 목적의 구체화와 조작적 정의 및 질문지 구성의 방향 설정

제작할 질문지가 어떤 목적을 추구하려고 하는가를 구체적으로 기술한다. 이는 무엇을 어떤 대상에게 이 질문지를 실시하려고 하는가와 관계하여 파악할 일이다. 또 질문지가 달성하려는 목적을 분명하게 정의하는 일은 질문지의 내용과 형식을 결정하는 중요한 근거가 된다. 질문지의 검사목적은 조사하려는 목적에 합당한 질문지를 제작하는 데 가장 중요한 요건으로서 도구(질문지)의 타당도를 확보하는 데 직접적으로 관련된다.

예컨대, 누군가가 '고교생의 성 의식 연구'를 수행하면서 성 의식을 조사하기 위한 질문지를 제작하려는 경우, '성 의식'이 분명하게 조작적으로 정의되지 않으면

성 의식을 조사하기 위한 질문지를 제작한다는 것이 바로 그 성 의식이 아닌 다른 무엇(예컨대, 성 행동, 성행동 실태 등)을 조사하는 질문지를 제작하게 될 가능성이 높다. 자아개념, 불안, 학교생활 만족도, 교사-학생간의 인간관계, 학습태도, 직업가치관 등 연구를 통하여 밝히고자 하는 구인(construct)들 대부분은 그것을 객관적으로 들어내는 질문지를 제작할 경우에 측정이 가능한 방식으로 정의되어야 한다.

실제로 학습태도 관련 학위논문 작성에서 '학습태도'를 측정하기 위한 질문지의 문항 중에 다음과 같은 문항이 있다. "나는 우리 반 아이들이 가깝게 느껴진다."

여러분은 이 문항이 학습태도를 측정하고 있는 적절한 문항이라고 생각하는가? 이 문항은 학습태도의 측정과 무관하다고는 할 수 없으나, 타당한 문항이라고는 할 수 없을 것이다. 이것은 질문지를 통하여 측정하려는 목적이 구체적으로 정의되지 않아서 생기는 문제이다.

질문지가 측정하려는 목적이 무엇이며, 어떤 행동특성을 조사하려고 하는가에 대한 안내는 선행연구에서 사용한 질문지를 수집 · 분석하는 일이나 이론적 배경을 심사숙고하여 정리하는 일이 도움이 된다. 또한 목적에 대한 정의를 밝히고 해당 분야의 전문가 혹은 관심가지고 있는 사람들에게 개방적 질문을 통하여 예비문항을 진술해 주도록 요청하는 것도 한 가지 방법이다. 이 단계에서 해야 할 일을 구체적으로 기술하면 다음과 같다.

① 무엇을 측정하려고 하는가?
② 질문지의 중심 주제의 범위(요소 혹은 요인들)는 어떻게 되는가?
③ 누구에게 실시하려고 하는가?
④ 어떤 형태의 질문지를 만들려고 하는가?
⑤ 질문지 실시 방법은 어떠하며, 신뢰로운 반응을 유도하기 위해 특별히 유의할 것은 무엇인가?
⑥ 수집할 질문지 자료의 분석 방법은 어떻게 되는가?

(2) 예비 질문 문항의 작성

질문지를 통하여 측정하고자 하는 지식이나 정의적 혹은 심체기능적 특성이 구체적으로 정의된 다음에는 만약 피검자가 그러한 지식이나 특성을 소유하고 있을 때 어떤 행동을 나타낼 것인가를 구체적으로 나열해 보는 것이 질문 문항을 작성하는 두 번째 과정이다. 질문 문항의 작성이 쉬운 일이 아니므로 타인의 연구물이나 이론적인 부분을 면밀하게 검토하여 예비문항을 제작한다. 예비문항의 작성에서 유의할 사항은 다음과 같다.

① 질문의 문장은 그 뜻이 분명하면서 간단해야 한다.
② 하나의 문항에는 한 가지 내용만을 묻는다.
③ 문항의 수는 연구의 목적을 달성할 수 있는 범위 내에서 최소가 되도록 구성한다. 연구의 초심자들은 질문지에 매우 많은 내용 혹은 문항을 포함시켜 조사해 놓고 자료를 제대로 활용하지 못하는 경우가 종종 있다. 질문 문항의 수가 많아지면 응답의 성실성·솔직성이 낮게 되며 그 만큼 신뢰도가 낮을 가능성이 커진다.
④ 개인의 프라이버시에 관계되는 질문, 기분을 상하게 만들 수 있는 질문은 피하거나 질문지가 아닌 방법, 예컨대 면접과 같은 방법으로 자료를 수집한다.
⑤ 사회적 원망(바람직성, social desirability)이 반영될 수 있는 문항은 불가피한 경우가 아니면 피한다.
⑥ 질문에 응답할 대상의 지적 정의적 수준을 고려하여 질문 문항을 제작한다.

(3) 예비검사와 문항 분석

일단 예비문항이 제작되면, 그러한 문항들이 과연 타당한 문항인가를 검토하기 위하여 예비검사를 하고 문항분석을 하게 된다. 예비검사란 크게 두 가지를 포함한다. 하나는 전문가(해당분야의 전문가 혹은 실천분야의 전문가로서 교사 등)에게 예비검사 문항들이 질문지의 목적 혹은 특정 심리적 특성의 정의에 비추어 어느 정도 잘 합치되는 문항인가를 판정하는 과정이다. 이와 같은 예비검사 결과 적합한 것으로 평가한 합치도가 높은 문항을 선정하면 될 것이며, 이는 일종의 질문지의 타당도를 확인하는 절차가 되기도 한다.

두 번째는, 실제로 질문지에 응답할 대상자의 축소된 집단을 대상으로 예비검사를 실시해 보는 것이다. 심리적 특성의 예비 문항분석이란 이를 두고 하는 말이다. 이는 학력검사와 같이 문항곤란도, 문항변별도, 문항반응분포 등을 규명하여 수정하려는 정보 수집 과정이라기보다는 문장의 적절성 여부, 질문내용의 애매성 여부, 이해하기 어려운 용어 사용 여부, 반응하기 곤란 문항의 포함 여부 등을 실제 응답자를 대상으로 확인하고 수정하기 위한 정보수집 과정으로 이해할 필요가 있다. 이러한 절차는 질문지의 타당도 뿐만 아니라 신뢰도를 높이려는 절차이기도 하다.

(4) 질문지의 측정학적 요건(신뢰도) 검토

이 과정은 세 번째와 동시에 이루어지기도 한다. 예비검사와 문항분석이 이루어져 수정할 문항의 수정이 이루어지고 문항 수가 확정되면 이 도구가 과연 신뢰로운 측정 질문지인가를 확인하게 된다. 이 작업은 컴퓨터를 통하여 요인분석이나 문항내 적합치도(Cronbach의 α)를 구할 수 있는 능력이 있으면 컴퓨터를 이용한 분석에서 신뢰도를 떨어뜨리는 문항이 무엇이고, 그러한 문항을 제외시킬 때 신뢰도가 어떻게 변하는가를 비교적 용이하게 검토하면서 신뢰로운 질문지를 제작할 수 있다. 그러나 이러한 능력이 없는 경우에는 반분신뢰도나 재검사신뢰도를 산출하는 것이 가능하다.

(5) 질문지의 확정

이상의 과정을 거치면 이제 최종적인 질문지를 확정한다. 이 과정에서는 질문지의 체제 구성, 질문지 표지의 안내말(목적, 용도, 가치 등), 이름 기입 여부, 질문지의 디자인, 면 번호 등을 충분히 고려하여 인쇄 준비를 한다. 인쇄는 가능한 한 깨끗한 종이에 글자가 선명하게 드러나도록 하며, 질문지의 말미에 감사글을 넣도록 한다.

탐구과제

1. 어느 지역의 교사, 학생, 학부모를 대상으로 교육에 대한 의식 비교 연구를 수행한다고 가정하자. 이 연구를 위한 질문지(20문항)를 제작해 보라.
2. 질문지법의 가장 큰 약점은 응답의 신뢰성이 보장되지 못한다는 것이다. 이러한 약점을 해결할 수 있는 방안에 대하여 기술해 보라.

3. 면접법

면접법은 연구참여자와의 일 대 일 혹은 다 대 일 면담을 통하여 필요한 자료를 획득하고 지도하는데 활용될 수 있으며, 특히 질적 연구에서 사용되는 방법이다. 면접은 연구참여자와의 개인적 접촉에서 가장 기본이 되는 매개수단이 되며 중요한 절차의 하나라고 할 수 있다. 올바른 면접의 진행은 연구를 위한 정보획득을 용이하게 함은 물론 다른 자료수집 방법의 결함을 보완해 주는 기술로도 유효한 것이다.

면접법에는 직접면접 방법과 간접면접 방법이 있다. 전자의 경우는 직접 피험자와 마주 앉아서 면담을 통하여 심적인 면을 파악하는 것이고, 후자의 경우는 검사자와의 대화가 아니라 중간에 가족, 친구 등을 개입시켜 그들 간의 대화를 통하여 간접적으로 면접을 실시하는 방법이다. 이것은 문제의 성질에도 관계가 되어 있지만 그것보다는 연구참여자의 성격과도 관계가 된다. 남 앞에서는 말을 못하여 의중에 있는 감정을 표현하지 못하는 성격이라든지, 문제의 내용이 성인이나 지도자 앞에서는 말하기 거북스러운 것이라고 하면 간접면접이 좋을 것이다. 보통 내향적인 혹은 대중적인 상황을 기피하는 연구참여자의 경우는 간접면접 방법이 훨씬 좋다. 이와 같은 면접방법에는 몇 가지 유의사항이 있다.

① 무엇보다도 면접자와 피면접자 간에 신뢰성이 형성되어야 한다.

② 객관성을 유지하여야 한다. 자칫하면 동정이나 감상에 빠지기 쉽다.

③ 평온한 분위기를 만들도록 힘써야 한다. 상하의 격차를 느끼는 감정이나 표현의 부자유를 느끼게 해서는 안 된다. 심리적 안정감을 주도록 적극 노력하여야 한다.

④ 편견이나 선입관 없이 대하도록 노력하여야 한다.

⑤ 중요한 사항은 기록하되 피험자로 하여금 의심이나 그 기록으로 말미암아 대화가 중단되지 않도록 노력하여야 한다.

피면접자에게 정보를 제공해 주고 어떤 태도나 그릇된 사고・감정을 교정하고, 서로의 생각과 정보를 교환할 수 있다는 점은 면접법의 가장 큰 장점이다. 그러나 면접은 상당한 기술이 필요하고 시간이 많이 소모되며, 미숙한 면접은 그릇된 정보를 얻게 하거나 객관성을 상실할 수도 있다.

면접 결과도 정확히 기록해 두어야 하며, 단순한 조사나 정보획득을 위한 면접일 경우에도 질문사항, 질문시 사용할 용어, 기록방법 등을 사전에 검토해서 질문서와 기록용지 등을 작성해 두는 것이 좋다.

4. 사례연구법

사례연구(case study)는 개인의 성장과정이나 생활사의 범위를 훨씬 넘어서서 각종 도구나 방법, 그리고 기술을 활용해서 개인을 이해하기에 충분한 모든 자료를 수집하고 정리할 뿐 아니라, 개인의 문제를 정확하게 해석·진단하여 그것을 기초로 하여 실제지도나 교정에 임하는 과정까지 밝히는 활동이다. 사례연구는 예리한 통찰력을 활용해서 사례의 집중적인 분석과 해석, 그리고 진단을 수반하게 된다. 그러므로 사례연구는 학교현장에서 특정 학생의 생활지도에 관련한 연구나 특정 학교 혹은 지역의 문제 등을 집중적으로 연구하기 위한 방법이라고 할 수 있다.

1) 사례연구의 특징

(1) 사례연구는 어느 특정 대상을 다각적인 면에서 연구하는 것이므로 누가기록 이상의 가치가 있다.

(2) 사례연구는 어느 특정 대상의 일면 또는 대상자 그 자체만을 연구하는 것이 아니라 사회적·환경적 존재로서의 대상, 즉 그와 환경과의 상호작용에서 일어나는 기능적 개인으로서의 대상을 연구하는 것이므로 포괄적이다.

(3) 특히, 학교에서의 사례연구 상담자에게는 학생상담의 기초를 마련해 주며, 일반교사에게는 학생지도에 대한 관심과 의욕을 북돋아 준다.

2) 사례연구의 양식과 내용(학교 상황을 중심으로)

(1) 연구대상이 된 이유

문제의 상세한 기술과 함께 시간, 장소, 상황 등을 주로 기술함

(2) 대상에 대한 조사

대상자의 인적 사항(성명, 주소, 연령, 성별, 출생지, 학년, 학급 등), 담임교사 이름

(3) 기본자료 수집

1 징 후

첫 단계로서 문제를 나타내는 각종 사실을 수집한다. 여기에 연령, 각 교과목의 성적, 부적응 행위, 지각 및 결석 등의 사실을 포함시킨다. 모든 진술은 실제로 확인된 것이어야 한다. 가능하면 자료는 학교기록에서 얻는 것이 좋으며 직접적인 정보만을 인정한다. 현재의 증세를 찾아냄에 있어서 대상자의 문제와 거리가 먼 것은 모두 제거해야 한다. 과거의 사실은 증세의 원인을 설명하는 것으로서 가치가 있다. 이러한 자료들은 주의 깊게 정리되고 기록, 요약되어야 한다.

2 각종 조사

앞에서 기록한 징후와 더불어 대상자에 대한 보다 정확한 정보는 각종 조사와 검토를 통해서 수집될 수 있다. 그 대표적인 것을 소개하면 다음과 같다.

① **심리·생리적 상태** : 시력, 청력, 조절능력, 언어표현 상태

② **건강상태** : 발달지수(키, 몸무게 등), 영양상태, 체질 · 체능, 일반적인 건강상태

③ **교육상태** : 각 교과별 표준화 학력검사의 결과분석(뛰어난 점과 떨어지는 점을 비교)

④ **지적능력** : 여러 가지 지능검사를 통한 지적 능력의 올바른 판단

⑤ **과거와 현재의 건강상태** : 과거에 앓았던 중요한 질병이 무엇이고, 건강이나 병에 대한 저항력에 영향을 미쳤을지도 모르는 기타의 질병과 수술에 관계되는 정확한 자료를 수집한다. 가급적 성장발달에 관계되는 정확한 자료를 수집하는 것이 좋다.

⑥ **학력**
· 진급
· 학업성적
· 거주지 이동 및 전학관계
· 재학했던 학교의 성적 및 평판
· 학급 담임교사, 교과담당교사, 그 밖의 교사와의 관계

⑦ **가족사항**
· 조상, 부모 및 형제자매의 인적 사항 및 정신상태, 범죄에 관한 사항
· 경제적 조건 : 대상자 가정의 과거와 현재의 경제적 조건
· 문화적 조건 : 부모의 교육 정도, 책, 음악 및 기타 가정의 문화적 상태
· 가족관계 : 부모간의 관계, 부모와 자녀간의 관계, 형제간의 관계
· 부모의 사회에 대한 태도
· 부모의 국가에 대한 태도
· 부모의 자녀에 대한 태도

⑧ **사회성** : 대상자의 가정 및 학교 밖에서의 사회성
· 교회, 소년단 등
· 친구관계
· 야영생활
· 불량집단 가입여부
· 비정상적인 성 경험
· 범죄기록

(4) 진단

이것은 원인에 대한 실행가설이 되기도 하고, 증세나 문제의 설명이 되기도 하며, 수집한 모든 자료의 주의 깊은 분석결과가 되기도 한다. 그렇다고 앞에서 열거한 각종 기본 자료가 모두 수집될 때까지 진단이나 가설을 내세울 수 없는 것은 아니다. 기본자료가 모두 수집되지 않았더라도 잠정적인 진단이 내려질 수 있으며 장차의 지도계획도 세울 수 있다. 다만 이 경우의 진단이나 가설은 어디까지

나 정리하는 의미가 클 뿐이다.

(5) 치 료

정확한 진단으로부터 구체적이고 조직적인 치료가 시작된다. 그런데 치료과정에서 앞에서의 진단이 잘못 되었는지의 여부를 발견할 수도 있다. 이러한 경우에는 더욱 구체적이고 보충적인 조사를 해야한다. 어떤 의미에서 이 치료과정은 가설의 확인단계로 간주되기도 한다.

(6) 추수지도

이 과정은 진단의 정확성을 알아보고, 필요에 따라서는 치료방법의 보완을 위하여 치료결과를 확인하는 과정으로서 매우 중요하다. 나중에 이와 비슷한 사례를 연구할 때 참고가 되도록 하기 위하여 매우 필요한 단계이다.

5. 검사법

지능 · 적성 · 성격 · 학업성취도 · 태도 · 흥미검사 등 보통 표준화한 검사도구를 이용하여 보다 심층적인 인간 특성에 관한 자료를 수집하는 방법이다.

6. 의미변별법

1) 의 미

의미변별법(semantic differential method)은 의미분석법으로 부르기도 하는데, 대부분의 척도들이 일차원 척도하면 이 척도는 다차원 척도로서 Osgood에 의해 창안되었다. 이 척도가 다차원 척도라는 말은 주로 3차원(평가 차원, 능력 차원, 활동 차원)에서 어떤 대상의 의미나, 어떤 대상에 대해서 갖는 개인의 느낌을 측정한다는 뜻이다.

우리는 어떤 대상에 대하여 갖는 태도를 직접적으로 측정할 수 있다. 그러나 인간의 생각이나 느낌, 혹은 지각을 직접적으로 묻는 경우에 자신의 생각이나 느낌, 혹은 지각을 사실대로 표출하기를 꺼리는 심리가 작용할 수 있다. 이러한 문제를 해결할 수 있는 방법은 생각이나 느낌, 혹은 지각을 간접적으로 드러낼 수 있도록 하는 것이며 이러한 방법이 곧 의미변별법이다. 예컨대, '교사'라는 직업에 대한 태도를 측정하는 경우, 리커트(Likert)형 척도를 사용한다면 많은 문항의 개발이 요구된다. 그러나 의미변별법은 교사에 대한 일반적인 평가(좋다－나쁘다), 교사의 능력(유능하다－무능하다), 교사의 활동성(빠르다－느리다) 등을 다양한 형용사 쌍으로 구성된 의미공간상에 위치시켜 놓고 측정하는 것이다.

2) 의미변별법 적용의 단계

(1) 측정 대상의 명료화

측정 혹은 연구하려는 대상을 분명하게 규정한다. 그 대상은 연구주제나 문제에 따라서 교사, 의사, 공무원, 회사원, 행정가 등 사람이 될 수도 있고, 초등학교, 중학교, 고등학교, 대학교, 기업체, 사회단체 등의 조직일 수도 있으며, 각 대상 내에서 다시 세분화된 요인이 될 수도 있다. 예컨대, 교사라면 수업, 학생지도, 자기개발, 인간관계, 행정력 등의 요인 등을 연구주제나 연구문제에 따라서 분류한 후 이들을 조작적으로 정의할 수 있다.

(2) 형용사 쌍의 다양한 개발

측정하려는 대상이 드러난 후에는 이들을 3차원의 의미공간에서 측정할 수 있는 다양한 형용사 쌍을 개발한다. 여기에서 중요한 일은 3차원의 성격과 의미에 가장 적합한 형용사 쌍을 개발해야 한다는 것이다. 즉, 평가 차원에 맞는 형용사 쌍을 개발한 것이 평가 차원이 아닌 능력이나 활동 차원을 측정하는 형용사 쌍이어서는 안 된다는 것이다. 그리고 3차원에 해당하는 형용사 쌍은 동수로 개발한다.

(3) 척도 개발

서로 상반된 형용사 쌍을 양극으로 하여 7단계 혹은 9단계의 단극체제 혹은 양극체제로 척도를 만든다. 양극체제란 중앙을 '0'으로 하여 긍정적인 형용사 부분으로 가면서 +1, +2, +3 등을, 부정적인 형용사 부분으로 가면서 −1, −2, −3 등의 수치를 부여하는 방식이다. 그리고 단극체제란 긍정의 끝을 '7'로 하고, 부정의 끝 부분을 '1'로 수치를 부여하는 방식이다. 이를 예시하면 다음과 같다.

[교사]

단극체제 :	정직하다	7	6	5	4	3	2	1	부정직하다
양극체제 :	정직하다	+3	+2	+1	0	-1	-2	-3	부정직하다

그런데, 실제로는 형용사 쌍을 일률적으로 긍정과 부정으로 제시하기보다는 50 : 50의 비율로 섞어 척도를 만드는 것이 필요하다. 그러므로 대체적으로 다음과 같은 척도의 형태가 바람직할 것이다.

[교사]

정직하다	( )	( )	( )	( )	( )	( )	( )	부정직하다
약하다	( )	( )	( )	( )	( )	( )	( )	강하다
개혁적이다	( )	( )	( )	( )	( )	( )	( )	보수적이다
무능하다	( )	( )	( )	( )	( )	( )	( )	유능하다

(4) 연구대상에게 측정 및 자료 수집

연구대상에게 이 척도를 실시하여 자료를 수집하는 경우, 측정하려는 대상 개념에 대하여 떠오르는 평소의 이미지를 그 정도에 따라서 적절한 위치의 ( )에 ∨하도록 안내하는 것이 중요하다. 이와 같은 안내의 뜻을 잘 이해하지 못하는 대상에게 의미변별법을 적용하는 것은 적절하지 않다.

(5) 자료의 분석과 해석

의미변별법의 적용을 통한 자료의 분석 방법은 집단별 의미분석 프로파일 분석과 필요한 통계치(평균치, 표준편차 등)를 구하여 통계적 분석을 하는 방법이 있다. 분석 결과의 해석은 3차원 별 어떤 차이가 있는가를 분석 결과에 따라서 의미 있게 해석하면 될 것이다.

7. 내용분석법

1) 의 미

문자나 언어 등의 상징적 의사전달 수단의 내용을 일정한 분류기준에 따라서 분석해 내는 것이 내용분석법(contents analysis)이다. 내용분석법은 "변인을 측정할 목적으로 의사소통을 체계적 · 객관적 양적으로 연구하고 분석하는 방법"이다(Kerlinger, 1973 : 525). 이 방법은 연구대상을 직접 측정대상으로 삼는 것이 아니라, 인간이 글, 언어, 미디어 등으로 남겨 놓은 자료 또는 면접자료, 관찰자료 등을 일정한 분석 기준에 따라서 분석하는 방법이다. 가장 대표적인 분석 대상 자료는 신문, 교과서, 잡지, 공문, 방송내용, 논술문 등이다.

2) 내용분석법의 적용 절차

(1) 전집의 정의와 유목화

연구하고자 하는 전집(모집단)을 명확하게 정의하고, 이것을 분류하고자 하는 내용을 유목화해야 한다. 예컨대, 연구 주제가 "신문에 나타난 교육 관련 기사(記事)의 분석"이라면, 전집의 정의는 "2004년 1년간 4대 일간지"라고 명확하게 정의해야 한다. 교과서를 분석하는 경우라면 "초등학교 3학년부터 6학년까지의 국어 교과서"라고 정의할 수 있고, 방송내용이라면 "3개 방송사의 저녁 9시 뉴스"라고 정의할 수 있다.

분석 내용의 유목화는 분석하고자 하는 내용의 핵심적인 주제를 밝히는 일로써 내용분석법 적용 연구에서 가장 중요하면서도 어려운 작업이다. 이는 연구문제나 설정한 가설을 반영하여야 하기 때문이다. 남녀 성역할에 관한 교과서 분석의 경우라면, 성격, 행동, 관계, 강화체제 등이 유목으로 설정될 수 있을 것이며, 이들은 다시 하위유목으로 재분류된다.

(2) 분석단위의 결정

내용분석법에서의 분석단위는 Berelson의 제안에 따라서 황정규(1992 : 549－550)는 다섯 가지 주단위를 제안하고 있다. 그것은 단어(words), 주제(temes), 성격(characters), 항목(items), 시간－공간 측정(space-and time measure) 등이다. 이와 같은 분석 단위는 연구 제목이나 연구문제 혹은 가설에 따라서 결정되어야 한다. 최소 단위인 단어를 분석단위로 삼는 경우에는 분석이 용이하게 이루어질 수 있으나 해석상의 어려움이 따를 수 있다.

주제는 한 문장 혹은 한 문단속의 어떤 주제를 분석의 단위로 삼는 경우이다. 단어와는 달리 문장 속에서 해당하는 주제를 찾아 분석하는 것이므로 주제가 복잡하면 분석의 객관도가 낮아질 가능성이 크다. 예컨대, 학생이 쓴 글 속에서 '창의성', '공정성' 등과 같은 주제를 분석해 낸다면 신뢰로운 분석이 이루어지지 못할 수도 있다. 성격은 인물이 분석 대상인 경우의 분석단위이다.

문항은 주제와 같은 성격의 분석단위로서, 흔히 이해하고 있는 검사도구에서의 문항과는 그 의미가 다르다. 문항이란 논문, TV프로그램, 토론회 등이 전체로서 한 개의 단위가 된다. 시간－공간 측정은 분석의 단위를 시간의 길이, 공간의 크기로 삼는 경우이다. 발언시간의 길이, 신문지의 기사 줄 수나 책의 페이지 수 등을 분석하는 것이 이에 해당한다.

(3) 분석 자료의 통계적 분석 및 해석

내용분석의 결과는 어떤 형태로든지 양화해야만 분석의 목적을 달성할 수 있다.

단순한 나열이 아니라 연구목적에 따라서 빈도, 백분율, 서열, 가중치를 부여한 후 통계적 분석 등이 이루어져야 한다.

8. Q분류법

1) 개 요

Q분류법이란 Stephenson(1953)이 고안한 인성측정 방법이며, 다원적 판단, 기호, 인상 등을 측정하고 기록하는 심리측정 및 통계적 절차로서 등위법의 변형이라고 할 수 있다. Q분류법은 Q기법 혹은 Q방법이라고 부르기도 한다.

Q분류법의 사용목적은 다음과 같다.

(1) 사람간의 상관 혹은 사람간의 요인 탐색으로 사람간의 유사성, 유형 규명

(2) 측정척도의 개발과 타당화

(3) 체계적인 프로그램의 효과 검증

Q분류법을 적용한 다음의 간단한 예를 살펴보자. 즉, 남녀 학생 각 2명(4명)이 교사 6명의 수업효과성에 대한 순위를 매겼다고 가장하자. 그 결과는 다음과 같다.

【자료로 산출한 사람 간 상관계수】

교 사 명	A(남)	B(남)	C(여)	D(여)
김 철 수	1	1	5	4
황 영 식	2	3	4	5
김 기 오	3	2	6	6
이 영 희	4	6	1	2
김 숙 자	6	5	2	1
박 영 숙	5	4	3	3

그리고 이 자료를 가지고 네 명의 학생들 간 상관계수를 분석한 결과가 다음과 같다.

	A	B	C	D
A		.87	-.17	-.17
B	.87		-.19	-.18
C	-.17	-.19		.89
D	-.17	-.18	.89	

위 표를 보면, A와 B는 하나의 집단으로, C와 D는 또 하나의 집단으로 묶이고 있음을 알 수 있다. 이처럼, Q분류란 조사대상자가 같은 성질을 지닌 사례들끼리 한 그룹을 이루는 것을 전제할 때, 과연 결과가 그러한 모습을 나타내는가를 규명하려는 목적을 갖는다.

2) Q방법의 절차

(1) 피험자에게 제시할 많은 종류의 진술문, 그림, 어구 등 개발, 혹은 수집
(2) 주어진 강제 정상분포에 맞게(통상 9∼11단계) 분류할 기준 개발
(3) 60∼90개 정도의 분류 재료를 카드에 기록
(4) 분류 기준에 따라서 피험자들이 단계적으로 분류
(5) 분류(측정) 결과에 대한 통계적 분석

3) Q방법의 실제

(1) Q분류를 위한 준비물

① Q진술문 카드

10㎝

표면	**수업시작 단계에서 학생들의 주의를 집중시킨다**
뒷면	**08 도입**

4㎝

② Q분류 단계와 수 결정

	매우 중요함								중요하지 않음		
11단계 (점수)	1	2	3	4	5	6	7	8	9	10	11
분류해야 할 수	1	2	6	12	18	22	18	12	6	2	1

③ Q분류판(널판지, 혹은 플라스틱 함)

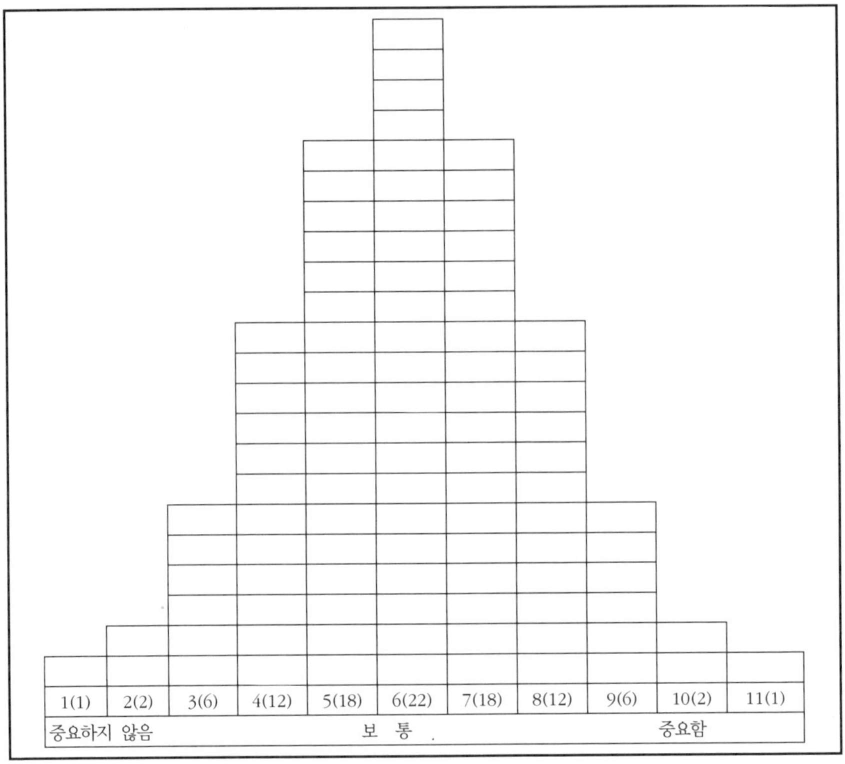

④ Q분류 안내문

- 1단계 : 중요한 정도에 따라서 '중요한 문항 21개', '보통 58개', '중요하지 않은 문항 21개' 등 3분류
- 2단계 : 중요한 것으로 분류한 카드만으로 다시 '가장 중요한 문항' 1개 선정하

여 분류판에 배열, 나머지 중 중요한 것 2개를 골라 다음 분류판에 배열 등 4단계까지 계속

- 3단계 : 중요하지 않은 것으로 분류한 카드만으로 2단계와 동일하게 분류
- 4단계 : 보통으로 분류한 카드만으로 다시 3등분하여 5, 6, 7단계로 분류 후 분류판에 배열
- 5단계 : 단계별로 분류할 숫자가 정확한지 확인
- 6단계 : Q분류 기록 용지에 문항 번호 기록

(2) Q분류 실시 및 기초자료 행렬표 작성

이름	문항번호										
	1	2	3	4	5	6	7	8	9	10	…

(3) Q분류 결과 통계분석

① 데이터 입력

② 변량분석

요인별 점수합 : $\sum X$ 자승합 : $\sum X^2$ 총점의 자승 : $(\sum X)^2$

전체 평균치 : 요인별 평균치 합 / 요인 수 전체 사례수 : N

SSt = 자승합 − 총점의 자승 / N

$$\frac{(\sum X)^2}{n}$$

SSb = $\sum X$ − 총점의 자승 / N

SSw = SSt − SSb

dfb = 요인 수 − 1 dfw = N − 요인 수

MSb = SSb/dfb MSw = SSw/N

F = MSb/MSw F값의 유의도 판정

변량분석표

변량원(SV)	자승합(SS)	자유도(df)	변량추정치(MS)	F	P
집단 간					
집단 내					
전　체					

③ **상관계수 계산과 요인분석**

- 상관계수 계산 : 사람 간 상관성 정도
- 요인분석 : 많은 사람(또는 다양한 피험자의 반응)을 좀 더 적은 수의 군집으로 감축하는 통계적 분석 방법

(4) 요인 해석

① 요인분석 결과표에서 요인별(군집별) 대표 피험자 선정 : 요인부하량이 가장 큰, 중간, 가장 낮은 그룹에서 약 5명

② 이들이 Q분류한 문항들의 공통성을 찾아내어 요인명을 붙이고 그 의미 해석

③ 다른 하나의 방법(요인적재량: eigen value가 1 이상인 요인 추출 후)

- 요인정렬표에서 대표 피험자의 요인가중치 계산

$$W_j = \frac{a_j(1-a_k^2)}{a_k(1-a_j^2)}$$

W_j : 피험자 J의 요인부하량 가중치
a_j : 피험자 J의 요인부하량
a_k : 집단 내 가장 낮은 부하량을 보인 피험자 K의 요인부하량

- 요인별 대표 피험자의 요인부하량과 가중치 계산
- 요인별 요인정렬값 계산
- 요인 Q값 계산 : 요인정렬값의 Q분류(11단계별 분류카드 수와 동일하게)한 후 －5점부터 ＋5점까지 점수 부여하여 표 작성

④ 요인정렬값의 표에 나타난 부호(＋, －) 분포와 절대치 크기를 통하여 요인 해석

4) Q분류 방법 적용 연구의 예

(1) 제목 : 상담 효과성에 관한 Q기법적 연구

(2) 연구문제

① 내담자 개인의 상담 영역별, 내담자 전체의 영역별 상담 효과성 지각의 순위는 어떠한가?

② 각 내담자별 상담 효과성 지각 구조의 차이는 어떠한가? 그리고 그 일반적 경향은 어떠한가?

③ 상담 효과성 지각의 요인구조는 어떻게 나타나는가?

(3) 연구 방법

① 연구 대상 : 학생 50명

② 측정 도구 : 상담효과성 측정 Q-set

③ Q분류

④ 자료의 통계적 분석과 해석

· 내담자별 변량분석

· 내담자 기준 요인분석

5) Q방법 적용의 실제

(1) 연구 주제 : 교사의 대인 스트레스 대처방식 진단척도 개발과 타당화

(2) 인간관계에서 스트레스를 받으면 어떻게 대처합니까? 다음 각 대처방법이 얼마나 중요한(또는 자주 사용하는)가를 다음 방법에 따라서 분류해 주십시오.

① 먼저, 대처방식의 모든 문항을 한 번 읽습니다.

② 전체 문항을 중요한 문항군(10개), 별로 중요하지 문항군(10개), 보통 정도 중요한 문항군(42개)으로 분류합니다.

③ 중요한 방법으로 분류한 문항군에서 가장 중요한 것 1개를 골라 분류카드의 9번에 기입, 그 다음 중요한 것 2개를 분류해 내어 8번 칸에 기입하고, 나마지 7개의 문항번호를 7번 칸에 기입합니다.

④ 중요하지 않은 방법으로 분류한 문항 중에 가장 중요하지 않은 것 3개를

골라 중요하지 않은 정도에 따라서 분류하고 가장 중요하지 않은 방법 1개를 1번 칸에 기입, 나머지 2개를 2번 칸에 기입합니다.

⑤ 보통 정도로 중요한 방법으로 분류한 42개 문항을 다시 3등분하되, 그 중 중요한 방법 13개와 중요하지 않은 방법 13개를 골라 각각 분류카드 6과 4에 문항 번호를 기입하고, 나머지 16개의 문항번호를 5번 칸에 기입합니다.

이들 방법 외에도 하나의 전문가 집단을 대상으로 그들의 의견과 판단을 추출하고 종합하여 집단적 판단으로 정리하는 델파이 방법(Delphi-Technique), 특정 연구 분야의 문헌을 수집하여 이론적, 방법론적, 통합적 리뷰 방법인 메타분석법(meta-analysis), 소규모 사례집단의 생태학이나 문화를 기술해 내려는 문화기술적 방법 등이 태도 측정기법으로 널리 이용되고 있으며, 언어적·비언어적 의사소통의 양태를 규명하는 데 이용되는 상호작용분석법 등이 있다.

탐구과제

1. 초·중·고등학교 교과서 하나를 정하고, 그 교과서에 나타난 성 역할 사회화 내용을 분석하기 위한 분석단위(단어, 주제, 활동, 공간 등)와 수량화 방법을 기술해 보시오.
2. 초·중·고등학생의 교사상 연구를 의미변별법을 적용하여 수행한다고 가정하자. 의미변별 척도를 제작해 보시오.

제2절 연구를 위한 도구의 개발, 혹은 선정

연구의 형태와 성격, 목적 등이 다양한 만큼 연구를 위한 측정도구(척도)의 종류와 형태가 매우 다양하다. 질적 연구를 위한 관찰 목록과 실태조사를 위한 설문지가 다르며, 습관적 행동특성(예 : 학습습관)을 파악하기 위한 척도와 구체적인 행동(도덕적 행위)을 측정하기 위한 척도가 다르다. 그러나 어떤 측정도구이건 그 개발과정에 일반적으로 적용할 수 있는 절차와 원리의 공통적인 내용이 있다.

1. 새로운 측정도구의 개발 절차

1단계 : 측정도구 개발 계획의 수립

1) 측정의 목적과 성격 확인

① 측정도구가 측정하고자 하는 목적은 무엇인가?
- 개인의 이해인가, 집단 내 위치(등수, 서열) 파악인가, 변별인가?
- 상대적 비교인가, 절대적 평가인가?

② 측정도구는 누구를 대상으로 측정하는가?
③ 측정장면은 어떤가?

2) 측정도구 개요의 작성

① 측정내용(특성)의 결정 및 내용(특성)의 조작적 정의
② 검사비중의 결정
③ 측정내용의 분석과 조작적 정의
④ 측정도구 문항 형식의 결정
⑤ 측정도구의 길이(문항 수, 측정 시간) 결정

3) 문항작성을 위한 준비

① 객관도 : 채점의 객관성 확보
② 실용도 : 실시의 용이성, 해석의 용이성
③ 능력검사의 경우, 문항곤란도와 범위 결정
④ 문항제작에 참여할 인적 구성

2단계 : 문항의 작성

1) 누가 문항 제작에 참여할 것인가?

① 측정도구 개발에 관한 이론과 기술을 지닌 사람
② 측정도구가 관여하는 분야에 폭넓은 지식과 깊은 이해를 지닌 사람
③ 측정도구 자체에 관심이 많고 제작 경험이 있는 사람
④ 논리력, 창의력이 우수한 사람

2) 문항 표본의 자원

① 측정하려는 구인을 다루고 있는 이론
② 측정도구 모음집의 해당 구인 측정 문항
③ 선행 연구물
④ 문항 제작에 참여하는 사람들 간 의견 교환

3) 측정내용의 요소 분석

① 이론적 검토 결과 측정하려는 구인의 하위 요인 규명
② 측정 내용을 세부 항목으로 재분류
③ 세부 항목에 따라서 문항 만들기
④ 측정하려는 구인의 조작적 정의에 충실한 문항 제작

4) 문항의 형식 및 잠정적 측정도구 제작

① 실용도보다 타당도와 신뢰도가 더 중요한 요건이다.
② 같은 조건이라면 실용도가 높은 문항 형식을 취한다.
③ 서답형 측정도구를 제작하는 경우 타당도, 신뢰도, 객관도 등 측정도구가

갖추어야 할 요건을 충족시켜야 한다.

④ 잠정적인 문항(도구) 제작

- 측정의 목적을 밝힌다.
- 응답 방식을 밝힌다.
- 문항내용의 논리적 순서, 곤란도 순서, 기계적 응답을 방지하는 방법에 따라서 문항을 구성(편집)한다.
- 글씨 크기는 피검사자의 연령, 학력 등을 고려하여 조절한다.
- 문장은 현재시제로 기술한다.
- 사실적이거나 사실적인 것(응답이 뻔한 것)은 피한다.
- 한 가지로만 해석되는 문장을 사용한다.
- 긍정적 표현과 부정적 표현 문장을 비슷한 비율로 구성한다.
- 가능한 단문으로 기술한다.
- 문법상의 오류가 없는 문장을 사용한다.
- 모두, 항상, 전혀, 결코, 단지, 거의 등과 같은 극단적 혹은 모호한 표현은 피한다.
- 이해하기 쉬운 문장을 사용한다.
- 부정문은 가능한 한 피하는 것이 바람직하다.
- 이중부정, 이중긍정 문장을 사용하지 않는다.
- 필요한 경우, 거짓 문항의 사용 : "나는 목이 마를 때가 있다."
- 사회적 바람직성(social desirability) 표현 문장은 피한다.

3단계 : 예비검사 실시와 그 통계적 분석

1) 예비검사 실시의 목적

① 부적절한 문항, 응답하기 곤란한 문항, 답지의 부적절성, 이해하기 어려운 용어 등 발견

② 지시사항, 측정 절차상의 문제점, 도구의 디자인, 글씨체 등에 관한 정보 수집

③ 문항곤란도 검증(필요한 경우)

④ 문항변별력 확인(필요한 경우)

⑤ 문항 반응분포 확인(필요한 경우)

⑥ 문항수 조절

⑦ 측정 시간 결정

⑧ 측정도구의 타당도와 신뢰도, 객관도 검증

2) 예비검사

① 표집 방법과 표본의 크기는 표준화 검사와 연구목적의 도구인 경우 다르다. 표준화가 목적이라면 대표적 표집이 되어야 하며, 대표본이어야 한다. 그러나 학위 논문 작성을 위한 도구 개발의 경우에는 측정 대상 집단 중 '중간 집단'으로서 100명 정도면 충분할 것이다. 그러나 표본의 크기는 측정도구의 성격에 따라서 융통성을 갖는다.

② 예비검사는 크게 두 가지 목적과 방식으로 실시한다.

예비검사 실시의 목적 중 ①과 ②를 충족시키려는 경우

문항별, 측정도구 전체에 관해 ① 부적절한 문항, 응답하기 곤란한 문항, 답지의 부적절성, 이해하기 어려운 용어 등이 있는가를 직접 기술하도록 안내하고 기술함.

② 지시사항, 측정 · 절차상의 문제점, 도구의 디자인, 글씨체 등에 관한 생각을 자연스럽게 기술하도록 요구함.

예비검사 실시의 목적 ③~⑦ 항을 충족시키려는 경우

- 본 검사 실시 조건과 동일한 조건에서 실시되어야 한다.

---

3) 예비검사 실시 결과에 대한 문항양호도 검증 및 수정(학력수준의 변별기능을 극대화하려는 학력평가와 같은 능력검사의 경우)

① 문항곤란도 검증

② 문항변별력 확인

③ 문항 반응분포 확인

4) 측정도구의 측정학적 조건 검증(통계적 분석) 및 조정

① 타당도 : 반응의 일치도, 요인분석
② 신뢰도 : 신뢰도 검증
③ 객관도 : 채점 결과의 일관성

4단계 : 본 검사도구의 확정 및 도구의 측정학적 정보 기술

예비검사를 실시하고(예비검사를 1회만 실시하는 것으로 충분할 경우가 있는가 하면, 수 회 반복해야 할 경우가 있다) 각종 조정과 수정 및 문제점 해결이 끝나면 최종 측정도구를 확정하고, 다시 한 번 표본을 대상으로 본 검사를 실시하여 도구의 타당도와 신뢰도, 필요한 경우 객관도에 관한 정보를 기술한다.

5단계 : 측정도구 이용 및 측정 결과 해석 방법 기술

1) 측정도구의 목적
2) 검사 실시의 조건
3) 채점 방법
4) 검사 실시 결과 해석 방법

2. 기존 측정도구의 선정 방법

연구주제 혹은 연구에서 다루는 변인이 이미 수행된 연구와 비슷하거나 동일한 경우에도 변인의 측정도구를 새로 개발하는 것이 원칙이나, 항상 그렇게 할 필요는 없다. 동일한 구인을 측정하는 척도 간 차이를 밝히는 작업 자체가 하나의 중요한 연구가 되기는 하지만, 그러한 가치보다는 구인의 측정 자체에 기본적인 관심을 갖는다면 누군가 개발해 놓은 척도를 그대로 사용하거나 수정하여 사용하는 것이 가능하다. 그러나 여기에는 깊이 고려하고 음미해 보아야 할 중요한 문제가 있다.

1) 고려해야 할 사항

(1) 표준화된 척도는 척도개발자 혹은 출판권자에게 승인을 얻거나 구입해야 한다.

(2) 선행 연구자가 개발한 척도라면 해당 연구자에게 승인을 얻어야 한다.

(3) 기존 척도는 현재 수행하고자 하는 연구 주제와 연구문제 해결에 최선의 측정도구인가를 고려한다.

(4) 기존 척도는 현재 피검사자의 심리적 특성, 문화환경적 상황 등에 비추어 현실적인가를 고려한다.

2) 검토할 사항

(1) 척도가 타당도가 인정된다는 근거를 가지고 있는가? 기존 척도는 제작 당시 타당도를 검증하여 타당한 것으로 밝혀진 것도 있으나, 치밀한 타당도 검증과정을 거치지 않은 척도일 수도 있다. 척도의 타당도 검증 절차를 거치지 않았다면, 최소한 내용타당도, 논리적 타당도를 확인하는 절차를 거친 후에 사용해야 한다. 척도의 문항 하나하나가 측정하고자 하는 바로 그 구인을 제대로 측정해 낼 수 있는 문항인가를 체계적으로 검토해야 한다.

(2) 척도의 신뢰도 검증 과정을 거쳐야 한다. 물론, 간단한 실태조사 도구인 경우에는 신뢰도를 규명할 필요는 없으나, 비교적 심층적인 특성을 측정하려는 도구인 경우에는 연구자 나름대로 신뢰도의 검증 절차와 그 결과를 보고해야 한다.

(3) 기존 척도의 문항 수를 축소하거나 늘리는 일을 포함하여 수정을 가하는 경우, 그 이유와 절차를 밝혀야 한다.

제3절 연구를 위한 측정도구의 조건

행동과학적 연구를 위해서는 연구 주제와 문제에 합치되는 자료 수집과 자료의 통계적 분석절차를 거쳐야 하고, 자료 수집을 위해서는 필연적으로 인간이나 사회현상의 어떤 속성의 측정이든 그것은 일정한 도구를 사용하여야 한다. 길이를 재려면 자를, 무게를 재려면 저울을, 시간을 재려면 시계를, 지능을 재려면 지능검사를, 그리고 학생들의 교과목에 대한 실력이나 학습 정도를 재려면 학력검사지를 사용하게 된다. 그러나 여기서 생각해야 할 문제가 있다. 즉, 측정대상과 도구와의 관계에서 재려는 대상에 가장 적합한 측정도구인가?, 측정도구 자체는 믿을 수 있는가?, 측정도구 자체는 간편하고 실용성이 있으며 누구나 쉽게 다룰 수 있는가? 등과 같은 문제들이다.

여기서 우리가 원하는 측정도구는 연구하려는 바로 그 특성을 올바르게 잴 수 있는 도구여야 하며, 그 측정도구 자체가 언제나 일정한 측정결과를 낳을 수 있는 일관성 있는, 믿을 수 있는 도구여야 하고, 그 측정도구는 다루기에 간편하고 편리하게 만들어져 있어서 최소한의 시간과 노력 및 비용으로 사용할 수 있는 것이라야 할 것이다. 그리고 측정결과를 누가 수량화하든 결과가 동일하게 나오는 측정도구여야 할 것이다.

그러나 이 같은 측정도구의 조건이 가끔 충족되지 못하는 경우가 생겨난다. 특히 자연과학의 경우와는 달리 인간의 내면적 심리특성을 연구하려고 할 때 더욱 그렇다. 자연과학의 경우 우리의 감각기관을 통해 쉽게 볼 수 있고 만질 수 있는 객관적 대상을 재기 위해 만들어진 도구상의 문제가 별로 심각하지 않다. 즉, 저울은 무게를, 시계는 시간을, 오염측정기는 수질오염 정도를 잰다. 그러나 보이지 않는 인간특성을 측정하여 연구하려는 경우 재려는 대상과 그 측정도구 사이에는 약간의 문제점이 생겨날 수 있다. 즉, 대상으로서 지능을 재는데 도구로 사용되는 지능검사가 꼭 들어맞게 일치하기를 바라지만 때로는 지능검사가 지능만을 재어야 함에도 불구하고 지능 이외의 것을 재거나 지능과 동시에 지능 이외의 것을 잴 수 있는 가능성이 생겨날 수 있다. 보이지 않는 대상으로서 인간특성을 재는 도구를 만들 때 이 점을 특히 주의하여야 할 것이다. 이 점이 측정도구의 타당성 조건이다.

또 하나의 문제는 똑같은 대상을 똑같은 도구로 처음 재었을 때와 두 번 또는 그 이상 여러 번 재었을 때 그 결과가 똑같아야 함에도 불구하고 잴 때마다 오차가 생겨나서 도구 자체가 일관성이 없고 변덕을 부린다면, 그 도구는 믿을 수 없는 것이라고 할 수밖에 없다. 자연과학에서 사용되는 도구는 이 같은 오차가 크게 문제시되지 않는다. 똑같은 길이의 연필을 똑같은 자로 재었을 때 1회 때나 2회 또는 그 이상 수십 번을 재어도 거의 20cm 그대도 나오기 마련이다. 그러나 눈으로 볼 수 없는 인간특성을 재기 위해 고안된 검사 자체는 잴 때마다 약간의 오차가 생겨나기 쉽다. 물론 이 오차가 도구 자체에만 기인하는 것은 아니며, 측정하는 사람, 피측정자의 심리상태, 측정시의 환경과 분위기 등 여러 가지 요인이 상호작용하여 발생하지만, 여기에서는 주로 측정도구가 갖추어야 할 조건을 문제 삼는다. 이 점은 측정도구의 신뢰도의 조건이다.

측정도구가 갖추어야 할 또 하나의 조건은 수량화 과정의 객관성 확보이다. 동일한 측정결과가 평정자, 채점자에 따라 차이가 나는 도구라면 그 측정도구는 객관성이 결여된 것이다. 그리고 측정도구는 누구나 손쉽게 활용할 수 있고 경제적일 것이 요청된다. 이러한 점이 측정도구의 객관도와 실용도의 조건이다.

1. 타당도

타당도(validity)란 측정하려는 대상을 그 측정도구가 정확히 재고 있느냐를 따질 때 사용하는 말이다. 즉, 원래 재려고 한 내용만을 순수하게 재고 있다면 타당도가 높은 측정도구라고 할 수 있으나 원래의 내용 이외의 것을 혼합하여 재고 있다면 타당도가 낮은 것이다. 측정도구의 타당도가 낮은 경우, 연구는 무용지물이 되고 만다. 예를 들어, 지능검사는 지능만을 정확히 재기 위해 고안된 도구이어야 함에도 지능 이외의 성격특성의 일부를 재었다든지, 창의성과 혼합된 어떤 특성을 재었다고 한다면, 그 지능검사도구는 타당도가 낮은 것이다. 그런데 교육이나 심리측정에 있어서 이와 같은 현상이 일어나는 원인은 자연과학에서와 같이 보이는 대상을 직접 측정하는 것이 아니고 보이지 않는 인간특성을 간접적으로 재도록 고안된 도구를 사용하기 때문이다. 이렇게 보면 타당도란 결국 재려는 내용의 순수성에 관계된 문제로서 무엇을 얼마나 정확하게 "재려는 내용만을 재고 있는 정도"라고 할 수 있다.

어떤 측정도구이든 그 측정도구가 타당도가 '있다' 또는 '높다'라는 판단을 할 때는 원래 재려고 한 내용을 충실히 재고 있는 경우이고, 타당도가 '낮다' 또는

'없다'라는 경우는 원래 재려고 한 내용을 충실히 재고 있지 못하다는 말이 된다. 연구를 위한 교육측정의 실제에 있어서 이 타당도를 확인하는 방법으로는 그 때의 자료의 성질과 검사목적에 따라 여러 가지가 있으나 대표적인 방법으로 내용적 타당도, 예언적 타당도, 공인적 타당도, 구인적 타당도 등이 있다.

그런데 타당도의 개념 속에는 타당도가 '있다', '없다'의 판단기준이 되는 기준 또는 준거라는 것이 있다. 그렇기 때문에 타당도의 유무를 판정할 수 있는 준거란 바로 '무엇에 비추어 본 결과' 타당하다 혹은 타당하지 못하다는 결론을 내릴 수 있는 기준의 역할을 하는 것이다. 그러므로 어떤 검사이든 그 검사의 타당도는 이를 비추어 볼 수 있는 준거를 찾아 비교하지 않으면 안 된다. 이 준거가 검사자체 내에 있을 경우를 내적 준거라고 하고, 검사 외부에 있을 때는 외적 준거라고 한다.

1) 내용타당도, 목표타당도

내용타당도란 안면타당도, 교과타당도, 이론적 타당도, 표집타당도라고도 한다. 내용타당도는 연구도구가 원래 재려고 한 내용을 이론적으로 합당하게 재고 있는 정도이다. 즉, 사용하는 측정도구가 그것이 측정하고자 하는 내용을 어느 정도로 충실히 측정하고 있는지를 측정・분석하려는 타당도이다. 내용타당도에서 내용이란 그 검사가 포함하는 내용을 의미하며, 그 문항이 대표하는 어떤 문제를 푸는데 필요한 과정을 나타내지는 않는다. 이는 한 검사가 측정하려고 의도하는 내용의 표집을 적절하고 타당하게 하였는지의 여부를 알아보기 위한 방법이다. 여기서는 모든 가능한 문항을 구성하고 있는 전집으로부터 표집된 문항이 얼마나 적절히 표집되었느냐의 문제가 핵심적인 사항이다.

그러나 내용타당도의 결정은 어떤 수량적인 관계로써 표현되는 것이 아니라 합리적인 판단 과정이다. 이 과정은 검사와 내용간의 일치성을 평가하는 논리적이고 합리적인 과정으로 검사 문항이 전문가의 입장에서 볼 때 그 전집을 적절하게 대표하고 있다면 그 검사는 내용타당도를 가졌다고 말한다. 내용타당도가 '있다', '없다'를 판정하는 경우를 다음과 같은 실제의 예를 통해 알아볼 수 있다.

첫째, 교사가 기말고사 문제를 출제한다고 할 때, 시험에서 측정하려고 하는 교과의 교육목표를 얼마나 논리적으로 합당하게 검사내용에 충실히 포함시키고 있느냐의 문제이다. 이때의 내용타당도의 준거는 교과목표가 된다. 즉, 이 측정도구가 처음에 측정하려고 했던 교육목표에 비추어 보아 적절히 구성된 것인가의 문제이다. 예를 들어, 고등학교 3학년 국어 시험문제에 있어서 고등학교 3학년 국어 교육목표를 포괄적으로 충실하게 측정할 수 있도록 구성된 검사일 때는 그 국어 시험문제는 내용타당도가 있다고 말할 수 있다.

둘째, 측정도구로서의 검사내용이 재려는 교과내용의 중요한 것을 빠짐없이 포함하고 있느냐의 문제이다. 이것을 표집타당도라고도 한다. 즉, 국어 시험문제가 내용면에서 필요한 교육목표를 빠짐없이 포괄하고 있을 뿐만 아니라, 행동 면에서 중요한 인간특성(지식, 태도, 기능 등, 혹은 지적 영역 중에서 지식, 이해, 적용, 분석, 종합, 평가력 등)들을 얼마나 충실히 포함하고 있느냐의 문제가 된다. 이때 내용타당도의 준거가 되는 것은 교과내용 표집의 적절성, 즉 교과내용에 비추어 보았을 때 얼마나 적절히 구성되어 있느냐가 된다. 따라서 검사문항의 표집이 문항 모집단을 잘 대표할 수 있는 것들로 구성되었을 때 그 측정도구는 내용타당도가 있다고 말할 수 있는 것이다.

셋째, 검사문항의 곤란도도 내용타당도와 관련이 있다. 학생집단의 성질에 비해 너무 쉽거나 반대로 어려운 문항으로 구성되었을 때 그 검사의 내용타당도는 '낮다'라는 판정을 할 수 있다.

이와 같이 내용타당도는 재려는 교과의 교육목표와 교육내용을 충실히 재고 있는 정도를 뜻하는 것이며, 내용타당도가 '있다' '없다'의 판정은 어떤 통계적 절차를 밟아 타당도 수치를 계산해 내는 것이 아니고 논리적으로 판단하게 된다.

내용타당도와 관련하여 '안면타당도(顔面妥當度, face validity)' 확인 방법이 있다. **안면타당도**란 검사에 대하여 기초적인 소양을 지니고 있는 사람이 검사도구의 문항들을 훑어보고(사람의 얼굴을 대충 훑어 본 후 그 사람의 성격을 대략적으로 파악하는 것처럼) 측정도구의 타당성 여부를 판단하는 방법이다. 전문가가 아닌 일반인이 검사 문항들을 대략 살펴본 후 타당한지 여부를 판가름한다고 주장하기도 하지만, 이는 부적절한 표현이다. 측정도구가 타당한가를 판단하는 것은 측정하고자 하는 구인에 대하여 기본적인 지식을 지니고 있음을 전제하지 않으면 안 되기 때문이다. 예컨대, 국어 시험문제의 타당도를 수학 교사가 시험문항들을 대충 훑어

보고 타당도를 판정하는 것은 불합리하다.

▸ 대학수학능력시험(학력측정도구)의 각 영역 문항들이 고등학교 교육과정에 밝혀진 교과교육내용 중 중요한 내용들(내용타당도)이, 혹은 교과수업의 중요한 목표들이(목표타당도) 고루 포함되었는가를 교사들이 검토하여 좋은 도구(학력평가지)라고 판단하였다.
▸ 석사학위 논문을 작성하기 위해 개발한 30개 문항으로 구성된 자아효능감 척도가 타당한가를 확인하기 위하여 자아효능감 이론(정의, 성격, 구성 요인, 변화에 미치는 요인 등)에 정통한 교수에게 검토의뢰 한 결과 각 문항들이 자아효능감 이론에 부합되지 않는 것이 있다고 지적받았다(이론적 타당도, 논리적 타당도, 안면타당도).

따라서 내용타당도와 안면타당도 확인 방법의 차이는 타당도를 확인하는 절차나 방법의 엄격성 혹은 체계성 정도에 의해 구분된다.

2) 예언타당도

타당도를 추정하는 두 번째 방법은 한 측정 도구의 검사 결과가 피험자의 미래의 행동이나 특성을 어느 정도로 정확하고 완전하게 예언하느냐에 의해 결정되는 예언 타당도(豫言妥當度)를 들 수 있다. 예언타당도의 타당성의 준거는 시간적으로 미래를 의미한다. 미래의 행동 특성은 학업에서의 성공이나 직업에서의 성공일 수도 있고 개인적·사회적 적응의 정도일 수도 있다. 예언타당도라는 개념 속에는 결국 결정을 내리는 과정을 위한 수단으로서 검사를 사용한다. 즉, 어떤 시험성적이 시험결과 합격 후의 학업성적이나 근무성적을 어느 정도 잘 예측해 주는가를 확인하려고 할 때, 배우자의 선택이 성공적인가의 여부를 결혼 후 상대방에 대한 신뢰성과 만족도로 확인하고자 할 때 흔히 예언타당도를 검사한다.

예를 들면, 국어시험 문제의 예언타당도를 확인하려면 입학 당시의 국어 성적과 이 시험을 치르고 합격한 학생들의 재학 중인 학교 국어성적과의 상관관계를 통계적 방법으로 계산해 보면 알 수 있다. 만일 입학시험 성적과 재학 중의 해당과목 성적과의 상관관계가 일정 지수 이상으로 높게 나타난다면 입학시의 평가도구(시험문항들)의 예언타당도가 있다고 말할 수 있다. 이 때 상관관계가 높게 나오는 경우란 입시성적에서 높은 점수를 취득한 학생들의 대부분이 재학성적 역시 높게 나오는 경우이며, 이 때 입시성적은 재학성적을 예언할 수 있는 힘을 가지고 있는 것이다.

이와 같은 경우 입시문제로서 국어시험 문제의 타당도를 비추어 볼 수 있는 준거는 재학성적이 되는 것이다. 이 재학성적은 첫째, 시간적으로 현재가 아닌 미래에 얻을 수 있는 준거이고, 둘째, 내용타당도처럼 검사 자체 내에 준거가 있는 것이 아니기 때문에 타당도의 외적 준거라고 한다.

▶ **국어시험 문제의 예언타당도 확인** : 입학 당시의 국어 성적과 이 시험을 치르고 합격한 학생들이 재학하고 있는 학교 국어성적과의 상관관계

▶ **준거** : ① 시간적으로 현재가 아닌 미래에 얻을 수 있는 점수
② 외적 준거

---

3) 공인타당도

공인타당도(共因妥當度)는 예언타당도와 같이 선행검사와 준거와의 상관관계에 의해 결정된다. 그러나 서로 다른 점은 공인타당도에 있어서 준거가 되는 것은 미래의 검사결과가 아니고 시간적으로 현재의 결과라는 점이다. 실제로 현재에 존재하는 그 어떤 결과가 공인타당도의 준거가 되는 것이다. 이와 같이 미래와 현재라는 시간차의 준거가 공인타당도와 예언타당도를 구분 짓고 있는 것이다. 즉, 행동특성을 잰 검사와 이 검사밖에 있는 동질적인 행동준거가 현재 어느 정도 일치하느냐로 공인타당도가 결정되는 것이다.

또 다른 하나는 준거의 성질이 예언이라는데 있지 않고 공통된 요인이 있느냐 없느냐에 있다. 즉, A 검사를 B 검사가 대체할 수 있느냐고 할 때 공인타당도가 된다. A가 B를 대체할 수 있다는 것은 두 검사 간에 공통인자가 충분히 존재한다고 보는 것이다.

준거의 시간차의 문제에 있어서 국어시험 성적과 현재 쓴 국어작문 성적과의 상관관계가 성립되느냐의 문제를 따질 경우는 공인타당도에 해당되며, 이 경우 국어 시험과 작문 점수 사이에 공인적 관계가 성립되면 결과적으로 국어시험을 작문으로 대체할 수 있는 것이다.

다른 한편으로 공인타당도는 반드시 관련이 있으리라고 짐작되는 동질적 준거와의 상관만을 따지는 것이 아니고, 2개의 이질적 요소간의 상관도를 내려고 할

때 사용하기도 한다. 교육실제에 있어서 지능과 흥미와의 상관관계를 알아 보려하고, 성격과 지능과의 상관을 알아보고 싶은 경우가 많이 있다. 이런 경우는 물론 검사의 예언도 할 수 있지만, 더 나아가 2개의 이질적 요인간의 공통된 상관을 밝히려고 하는 것이 주목적이 된다. 바로 이런 경우 공인타당도의 활용성이 있는 것이다.

---

① 국어시험 성적과 현재 쓴 국어작문 성적과의 상관관계
② 지능검사와 창의성 검사
③ 자아개념 검사와 자기효능감 검사

---

4) 구인타당도

구인타당도(構因妥當度)란 "검사점수가 심리학 이론에서 설명하려고 하는 구인을 설명할 수 있는 정도"로 정의한다. 예를 들어 적성, 태도, 불안, 종합력, 적응력, 지배성, 동기 등의 구인인 인간특성을 측정하기 위하여 검사를 만들 때, 이들 특성들은 가설적으로 개념화되기는 했지만 아직 모호하고 불명료한 상태에 놓여 있는 개념들이다. 그러므로 검사제작 과정에서 가설적으로 개념화된 특성들을 실지 검사결과와 비교하여 서로 대응하는 경우를 구인타당도라고 한다. '이 특성을 가진 사람은 A라는 상황 아래에서는 B의 행동을 보일 것이다'라는 법칙규정 혹은 가설검증이 구인타당도의 핵심이다.

원래 한 검사결과에서 얻어진 점수를 의미 있게 해석하려고 할 때, 먼저 구명해야 할 것은 그 검사를 구성하고 있는 구인을 분석해 내는 일이다. 이 같은 구인을 밝히고 **구인타당도를 검증하기 위한 일반적 절차**는 다음과 같다.

첫째, 측정하고자 하는 심리적 특성을 구성하는 구인, 즉 요소들이 무엇인지를 밝힌다.

둘째, 각 구인을 측정가능한 방식으로 조작적 정의를 한다. 이것은 관찰 및 검사의 이론적 분석을 기초로 한 과학적 과정으로 이루어진다.

셋째, 이 구인에 관련된 이론의 상정과 이 이론에서 추리할 수 있는 가설을 추출한다. 이것은 순수한 과학의 이론적 조작으로 이루어진다.

넷째, 구인과 관련된 이론에 근거하여 구인을 측정할 수 있는 문항을 개발(제작)하고, 검사도구를 제작한다.

다섯째, 측정 대상에게 검사를 실시하여 응답자료를 얻는다.

여섯째, 이 가설을 검증하기 위한 자료를 분석한 결과, 가설이 긍정되었다면 척도는 타당도가 인정된다고 결론을 내린다.

---

(1) 창의성 이론의 검토를 통하여 창의성(심리적 특성)은 민감성, 이해력, 도전성, 개방성, 자발성, 자신감 등 6개의 구인으로 구성된 것으로 파악되었다.

(2) 이들 6개 구인에 대하여 이를 측정할 수 있는 방식으로 조작적 정의를 내린다.

① 민감성 : 사소한 외적 자극이라 할지라도 남들과는 다른 관심과 주의를 집중하는 성향

② 이해력 : 관계나 차이, 의미를 빠르게 파악해 내는 능력

③ 도전성 : 풀리기 어려운 문제를 해결해 보려고 부단히 노력하는 태도

④ 개방성 : 타인에게 자기의 생각과 감정을 표현하며, 타인의 사고와 감정을 있는 그대로 수용하는 성향

⑤ 자발성 : 스스로 문제를 해결하려고 노력하는 행동 경향성

⑥ 자신감 : 일의 수행에서 해 낼 수 있다는 자기확신감

(3) 기존의 창의성 이론과 선행 연구들의 검토를 통하여 "창의성이 높은 아동들은 자기효능감이 높다" 라는 가설을 설정한다.

(4) 창의성의 6개 요인을 측정하기 위한 문항을 각 요인의 정의에 충실하도록 각각 5개씩 제작하여 창의성 측정척도를 구성한다.

(5) 창의성 척도와 기존의 좋은 척도로 인정할 수 있는 자기효능감 측정척도를 일정한 사례에 실시하고, 자료를 수집한다.

(6) 자료의 통계적 분석 결과, 가설이 수용되면 창의성 측정척도는 타당도가 인정되는 것으로 결론을 내린다.

이러한 방법 외에 **상관계수법**으로 구인타당도를 검증할 수 있다. 즉, 특정 구인을 나타내는 점수와 심리적 특성 점수와의 상관계수를 구하여 일정 수준 이상의 상관계수를 나타내면 구인을 측정하기 위한 척도가 타당하다고 결론을 내린다. 위의 예에서, 창의성 측정도구로 측정한 총점과 창의성의 6개 구인 측정치 간의 상관계수를 구하는 것이다. 이 외에 요인분석법, 실험설계법 등이 구인타당도 검증방법으로 사용되기도 한다.

이상의 과정에서 만일 기대하는 관계가 확인될 때는 그 측정도구는 타당한 것이 되며, 이 가설적 개념특성은 유용한 것으로 판명한다. 그러나 반대로 구인타당도가 없는 경우는 다음과 같은 세 가지 경우를 생각할 수 있다.

① 그 측정도구가 구인적 개념을 측정하고 있지 않은 경우
② 가설을 일반화한 이론적 체계가 옳지 않은 경우
③ 가설을 올바르게 검증하는데 부적절한 경험적 연구가 수행된 경우

이상과 같은 세 가지의 경우 중에 어느 것이 일어났는가를 구인타당도 검증에서 밝혀내어야 하는 것이다.

이상의 측정도구의 타당도 검증 방법 외에도 체제적 타당도(systematic validity)와 생태학적 타당도(ecological validity)가 있다(백순근, 2004 : 95-96). **체제적 타당도**란 "검사의 시행이나 그 결과에 의해 발생할 수 있는 개인적 집단적 파급효과를 따져 보아 부정적인 결과가 발생하지 않는 정도"라고 할 수 있다. 예컨대, 연구자가 청소년의 정신병적 징후를 측정하기 위해 개발한 검사가 응답자들의 정신건강상 장해를 가져 올 가능성이 있다면 그 측정도구는 체제적 타당도가 낮거나 문제가 되는 것이다. 또 다른 예로서 대학수학능력시험이 학생들로 하여금 정답만을 기계적으로 암기하는 잘못된 학습습관을 형성하게 만든다든지, 고등학교 이하의 교육 전반에 부정적인 영향을 미친다면 그 대학수학능력시험 도구는 체제적 타당도가 문제가 되는 것이다.

생태학적 타당도란 "측정도구 혹은 검사도구가 측정 대상자가 처한 상황에의 적합성 정도"라고 할 수 있다. 예컨대, 도서벽지 지역 거주 아동에게 대도시의 지역적 특성에 관한 질문을 한다거나, 청소년에게 성적 편견을 유도할 수 있는 척도를 사용하는 것 등은 측정도구의 생태학적 타당도가 문제가 되는 경우이다.

이상에서 살펴본 측정도구의 타당도 조건은 모든 측정도구에서 동일한 강도로 충족되어야 하는 것은 아니며, 특히 학습자의 지적 특성(학력, 지능, 학업적성 등)의 측정에서 보다 강하게 요구되는 조건이다.

2. 신뢰도

신뢰할 수 없는 도구를 이용하여 자료수집을 하고 연구를 수행했다면 그 연구 결과는 타당한 것으로 인정하기 어렵다. 측정도구의 신뢰도(reliability)란 그 도구가 무엇을 재든 재려고 하는 바를 항상성 있게, 일관성 있게 재어 내느냐의 문제이다. 동일한 측정도구를 가지고 동일한 대상을 2회 이상 측정하여 나온 결과가 매번 다르게 나온다면, 이 때 이 측정도구는 신뢰도 문제를 지니게 되는 것이다. 그러므로 신뢰도는 측정의 일관성, 안정성의 문제이다.

어떤 검사가 '무엇을(what) 재고 있느냐?'가 그 검사의 타당도에 관계된다면 '몇 번을 재어도 똑같은 결과를 얻을 수 있느냐?'는 신뢰도의 문제이다. 몇 번을 재어도 그 결과가 모두 거의 일치하는 수치로 나타난다면 그 측정도구는 신뢰로운 것이 되고, 잴 때마다 수치가 각각 다르게 나올 때는 그 측정도구는 신뢰롭지 못한 것이 되는 것이다.

우리는 한 측정도구가 동일한 내용을 몇 번 재어도 거의 일치하는 결과가 나오기를 기대하지만, 실제로 똑같은 결과가 나오는 경우는 거의 드물다. 측정대상의 대부분이 눈으로 직접 볼 수 없는 인간특성일 때는 아무리 잘 만들어진 측정도구라도 약간의 오차가 생겨나게 마련이다. 이것을 측정에서의 오차라고 한다. 만일 어떤 측정도구가 어느 정도 신뢰도가 있느냐를 논할 때는 측정결과에서 나온 오차의 정도로 판단하게 된다. 그러므로 일정한 측정도구로 한 대상을 여러 번 반복해서 측정한 수치들이 거의 동일한 수치로 나타났을 때는 오차의 정도 혹은 범위는 나타나지 않으나, 여러 번 반복해서 측정할 때마다 각각 다른 수치들로 나온다면 오차의 변산이 커진다는 뜻이 된다. 또한 오차의 변산이 크다는 것은 측정되어 나온 수치들이 믿기가 어렵다는 것을 뜻한다.

한편, 고사나 검사 등 심리측정도구의 신뢰도를 낮추게 하는 요인은 수없이 많다. 첫째, 검사 자체의 결함이다. 학생들이 갖고 있는 지식을 재려고 하는 경우, 실제에는 재려고 하는 지식 전부를 하나도 남김없이 다 잴 수 없다. 제한된 시간에 제한된 문항수로 측정하지 않을 수가 없기 때문에, 한 고사 속에 어떤 문항을 집어넣느냐에 따라서 측정의 결과가 달라질 수 있다. 특히 문항수가 적을수록 타당도와 더불어 신뢰도 문제가 더 심각해진다.

둘째, 측정도구에 포함되어 있는 문항의 뜻이 모호하여 여러 가지 뜻으로 해석되는 경우를 들 수 있다. 문항을 읽는 사람이 어떻게 해석하느냐에 따라서 답이 다르게 나올 수 있는 모호한 문항들이 많이 포함되어 있다면 그 측정도구는 결국 전체적으로 신뢰롭지 못한 결과를 초래할 수 있다.

셋째, 검사를 하는 피검자의 신체적·심리적 조건을 들 수 있다. 지나친 긴장감을 느낄 때나 신체적으로 아주 피로해 있을 때, 어려운 수학고사를 치게 하는 경우와 그 반대의 경우 결과가 다르게 나올 것을 짐작할 수 있다.

넷째, 검사나 측정할 때의 서로 다른 물리적 환경 조건도 신뢰도를 낮추는 중요한 요인이다.

다섯째, 순전히 우연적인 여러 요인의 작용으로 인한 문제도 생각하지 않을 수 없다. 선택형 고사에서 순전히 맹목적으로 추측을 했을 때의 '운', 공교로운 망각, 일시적인 착각 등이 모두 점수를 높이기도 하고 낮추기도 한다.

이와 같은 여러 가지 요인이 작용하여 신뢰도를 낮추지만, 우리가 여기서 문제 삼는 요인은 첫째와 둘째 요인이다. 그것은 측정도구 자체가 지니고 있는 문제이기 때문이다.

이와 같은 신뢰도는 다음과 같은 여러 가지 방법으로 추정된다. 측정하고자 하는 변인의 종류에 따라, 혹은 연구방법에 따라 각각 다른 신뢰도 추정방법이 사용된다.

1) 재검사 신뢰도(retest reliability)

재검사 신뢰도란 동일한 측정도구를 동일집단에 일정한 시간적 간격을 두고 두 번 실시했을 때, 첫 번째의 점수와 두 번째의 점수가 어느 정도의 상관관계를 갖느냐를 따지는 방법이다. 그러므로 이것은 처음과 두 번째의 점수 사이에 안전성이 있느냐의 문제가 된다. 재검사 신뢰도에서 중요한 것은 바로 이 안전성의 문제이며, 두 점수 사이의 상관계수를 **안정성 계수**라고 한다. 그런데 이러한 재검사 신뢰도는 몇 가지 문제점이 있다.

먼저, 주로 학업성취도 검사에서 첫 번째와 두 번째의 검사시간의 간격이 문제가 된다. 첫 번째와 두 번째 검사시간이 빠르면 첫 번째 검사내용의 기억이나 연습효과가 남아 있어서 두 번째 검사시에 영향을 미치게 되고, 시간이 길면 그 동안 학생 자신의 학습과 성장에 의해 학생 자신이 변화하고 마는 것이다. 이처럼 재검사 신뢰도는 전후시간의 간격을 어떻게 결정하느냐에 따라 달리 나올 수 있다. 일반적으로 시간 간격 결정 문제는 검사의 특성에 따라서 결정되어야 한다. 그리고 또 하나의 문제점은 검사실시상의 조건의 변화에서 오는 문제이다. 예를 들어, 학생의 수검태도, 동기, 건강조건이 첫 번째와 다를 수 있고, 검사지시, 시간, 물리적 조건 등을 동일하게 만들기 어렵기 때문에 신뢰도계수에 영향을 미치게 된다.

2) 동형검사 신뢰도(equivalent-form reliability)

동형(同型)검사 신뢰도는 어떤 한 검사의 내용과 곤란도는 같으나 문항의 형태가 다른 두 개의 동형검사를 제작하고, 그것을 같은 피험자에게 실시하여 두 동형검사에서 얻은 점수 사이의 상관을 산출하여 신뢰도계수를 얻는 방법이다. 자아개념 검사와 같은 표준화 검사를 제작할 때 재고자 하는 특성은 모두 자아개념이지만 구체적인 문항들은 서로 상이한 두 검사 A형, B형을 만들어 이것을 동시에 혹은 적당한 시간 간격을 두고 한 집단에 실시하여 A형의 결과와 B형의 결과와의 상관계수를 낸다.

이처럼 동일한 특성을 측정하고자 하는 두 검사가 얼마나 동일한 특성을 재느냐를 따지는 것이 관심이므로 이 방법에서 나온 신뢰도를 **동등성계수, 동형성계수**라고 한다. 이 방법은 두 검사가 측정 이론상에서 보아 동질적으로 동일하다고 측정할 수 있는 문항으로 구성된 검사를 통하여 신뢰도를 추정하고자 한다.

이 방법을 재검사 신뢰도와 비교할 때 시간 간격의 조정을 임의로 할 수 있기 때문에 재검사의 문제점들을 제거해 줄 수 있으나, 실지로 측정하고자 하는 동일한 특성 측정 문항과 곤란도와 형식이 동질적인 동형의 2개 검사를 제작하기가 힘든 난점이 있다. 어떤 표준화된 검사가 아니고서는 동형검사를 만들기가 어렵다. 그리고 동형검사 실시에 있어서 시간의 간격을 너무 길게 잡으면 신뢰도가 낮아질 염려가 있다. 대개는 1~2일간의 간격을 두고 실시하거나 동시에 두 개의 동형검사를 실시하면 신뢰도계수에서 시간적 영향은 제거할 수 있다.

3) 반분신뢰도(split-half reliability)

여러 개의 문항으로 된 검사를 어떤 방법으로 나누어 각각의 반쪽짜리 검사를 하나의 독립된 검사로 취급하여 얻은 점수를 서로 비교하여 이들 간의 일치도 혹은 동질성 정도를 확인하는 방법을 반분신뢰도라 한다. 이 방법은 재검사법을 사용하기가 곤란하거나 동형검사를 제작하기가 힘들 때 주로 사용하는 방법이다. 히나의 김사 도구를 양분하는 방법에는 전후반분법, 기우반분법, 난수표를 이용한 방법, 의도적인 구분에 의한 방법 등이 있다.

첫째, 전후반분법은 전체 문항이 100개 있으면 1~50번까지를 한 부분, 51~100번까지를 또 한 부분으로 나누어 각각 채점하고 둘 사이의 상관을 내는 방법이다.

둘째, 기우(奇偶)반분법은 문항의 번호가 홀수인 것들을 한 부분으로 하고, 짝수인 것들을 다른 한 부분으로 하여 따로 채점하고 둘 사이의 상관을 내는 방법이다.

셋째, 난수표에 의해 두 부분으로 나누는 방법은 문항이 어떻게 선택되어도 무방한 경우에 적용된다.

넷째, 의도적인 구분에 의한 반분법은 의식적으로 각 문항의 내용이나 곤란도 등 문항의 성질을 고려하여 비슷한 두 부분으로 분할하는 방법이다.

그런데 이렇게 부분 점수를 내어 상관을 계산하면 이때 얻은 신뢰도는 검사 전체의 신뢰도가 아니라 반분된 검사의 신뢰도가 된다. 따라서 전체검사의 신뢰도를 구하기 위하여 교정하거나 추정하는 방법을 적용해야 한다(Spearman-Brown공식). 따라서 반분신뢰도 추정 방법은 앞의 신뢰도 추정방법들에 비하여 정교하지 못한 방법이다.

Spearman-Brown공식
$r_t = \dfrac{2r_s}{1+r_s}$ [r_t : 척도 전체 신뢰도, r_s : 반분신뢰도]

4) Cronbach의 α 계수

이 방법에서도 한 검사에 대해 한 번의 실시 결과에서 얻은 결과로 신뢰도가 결정되어 나온다. 이 방법은 각 문항반응과 전체 검사 점수와의 상관도를 나타낸 것으로 **문항동질성 계수**라고도 부른다.

문항동질성에 의한 신뢰도계수는 위의 다른 접근에 비해 작은 값이 나타난다. 따라서 문항동질성 신뢰도계수는 한 검사의 최소한의 신뢰도라고 볼 수 있다. 문항동질성 신뢰도계수가 크려면 우선 문항상관도가 높아야 한다. 문항상관도가 높아야 한다는 것은 검사가 한 가지 특성 혹은 능력만을 재려는 동질적인 검사라야 한다는 것을 의미한다. 또 이 방법의 적용을 위한 검사는 역량 검사라야 한다. 즉 시간이 문제가 되는 검사여서는 안 된다. 따라서 각 문항이 동일한 곤란도를 가진 문항들이면 높은 신뢰도가 나올 수 있다. 요컨대, 문항동질성 신뢰도 계수는 동질적 검사 역량 검사일수록 합당한 신뢰도를 보이며 이질적인 속도 검사일수록 왜곡된 신뢰도가 나온다.

[문항동질성 신뢰도(Cronbach's α) 계산 공식]

$$\alpha = \frac{n}{n-1}\left(1 - \frac{\sum Si^2}{S_X^2}\right)$$

[n : 문항 수, S_i^2 : 문항별 변량, S_X^2 : 전체 검사점수 변량]

※ 변량(V) = S^2 = $\frac{(X-M)^2}{N}$

이와 같은 검사척도의 α 계수가 높다는 것은 문항간의 정적 상관이 높다는 것을 의미하며, 문항들의 내적 일관성을 나타내는 지표일 뿐, 검사점수의 안정성이나 동형검사에서의 점수의 동등성에 관한 정보를 제공하는 것이 아님을 유의해야 한다.

[탐구과제 1]

다음은 10개 문항으로 구성된 대인스트레스 대처방식 질문지 조사에 의한 기초자료이다. 이 자료를 가지고 문항동질성 계수, 즉 Cronbach의 α를 구하고 질문지의 신뢰도를 설명하라.

문항번호	1	2	3	4	5	6	7	8	9	10	문항전체
문항표준편차(s)	0.7	0.5	0.4	0.8	0.5	0.6	0.4	0.3	0.5	0.7	S_X=5.4
문항변량(S^2)	.49	.25	.16	.64	.25	.36	.16	.09	.25	.49	S_X^2=29.16

5) 검사척도의 신뢰도 추정에 관한 두 가지 접근

(1) 고전적 진점수 모형

고전적 진점수 모형은 측정하는 사람, 측정의 시기, 측정의 조건 등에 관계없이 측정치는 진점수(眞點數)와 오차점수(誤差點數)의 합으로 구성된다고 규정한다.

$$X = T + e$$

X: 관찰점수(측정치), T: 진짜점수(true score),
e: 오차점수(random error score)

따라서 어떤 척도가 신뢰로운가의 문제는 누가 측정해도 결과는 동일한가, 언제 측정해도 같은 결과가 나타나는가, 측정조건을 달리할 경우에도 같은 결과가 나타나는가 등 다양한 조건에 일반화할 수 있는가에 대하여 알려 주는 바가 없다. 이는 특히, 채점자의 주관이 개입될 수 있는 준거지향측정 척도의 경우에 문제가 될 수 있으며, 앞에서 소개한 신뢰도계수 추정 방법들은 모두 고전적 진점수 이론에 근거하고 있다.

(2) 일반화 이론

일반화 이론은 채점자에 따라서, 실시 시기(반복 측정)에 따라서, 측정 조건 등에 따라서 측정 결과가 일관성을 지니는가(일반화 가능성이 있는가)를 따지는 것이 관심의 초점이다. 따라서 신뢰도 계수는 변량분석, 즉 측정자(혹은 채점자) 간 차이, 실시 시기간(반복 측정한 시기별) 차이, 측정 조건 간의 차이를 통계적으로 검증하고, 그 결과 차이가 없다면 측정도구는 신뢰롭다고 결론을 내리는 방법이다.

3. 객관도

객관도(objectivity)는 관찰, 면접 등의 자료수집 방법을 동원하는 주로 질적 연구를 수행할 때 제기되는 연구도구의 조건이다. 객관도란 채점자에 의해서 좌우되는 신뢰도의 일종으로 검사자의 신뢰도라고도 하며, 주관식 혹은 서답형, 특히 논문형 검사시 요구되는 도구의 조건이다. 검사자가 채점시에 동일 답안지를 여러 번 채점할 때 각 점수가 다르게 나온다든지, 또는 동일 답안지에 대한 여러 채점자의 채점 결과가 각각 다르게 나올 때는 그 채점은 객관성이 없는 것이다. 그러므로 채점자의 채점이 신뢰롭고 일관성이 있을 때는 객관도가 있는 것이다. 자연과학에서는 비교적 엄밀한 측정도구들을 사용하기 때문에 누구나 객관적으로 측정할 수 있다. 그러나 심리학이나 교육학에 있어서는 객관적 측정이 문제가 된다. 학생의 한 가지 행동을 놓고 연구자가 보는 관점에 따라 여러 가지로 해석과 평가가 내려질 수 있다. 때로는 연구자 자신의 주관, 편견, 인상, 기분적 요소가 채점에 개재하는 경우도 흔히 있다. 객관도는 그 자체가 신뢰도와 깊은 관계가 있는 것이다. 신뢰도가 없는 검사일 때 채점의 객관성이 있을 수 없고, 객관성이 없는 채점을 하게 되는 도구는 신뢰도가 없는 것이다.

이 객관도는 측정도구, 연구자의 소양, 그리고 다수인의 공동 채점 등에 의해서 영향을 받는다. 우선, 우리가 원하는 측정도구는 객관화된 도구여야 한다. 누가 재어도, 몇 번을 되풀이해서 재어도 동일한 결과가 나오기를 기대하는 것이다. 일반적으로 논문형 검사는 선다형 검사보다 객관도가 부족한 것이 사실이다. 그러나 선다형 검사에서 잴 수 없는 교육목표를 논문형 검사는 재고 있다. 그렇기 때문에 논문형 검사는 그 제작, 채점 과정에서 엄격한 채점기준을 설정하여 채점자의 주관이 개입되는 것을 최대한으로 방지하도록 해야 할 것이다.

또한 연구자는 자신의 감정적 표현을 최대한으로 억제할 수 있어야 한다. 여러 가지 인상, 편견, 고집 등을 버리고 자료수집 실제에서 이성적이고 과학적인 태도를 가져야 하며, 동시에 연구목적, 측정내용 등에 대한 깊은 이해와 측정(자료수집)기술에 대한 훈련이 필요하다.

그리고 논문형 검사나 작품의 평정에 있어서와 같이, 비교적 주관적 판단이 많이 개재할 수 있는 연구도구로 측정하려고 할 때는 사전에 엄격하고 객관적인 수량화 기준을 결정하고, 이 기준을 지켜서 측정해야 한다. 가능하면 이 기준은 개인 혼자서 설정하기보다 다수인의 공동적인 노력에 의해 설정하고, 또한 다수인의 공동평가 결과를 종합하는 것이 보다 객관적이 될 수 있다.

4. 실용도

연구도구의 양호도를 가리는 또 하나의 조건이 실용도(useability)이다. 한 검사의 신뢰도, 타당도, 혹은 객관도가 훌륭하다고 하더라도 실용성에 문제가 제기되는 때는 사용가치가 감소되게 되는 것이다. 즉 재고자 하는 것은 충실하게 측정해 주고 측정값을 정말 믿을 수 있으며 객관적으로 평가될 수 있는 기초가 마련되었다고 하더라도 실용성이 적어질 때가 있다. 가령 검사를 실시하기가 어렵거나 검사의 준비, 실시, 채점이 너무 어려워 잘 채점되지 않거나, 검사실시의 시간이나 채점시간이 오래 걸리고 경제적으로 많은 비용이 들거나 혹은 효용가치가 적다면 그와 같은 측정도구의 사용이 곤란해 질 것이다.

어떤 측정도구이든 실용도가 있는 경우는 다음과 같다. 첫째, 측정도구는 누구나 쉽게 실시 · 활용할 수 있어야 한다. 그러기 위해서 간단하고 명료하며, 용이해야 한다. 이 평가도구의 실시에 있어서 두 가지 기본이 되는 것은 지시와 시간이다. 만일 지시가 교사나 학생에게 명확하고 짧고 완전한 경우에 실시하기가 용이하게 된다. 그런데 너무 지나치게 정밀하게 재어야 되는 측정도구는 학교에서 일반교사가 실시하거나, 가정에서 학부모가 실시하는데 대단한 오차가 생겨나기 쉽기 때문에 문제가 된다.

둘째, 채점의 용이성이다. 채점의 용이성이란 채점자가 누가 되든 채점의 지시만을 읽고도 쉽고, 빠르게, 그리고 객관적으로 채점할 수 있는 것을 일컫는다. 최근에는 컴퓨터를 이용하여 채점하는 경우도 있으나 학교현장에서 실시하기는 어렵다. 그러나 표준화된 검사, 객관식 시험 등은 답안지를 별도로 만들어 이미 만들어진 채점판을 사용하면 쉽고도 정확히 채점할 수 있다.

셋째, 결과의 해석과 활용의 용이성이다. 측정결과는 용이하고 유의하게 해석할 수 있어야 하겠고, 교육실제에 쉽게 활용할 수 있어야 한다. 측정도구로 얻어진 수치의 기술만으로 끝나는 경우는 아무런 소득이 없는 활동에 그친다. 측정의 결과로 얻어진 수치를 유의하게 해석하고 평가하여 연구문제 해결에 활용할 수 있어야 한다.

넷째, 훌륭한 연구도구란 검사실시에 있어서 시간, 노력, 비용이 가능하면 적게 드는 것이 좋다. 많은 시간과 노력 및 비용이 드는 연구도구, 사용하기에 불편하고 점수화 절차가 까다로운 도구는 그 자체가 아무리 우수하게 만들어진 검사라 할지라도 실용적인 가치를 지니지 못한다. 그러나 연구도구의 실용도가 타당도나 신뢰도보다 우선할 수 없음은 명백하다.

지금까지 연구를 위한 측정도구의 양호도를 가리는 네 가지의 조건인 타당도, 신뢰도, 객관도 및 실용도에 관하여 살펴보았다. 양호한 연구도구란 타당하고 신뢰도가 높으며 객관도가 높고 실용성이 또한 큰 검사가 되는 것이며, 연구자가 직접 제작하는 검사는 물론이려니와 기존의 측정도구를 선택할 때에도 이러한 조건을 고려하여 선택되어야 할 것이다.

제4절 연구대상의 선정 방법

직접적인 관찰이나 측정 대상(사람, 학교, 길거리, 연구변인으로서의 인간의 성향 등)을 선정하는 방법은 여러 가지가 있다. 각 방법의 특징과 장·단점을 잘 이해하여 적용하는 것이 필요하다. 이 절에서는 연구대상의 선정 방법의 기본적인 원리를 살펴보고자 한다.

1. 확률적 표집

1) 단순무선표집(simple random sampling) – 단순무작위 표집

단순무선표집(單純無選標集)이란 전집의 모든 요소(elements)가 표집될 확률이 동일한 조건에서 표집하는 방법이다. 제비뽑기, 복권 추첨, 컴퓨터 추첨 방식 등과 같이 전집을 구성하고 있는 요소들이 표집될 확률이 알려져 있을 뿐만 아니라 표집될 확률도 동일한 상황에서 표본을 구성할 사례를 선정하는 것이다. 단순무선표집 방법으로 가장 잘 쓰이는 방법은 난수표를 이용하는 것이다. 난수표란 '0'부터 '9'까지의 수자들을 컴퓨터를 이용하여 1/10의 상대빈도를 가지도록 무선적으로 나열되어 있는 난수들의 집합이다(통계학 서적 부록의 난수표 참조). 단순무선표집 방법이 적절한 경우는 다음과 같다.

① 전집의 크기가 비교적 작은 경우
② 모집단에 대한 사전지식이 없을 때, 대표적 표집 가능
③ 모집단 요소들이 누락되지 않은 표본체제를 구할 수 있을 경우
④ 모집단의 요소들이 비교적 동질적일 때

난수표를 이용하여 사례를 표집하려는 경우에는, 5자리 출발 지점을 임의로 정하여 처음 번호 혹은 끝자리 번호를 하나 선택하고, 아래 행으로 내려가면서 같은 방식으로 표집하려는 사례수 만큼 표집하면 된다. 또 전집의 크기가 작은 경우라면, 전집의 모든 사례들에 일련번호를 매긴 카드를 통속에 집어넣고 잘 흔들어 섞은 다음 추첨방식으로 카드 하나씩을 표집 하여 일정한 사례를 표집하기도 한다. 한 번 선정된 카드를 통속에 집어넣은 후 표집 하느냐에 따라서 복원(復元)과 비복원(非復元) 무선표집방법으로 나누어진다.

2) 유층표집(stratified sampling)

표집하려는 모집단은 대부분 몇 개의 층으로 이루어져 있다. 청소년의 경우 지역, 학교급별, 학년, 성이라는 층을 이루며, 대학생은 단과대학, 학부, 학년 등과 같은 층을 이룬다. 유층표집은 바로 자연적으로 이루어져 있는 층을 고려하여 표집하는 방법이다. 예컨대, 어느 시의 중학생을 대상으로 연구하려는 경우, 중학생의 지역별 분포(수)를 고려하여 중앙, 주변, 변두리 등으로 구분한 후 각 지역의 학생수를 고려하여(비율) 지역에 따라서 일정한 사례를 단순무선표집방법으로 표집하는 것이다. 각 층의 구성비를 고려하느냐 여부에 따라서 비례유층표집과 비비례유층표

집으로 구분한다. 이 방법을 요약하면 다음과 같다.

① 모집단의 특성에 따라 층을 구분해 놓고(하위집단 구분), 각 층 내에서 단순무선 표집을 실시한다.

② 하위 각 층들의 사례수의 구성비를 고려하여 표집하느냐의 여부에 따라서 비례유층표집과 비비례유층표집으로 구분된다.

③ 모집단의 특성을 고려하여(모집단을 구성하고 있는 층들의 특성) 표집하면 대표적 표집이 가능하며, 표집오차를 감소시킬 수 있다.

④ 유층(소집단) 내 요소들의 동질성을 극대화 하고, 유층간에는 이질성을 극대화 하도록 유층을 결정하는 것이 대표적 표집의 관건이다.

3) 군집표집(cluster sampling)

군집표집이란 유층표집과 마찬가지로 전집을 하위 집단(군집)으로 분류한 후 하위집단을 무선적으로 표집하여, 그 하위집단의 요소들을 대상으로 단순무선표집을 하는 방법이다. 예컨대, 시의 고교생을 대상으로 표집하는 경우 학교를 먼저 표집하고, 해당 학교에서 최종 대상자를 표집하는 것이다. 이 표집방법은 다음과 같은 특징을 지닌다.

㉮ 개인이 아닌 집단을 단위로 하여 표집

㉯ 모집단이 매우 클 경우, 시간과 경비의 절약 가능

㉰ 소수의 군집 표집시 표집오차가 커짐

4) 단계적 표집(stage sampling)

단계적 표집은 군집표집의 변형으로서 각 층별 무선표집을 통하여 표집대상 군집을 축소시켜 나가는 방법이다. 예컨대, 고등학생을 대상으로 태도조사를 실시할 경우, 1단계로 특정 지역을 선정하고, 2단계로 지역 내 특정 학교를 선정하고, 3단계로 특정 학년을 선정하는 것 등이다. 이 경우에 각 군집을 표집하는 방법은 무선표집의 원리에 따른다.

㉮ 모집단이 매우 클 경우, 제1차 표집(상위집단)→제2차 표집(하위집단) →제3

차표집(개인)……
㉯ 각 단계(차)에서 유층 · 군집표집 활용

5) 체계적 표집(systematic sampling)

이 방법은 전집이 무선적으로 일련의 집합을 이루고 있을 때(예컨대, 주민들록대장, 학적부, 전화번호부 등), 첫 번째 사례를 표집한 후(난수표를 이용하거나 단순무선표집 방법의 원칙을 기초로 정함) 일정한 간격을 건너뛰면서 표집하려는 수만큼 표집하는 방법이다. 표본 간격(건너뛰는 수의 단위)은 전집의 수를 표본의 크기로 나누어 구한다. 즉, 표본간격을 K로 나타내면, K=N/n 이다. 1,000명의 전집에서 100명을 표집한다면 K=10이 된다. 이 경우, 표집목록표(연명부)에서 임의 수 하나를 선정하고(단순무선표집), 10개의 표본간격으로 표집해 나가면 된다.
㉮ 표집목록표에 표집요소들이 무선적으로 배열되어 있어야 한다.
㉯ 실제 모집단 요소들이 배열된 표본목록표를 구할 수 있을 때 적용한다.
㉰ 일정한 간격을 건너뛰면서 표본의 크기만큼 표집한다.

6) 행렬표집(matrix sampling)

이 표집방법은 전집의 규모가 매우 크고, 측정하고자 하는 자료(검사)가 방대한 경우에 적용할 수 있는 방법이다. 즉, 행렬표집이란 전집을 적절하게 분배하고, 각 하위 전집별로 검사의 일정 부분을 측정하도록 표집하는 것이다. 예를 들어 전국의 중학교 2학년을 대상으로 120개 문항으로 구성된 수학 성취도 검사를 실시한다고 할 때, 모든 중학교 2학년 학생들이 120개 문항에 응답하도록 하는 것이 아니라, 전국의 중학생을 3등분 하여(A, B, C) A그룹에는 전반부 40개 문항을, B그룹에는 중간부분 40개 문항을, 그리고 C그룹에는 검사의 후반부 40개 문항을 독립된 검사로 취급하여 측정하는 것이다.

이와 같은 행렬표집을 하는 경우에는 몇 가지 전제조건이 있다. 첫째, 전집을 3그룹으로 표집할 때 무선표집의 원칙이 지켜져야 한다. 즉, 3집단 각각이 동일한 수준을 지니고 있다고 가정할 수 있어야 하는 것이다. 둘째, 행렬표집방법을 적용하여야 하는 이유가 분명해야 한다. 측정하려는 문항 수가 너무 많아 하나의 표본으로는 응답자들에게 지나친 부담(시간, 피로감, 지루함 등)을 주게 됨으로써 측정을 왜곡시킬 가능성이 있다든지, 전집을 모두 측정대상으로 삼아야 하는 경우, 혹은 응답자의 개별 반응에는 관심이 없으며, 표집된 응답자의 전체적인 반응결과에만 관심이 있는 경우에 적용할 수 있는 방법이다.

2. 비확률적 표집

1) 의도적(purposive) 표집

연구자의 주관적 판단에 의한 표집으로 판단적 표집(judgement sampling), 유의표집(有意標集), 목적표집이라고도 부른다. 해당분야의 전문가가 선행지식과 경험에 기초하여 특정 대상이나 성향을 지닌 사례를 유목적적으로 표집하는 방법이다. 이러한 표집방법은 정책연구나 평가연구와 같이 비교적 과학적 접근이 요하지 않는 연구에서 주로 적용되며, 적은 수의 표본을 구성하려는 경우, 그리고 모집단에 대한 충분한 정보를 가지고 있는 경우 다른 표집방법에 비해 대표적인 표본을 만들 수도 있다.

2) 할당표집(quota sampling)

의도적 표집방법의 확장된 방법으로서, 전집의 특성을 특정 변인에 따라 몇 개의 하위집단으로 나누고, 각 하위집단에서 표집수를 임의로 할당하는 방법이다. 즉, 자연적인 집단 구성에 따라서 하위집단별로 표집 규모를 할당하는 것이다. 예컨대, 시지역의 주부를 대상으로 생활만족도를 조사하려는 경우, 시 중심부, 시 주변부, 시 외곽부 등 지역을 나누고, 각 지역에서 임의로 몇 명씩을 할당하여 표집하는 것이다. 할당표집법은 비례 할당표집법과 비비례 할당표집법으로 나눈다.

할당표집법은 확률적 표집방법으로서 유층표집법과 유사하나 각 하위집단(층)에서 최종 요소를 추출하는 방법에서 차이가 있다. 유층표집법에서는 유층 내에서 요소를 추출할 때 무선표집방법이나 체계적 표집 방법을 적용하지만, 할당표집법은 임의표집법을 사용한다. 이 표집방법은 사회조사나 시장조사, 마케팅 분야에서 널리 사용하는 방법이다.

3) 지원자(volunteer) 표집

이 방법은 조사대상을 지원의 절차를 거쳐 선정하는 방법을 일컫는다. 실험연구나 의학에서의 임상실험연구와 같이, 확률적 표집방법으로 연구대상자의 선정이 곤란하거나 문제가 된다고 판단할 때 적용할 수 있는 방법이다. 이 표집방법은 연구결과의 해석상 많은 주의를 요함은 물론이다.

4) 편의(convenience) 표집 혹은 우연적 표집(accidental sampling)

이 표집방법은 표집 대상자들의 일상적인 생활장면에서 일정한 시간대, 혹은 일정한 장소 등을 정하여 그 조건에 처해 있는 사례를 선정하는 방법이다. 예컨대, 교사평가에 학부모의 참여에 대한 일반사회인의 태도를 측정하는 경우, 오후 6시부터 7시 사이에 백화점에 들어오는 소비자를 표집하는 것이다.

5) 누가표집(累加標集, snowball sampling)

연구의 상황이 매우 극단적인 특성을 지닌 대상자를 요하는 경우가 있을 수 있다. 장애자녀를 둔 부모의 생활사 연구, 학습부진아의 인지적 정의적 특성 연구, 실직 가장의 사회적 태도 연구 등과 같은 경우에는 연구자가 쉽게 대상자를 추출하기 곤란하다. 이와 같은 경우에는 해당 전집의 사례들 스스로 릴레이식의 추천(소개)에 의해 한 사례 한 사례씩 조사하거나 관찰하는 방식을 취하는 것이 도움이 될 수 있다.

탐구과제

- 여기에 소개한 표집방법들 각각의 장점과 단점을 2개씩 지적해 보라.

3. 무선할당(無選割當, random assignment)

실험연구에서 실험집단과 통제집단에 연구대상자를 어떻게 할당하는가의 문제는 연구의 결과에 매우 큰 영향을 미친다. 이러한 둘 혹은 그 이상의 연구집단들에 연구대상자를 배치하는 방법으로 가장 이상적인 방법이 무선할당이다. 이 방법에는 단순무선 할당 방법, 대응집단 할당 방법, 균형집단 할당 방법 등이 있다.

연구대상자를 집단에 할당하는 기본적인 원칙은 연구자가 의도적으로 특정 연구대상자를 어느 특정 집단에 포함시키지 말아야 한다는 점과 연구대상자가 어느 집단에 포함되는지를 모르는 방식으로 할당해야 한다는 것이다.

4. 표본의 크기(sample size)

일반적으로 표본의 크기가 크면 클수록 표집오차가 적다. 그러나 앞에서 지적한 바와 같이, 대표적 표집방법이 적용된다면 큰 표본이 갖는 문제점을 해결하면서 표집오차를 줄일 수 있다. 표본 크기 결정에 관하여 다음과 같은 사항이 고려되어야 한다.

(1) 표본의 크기는 표집오차와 반비례하며 시간과 소요 경비와는 비례한다. 행동과학적 연구에서는 시간이나 경비 요인보다는 표집오차를 최소화하는 것이 중요하다.

(2) 표본의 크기는 선행연구의 관례를 따르거나, 전문가와 상의하거나, 표집크기 계산 공식을 이용하여 결정한다.

(3) 대표본이 필요한 경우

① 연구결과에 영향을 미치는 주요 변인을 통제할 수 없을 때

② 선행연구에서 효과의 크기(effect size)가 적다고 보고되었을 때

③ 연구대상 집단이 여러 개의 하위집단으로 분류될 때

④ 여러 개의 하위집단으로 분류하여 통계처리될 때

⑤ 중도 탈락율이 높을 것으로 예상될 때

⑥ 높은 수준의 통계적 의의도와 검증력을 요할 경우
⑦ 연구변인을 측정하는 도구의 신뢰도가 낮을 때

5. 표집설계

자주 언급되고 있거니와 교육, 심리, 사회현상의 탐구를 위한 행동과학적 연구는 전집(全集, population, universe)을 직접 연구대상으로 삼기보다는 주로 표본(標本, sample)을 대상으로 하기 마련이다. 물론 전집의 규모가 크지 않고, 연구자가 전집을 대상으로 연구할만한 조건을 갖추고 있는 경우에는 전집을 연구대상으로 삼는 것이 가장 안전하고 타당한 결론을 이끌어 낼 수 있음은 물론이다. 표본을 연구대상으로 할 경우에는 거기에는 필연적으로 표집오차가 작용하여 결론의 내적 타당성을 떨어뜨리게 되기 마련이다.

전집으로부터 표집하여 만든 표본을 대상으로 연구하는 것이 문제가 있다고 해서 전집을 직접 연구대상으로 할 필요는 없다. 전국적인 규모의 정책연구나 표준화된 척도의 개발과 같은 연구 외에는 연구자가 수 많은 대상자 전집을 관찰하기란 어려운 일이며, 전집을 대상으로 할 경우에 나타나는 문제(시간과 경비를 포함한 경제적인 문제, 많은 대상자를 관찰하는 데 따르는 반응의 신뢰도 문제, 관찰자료의 관리와 처리상의 문제 등)가 근본적으로 해결되지 못하는 것은 물론이려니와, 표본을 대상으로 연구할 때 전집을 대상으로 연구한 것과 동일한 효과를 가져오는 표본설계의 방법이 발전되어 있기 때문이다.

전집이 아니라 표본을 연구대상으로 삼을 때 표본의 크기가 전집에 가까울수록 표집오차가 줄어든다는 점은 여러 번 강조한 바 있다. 그러나 표본의 크기를 크게 하는 것보다 더 중요한 요건은 전집을 대표할 수 있는 대표적 표집 방법을 적용해야 함은 이 책의 여러 부분에서 강조한 바 있다. 즉, 편파적인 대표본 보다는 대표적인 소표본이 연구의 타당성을 증가시킨다는 점을 다시 한 번 더 강조하고자 한다.

1) 표본 연구가 필요한 경우

① 전집(모집단)을 직접 연구대상으로 삼기 곤란한 경우

② 본 검사를 제작하기 위한 예비조사의 경우

③ 전집의 관찰 혹은 자료수집에 걸리는 시간이 길어 관찰기간 동안 대상자들의 행동특성이 변할 가능성이 있는 경우(예컨대, 학력, 태도 등)

④ 관찰에 요구되는 인적 물적 자원의 동원력이 낮거나, 관찰을 위한 시간이 길지 않은 경우

2) 표본의 크기 결정 방법

표본의 크기를 어느 정도로 할 것이냐의 문제는 연구대상 선정에서 매우 중요한 과제이다. 하나의 부동의 원리는 '다른 여타의 조건이 동일하다면, 표본의 크기가 클수록 소표본으로부터 계산된 통계치보다 모집단의 모수치에 더 접근한다'는 것이다. 이 문제를 해결하기 위해서는 관찰 결과의 신뢰도와 허용오차(精度)의 정도를 정해야 한다. 이 말이 무슨 뜻인가를 생각해 보자.

16,000명인 어느 대학교 학생들의 교양교육에 대한 만족도를 평가한다고 가정하자. 앞에서 제시한 여러 가지 이유로 인하여 300명을 표집하여 이들을 대상으로 구조화 한 질문지 조사를 하기로 결정했다면, 300명의 교양교육에 대한 만족도 측정치를 가지고 학생 전체의 만족도로 삼는 데에는 문제가 있다. 즉, 여기에는 전집이 아닌 표본을 대상으로 관찰하였기 때문에 표집오차가 작용하기 마련이므로 그 결과를 전집에 일반화 할 때 그것을 100% 신뢰할 수가 없는 것이다. 그러므로 100%를 신뢰하지 못한다면 95% 혹은 90% 등의 신뢰도 수준에서 16,000명의 학생들의 교양교육에 대한 만족도가 어떠하다고 결론 내려야 할 것이다. 따라서 표본을 가지고 연구를 하는 경우 100% 신뢰도란 존재하지 않으며, 행동과학 분야에서는 주로 95% 혹은 99%의 신뢰도를 설정하는 것이 관례로 되어 있다.

일정 수준의 신뢰도 수준에서 표본의 통계치로 전집치를 추정한다고 할 때, 여기에도 여전히 오차가 존재하게 된다. 따라서 추정에서 허용할 수 있는 오차의 정도(精度라고도 하며, 최대한 허용되는 표본 평균치와 전집 평균치 간의 차이를 일컬음)를 나타내 주게 되는 데, 여론조사의 경우 허용오차의 크기는 보통 3%로 정하며, 다른 조사나 연구에서는 연구자가 임의로 정한다.

따라서 신뢰도와 허용오차란 결정된 표본의 크기가 전집을 잘 대표할 수 있으려면

표본의 통계치로 전집치를 추정하기 위해 고려되어야 하는 계수라고 생각하면 될 것이다. 일정 신뢰수준의 신뢰도계수를 r, 허용오차를 ε이라고 하면 구하고자 하는 표본의 크기 n은 다음의 공식에 의하여 구하게 된다.

(1) 유한전집(有限全集)의 경우

$$n=\frac{N}{(\frac{\epsilon}{Z})^2\frac{N-1}{0.5^2}+1}$$

[N : 전집의 크기, r : 연구자가 설정하는 신뢰도, ε : 허용오차, s : 표본의 표준편차, Z : 1.96]

【예제】

J도 초·중·고등학교 교사(10,000명)를 대상으로 학원 과외 허용 조치에 대한 태도를 조사하려고 한다. 신뢰도 95%, 허용 오차 3으로 할 경우 표본의 크기는 얼마나 되어야 하는가를 구하라. 단, 표본의 표준편차(s)에 대한 정보가 주어져 있는 경우에는 이를 이용하면 된다. 그러나 이에 대한 정보가 없는 경우에는 s를 0.5로 하면 될 것이다

【풀이】

N=10,000

Z=1.96(95% 신뢰도를 지니기 위한 신뢰계수로서 정상분포곡선의 큰 부분의 면적이 95%가 되는 지점의 Z점수로서 약 2로 할 수도 있음)

ε : 0.03

이상의 값들을 공식에 대입하면,

$$n=\frac{10,000}{(\frac{0.03}{2})^2\frac{10,000-1}{0.5\times 0.5}+1}=1,000$$

따라서 10,000명의 교사 전집 중에서 1,000명을 표집하면 위의 조건을 충족시킬 수 있는 표본이 되는 것이다. 즉, 10,000명의 교사 중에서 1,000명의 표본으로

조사하였다면 표본의 통계치로 95%의 신뢰수준에서 3%의 오차범위에서 모수치를 추정할 수 있게 되는 것이다. 보다 구체적으로 1,000명을 표집하여 조사한 결과 태도 점수의 평균치가 38이라면, 10,000명 전체 교사의 평균치는 35～41가 될 가능성이 95%라고 할 수 있다는 것이다.

(2) 무한전집(無限全集)의 경우

무한 전집이란 전집의 크기를 알 수 없는 경우이다. 물론 엄밀한 방식으로 전집을 규정하려면 가능하기도 하겠으나 전집의 크기가 너무 커서 그 규모를 명확하게 파악하기 어려운 경우가 있을 수 있다. 산의 소나무 숫자, 한국 신생아의 숫자, 비행청소년의 숫자 등은 무한전집의 예이다.

이 경우에는 다음의 공식을 이용한다.

$$n = [Z \cdot \frac{s}{\varepsilon}]^2$$

【예제】

K시 주민의 남북통일에 대한 의식을 조사하기 위하여 질문지를 제작한 후 무선표집 방법으로 예비조사를 한 결과 평균치(M)가 69.3, 표준편차(s)가 16.0이 나왔다. 95% 신뢰도에서 허용오차를 2로 한 경우 표본의 크기를 구하라.

【풀이】

Z=1.96(95% 신뢰도를 지니기 위한 신뢰계수로서 정상분포곡선의 큰 부분의 면적이 95%가 되는 지점의 Z점수로서 약 2로 할 수도 있음)

ε : 2

s=16.0

이상의 값들을 공식에 대입하면,

$$n = [Z \cdot \frac{s}{\varepsilon}^2] = [1.96 \cdot \frac{16.0}{2}]^2 = 245.9$$

따라서 약 246명을 표집하면 된다.

탐구과제

1. 한 지역(도, 혹은 시)의 교사와 학생을 대상으로 교육에 대한 의식을 조사하고자 한다. 어떤 표집 방법이 대표적 표집이 될 수 있는가를 설명하시오.
2. 위의 경우, 다음의 표집 방법들에 따라서 조사 대상자를 표집하려고 할 때 구체적인 표집 과정을 기술하시오.
   (1) 유층표집
   (2) 군집표집
   (3) 단계적 표집
   (4) 할당표집
3. K시 학부모의 공교육에 대한 신뢰도를 조사하기 위하여 질문지를 제작한 후 무선 표집 방법으로 예비조사를 한 결과 평균치(M)가 69.3, 표준편차(s)가 16.0이 나왔다. 95% 신뢰도에서 허용오차를 3으로 한 경우 표본의 크기를 구하시오.

제 5 장

실 험 설 계[1)]

실험설계란 연구자가 실험을 통하여 규명하려는 문제를 해결하려는 절차를 체계적으로 밝히는 실험연구 계획이다. 즉, 실험설계란 "실험자가 의도적으로, 그리고 체계적으로 실험처치 조건(독립변인)을 조작한 다음 조작된 실험처치가 행동(종속변인)에 미치는 효과를 밝혀내기 위한 계획"으로 정의할 수 있다(변창진 · 문수백, 1999 : 15).

이러한 계획에는 실험 속에서 다룰 변인을 명확하게 밝히는 일을 비롯하여 연구의 내적 외적 타당성을 높이기 위한 다양한 방안 등이 포함된다. 체계적인 계획을 수립했다고 하더라도 연구자가 사전에 예상하지 못한 잡다한 오염요인이 개재되어 연구의 타당성을 떨어뜨릴 수 있으므로 연구자는 실험설계의 기본적인 원리를 이해하고 특히, 연구의 내적 타당성을 높이기 위한 방안을 부단히 모색해 나가야 한다.

이 장에서는 실험설계에 관한 기본적인 개념의 이해, 실험설계의 기본 논리의 이해, 연구의 내적 · 외적 타당도를 저해하는 요인의 이해, 그리고 다양한 실험설계들의 특성과 강 · 약점을 이해하고 이를 실제 적용한 연구 수행력을 기르는데 논의의 초점을 맞춘다.

---

1) 이 장은 다음의 소책자 내용을 편역한 것임.
Spector, P. E. Research designs. Series : Quantitative applications in the social sciences, (California : Sage Publications, Inc., 1973).

학습목표

1. 실험설계에 관한 기본적인 개념을 이해한다.
2. 실험설계의 기본 논리를 이해한다.
3. 연구의 내적 외적 타당도를 저해하는 요인을 이해하고, 접하는 실험연구물의 타당도를 논평할 수 있다.
4. 다양한 실험설계들의 특징과 강·약점을 기술할 수 있다.
5. 특정 실험설계가 지닌 문제점을 해결하기 위한 방안을 제시할 수 있다.

제1절 기본적인 개념들

이 절은 실험연구를 위한 설계를 학습하는데 긴요한 기본적인 개념을 이해하는데 관련된다. 어느 면에서 이 절의 목적은 앞에서 살펴본 개념들의 복습일 수 있으며 앞으로 논의할 설계에 대한 의사소통에 필요한 용어들을 이해하려는 것이다. 여기서는 측정오차(測定誤差), 통제(統制), 무선화(無選化), 혼재(混在), 일반화(一般化) 등의 의미를 파악하고자 한다. 이와 같은 개념들을 이해하는 것은 계속되는 내용을 이해하는데 핵심적인 요건일 뿐만 아니라 연구의 타당도를 높이기 위한 논리를 정립하는데 필수적이다.

1. 측정오차(測定誤差)

측정은 항상 도구로 이름 붙여진 특별히 고안된 장치나 절차를 통하여 이루어진다. 예를 들면, 스톱워치로 반응지연성을, 지필검사를 통하여 지능을, 혹은 몇 년 동안 학교를 다녔는가를 사람들에게 물어서 교육수준을 측정할 수 있다. 사용한 도구가 무엇이든지 측정에는 항상 어느 정도의 오차(誤差)가 존재하기 마련이다. 오차는 다음과 같은 것들을 포함하여 다양한 자원들로부터 발생한다. 즉, 도구의 상세함의 제한(30cm의 잣대는 단지 30개의 cm 눈금만이 나타나 있다), 도구를 사용하는 사람의 특질상의 경향성(잣대를 사용하는 사람은 한쪽 면만을 본다), 도구 설계상의 편향(잣대의 한쪽 끄트머리는 너무 짧게 잘려 있을 수 있다), 그리고 도구를 사용하는 사람의 사용방식에서의 단순한 오류(사람이 착오로 기록을 잘못 기술하는 것) 등이다.

여기에서 논하려는 착오의 형태는 무선오차(無選誤差)와 편향(偏向, bias)이다. 무선오차는 오차가 비체계적인 경우에 일어나며, 변인에 관한 실재점수(實在點數)나 진점수(眞點數)를 중심으로 양 방향에서 발생한다. 만약 이론적인 진점수가 10이라면, 무선오차는 +1과 −1이 됨으로써 길게 보면 많은 값들은 9와 11 사이로 나타나야 한다. 편향오류는 오류가 하나의 방향에서 나타날 때 발생한다. 따라서 측정은 항상 커지는 경향이 있다. 진점수가 10이라면, 대부분의 관찰치는 10과

9의 개수는 적고 11이나 12가 된다. 편향은 가끔 절차와 도구, 관찰자, 연구자 특성의 왜곡에 기인한다. 편향은 연구자의 편에서 의도적인 행동에 기인하여 발생할 수 있는데, 여기에서 특별히 관심 갖는 편향은 도구와 절차로부터 발생하는 무의도적인 것이다.

무선오차는 연구에서 자료수집 절차를 상세화하지 않을 때 일어난다. 그러나, 누군가가 측정의 오차 요소에 관한 어떤 가정을 할 수 있다면, 그는 이러한 문제를 해결할 수 있는 통계적 절차를 이용할 수 있다. 무선오차는 진점수로부터의 변산(變散)이 양방향에서 일어나는 것으로 본다. 따라서 누군가가 특성의 측정을 여러 번 했다면 측정의 오차는 평균치를 벗어나는 것이 되어야 한다. 이것은 복합문항들이 질문지나 심리검사에 포함되었을 때 정확하게 측정되었느냐에 관련된다. 각 문항 자체는 상당한 오차를 지닐 수 있으나, 몇 개의 문항으로부터 획득한 평균치나 동일한 변인을 측정하기 위하여 설계된 각 문항들의 무선오차 성분들에서 나온 점수결과는 매우 적은 값으로 결국 오차는 상쇄된다. 이러한 사실은 학생들로 하여금 교실의 온도를 추정(推定)하도록 함으로써 이를 증명할 수 있다. 개인 추정치(推定置)는 가끔 10도 이상으로 벗어나는 경우가 있으나, 학급 전체의 평균치는 1도를 벗어나지 않으며, 실제로 온도계로 측정된 것과 비교하여 거의 정확할 것이다.

편향(偏向)의 문제는 무선오차보다 더 심각하다. 편향은 한 방향으로 나타나는 경향이 있기 때문에 그것의 효과를 상쇄시키는 단순한 절차가 없다. 그러나 편향의 크기와 방향을 추정하고 그것을 교정하는 것이 가능한 예가 있을 수 있다. 연구자들은 매우 자주 편향의 자원을 제거하고 그것을 피할 수 있는 도구와 방법을 설계하려고 노력한다. 연구설계상의 많은 노력들은 편향을 피하려는 것이다.

2. 통제(統制)

실험설계의 기본은 통제이다. 통제란 상수(常數)로 유지하거나 변인을 체계적으로 변화시키도록 함으로써 연구나 다른 조건과의 비교로부터 그러한 효과를 제거하는 일이다. 통제는 대상자나 조건에 대하여 연구자가 적극적으로 조정하는 일, 혹은 단순히 탐구를 조직화하고 자료를 조정하는 것을 포함할 수 있다. 하나의 실험설계에서, 통제(統制)는 통상 특정 변인의 수준을 상수가 되도록 하는 일이다.

따라서 연구자는 성(性)이나 대상자의 지능, 실험이 이루어지는 날짜 등을 상수가 되게 하거나 통제한다. 이러한 유형의 통제는 대상자나 조건을 선택함으로써 그러한 특성이 상수 수준이나 상수값을 지니도록 하는 것이다.

비실험적 연구에서는, 통제란 현재 관심 가지고 있는 특성을 지니지 않은 사례들을 선택적으로 제거함으로써 이루어질 수 있다. 인구조사 기록으로부터 자료를 수집하여 연구를 수행한다고 가정해 보자. 국가의 지역, 응답자의 성, 거주의 형태, 기타 다른 변인들이 통제해야 할 변인들에 대하여 어떤 값을 지니고 있는 사례만을 선택함으로써 통제할 수 있다. 그러나 거기에는 핵심적인 변인이 관찰과정에서 수집되지 않거나 적절하지 못하게 됨으로써 통제상의 제약이 따른다. 예컨대, 인터뷰한 날짜나 연령층에 대한 인구조사 자료를 이미 지니고 있을 때는 통제해야 할 핵심적인 변인이 누락됨으로써 통제할 수가 없다. 또한, 상수를 유지할 수 없는 상황에서 통제변인과 실험변인 간에 관계가 있을 수 있다. 그런 경우 변인들은 전반적으로 혼란스럽게 되는 것이다.

따라서 통제란 연구되는 것 중에서 직접적으로 관심 없는 변인을 상수로 유지함으로써 그것들이 결과를 왜곡시키지 않도록 하는 것이다. 그러나 연구가 통제변인의 어떤 값으로 제한되면, 연구자는 다른 값에 그 결과를 일반화할 수 없게 된다. 여성만을 대상으로 한 연구는 남성에게서도 유사한 결과가 나타나리라고 기대할 수 없다.

통제라는 용어의 다른 용법의 하나는 통제집단(統制集團)과 관련되는 것이다. 말 그대로, **통제집단**이란 독립변인의 값이 기본적 수준이나 비교 수준에서 유지되는 집단이다. 연구자가 새로운 절차나 과정을 기존의 것과 비교하려고 할 때, 기존의 것은 통제를 나타내는 것이며 그 집단을 구성하고 있는 대상자 집단을 통제집단이라고 한다. 가끔 통제집단에는 비록 그들이 어떤 표준적인, 또는 그 당시 존재하는 처치나 조건을 받는다고 할지라도 연구과정에서 조작이나 처치를 가하지 않는다. 예를 들면, 누군가가 특정 프로그램이 유죄선고를 받은 흉악범죄의 누범(累犯)을 줄이는데 효과적인가를 결정하려 한다고 가정하자. 그 연구자는 최근에 석방된 흉악범의 두 집단을 선정할 것이며, 특정 프로그램을 받을 집단은 실험집단이 되고, 그렇지 않은 집단은 통제집단이 된다. 연구는 두 집단의 비교에 초점을 맞추고 있는 것이다.

3. 무선화(無選化)

무선화라는 개념은 이미 측정의 무선오차를 기술할 때 논한 바 있다. 측정과 관련하여 이것은 정적(正的)인 오차는 부적(負的)인 것과 결합되어 결국 상쇄된다는 사실과 관련된다. 실험설계에서, 무선화는 대상자를 독립변인—연구자에 의하거나 현장에서의 자연적인 과정에 의해서나—의 조건이나 수준에 할당하는 것과 관련된다.

만약 몇 개의 처치집단에 의해 나타내는(하나 이상의 통제집단이 되는) 독립변인의 몇 가지 수준이 있다면, 무선화란 연구에서의 각 대상자가 각 집단에 떨어질 기회나 확률이 동일함을 의미한다.

어떤 점에서 무선화는 통제와 반대되는 개념이다. 통제한다는 것은 어떤 변인의 값을 상수가 되도록 함을 의미한다면, 무선화는 변인값이 자유로운 것을 허용함을 의미한다. 집단에 대상자를 무선적으로 배치하는 과정을 통하여, 통제되지 않는 변인의 효과는 제거될 것이다. 흉악범 예에 관해서 볼 때, 반응은 연령에 따라서 다를 것을 예상할 수 있는데, 연구변인으로서 연령을 포함시키지 않으려고 한다고 치자. 만약 두 집단의 연령분포가 다르다면 연령 하나의 변인으로는 결과를 설명하는 것은 어렵다. 연령을 통제하기 위하여 연구자는 특정 연령층의 흉악범만을 대상자로 선정함으로써 연령을 상수로 만들 수 있다. 다른 방법은 모든 흉악범을 프로그램과 통제집단에 무선적으로 배치함으로써 두 집단은 연령에서 동일하다고 가정하는 것이다. 물론, 연구자는 두 집단간 연령을 비교함으로써 이 가정을 검증하게 된다.

4. 혼재(混在)

혼재를 가장 잘 설명할 수 있는 방법은 예를 드는 것이다. 어떤 연구자가 대학 성적(성취검사 점수)과 졸업 후 직장생활 만족도 간의 관계를 밝히는데 관심이 있다고 가정해 보자. 성취점수는 아마도 적성과 관련되거나 혼재되어 있다는 문제가 있다. 만약에 이 양자 간에 어떤 관계가 발견되면 결정적인 변인이 성취점수인지

적성인지를 판단하는 것은 어려운 문제다. 즉, 자신의 직무에 대한 적성이 높을수록 직장생활에 대한 만족도가 더 높을 경향이 있음을 가정할 수 있다. 대학 성적이 직장생활 만족도의 원인적 요인이라고 생각할 수 없는 것이다. 아마도 더 나은 직장을 갖고 보다 높은 직장생활 만족도를 올리는 데는 성취점수와는 별도의 원인적 요인으로 적성 변인이 작용할런지도 모른다.

실험적 연구와 비실험적 연구 등 두 가지 유형의 연구에서는 자주 변인들이 결과를 왜곡시키거나 혼돈시키는 중요한 변인들과 관련된다. 실험연구에서 그것들은 독립변인에 관계되며 둘은 실제로 교묘히 상호작용한다. 그런 경우 연구자는 둘 중의 어느 것이 종속변인의 관찰수준에 대한 반응인가를 알지 못하게 된다. 잘 설계된 연구는, 이하의 설명을 통하여 이해하게 될 것이지만, 이와 같은 혼재문제를 잘 다루는 연구인 셈이다.

5. 결과의 일반화(結果의 一般化)

어떤 연구나 탐구의 끝에서는 결과의 일반화 문제가 제기되기 마련이다. 즉, 현재 연구에서 발견된 결과는 다른 지역의 다른 표본에도 적용할 수 있는가? 사회과학의 연구에서는 이에 대한 대답을 쉽게 할 수 없으며, 연구자는 항상 마음속에 제한점이 있음을 인식하고 있어야만 한다. 특정 연구는 단지 남자에게만, 특정지역에만, 어떤 문화, 혹은 선정된 표본에게만 제한될 수 있는 것이다. 포함된 변인들, 사용된 특정 통제방법, 처치하기 위하여 배치된 피험자들 모두가 일반화를 제한시키는 요소들이다.

Campbell과 Stanley(1963)는 연구의 **내적 타당도**(內的 妥當度)와 **외적 타당도**(外的 妥當度)를 제한시키는 많은 요인들을 논한 바 있다. 내적 타당도란 주어진 연구 그 자체 내에서 결론의 일반화에 관련된다. 즉, 특별한 탐구구조는 타당한 결론을 도출할 수 있는가? 다시 말하면, 독립변인은 종속변인의 원인이라고 말할 수 있거나 결론내리는 것을 가로막는 혼재 요인들이 있는가 하는 것이다. 외적 타당도는 현재 연구와 표본을 넘어서는 일반화이다. 내적 타당도가 있음이 밝혀지면, 그 결과는 다른 표본에 일반화할 수 있는가?

내적 타당성을 지니는지의 여부는 연구에 작용한 변인들의 혼재 정도와 설계구조에 달려 있다. Campbell과 Stanley(1963)는 내적 타당성을 저해하는 요소들로서, (1) 연구에서 대상자들에게 미치는 도구의 영향, 즉 소위 도구적 반동(道具的反動), (2) 연구에서는 실제로 변화시킨 것이 없음에도 불구하고 시간의 경과가 대상자들에게 변화를 초래할 수 있다는 점, 즉 역사, (3) 도구의 비사회성, (4) 여러 집단에서 시간의 흐름에 따른 대상자의 탈락, (5) 처치집단에 대상자를 배치함에 있어서 작용하는 편견(bias), (6) 시간경과에 따른 도구상의 변화 등을 지적하였다.

외적 타당도는 연구조건이 일반화의 조건과 다를 때의 문제이다. 외적 타당도를 저해하는 요인들을 들면 다음과 같다. (1) 도구사용에서 발생하는 효과, 즉 도구에 대한 반동, (2) 호손 효과, 즉 대상자들이 자신들이 연구대상자임을 아는 그 자체가 연구 결과에 영향을 미치는 것, (3) 도구의 비타당성, (4) 특정 표본의 혼재적 특성, 즉 선정된 표본이 결과를 일반화하기 위하여 필요한 전집을 대표하는 적절한 표본이 되지 못할 때 등이다. 가장 좋은 예는 전국적인 대학생 전집에 일반화하기 위한 연구가 4년제 대학생만을 대상으로 한 경우이다.

이 장에서 우리는 설계를 이해하는데 중요한 몇 가지 기본적인 개념을 살펴보았다. 이 점에서 독자들은 중요한 설계 원리에 대한 안목을 지녔을 것으로 본다. 설계란 변인들의 관계가 결정될 수 있는 방식으로 변인을 측정하는데 관련된다는 점을 인식할 필요가 있다. 연구가 수행되면, 변인에 대한 자료가 수집되고 통계적인 분석이 이루어진다. 통계적 분석은 연구자들이 익혀야 할 중요한 문제이며, 설계에 대한 연구와 더불어 다루어지는 것이다. 설계가 연구의 구조와 관련된다면, 통계는 그 자료로부터 결론을 도출하기 위한 자료의 분석을 다루는 일이다.

제2절 실험설계의 기본 논리

실험설계의 중요한 목적은 과학적 탐구의 잘 개발된 원리를 유용하게 활용하여 어떤 구체적인 연구문제에 대한 해답을 찾는 것이다. 설계의 기본적인 아이디어는 비교적 간단하며 분명한 것 같지만, 실제 사회과학적 탐구를 위한 설계는 그것에 포함되는 몇 가지 요인 때문에 매우 복잡하고 어려운 경우가 있다. 그 요인들은, 연구자가 인간과 사회체제에 대하여 가하게 되는 통제 정도에서의 제약, 개념규정의 허술, 타당성을 보장하지 못하는 도구, 수많은 변인간의 복잡한 상호관련성, 세련되고 타당한 이론적 모형의 결여 등이다. 연구문제는 가끔 불분명하며, 변인을 측정하기 위한 도구는 간혹 부적절하고, 변인들 간의 단순한 관계조차 붙잡기 어려운 때가 있다.

제2장에서 살펴보았듯이, 어떤 연구이건(특히 실험연구의 경우) 완성되기까지 많은 단계를 필요로 한다. 첫째, 연구자는 연구문제를 형성해야 한다. 이 문제는 변인들 간에 어떤 관계가 있으리라고 가정하는 가설의 형태일 수도 있고, 변인들 간의 관계가 무엇인가를 근본적으로 묻는 설명적인 성질을 지닐 수도 있다. 연구문제는 느슨하게 형성되는 형태를 지닐 수도 있으나, 종국에 가서는 가설을 검증할 수 있고 모형을 도출해 낼 수 있도록 구체적으로 진술되어야 한다. 보다 구체적인 연구문제일수록 해답을 찾기가 쉬워지며, 보다 구체적으로 묻게 되면 다음 단계들이 보다 쉽게 진행되는 것이다. 물론, 연구자는 실제적인 의의나 과학적 의미 없이 너무 협소하게 연구문제를 진술하는 것은 피해야 하지만, 의미 있는 문제 진술을 위해서는 해당 분야에 대한 많은 경험과 지식을 요한다.

두 번째 단계는, 연구에 대한 설계를 구상하는 것이다. 이 단계는 변인과 절차와 통제할 것들을 선택하고, 무선화를 계획하는 것이다. 이 점에서, 연구자는 설계를 실험적 설계를 할 것인가, 아니면 비실험적 설계를 할 것인가, 연구를 실험실에서 할 것인가, 아니면 현장에서 수행할 것인가를 결정한다. 결정은 자료를 어디에서 어떤 방법으로 수집하며, 어떤 변인이 어느 수준에서 어떤 방식으로 통제되어야 할 것인가 등에서 이루어져야만 한다. 만약에 대상자가 독립변인의 수준에 할당된다면 어떤 할당 방법을 적용할 것인가를 정해야 한다. 일단 기본적 설계가 되면, 가능한 혼재 변인이 무엇인가를 주의 깊게 고려해야 한다. 만약에 변인들이 혼재가능성이 있는 것으로 판명되면 그것들을 해결할 수 있는 방법을 모색해야 한다. 일반적인 절차는 이 절의 마지막 부분에서 논할 것이다.

두 번째 단계와 거의 동시에 이루어지는 세 번째 단계는, 종속변인에 대한 도구의 선정과 독립변인의 수준을 만드는데 이용할 절차를 진술하는 독립변인의 조작화이다. 도구의 선정은 연구에서 어느 단계보다도 중요함에도 불구하고 많은 관심들을 기울이지 않는 것 같다. 이것은 많은 노력이 독립변인의 수준을 조작적으로 밝히는 데는 주어지지만, 종속변인을 측정하는 데는 별 노력을 기울이지 않는 실험실 실험연구에서 특히 그러하다. 연구자들은 너무 자주 독립변인에 대한 복잡한 조작을 개발하는데 너무 많은 시간과 정력을 쏟지만, 종속변인을 측정하기 위하여 알려지지 않은 신뢰도와 검증되지 않은 타당도에 대하여 자세히 기술하는 데에는 별 관심을 기울이지 않는 경향이 있다.

모든 연구의 마지막이자 네 번째 단계는 설계를 집행하는 것이다. 그것은 주의 깊은 연구설계가 최상이며 그렇게만 되면 계획한 대로 수행하는 것이지만, 가끔 예상하지 못한 문제가 발생하기도 하고 원래의 계획을 변경하는 경우가 일어나기도 한다. 도구는 때로 독립변인의 조작이 의미를 지닐 때까지 수정하게 되며, 간혹 상황이 변함에 따라서 절차가 바뀌기도 한다. 만약에 이러한 경우가 일어나면, 결과와 결론을 보다 확신할 수 있기 위해서 연구를 반복하는 것이 최상이다.

이상의 연구진행의 네 단계 각각에 대해서 많은 사항을 언급할 수 있다. 그러나 이 절의 핵심적인 주제는 단계 2인 연구설계이다. 이 절에서는 설계부분에 제한시켜 논의를 전개하고자 한다.

1. 실험적 연구

대부분의 실험적 연구는 변인들 간의 인과관계를 다루지 못하는 비실험적 설계보다 더 강력한 것으로 인식되고 있다. 이것은 통제과정과 무선화 과정, 잠재적 혼재효과를 연구로부터 제거할 수 있다는 사실에 연유한다. 비실험적 연구는 단순히 변인들 간에 존재하는 관계만을 추구한다. 그러나 시간경과에 따른 체계적인 관찰을 통하여, 그리고 몇 개 변인에 대한 자료 수집을 통하여 원인과 결과를 결정하는 것이 가능하다. 직접적인 조작을 하는 실험적 연구는 통제와 무선화, 비교의 원리 등을 포함하기 때문에 연구 설계상의 보다 세심한 주의를 요한다.

어느 면에서 실험적 설계는 비교와 무선화, 통제 등의 결정판이라고 할 수 있다. 어떤 변인은 서로 다른 수준에서 정해지고 비교되며, 다른 변인들은 상수(常數)

수준으로 유지되고 통제된다. 또 다른 변인들은 무선화가 혼재를 상쇄할 것으로 기대하고 다른 값을 지니도록 허용한다. 완전한 실험에서는 독립변인은 조작되고, 대상자는 무선적으로 배치되며, 모든 다른 변인들은 상수로 유지된다. 연구자는 일련의 변인들을 분류하고 각 변인을 그가 조작할 것인가(독립변인으로 취급하는) 혹은 상수로 유지할 것인가를 필요에 따라서 결정한다. 물론, 그가 변인을 상수로 유지시킴으로써 통제할 때는, 그는 선정한 수준에만 일반화할 수 있다는 제약을 지니게 된다. 만약에 그가 하나의 변인만을 독립변인으로 다루었다면(예 : 남성), 다른 독립변인(예 : 여성)이 종속변인에 어떤 영향을 미쳤는가는 알 수가 없다.

만약에 누군가가 무한정한 시간과 대상과 자원을 가지고 있다면, 그는 연구에서 수많은 독립변인의 수를 포함시킬 수가 있을 것이다. 그러나 연구에서 보다 많은 독립변인을 포함시키게 되면 거기에 상응하는 더 많은 대상자가 필요해지게 되며, 그들 대상자들에 대한 더 많은 자료가 수집되어야 하고, 분석과 해석이 더욱 복잡하게 된다. 따라서 독립변인의 수는 제한될 수밖에 없다. 그러므로 변인을 상수가 되도록 통제하는 것이 핵심적이다.

물론, 변인값을 상수로 유지하기보다는, 연구자는 변인들이 다양한 값을 지니도록 한 후 독립변인들의 각 수준에 그들 값을 무선적으로 할당할 수 있다. 이 방법은 조건에 무선적으로 대상자를 배치하는 것으로 가장 자주 이용되는 방법이다. 그러나 변인들에 값을 무선적으로 할당하는 것이 실제로 어려울 뿐만 아니라 부적절할 수가 있다. 특히, 문제상의 변인이 실험적 조건에 관련될 때 그러하다. 이러한 경우에는 의심할 여지없이 어떤 종류의 통제가 요구되며, 때로는 이것은 체계적으로 달성할 수도 있다. 예컨대, 실험실 실험에서 진행 중인 조건의 순서를 혼합시키는 방법이 보통 사용된다. 때때로 이것은 대치나, 혹은 뒤에서 논하려고 하는 절차인 상쇄하기에 의하여 이루어지기도 한다.

앞에서 논한 바와 같이, 혼재는 연구에서 직접적으로 관심을 가지고 있지 않은 변인이 그 연구의 변인과 관련될 때 일어난다. 이러한 혼재변인은 실험적 조건이나 처치에 관련될 수도 있고, 이것들이 연구에서 독립변인일 때는 대상자 특성에 관련될 수도 있다. 연구대상자 특성의 예는 능력상의 인종적 차이에 관한 것과 같은 대립적이며 고도로 격정적인 문제에 명확하게 답하기 곤란한 것이다. 인종변인은 지능검사 점수의 종족 간 비교가 결론을 맺기 어려운 것처럼 사회적 · 경제적 변인과 크게 혼재되어 있다.

대상자 특성의 혼재는 집단에 대상자를 무선적으로 배치함으로써, 혹은 혼재변인의 동일 수준에서 대상자를 선정함에 의하여 해결할 수 있다. 이 후자의 방법은 필요한 특성을 지니고 있는 대상자를 충분히 확보하기가 어렵고, 혼재변인 그 자체가 다른 다수 변인과 관련을 지니고 있을 수 있으며, 그리고 그와 같은 선택을 방해하는 것들이 있기 때문에 적용하기가 어렵다.

처치변인의 혼재는 연구설계와 계획을 주의 깊게 함으로써 해결할 수 있다. 그러나 연구변인과 혼재변인 등 두 변인을 하나의 연구에서 완벽하게 분리하는 것이 불가능하기 때문에 혼재가 일어난다. 예를 들면, 누군가가 학습효과에 관한 두 가지 교수법을 비교하려 한다고 하자. 학생들은 두 가지 방법에 무선적으로 할당될 것이며, 표준화된 학력검사를 가지고 대상자들의 지적 수준을 측정할 것이다. 이제 하나의 방법이 다른 방법에 비하여 단위시간 내 학생의 학업성취도가 더 높다고 가정하자. 방법 1은 평균 65점임에 비하여, 방법 2는 80점이 나타났다고 가정하자. 대상자 반응의 수는 처치와 관련되어 있으며 독자적으로 학습에 미치는 효과를 변별해 내는 기준이 될 수 있다. 연구자는 방법 1로 수업하면 방법 2에 비해 학업성취도를 향상시킬 수 있다고 주장할 수 있다. 그러나 이 실험과정은 처치와 혼재되어 있다. 즉, 연구자가 대상을 대하는 방식, 수업운영 방식, 언어구사 양식 등이 수업처치와 뒤섞여 있는 것이다. 이 경우 연구자는 어느 혼재가 가장 심각한 것이며 다른 것을 무용하게 만들었는가에 관하여 선택을 해야만 한다. 유일한 방법은 연구대상자들에게 처치에 따라서 동일한 학습행동이 나타나도록 수업방법을 약간 수정 설계하는 것이다. 그렇지 않으면, 두 방법의 효과에 대한 해석은 혼재변인의 맥락에서만 이루어질 수밖에 없다. 많은 연구들이 학습에서 작용하는 것이 무엇인가를 결정하기 위하여 빈도변인을 가지고 수행하는 이유가 여기에 있다.

2. 비실험적 연구

실험적 연구와 비실험적 연구의 가장 중요한 차이점은 피험자 배치방법이다.

실험적 설계에서는, 연구자는 조건이나 독립변인의 수준에 피험자를 할당하지만(무선적인 방법이 최적이다), 비실험적 연구에서는 할당하지 않는다. 간혹 독립변인의 수준을 다르게 만드는 경우가 있지만, 비실험적 설계는 연구자가 독립변인의 수준을 만들 필요가 없다. 그는 단지 대상자를 할당하고 결과를 관찰한다. 피험자 할당이 이루어지지 않으면 연구는 처치가 가해졌다고 할지라도 비실험적 연구인 것이다.

예를 들면, 누군가가 중학생의 방과 후 보충수업이 저소득층 학생들의 고교 성적을 향상시키는지의 여부를 추구한다고 생각해 보자. 그는 저소득층 학생을 구분지우고 그들의 반은 보충수업 프로그램 집단에 할당하고 나머지 반은 무처치 통제집단에 배치하였다. 고등학교 성적은 종속변인이 되며, 설계는 실험적인 것이 될 것이다. 한편, 누군가가 많은 수의 학생들이 참여하는 보충수업 프로그램의 효과를 검증하는 연구를 수행한다고 하자. 그는 프로그램에 참여하지 않은 학생과 더불어 이들 학생들의 고교 성적에 대한 자료를 수집하게 된다. 그러나 할당이 없다면 그 연구는 비실험적인 것이다. 연구자가 프로그램을 만들었다는 사실은 중요한 것이 아니다. 설계 그 자체는 독립변인을 누가 만들었느냐는 관심이 없다. 오히려 탐구의 구조에 관심이 있으며, 이러한 구조로부터 추론이 이루어질 수 있는 것이다.

비실험적 설계에서는 대상자의 할당이 이루어지지 않는다고 할지라도, 연구설계의 많은 다른 원리들이 적용된다. 어떤 변인들의 수준에 걸친 통제가 이루어질 수 있으나, 통제는 조건의 실제적인 조작에 관여하는 것이 아니다. 오히려 통제는 관찰연구에서 포함되는 사례의 선정에 작용한다. 사례가 특정 구체화된 범주, 즉 남자만을 선택한다든지, 어떤 지역에 속하는 사람만을 선택한다든지, 혹은 어느 소득수준에 속하는 집단만을 선택한다. 통제는 통제변인의 어떤 값의 선택과 관심 있는 변인의 관찰을 통하여 이루어진다.

통계적 절차는 또한 어떤 변인의 효과를 통제하는데 도움을 준다. 이러한 절차가 항상 진(眞)이 아니라는 어떤 가정에 바탕하고 있다고 할지라도, 어떤 변인의 효과를 통계적으로 조정하거나 통제할 수 있다. 만약에 연구자가 가정의 사회경제적 수준(SES: Socio-Economic Status)과 학업성적(AA) 간의 관계를 연구하는데 관심이 있다면, 그는 단순히 SES와 AA 간의 상관을 구할 수 있다. 그러나 부모의 교육수준이 SES와 관계되어 있으면서 부모의 교육수준 단독으로 SES와는 별개로 AA와 관계되어 있을 수도 있다. 교육수준은 특정 수준, 예컨대 고등학교 졸업자에 해당하는 사람만을 선택함으로써 통제할 수 있다. 부모의 교육수준과 학업성적 간의 상관은 부분상관(部分相關)을 이용함으로써 통계적으로 학업성적에 적응시킬 수 있다. 이것은 세 변인간의 공통적인 관계를 제거한 후에 SES와 학업성적 간에 남아 있는 관계가 어느 정도인가를 확인하는 것이 된다.

실험만이 변인들 간의 인과관계(因果關係)를 규명할 수 있으며 관찰연구나 상관연구는 인과의 방향을 규명함이 없이 존재하는 관계만을 밝히는 것이라고 자주 지적되고 있다. 실제로 이것은 사실이긴 하지만, 연구자는 실험적 설계가 항상 인과관계를 규명할 수 있고 관찰연구는 그렇지 못하다고 가정하는 데는 주의를 요한다. 많은 실험적 설계는 인과적 추론을 타당하게 할 수 없는 혼재변인들을 지니고 있을 수 있으며, 비실험적, 관찰 설계도 사상(事象)의 인과적 관계를 밝히는 데 적용될 수 있는 것이다.

SES-AA의 예를 생각해 보면, 누군가 어떤 이론적 과정을 통하여 SES가 AA의 원인이라는 가설을 세웠다고 가정하자. 성적우수자가 낮은 사람보다 SES가 높다는 점만으로는 가설이 지지된다고 어느 학자도 믿지 않는다. 그러나 연구자는 오랫동안 체계적인 관찰을 하고서 확실한 증거를 수집할 수 있다. 그는 초등학교 졸업자의 큰 표본을 가지고 10년 동안 그들의 SES와 AA간의 관계를 추적하였다. 만약에 높은 SES집단이 높은 학업성취도를 나타내고, 낮은 SES집단이 낮은 학업성취도를 나타냈다면, 그리고 만약 학업성취도가 SES에 따라서 바뀐다면, 그는 가설에 대한 강력한 증거를 지니고 있는 것이다. 오랜 기간 SES의 변화는 거의 항상 이전 성적 수준을 바꾸는 것과 더불어 두 변인간의 밀접한 일관성을 관찰했다면 인과관계를 확신하게 되는 것이다. 물론 다른 변인들이 확실히 개입되고 있으나, 이것들도 역시 관찰하고 의미 있는 해석을 한다면, 학업성취 이론은 타당한 것이 되는 것이다.

3. 내적 타당도와 외적 타당도에 관련된 문제

앞 절에서 내적 타당도와 외적 타당도 각각을 다루는 설계문제를 간략히 언급한 바 있다. 설계내의 혼재 변인들로부터 일어나는 그와 같은 문제들은 Campbell과

그의 동료들(예를 들면, Campbell & Stanley, 1963 ; Cook & Campbell, 1979)에 의하여 자세히 기술한 바 있다. 독립변인에 관련된 변인들이 종속변인에서 관찰된 차이에 영향을 미칠 수도 있으며, 이는 연구문제에 대한 타당한 해답을 제시하는데 오류를 범하는 것이 될 수도 있다. 치밀한 연구자는 결과에 영향을 미치는 이들 타당도를 떨어뜨리는데 작용할 요소들에 민감하며 설계를 하는 과정에서 그것들을 제거하려고 노력한다. 실험연구의 타당성은 내적 타당성과 외적 타당성으로 구분한다. 내적 타당성이란 실험적 처치의 진짜 효과를 밝히는 것이라면, 외적 타당성이란 연구결과를 다른 집단에 일반화할 수 있느냐의 문제이다. 이들을 저해하는 구체적인 자원들은 다음과 같다.

1) 내적 타당도 저해 요인

(1) 역사(歷史)

독립변인이나 관심 지니고 있는 조건에 첨부되어 대상자들에게 영향을 미치는 사상(事象)들이 있다. 예를 들면, 누군가가 자동차 속도를 시속 70㎞로 달리면 자동차 사고를 줄일 수 있는가를 밝히려는 연구설계를 한다고 해 보자. 속도 제한 전과 후의 사망 사고에 대한 자료를 수집하여 살펴보니 사망률이 줄어든 것으로 나타났다. 그러나 이것은 휘발유 값이 올라 사람들이 자동차를 덜 이용한 데 기인했음을 동시에 발견하였다. 만약 사망률에서 차이가 발견되었다면, 그것은 속도제한과 자동차 이용률 중 어떤 것의 영향인가를 분간해 내는 것은 어려운 일이다.

이는 교육연구의 경우에도 흔히 발견되는 현상이다. 연구자가 실험집단에 논리적 글쓰기 훈련 프로그램을 처치하였더니 통제집단에 비해 창의성이 향상된 것으로 나타났다고 하자. 그런데, 실험집단에 속한 대상자 중 연구가 진행되는 과정에서 논술학원에 등록하여 학습한 사람이 다수 포함된 것으로 밝혀졌다면, 이 연구의 결론은 타당한 것이 되지 못한다.

(2) 성숙(成熟)

연구가 진행 중인 기간에 연구대상자에게 자연스럽게 일어난 생물학적 · 심리학적 · 사회학적 발달이나 변화를 뜻한다. 연구가 진행되는 도중에 학년이 올라가는 것, 피로를 느끼는 것, 신체적 변화가 발생한 것 등이 이에 해당한다. 연구자는 실험적 처치 때문에 종속변인의 변화가 일어난 것이며, 성숙에 의한 것이 아님을 증명할 수 있도록 연구설계를 해야 한다.

(3) 도구적 반동(道具的 反動)

측정의 원리로 생각할 수 있는 것 중의 하나로 그들이 측정당하고 있다는 사실 자체가 도구에 대한 반동을 일으키는 것이 있다. 어느 경우에는 반동이 극히 미미한 것이어서 측정되고 있는 것에 영향을 미치지 않는 경우도 있으나, 어떤 경우에는 전반적으로 측정을 왜곡시키는 경우도 있다. 불확실성의 원리를 지지하는 핵물리학에서도 입자(粒子)에 대한 측정은 도구가 미립자를 측정하는데 방해를 하기 때문에 결코 정확할 수 없다고 주장하고 있다. 특히, 인간을 대상으로 측정을 하는 경우에는 반동의 문제를 사소하게 생각할 수 없다. 태도 질문지에 응답할 때에는 개인의 태도가 영향을 미치며, 사람이 관찰되고 있음을 아는 경우에는 행동이 바뀌게 될 것이다. 나아가, 실험자가 대상자의 행동에 영향을 미친다는 연구들이 있으며, 그들 중의 많은 것들이 도구에 대한 반동으로 생각할 수 있는 것들이다.

도구적 반동은 두 가지 방식으로 일어난다. 첫째, 도구가 직접적으로 대상자에게 영향을 미쳐 진짜 측정을 왜곡시키는 것이다. 다시 말하면, 도구가 측정 자체를 왜곡시키는 것이다. 둘째는, 도구가 처치와 상호작용함으로써 다양한 처치에 대한 대상자 반응이 변하고 처치 간에 차이가 발생하는 것이다. 전자의 왜곡이 상존하는 한, 오류가 증가함에도 불구하고 변인간의 비교는 이루어진다. 후자의 상황은 전반적으로 결과를 왜곡시키며 연구를 혼란스럽게 만든다.

도구적 반동을 해결하는 가장 좋은 방법은 설계 내에서 도구의 효과를 검증하는 것이다. 즉, 설계는 도구적 반동을 검증하는 것을 포함하여 구성할 수 있다. 가장 좋은 예가 종속변인이 독립변인의 적용 후에 측정되고, 대상자의 반은 추가적인 사전 독립변인의 측정을 받고 나머지 반은 받지 않는 Solomon 네 집단 설계이다. 연구 수행 후 측정에 관한 이들 두 집단의 비교는 사전검사에 대한 반동여부와 독립변인과 상호작용 여부를 검증하게 된다.

(4) 도구의 비신뢰성(非信賴性)

도구가 신뢰롭지 못하면, 대상자들의 변량(變量)의 존재를 파악하기 곤란해지기 때문에 그 연구로부터 명확한 결론을 도출하기가 어려워진다. 비신뢰성 문제를 해결하는 가장 좋은 방법은 도구를 개선하거나 다른 도구를 찾는 일, 혹은 동질 혹은 동형 도구를 가지고 반복 측정을 하는 것이다. 대표본을 이용하는 것도 또한 측정상의 커다란 오류를 상쇄시키는데 도움을 준다. 어떤 도구가 신뢰롭지 못하면 타당도를 상실하게 되고 연구는 전반적으로 쓸모없는 것이 된다.

(5) 도구의 비타당성(非妥當性)

이것은 타당하지 못한 도구는 관심 있는 변인을 측정하지 못하기 때문에 문제가 되는 것이다. 그러나 도구가 타당한지 여부를 밝히는 것이 항상 쉬운 일만은 아니다. 누군가가 측정할 바를 구체적으로 규정하고 측정된 특성의 행동에 관련하여 가설을 세운 후, 경험적 절차를 거쳐 가설이 수용되었다면 해당 측정도구는 타당하다고 할 수 있다. 예를 들어, 어떤 사람이 수학능력을 측정하기 위한 도구를 개발했다면, 그는 이 특성에서 낮은 점수를 받은 사람에 비하여 높은 점수를 받은 사람은 수학과목에서 높은 점수를 받게 될 것이며, 표준화한 수학 성취도 검사에서 높은 점수를 받게 될 것이고, 통계학에서도 보다 성공적일 것이라는 가설을 가지고 도구의 타당성을 확인할 수 있다(이러한 타당도 확인 방법을 '구인타당도(構因妥當度)'라고 한다. 제4장 제3절 참조). 만약에 이들 가설들이 경험적으로 증명되지 않으면, 그는 도구가 정말 문제에 제시한 특성을 측정하는지 여부에 대하여 의문을 가지게 될 것이다. 비타당성을 해결하는 가장 좋은 방법은 타당한 도구를 개발하거나 찾는 것이다.

(6) 시간경과에 따른 도구의 변화

이 문제는 시간경과에 따라서 도구의 타당성이 변화하는 것과 관련된다. 예컨대, 면접연구에서, 면접자들은 실제로 그들의 면접기술을 개선시켜 나갔으며 뒤의 면접자들은 그들의 면접기술의 증진에 따라서 초기 면접자들보다 더욱 타당한 면접이 이루어지게 되었다. 이러한 문제를 해결하는 가장 좋은 방법은 독립변인 수준간의 자료수집이 중간에 변동되지 않도록 명확하게 규칙을 정하고 규칙대로 자료를 수집하는 것이다. 즉, 자료는 한 수준에서 수집한 것과 다른 수준에서 수집하는 것이 다르지 않게 해야 한다. 또한, 도구의 속성이 변하지 않았는가를 수시로 확인하는 일이 요구된다. 특히, 가정환경을 측정하는 도구와 같이 사회문화의 변화에 따라 시간이 경과하면서 타당성이 낮아질 가능성이 있는 측정도구는 이와 같은 타당도를 저해하는 요소에 대하여 유의할 필요가 있다.

(7) 변별적인 대상자 탈락

많은 연구에서 시간경과에 따라서 일어나는 것은, 대상자가 연구에 계속 참여하기를 거부하거나 병이나 사망과 같은 일들이 계속 연구에 참여하는 것을 방해함으로써 탈락하는 것이다. 이 문제는 두 가지 이유 때문에 관심을 가져야 한다. 첫째, 대상자의 상실은 무선적인 것이 아니며 끝까지 연구(실험)에 참여한 사람과 중도에 탈락한 사람이 다름으로써 결과의 일반화를 제한시키는 상황이 일어나기 때문이다. 둘째, 만약에 중도 탈락을 포함하여 처치집단 간에 차이가 발생했다면, 그것이 탈락에 의한 것인지 여부를 판단하기가 어렵게 된다.

이러한 문제를 해결하기 위해서는 설계 이상의 것을 고려해야 한다. 보상이나 사전 서약 등과 같은 과정을 통하여 계속적으로 참여할 수 있다고 확신할 수 있는 대상자를 선정하고, 연구기간을 가능한 한 짧게 하여 시간을 투자할 수 있는 사람을 선정하는 것이다.

(8) 처치집단 대상자 할당에서의 편향

이 문제는 이미 논한 바 있다. 즉, 이 문제는 무선할당에서 발생한다. 독립변인의 각 수준에 대상자를 무선적으로 할당하는 것이 가장 좋은 방법이긴 하지만, 이것이 가능하지 않을 때, 연구자는 집단 간 차이를 유발할 수 있는 것들을 가능한 통제하려고 노력해야 한다. 이것은 각 집단에 짝진 대상자를 배정함으로써 달성할 수 있다. 짝진 변인은 성격 특성일 수도 있고, 인구학적 특성일 수도 있으며, 사전검사 점수일 수도 있고, 비행기록이나 학교성적과 같은 구체적인 행동일 수도 있다. 연구자는 또한 차이를 통제하기 위하여 통계적 방법을 사용할 수 있으나, 이 방법은 짝짓기나 무선할당에 비하여 좋은 방법은 아니다.

(9) 호손 효과

잘 알려져 있는 서부 전기회사 연구로부터 이름이 붙여진 호손 효과는, 사람들이 자신이 연구 대상자임을 알 때 일어나는 행동에서의 왜곡과 관련된다. 이 효과는 도구에 대한 반동과 유사하지만, 이것은 도구 자체에 포함되는 것은 아니다. 즉, 사람이 연구에 참여하고 있음을 단순히 아는 것이 관찰이 이루어지지 않는 경우라 할지라도 행동에 영향을 미친다는 것이다. 이 문제를 통제하는 절차는 다음과 같다. 즉, 대상자들이 연구에 참여하고 있다는 사실을 모르게 연구를 하거나, 대상자들이 아무런 조작을 받지 않는다고 하더라도 실험에서 마찬가지의 통제를 받는다고 말해 주거나, 아무런 관찰이 이루어지지 않는 동안의 적응기간을 두는 것 등이다.

(10) 통계적 회귀

통계적 회귀란 '중심으로 되돌아감'의 의미이다. 극단적인 측정치를 갖는 대상자를 연구대상자로 선정하는 경우 종속변인 측정치는 실제와는 달리 평균치 쪽으로 움직이는 경향이 있다는 것이다. 예컨대, 성적이 매우 낮은(30점 이하) 집단을 선정한 후 이들에게 프로그램 학습프로그램을 처치한 후 성적이 향상되는가를 연구한다고 가정하자. 이들 대상자들은 애초부터 낮은 점수를 지닌 그룹이기 때문에 처치 후에 측정하게 되는 성취도 검사 점수가 높게 나타날 가능성이 크다. 더 이상 내려갈 데가 없다면, 이제 높은 쪽으로 이동할 수밖에 없을 것이기 때문이다. 이 경우 프로그램의 처치 때문인지 통계적 회귀 현상인가를 분간해 내기가 곤란해진다. 이러한 문제를 해결하기 위해서는 특수한 경우가 아니라면 대표적 표집방법으로 표본을 만들어야 한다. 극단적인 점수를 지닌 대상자를 선정하는 것이 불가피한 경우라면 반복연구, 유사집단 연구설계 등이 필요하며, 연구결과의 해석에 특히 주의해야 한다.

(11) 피험자 선발

실험연구에서 실험집단과 통제집단(혹은 비교집단)을 만들 때 두 집단의 동질성을 확보하지 못하고 우연히 혹은 의도적으로 실험집단 대상자들을 연구자가 유리한 방식으로 선정함으로써 발생하는 연구의 비타당성이다.

(12) 선발-성숙 상호작용

앞의 선발과 성숙 요인이 상호작용하여 연구결과를 왜곡시키거나 혼란스럽게 만드는 것을 뜻한다.

2) 외적 타당도 저해 요인

(1) 비대표적 표본

이 문제는 주로 표본 선정이, 결론이 제한된 표본에만 해당되거나, 어떤 경우에는 원래 표본 그 자체를 능가할 수 없도록 너무 구체적이 되어 생기는 일반화 문제이다. 예를 들면, 심리학에서 많은 연구들은 행동에서 성차(性差)가 자주 발견된다는 점에서 남자 대상으로부터 발견한 결과를 일반적인 인간에 이르기까지 일반화하는 것을 비판해 왔다. 덧붙여, 대부분의 심리학적 연구는 미국에서 수행되었으며, 대부분의 대상자가 대학생이었기 때문에 많은 결과들은 미국 대학생 전집에 제한될 수밖에 없는 것이다(특히, 이 문제는 미국에서 수행된 연구들을 대부분 인용하고 있는 한국의 학문세계에 중요한 경고이기도 하다). 이러한 문제를 해결하기 위해서는 일반화가 가능하도록 전집을 대표할 수 있는 표본을 선정하는 것이다.

(2) 검사실시와 실험처치간의 상호작용

사전검사를 받은 경험이 실험 대상자들에게 어떤 방향으로든 영향을 미치는 것을 뜻한다. 따라서 연구 결과가 사전검사를 받지 않은 집단에 일반화될 수 있는가를 따져 보아야 하며, 이를 가능하게 하도록 연구가 설계되어야 한다.

(3) 실험처치의 반동효과

내적 타당성 저해 요인에서와 마찬가지로, 피실험자가 실험상황을 염두에 두고 보통 때와는 다른 행동을 보임으로써 연구결과가 사실과 달라질 수 있어, 그 결과를 일반화하는데 문제가 되는 것이다.

(4) 중다처치(衆多處置) 간섭효과

이는 여러 가지 실험변인을 같은 피험자에게 적용시킴으로써 일어나는 처치변인들 간의 상호작용으로 인해 독립변인의 순수한 처치효과를 변별해 내지 못하게 되는 문제이다. 즉, 한 번 처치한 효과가 지워지지 않고 남아 있어 다른 처치에 영향을 미치는 현상에 의해 빚어지는 일반화 가능성 위축문제라고 할 수 있다.

4. 설계 기호화

이 장의 나머지 부분은 특정 실험설계에 적용할 원리를 다루게 된다. 다양한 설계들은 그림으로 설명하는 것이 가장 좋다. 따라서 대부분의 복잡한 설계에 대하여 기호화 체계가 Campbell과 Stanley(1963)가 제안한 바에 기초하여 사용될 것이다. 이 체제에서, 변인의 관찰이나 측정은 O로 나타낸다. 독립변인이나 처치를 나타내는 기호는 X이다. 설계에서 O와 X의 시간계열(時間系列)은 왼쪽에서 오른쪽으로 진행한다. 예컨대, 하나의 집단에 세 번의 관찰(측정)과 세 번의 처치가 잇따르는 경우 기호는 다음과 같이 나타낼 수 있다. 즉,

$$X_1 \quad O_1 \quad X_2 \quad O_2 \quad X_3 \quad O_3$$

두 집단이 동일한 처치를 서로 다른 순서로 받는 경우 구조는 다음과 같다.

$$X_1 \quad O_1 \quad X_2 \quad O_2 \quad X_3 \quad O_3$$
$$X_2 \quad O_1 \quad X_3 \quad O_2 \quad X_1 \quad O_3$$

각 열은 구분되어 있는 처치집단을 나타내지만, 구분된 조건일 필요는 없다. 처치에 대한 하부기호(下部記號)는 그들 간에 구분하기 위한 표시이다. 관찰에 대한 하부기호는 관찰이 이루어지는 순서 또는 시간경과를 나타낸다.

단일집단 설계는 이 설계가 조건에 대상자를 할당하는 과정을 밟지 않기 때문에 모두 비실험적인 것으로 볼 수 있다. 연구자가 처치조건을 만든다 할지라도 대상자의 단일집단만을 관찰한다. 이 절에서 다루어질 것은 세 개의 설계인데, 이들 세 개는 단일집단을 포함하는 보다 복잡한 설계로 확대할 수 있다. 이들은 단일집단을 포함하는 가장 기본적인 설계이며, 그들은 단순성과 적용상의 용이성 때문에 사회과학 전반을 통하여 보편화된 것들이다.

1) 한 집단 사전검사－사후검사 설계

한 집단 사전검사－사후검사 설계는 하나의 연구집단(실험집단)을 대상으로 단일 처치의 실시나 발생 혹은 독립변인의 수준을 주위로 종속변인에 대한 두 개의 측정을 포함한다.

예컨대, 연구자가 연구집단 1개를 만든 후 처치 전과 후에 종속변인을 측정하여 두 측정치 간 통계치의 차이를 규명하는 연구를 수행했다면 이 설계에 해당한다. 이를 기호화하면 다음과 같다.

$$O_1 \quad X \quad O_2$$

이 설계에서 대상자는 그들 스스로 통제되는 것으로 간주하며, 비교는 처치 전과 후에 이루어진다. 하나의 가정은 전후 간의 차는 중간에 투입된 처치의 효과에 기인한다는 것이다.

이 설계의 가장 큰 결점은 처치 외의 다른 어떤 요인들이 처치 후의 변화에 관련되었는가에 대한 어떤 확신을 할 수 없다는 것이다. 이 문제는 특히 처치 전후간의 시간간격이 길고 연구자가 대상자들에게 일어나는 사상(事象)들을 통제하지 못했을 때 심각하다. 예를 들어, 어떤 사람이 매체를 통한 캠페인이 특정 학교의 따돌림 현상을 감소시키는가를 규명하는 연구를 수행했다고 가정하자. 사전검사는 캠페인을 벌이기 전에 1개월간 따돌림 빈도수로 계산하였고, 사후검사는 캠페인 실시 후 1개월간의 따돌림 빈도수로 측정하였다. 그러나 중간에 그 학교에서 충격적인 문제가 출현하거나 캠페인의 강화와 같은 다른 일이 끼어 들 수가 있다. 이 설계로는 어떤 요인이나 요소들이 따돌림 빈도수를 감소시키는데 기여했는가를 결정하기란 불가능하다.

이 설계는 또한 도구적 반동과 호손 효과에 민감하다. 비교할 집단이 없기 때문에, 실험에서 대상자 존재에 대한 측정이나 지식의 효과와 처치의 효과를 구분해 내기란 불가능하다. 호손 효과는 사전검사가 대상자가 연구에 대하여 인지하기 전에 이루어지는 경우 특히 문제가 된다. 그런 경우 조건은 실험적 처치를 뛰어 넘어 사전검사로부터 사후검사에 이르기까지 변한다. 도구적 반동은 처치－도구 상호작용이 일어날 때 특히 문제가 된다. 많은 경우에 사전검사는 그들이 조건이 달랐더라면 반응하지 않을 수 있는 처치의 측면에 대상자들을 민감하게 만들 수 있다. 다시 말하면 사전검사는 대상자들로 하여금 처치에 관한 단서를 제공하는 것이 될 수 있으며 연구자가 무엇을 기대하는가를 추측할 수 있게 만든다. 이러한 문제들은 반동을 최소화할 수 있는 도구의 주의 깊은 선택과 사전검사에서부터 사후검사에 이르기까지 어떤 반동이라도 상수(常數)가 되도록 함으로써 최소화할 수 있다. 호손 효과에 대해서는 연구에 관하여 사전검사 전에 대상자들이 알게 되는 것이므로, 연구에 대한 인지(認知)를 상수로 유지한다.

이 설계의 구조는 단순하며, 이 설계가 생성하는 자료를 다루는 절차는 간단하다. 가장 보편적으로는, 종속변인에 대한 사전검사와 사후검사 간에 통계적으로 유의한 차가 있는가를 확인하기 위하여 t검증이 실시된다.

단일집단 사전－사후검사 설계는 이미 기술한 바 있듯이 심각한 한계점을 지니고 있기 때문에 적용할 만한 훌륭한 설계라고 할 수 없다. 이용하기에 편리한 잇점은 있으나, 가능하다면 보다 정교한 설계를 사용하기를 강력히 제안한다. 이 설계는 특정 프로그램의 효율성을 판단하려는 프로그램 평가가 목적인 경우에 유용하게 사용될 수 있다. 이 설계의 사용에는 그와 같은 활동을 여러 번 한다거나, 통제나 비교집단이 이용되지 않는다.

2) 시계열 설계

이 설계는 두 번 이상의 측정을 한다는 점을 제외하면 사전검사—사후검사 설계와 유사하다. 이상적으로, 처치 전과 후에 동일한 측정치가 있으며, 측정간의 기간이 일정하게 고정된다. 이 설계는 수행될 수 있는 분석유형의 수에 따라서 몇 개의 측정치로부터 수백 개의 측정치의 범위가 있을 수 있다.

이 설계는 두 가지 경우에 적용된다. 첫째, 두 개 이상의 측정치를 가지고 사전—사후검사를 직접적으로 확장시키려는 경우이다. 둘째 용도는 일정 기간의 자료가 꽤 긴 시간을 넘어 나타나며, 연구의 목적이 관심 있는 변인이 시간 계열상의 특정 시점에서 변하는지 여부를 규명하고자 할 경우이다. 이 두 번째 용도를, 그 용어가 여기에서는 넓은 의미로 사용되고 있기는 하지만, 통상 시계열로 생각할 수 있다. 시계열의 몇 가지 예를 보면 다음과 같다.

$$O_1 \quad O_2 \quad O_3 \quad X \quad O_4 \quad O_5 \quad O_6$$

$$O_1 \quad X \quad O_2 \quad O_3 \quad O_4$$

$$O_1 \quad O_2 \cdots\cdots O_{50} \quad X \quad O_{51} \quad O_{52} \cdots\cdots O_{100}$$

복합 사전검사—사후검사 설계는 단일 사전—사후 설계를 개선한 것이다. 이 설계가 지니고 있는 장점은 시간의 경과에 따른 경향, 즉 시간경과에 따른 종속변인의 그래프상의 기울기를 결정할 수 있다는 점이다. 이러한 경향 추정은 종속변인의 사전검사 수준이 시간경과에 따른 이전의 관찰에 바탕 하여 기대되는 위치를 정확하게 알 수 있게 하기 때문에 중요하다. 종속변인은 처치나 개입 없이 시간경과에 따라서 증가하기도, 감소하기도, 혹은 순환적인 변화를 보일 수 있다. 이것은 자연적으로 발생하는 사회적 단위에 바탕 한 집합자료인 경우에 특히 그러하다. 교통사고율, 범죄율, 실업률 등은 대부분의 연구(처치)와 관계없이 존재하는 원인들에 의해 시간경과에 따른 어떤 경향을 보인다. 일련의 시간 계열의 특정 시간대에 일어나는 비연속적 경향을 자료나 추정에서 결정하기 위해 개발된 기법들이 있다.

시계열 자료분석 절차는 매우 복잡하다. 50개 이상의 측정치를 지닌 긴 계열의 경우, 계열의 유형을 기술하고 발생할 수 있는 어떤 변화라도 밝힐 수 있는 복잡한 수학적 모형과 절차가 개발되어 있다. 아마도 가장 강력한 기법은 시계열에서 복잡한 경향을 알려주는 자동회귀적 통합된 이동평균치(移動平均値, ARIMA)일 것이다(이 기법의 상세한 내용은 이 분야의 전문적인 서적을 참고할 것).

적은 수의 측정치인 경우, 덜 복잡하면서도 강력한 다른 분석방법이 사용된다. 변량분석은 확실히 몇 번의 측정을 해야 하는 경우에 적합하다. 그러나 측정의 수가 많아짐에 따라서 비교해야 할 너무 많은 집단 평균치가 존재할 수 있다. Swaminathan과 Algina(1977)는 처치 전후 회귀선의 비교를 가능케 하는 중다회귀방법을 발전시켰다.

중다 검증설계들은 확실히 단일 사전-사후 검사에 비하여 보다 강력하기는 하지만, 그것들은 거의 비슷한 결점들을 지니고 있다. 거듭 지적하는 바이지만, 중요한 문제는 역사성의 통제가 결여된다는 것이다. 연구자는 연구문제 상의 처치가 아닌 다른 어떤 것이 종속변인의 변화에 영향을 미쳤는지 여부를 알 수가 없다. 시계열의 장점은 연구자가 중재(仲裁)나 처치(處置)의 시간에 따른 경향을 알 수 있다는 것이다. 하나의 처치는 단일 사전-사후검사 비교에서는 반영되지 않게 될 경향을 억제하거나 정지시킬 수 있다. 따라서 중다 처치설계는 처치효과에 대한 다소 강력한 증거를 제공해 줄 수 있다.

도구적 반동과 호손 효과는 어떤 점에서는 별로 문제되지 않으나 어떤 점에서는 문제가 되기도 한다. 많은 도구를 수차에 걸쳐 실시하게 되면, 대상자들이 싫증을 느끼고 피로해져 타당도와 신뢰도가 떨어질 수 있다. 대상자들이 연구에 참여하고 있음을 알면 시간경과에 따른 일관성을 유지하려는 노력을 기울이다가 왜곡이 일어날 수도 있다. 다른 한편, 대상자들은 처음 적응기간이 지나면 연구의 한 부분이 되고 보다 자연스러운 반응을 보이기도 한다.

시계열 연구는 측정이 몇 개월 혹은 몇 년간 이루어지기 때문에 시간경과에 따른 도구변화가 특히 중요한 문제가 된다. 어떤 특성을 측정하기 위한 도구가 5년 혹은 10년간 사회문화적 특성의 변화에 관계없이 사용되기는 어려운 일이다. 즉, 그와 같은 자료를 가지고 연구함으로써 자료수집의 방법은 시간이 흐름에 따라서 변할 수 있는 것이다. 이전에 수집된 자료가 더 이상 유용하지 못한 경우 많은 시간을 소모하는 것이며 때로는 연구를 무용지물로 만들 수 있다. 이러한 경우에 해당하는 것은 변화의 속도가 빠른 인터넷 환경이나 은어(隱語) 등이다.

3) 상관적 설계

단일 집단 연구에 포함되는 것으로 순수한 관찰만을 하는 상관적 설계가 있다. 즉, 연구자는 어떤 형태로든지 관여하지 않으며 대상자들에게 조작을 가하지 않는다. 단지 개인집단이나 사회적 조직을 대상으로 측정이 이루어지며, 측정치를 가지고 관계가 결정된다. 이들 측정치들은 직접적인 관찰, 질문지 혹은 기존 자료를 통하여 수집된다. 측정은 시간경과에 따라서 반복될 수 있는 데 그렇게 되면 매우 강력한 방법이 되는 것이다. 이 부문에서는 단일측정 횡단적 설계와 중다 측정 종단적 설계 양자를 살펴보고자 한다.

(1) 횡단적 설계

가장 단순한 상관적 설계는 모든 측정이 일정한 시점에서 이루어지는 횡단적 연구이다. 설계의 구조는 다음과 같이 간단하게 나타낼 수 있다.

$$O$$

여기에서 O는 모든 변인에 대한 모든 관찰을 나타낸다. 이 설계는 그 단순성과 적용이 용이하기 때문에 매우 자주 이용하는 것이다. 이 설계는 일정 시간에 일련의 대상자나 사회조직에서 2개 이상의 변인에 대한 측정치를 수집하는 것 외에 요구되는 것이 없으며, 어떤 처치나 조작을 필요로 하지도 않는다. 잘 수행된 연구는 도구개발에 많은 시간을 소모할 수도 있지만, 많은 연구들은 기존의 측정치를 이용하거나 유효한 기록물로부터 자료를 수집하기도 한다. 그와 같은 연구는 하루만에 완성되기도 한다.

횡단적 설계는 특히 전 대상자들을 통제하는 것이 곤란한 현장연구에서 유용하게 이용될 수 있다. 사실, 대부분의 연구는 이 설계가 간단하고 적용하기가 쉽기 때문에 이 설계를 이용하고 있다.

횡단적 접근은 두 개 이상의 변인들의 관계를 규명하는 데 매우 유용하며, 관련성을 밝히는 연구문제를 확장시키는 경우도 있다. 연구에서 두 개 이상의 변인이 있을 경우, 복잡한 상호관련성을 밝히기가 어려운 때가 있다. 두 변인에 대하여 연구자는 상관의 강도를 나타내는 지수로서 상관계수를 계산할 수 있으며 그 상관계수의 통계적 유의성을 검증할 수 있다. 세 개 이상의 변인인 경우, 보다 복잡한 자료분석 방법이 가능하다.

연구자가 몇 개의 변인을 다룰 때, 관심은 원래 많은 변인을 설명하는 역할을 하는 보다 적은 수의 차원이나 요인을 구성할 수 있느냐를 결정하는 것이 될 수 있다. 요인분석과 같은 방법은 일련의 변인들 간 기본적인 이론적 요인을 결정하기 위하여 개발된 차원－분류기법이다.

누군가가 어떤 변인이 다른 것의 원인이거나 선행하는 것으로 가정한다면, 그는 두 집합 간 기능적 관련성을 추리하기 위한 중다회귀분석 방법을 적용할 수 있다. 중다회귀를 통하여 연구자는 일련의 예측변인이나 독립변인으로부터 준거변인 혹은 종속변인을 예측할 수 있다. 그 일반적인 방정식은 다음과 같다.

$$y = b_o + b_1x_1 + \cdots\cdots + b_nx_n$$

여기에서 y는 종속변인을, x는 독립변인을, 그리고 b는 상수를 나타낸다. x와 y는 관찰되며, b는 자료로부터 계산된다.

중다회귀는 이론검증을 위해 사용될 수 있으며 인과모형의 지지여부를 결정할 수 있다. 그와 같은 회귀분석 방법은 변인간의 인과적 관계를 검증하기 위한 횡단적 상관적 자료 사용의 수단인 행로분석의 범주에 해당한다. 상관계수와 회귀계수를 이용하여, 연구자는 모형에 의하여 예측된 관찰된 변인들에 대한 결과들을 비교할 수 있다. 일련의 결과가 모형이 지지된다는 근거로 판명되면 다른 가능한 모형에서도 적용된다.

인과적 자료를 다루기 위한 횡단적 연구력을 증진시키기 위한 한 가지 방법은 적절한 시기에 어떤 측정을 실시하는 것이다. 그와 같은 설계는 다음과 같이 나타낼 수 있다.

O　O′

여기에서 O O′ 는 다른 시기에 동일변인의 관찰을 나타낸다. 그와 같은 설계는 순수한 횡단적 설계와 종단적 설계—시간의 경과에 따라서 진행되는—사이의 어느 지점에 해당한다. 그러나 단일 측정만이 각 변인에 대하여 실시된다. 그러한 설계에서 결과로 기대된 변인의 원인으로 예측된 변인이 먼저 측정된다. 예를 들면, 대학재학생의 어떤 특성(예 : 학교애착도)은 학교를 그만두는 의지를 형성하고(이탈의지), 실제 이탈로 진행시키는 전공만족과 관계가 있으리라는 인과모형 가설을 검증하려는 대학생 이탈연구를 수행할 수 있다. 이상적인 설계는 인과망(因果網)에서 모두 네 단계를 지니는 것이지만(학교애착도 – 이탈 의지 – 전공만족 – 이탈), 마지막 변인인 이탈은 다른 변인 뒤에 수집된다. 이 절차는 이탈이 그 변인 전에 측정된 변인들이 원인일 수 있다는 주장을 어렵게 만든다. 물론 이러한 연구는 원인과 결과간의 관계를 분명하게 밝히기는 어렵지만, 인과모형을 지지하는 연구라고 할 수 있다.

횡단적 설계의 중요한 결점, 즉 인과관계에 대한 검증을 어렵게 한다는 문제점을 행로분석(行路分析, path analysis) 방법이 어느 정도 해결해 주기는 하지만 이 역시 관계만을 추구하는 것이다. 동시에 수행된 모든 측정으로 순수한 횡단적 연구를 하는 경우, 역사의 영향은 없다. 즉, 자료수집의 짧은 시간 간격 내에서 결과를 왜곡시킬 수 있는 일이 일어날 수 있는 요소는 거의 없다. 그러나 변인의 어떤 것이 후의 어느 시점에서 측정될 때 측정의 두 다른 시기 사이에 일어난 사건이나 사상에 의해 관계성이 왜곡될 수 있다. 예컨대, 대학생의 이탈에서, 전공이 불만스러워 그 대학을 그만두려고 계획한 대학생 모두로 하여금 그들의 감정을 표현할 수 있는 기회를 부여하거나 학과에 머무르도록 하기 위해서 장학금을 확대한다든지 특별한 취업준비 프로그램에 참여하는 기회를 부여할 수 있다. 여기서 기회 확대는 두 시기간의 측정치의 변화를 일으킬 수 있으며, 그 모형이 지지된다는 증거를 상실하게 만들 수 있는 것이다.

상관설계의 가장 심각한 문제는 도구적 반동이다. 특별히 관심 가져야 하는 문제는 자료수집의 한 절차—가장 공통적으로 사용하는 방법은 자기보고 질문지와 면접이다—를 이용하는 연구에서 공통 방법 변량이다. 대상자 반응경향과 편향은 자기보고 과정에서 반응이 왜곡될 수 있다. 사람들은 실제보다 더욱 일관된 방식으로 태도와 행동을 보고하는 경향이 있다. 이러한 일관성을 보이는 경향은 상관계수를 증가시킬 수 있다. 자료수집의 방법에 공통적인 편향으로 작용하는 상관의 요소는 공통방법변량이다. 그러므로 자료수집의 몇 가지 모형을 검증하는 연구로서, 특히 측정의 무상호작용을 확신하는 자료수집 방법이 적용되어야 할 필요가 있다.

호손 효과는 도구적 반동과 동일한 이유로 횡단적 연구에서 문제가 될 수 있다. 대상자들이 연구에 참여하고 있음을 아는 경우 연구자에게 잘 보이려고 하거나 좋은 자료를 제공하려고 하는 것을 포함하여 여러 가지 이유 때문에 그들의 반응을 왜곡시킬 수 있다. 어떤 방법들은 위조(僞造)와 사회적 바람직성 편향과 같은 어떤 편향을 변별하는데 도움이 될 수 있다. 편향을 보이는 대상자는 표본으로부터 제외시키는 것도 하나의 방법이다. 물론 대상자를 제외시키는 것은 결과를 왜곡시키지 않는 대상자에게만 일반화시킬 수 있는 제한점을 지닌다.

(2) 종단적 설계

상관연구의 한 가지 변형은 한 집단을 대상으로 두 개 이상의 측정치들을 포함시키는 종단적 설계나 패널 설계이다. 그 구조는 다음과 같다.

$$O_1 \quad O_2 \quad \cdots\cdots \quad O_n$$

여기에서 O는 모든 변인에 대한 측정을 나타낸다. 이 방법은 위에서 설명한 계속적인 절차 때문에 횡단적 연구보다 더 강력하다. 즉, 어느 특정 시점에서의 어떤 변인 값을 어떤 다른 시점에서의 어떤 다른 변인값과 관련지어 시간경과에 따라서 관찰하는 것이 가능하다.

종단적 연구의 가장 간단한 예는 두 변인을 각각 두 번 측정하는 횡단적 지연 패널 설계이다. 그와 같은 설계는 [그림 5.1]에서 볼 수 있듯이, 수입과 교육 변인이 각각 25세와 50세 집단에서 측정되었다. 여기에는 6개의 관계가 가능하다. 즉, 시간변인 자체와 각 변인간의 상관, 동일 시간대와 두 시기의 수입과 교육과의 상관 등이다. 특별히 관심 있는 상관은 뒤의 네 개의 상관이다. 연구자가, 교육은 수입의 강력한 원인으로 작용하지만, 수입은 교육의 약한 원인이라는 가설을 설정했다면, 결과는 25세 집단의 수입은 50세에 교육과 낮은 상관을 보일 것이다. 그러나

25세의 교육은 50세의 수입과는 상대적으로 높은 상관을 보일 것이다. 나아가, 연구자는 25세에서 수입과 교육과는 거의 상관이 없을 것이지만, 50세에서는 높은 상관을 기대할 것이다. 이러한 형태는 행로분석을 사용한 횡단적 연구에서보다 다소 강한 인과 가설을 지지하는 것이 된다. 그러나 이들 변인들에 대하여 통제가 없기 때문에 그 결과를 설명하는 많은 대안들이 가능함으로써 가설의 지지도는 약하게 된다.

종단적 설계는 두 개 이상의 변인을 포함시킬 수가 있으며 매우 긴 측정기간을 포함시킬 수 있다. 물론 많은 변인을 측정하게 되면 자료분석이 복잡하고 어렵게 된다. 그와 같은 연구는 분석의 복잡성과 오랜 기간 동안 개인들을 연구에 참여시키는 것이 어렵기 때문에 사회과학에서 자주 이루어지는 것이 아니다.

역사는 그것들이 관심 갖는 요소가 되는 경우가 있다고 하더라도, 외부 사상에 대한 아무런 통제를 가하지 않기 때문에 종단적 연구에서는 매우 큰 문제가 된다. 이러한 형태의 설계로 연구하는 사람은 어떤 사건이 관계를 변화시키는데 작용했는가를 확인할 수가 없다.

도구적 반동과 호손 효과는 다른 단일집단 설계에서와 마찬가지 이유로 문제가 된다. 중다집단 설계가 이러한 문제를 해결하는 데 도움을 준다.

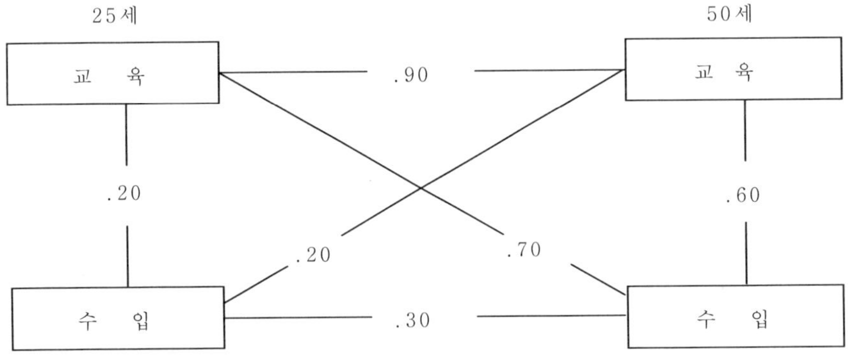

[그림 5.1] 교차(交叉) 패널 설계

* 참고 : 25세의 교육이 50세의 수입의 원인이 될 수 있음을 보여 주는 가설적 상관을 나타내고 있다.

제3절 중다집단 설계

이 절에서는 중다집단(重多集團)의 실험적 설계 중 가장 간단한 것을 살펴보고자 한다. 이들 설계는 단일 독립변인과는 다른 두 개 이상의 처치집단의 비교를 가능하게 한다. 이 절에 포함된 것들은 1회 관찰과 수회(數回) 관찰 양자를 포함하는 설계들이다. 중다집단 시계열 설계는 사후 설계로서 다루어진다. 이 절에서 특별히 중요시하는 설계로 고려될 수 있도록 사용된 단일 특성은 시간이나 측정 기간과 관계없이 설계에서 단일 독립변인이 존재한다는 것이다. 이들 설계는 어떤 많은 수의 측정치를 포함한다.

1. 두 집단 설계

가장 간단한 실험적 설계는 하나의 독립변인과 하나의 종속변인 등 두 변인을 포함하는 두 집단 설계이다. 독립변인은 집단 성원수를 나타내며, 다음 부문에서 볼 수 있는 바와 같이, 독립변인은 두 개의 값이나 수준을 갖는다. 독립변인은 어떤 값이라도 취할 수 있는 자유가 있는 대상자 특성을 측정하는 것이다. 구조는 다음과 같다.

$$X_1 \quad O_1$$
$$X_2 \quad O_1$$

여기에서 X는 두 개의 처치집단을 나타내고, O는 종속변인의 관찰을 나타낸다. 독립변인의 수준은 처치나 만들어진 조건 혹은 실험실이나 자연스런 장면에서의 실험자 관찰이다. 어느 경우든지 연구자는, 이상적으로는 무선적으로, 조건에 피험자를 할당하며, 종속변인의 수준을 관찰하거나 측정한다.

비실험적 설계에 비하여 두 집단 설계가 지니는 중요한 장점은 대상자를 집단에 무선적으로 배치함으로써 통제를 달성한다는 점이다. 만약 연구자가 무선 할당이 두 대상자 집단을 정말 동일한 상태로 만들었다고 확신할 수 있다면, 그리고 연구자가 두 집단의 차는 오로지 두 집단을 처치함으로써 발생한 것이라고 확신할 수 있다면 그는 종속변인의 차는 독립변인 때문에 생긴 것이라고 확신할 수 있게 된다. 이 연구설계의 핵심은 통제가 연구에서 부적절한 모든 요인에 대하여 이루어졌다고 확신하는 것이다. 이러한 조건은 충족시키기가 용이하지 않으며, 여러 번의 연구에 대한 재해석을 통하여 어떤 혼재변인이 결과에 영향을 미치지 않았다는 가설에 바탕 하여 이루어져야 한다.

이 설계에서 특별한 관심을 지니는 문제는, 진정한 무선화 방법을 항상 사용하는 것이 가능하지 않기 때문에, 집단에 대상자를 할당함에 있어서 편향이 작용한다는 점이다. 어떤 경우에 대상자들은 처치를 위하여 자원자가 되어야 할 경우도 있고, 대상자를 손대지 않고 할당해야만 하는 커다란 사회적 단위일 경우도 있다. 이 후자의 경우는 전 학급에 처치를 가하는 교육연구에서 가끔 일어난다. 이러한 방식으로 할당이 이루어지면, 연구의 진짜 대상은 개별 학생이 아닌 학급이 된다. 다시 말하면 학생들은 학급 속에 포함되는 것이며, 학생을 동등하게 처치한다고 할지라도 특유한 학급 특성이 반영될 수 있다. 또한, 사회집단을 대상으로 하는 경우, 처치가 전반적으로 집단에 영향을 미치고 집단역동과 상호작용할 수 있다. 따라서 처치가 한 집단에 영향을 미쳤음이 발견된다 하더라도 그 결과를 다른 집단에 일반화할 수 없으며, 특정인의 반응은 그 집단에 속해 있는 다른 사람에 의존하여 변할 수 있다. 이러한 문제를 해결하는 적절한 방법은 뒤에서 논하게 될 것이다.

대상자가 무선적으로 할당되지 않으면, 연구로부터 정확한 결론을 도출하기가 어려운 경우가 있다. 무선 할당이 불가능한 경우, 미봉책이기는 하지만, 결론을 타당하게 이끌어내는 두 가지 방법이 있다. 첫째는, 원래부터 동질집단인가를 확인하는 방법이며, 둘째는 모든 유효한 자료로부터 짝진 사례를 선정하는 것이다. 두 방법 모두 짝짓기 위하여 사용된 변인들은 대상자들의 특성이며, 이상적으로는, 종속변인에 관한 사전검사이다. 사전검사의 동질성 검증은 무선 할당인 경우에도 필요한 과정이다. 사전검사의 차가 발견되면, 결론은 매우 신중하게 내려져야 한다.

짝짓기 방법, 혹은 사후 설계는 이 장의 뒷부분에서 논하게 될 것이다.

비무선적 대상자 상실(중도탈락)은 두 집단 설계가 지니고 있는 또 다른 잠재적인 문제이다. 대상자 상실에서의 편향은 무선화의 올바른 의미를 파괴함으로써 대상자 할당에서만큼 심각한 것이 될 수 있다. 대상자 상실은 특히 조건에 대상자를 할당한 것과 종속변인의 측정간의 시간이 길 때, 혹은 처치가 대상자들이 처치를 완료하지 않은 것과 같은 상황이 벌어질 때 문제가 된다. 연구에 즐거이 참여하지 않은 혹은 고통스러워하는 사람이 포함된 경우 체계적인 대상자 감소가 일어날 수 있다. 정신치료 연구 분야에서는, 때로 처치를 끝낸 사람들로 구성된 처치집단이 통제집단과 비교된다. 그와 같은 연구는 중도 탈락이나 처치의 불완전성이 무선적 사상이 아니기 때문에 명백한 편향이 작용하는 것이다.

전반적으로, 두 집단 연구의 장점은 처치를 통제하는 능력이 있다는 점이며, 따라서 관심 있는 독립변인의 수준만이 비교된다는 것이다. 그러나, 독립변인은 가끔 많은 차원에 따라서 다를 수 있는 복잡한 상황이 있다. 잘 설계된 연구는 이들 차원들에 대한 주의 깊고 철저한 분석과, 처치 조건이 기본적인 이론이나 가설을 잘 반영하여 형성된 것에 바탕한 것이다.

두 집단 연구에서 자료의 분석은 보통 관심 있는 종속변인의 집단 평균을 비교하는 것이다. 이것은 단순 t검증이나 변량분석(ANOVA)을 통하여 수행된다. 결과는 어느 통계적 방법을 적용하건 유사하다. 여기에서 분명히 해 두어야 할 사항은 독립변인의 측정 수준에 관한 것이다. 집단 성원 변인이 바탕하고 있는 기본적인 특성은 성이나 학년과 같은 비연속적인 것이거나, 약물복용량이나 실제로 보낸 시간량과 같은 연속적인 것일 수 있다. 비연속적 변인인 경우, 숫자는 편의상 붙여진 명칭을 나타내며, 중간 값은 부가적인 명칭을 나타내는 것과 같은 경우를 제외하고는 의미가 없다. 따라서 성과 같은 변인의 경우, 남자는 1의 값을 갖는 것으로, 여자는 2의 값을 갖는 것으로 생각할 수 있으며, 1.5라는 성은 남자와 여자간의 관계에서 아무런 의미가 없다. 그러나 시간과 같은 연속적 변인인 경우에는, 1.5분은 1분과 2분의 사이를 의미한다. 즉 그것은 1분과 2분의 중간점이다. 연속적인 독립변인을 다루는 경우, 연구자는 그것과 종속변인간의 기능적 관계를 기술할 수 있으며, 연구자는 연구를 위하여 선정된 변인들 사이의 값을 부여할 수 있다. 예컨대, 만약 연구자가 학생들이 2시간보다 4시간에 학습할 내용의 2배를 학습할 수 있음을 발견했다면, 그는 2시간보다는 3시간에 학습한 자료는 1과 2분의 1 등을 삽입할 수 있는 것이다.

만약에 독립변인이 비연속적이거나 연구자가 연구에 포함하지 않은 독립변인의 값에 결론을 확대하지 않는다면, 그 독립변인을 고정된 효과라고 부른다. 한편, 만약 독립변인의 연속선이 계속적이며, 결론을 설계에 포함되지 않은 값에까지 확대시키는 경우 독립변인은 무선적 효과가 있다고 말한다. 연구자는 독립변인이 정말 비연속적인 경우, 그는 연구결론을 변인의 다른 값에 확대할 수 없으며 사실 중간 값은 존재하지 않는다는 점을 유의해야 한다. 따라서 효과는 고정된 것이어야만 한다. 독립변인이 연속적이라면, 연구자는 효과가 고정된 것인지 무선적인 것인지를 결정할 수 있다. 예컨대, 연구자가 두 가지 교수－학습 시간 중, 즉 40분 동안 교수－학습을 하는 것과 50분간 하는 것 중 어느 것이 특정 성격특성 소유자에게 학습 효과가 있는가를 결정하려고 한다고 가정해 보자. 만약에 그가 외향적 성격의 소유 학생의 경우 30분 동안의 교수－학습보다 40분 수업이 더 효과적인 것임을 발견했다면, 그는 그 효과를 고정이나 무선적인 것으로 다룰 수 있다. 만약 고정된 것이라면, 그는 40분간의 수업이 30분보다 더 효과적이라고 결론을 내릴 수 있지만, 그는 일반적으로 수업시간의 길이에 관해서는 아무런 진술도 할 수 없게 된다. 즉, 그는 20분간의 수업시간이 10분보다 더 효과적이라든지, 30분이 20분보다 더 효과적이라는 결론은 내릴 수 없다. 만약 이렇게 했다면, 효과는 무선적인 것으로, 그는 연구에서 선정되지 않은 중간 값에 결과를 끼워 넣은 것이 되는 것이다.

사회과학에서, 단지 두 개의 독립변인 수준만 존재하는 경우 보통 고정된 것으로 본다. 많은 가능한 것들 중 두 개만을 측정의 연속선상에 포함시키고, 독립변인과 종속변인간의 관계에 대한 실제적인 형태가 너무 적은 정보에 바탕하게 됨으로 무선변인에 대하여 두 수준만을 선정하는 것은 좋은 연구설계라고 할 수 없다.

고정된 변인이나 효과를 다룰 때, 연구자는 두 방법, 두 처치, 혹은 두 개의 조건을 비교하거나 하나의 처치를 무처치의 통제상황과 비교하기 위한 수준을 선정할 수 있다. 많은 경우에 이러한 구분은 통제조건을 실제적으로 처치에 포함시키는 다소 편의주의적인 것이기는 하지만, 연구자에 의하여 수행되지는 않는다. 좋은 예가 특정 처치방법을 무처치와 비교하는 정신치료 분야에서 찾을 수 있다. 가장 흔한 방법은 처치, 예를 들어 방과 후에 일련의 학생들을 대상으로 인간관계 개선 프로그램을 실시하고, 그 결과를 교실에서 자습하도록 한 학생들과 비교하는 것이다. 그러나 통제 집단이 아무런 처치를 받지 않았다고 말할 수는 없다. 그들은 단지 체계적인 인간관계에 대한 프로그램을 받지 않았을 뿐이다. 그들은 친구들로부터 도움을 받을 수도 있는 것이다. 이 연구에서 비교된 것은 전문적인 처치와 사회에서 자연스럽게 일어나는 처치이다. 실험실 연구는 확실히 통제집단에 대한 여러 대표적 처치들을 보다 잘 통제한다. 그러나 고도로 통제적인 상황이라고 하더라도, 대상자들은 통제조건에 처해 있을 때 무엇인가를 경험한다. 이러한 통제 처치는 중립적이 되도록 주의 깊게 선정되고 대상자들에게 그들의 시간을 이용할 수 있는 과제나 활동을 부여할 수도 있다. 이러한 통제활동 요소들은 실제적인 처치의 여러 측면을 통제하기 위하여 주의 깊게 설계되어야 한다. 언어 학습 실험에서 통제대상에게 정신적으로 과제의 연습을 방지하기 위하여 정신적 과제를 부여하는 것이 일반적인 방법이며, 매뉴얼이나 지각적인 과제를 포함하는 연구에서는 통제과제는 피로를 상수로 유지하게 된다.

고정효과가 있는 경우 연구자는 결론을 독립변인의 중간 값에까지 확대하지 않는다고 할지라도, 거기에는 항상 연구의 정확한 조건을 뛰어 넘는 해석이나 일반화가 이루어지기 마련이다. 즉, 연구자는 실험적 조건이 어디까지 확대될 수 있는지를 판단한다. 상담방법 연구에서, 연구자는 결과가 서로 다른 상담기법에 의하여, 다른 조건에서, 그리고 다른 지향점을 가지고 적용된 특정 처치 방법에 일반화할 수 있는가를 결정한다. 불행하게도, 같은 명칭을 갖는 처치들이 동질적인 결과를 가져오는 것은 아니다. 일반화는 내용 영역에 대한 많은 판단과 지식을 요하는 어려운 과제이다. 반복은 독립변인의 약간 다른 조작과 종속변인을 측정하기 위한 도구를 유용하게 만드는 동일한 가설을 검증하는데 중요하다.

2. 중다집단 사후검사 설계

두 집단 설계의 확장은 단일 종속변인과 어떤 값이나 수준을 가질 수 있는 독립변인을 한 번 측정하는 중다집단 설계이다. 이 설계의 구조는 다음과 같다.

$$
\begin{array}{cc}
X_1 & O_1 \\
X_2 & O_1 \\
\vdots & \vdots \\
X_n & O_n
\end{array}
$$

두 집단 연구의 장점과 문제점에 관련한 논의의 대부분은 중다집단에도 그대로 적용된다. 중다집단은 독립변인의 보다 많은 수준을 가질 수 있으며, 더 많은 통제집단을 가질 수 있다는 추가적인 장점이 있다. 예컨대, 만약 연구자가 어떤 종류의 새로운 방법을 시도해 보려고 한다면, 그는 새로운 방법이나 처치를 무처치와, 흔히 사용되고 있는 처치와 비교하게 될 것이다. 이것은 연구자가 특정 장면에서 전통적인 조처가 아무런 조처가 없는 경우보다 더 낫고, 새로운 방법이 전통적인 방법보다 더 좋거나 나쁜지 여부를 결정할 수 있다는 점에서 이중 통제를 나타낸다.

앞 절에서 고정효과와 무선효과를 구분한 바 있다. 몇 개의 변인이 많은 가능한 비연속 값을 나타내는 경우 연구자는 어떤 수의 집단에 대하여 고정효과를 발견할 수 있다. 예컨대, 수업방법은 실제 설계에서는 그렇게 하기가 용이하지 않지만, 수많은 수준으로 범주화할 수 있다. 무선효과는 독립변인의 연속적인 값들이 있는 경우에 유용하게 된다.

예를 들면, 연구자가 학습에 투입하는 시간량이 학습성취도에 미치는 효과를 연구한다고 가정하자. 서로 다른 학습시간량을 사용한 5명의 효과를 단어 목록 제시 후 기억해 낸 단어 수로 측정할 수 있다. 독립변인은 무선적이기 때문에, 연구자는 학습에 투입한 시간량과 기억해 낸 단어 수 간의 수학적 함수를 결정할 수 있다.

그와 같은 중다 집단 연구에서 주요 자료분석 방법은 변량분석이다. 이 방법은 종속변인에 관한 두 개 이상의 처치집단을 통계적으로 비교하도록 설계된다. 분석의 논리는 자료로부터 도출된 두 개의 변량을 비교하는 것이다. 첫 번째는 집단 간 변량, 즉 집단 간 처치 평균치의 변량이다. 둘째는 집단 내 변량, 혹은 각 처치집단 내 사례들 내의 변량이다. 만약에 우연히 나타난 결과 이상으로 집단차가 없다면, 집단 간 변량은 집단 내 변량과 동일해야만 한다. 즉, 두 변량이 통계적으로 동일하면 의미 있는 집단 간 차이는 없게 될 것이다. 만약에 집단간 차이가 있다면, 집단 내 변량보다 집단 간 변량이 클 것이고, 비교결과는 통계적으로 유의할 것이다. 사실 이러한 설명은 ANOVA에 대한 아주 간단한 소개인 셈이다.

3. 중다집단 사전검사－사후검사 설계

이 절의 첫 두 개의 설계에 종속변인의 사전검사에 덧붙여, 연구자는 다음과 같이 사전－사후 설계를 만들 수 있다.

$$
\begin{array}{ccc}
O_1 & X_1 & O_2 \\
O_1 & X_2 & O_2 \\
\vdots & \vdots & \vdots \\
O_n & X_n & O_n
\end{array}
$$

이 설계의 장점은 처치 후에서와 같이 처치 전에 종속변인의 수준을 확인할 수 있도록 하는 데 있다. 이것은 집단들이 원래 동질적인지를 확인할 수 있고 통제집단이 적절하지 않은 경우 특정 값에 대한 처치효과를 비교하기 위한 기준선을 제공하기 위한 유용한 정보를 제공할 수 있다.

사전－사후검사 설계는 연구문제가 프로그램의 효과나 특정 처치가 참여자들의 변화를 초래하는지에 관심을 두는 프로그램 평가 연구에서 특히 자주 이용된다. 이들 연구의 많은 것들이, 대상자로서 적절한 모든 사람들이 어떤 처치나 간섭을 받는 것과 같은 무처치 통제가 적절하지 않을 수 있다. 이것은 특히 교육, 정신건강, 사회봉사 프로그램 연구에서 그러하다.

적절한 통제집단을 갖는 것이 중요하기는 하지만, 단일집단 사전－사후검사에서와 같이, 이 설계에서 변화가 나타난 경우 그 변화를 일으킨 요인이 무엇인지가 항상 분명한 것이 아니다. 만약 두 가지 형태의 처치를 비교한 연구에서 무처치 통제집단이 적절치 않으면, 연구자는 대상자가 아무런 처치를 받지 않은 어떤 처치집단에 있는 대상자에게서 변화가 일어났는가를 알 수 없다. 사전검사의 이용은 적절한 통제집단의 항상 좋은 대용이 아니다.

설계에 사전검사를 추가하는 것은 처치에 따른 도구적 반동을 일으킬 수 있다. 앞 절에서 논한 바와 같이, 대상자들은 처치에 대한 반동을 일으키는 것과 같은 방식으로 사전검사에 의하여 영향을 받는다. 이와 같은 가능성을 통제하는 가장 좋은 방법은 다음 절에서 소개할 Solomon 네 집단 설계를 이용하는 것이다.

이 설계가 지니고 있는 다른 문제는 이 절의 앞에서 살펴본 두 개의 설계에서와 비슷하다. 그러나 사전－사후검사 연구에서 생성된 변화자료의 분석과 해석에서 특히 문제가 되는 것이 있다. 이들 자료를 분석하는 가능한 방법은 사전검사로부터 사후검사의 평균적인 변화로, 혹은 사전검사 점수에서 사후검사 점수를 빼서 집단 간 비교를 하는 것인데, 여기에는 변화점수의 이용과 측정오차가 개입되고 있다는 점에서 심각한 문제가 있다.

두 개 측정치간 차의 신뢰도는 측정치 그 자체의 신뢰도보다 낮다는 것은 널리 알려져 있는 사실이다. 연구자가 태도 변화 처치 전과 처치 후에 대상자 집단에 태도 측정 질문지를 실시했다고 가정해 보자. 나아가, 도구의 신뢰도는 .90으로서 매우 높은 신뢰도를 보인다고 해 보자. 흔한 현상은 아니지만, 사전검사 점수가 사후검사 점수와 관련성을 갖지 않는 경우 차 점수의 신뢰도는 .90보다 낮아지기 마련이다. 사실 두 시기 점수간의 상관이 .70이라면 차의 신뢰도는 Guilford(1954 : 394)가 제안한 공식에 의하면 .67이 된다. 덜 신뢰로운 도구에 바탕한 점수차는 매우 신뢰롭지 못한 것이다.

사전검사－사후검사 설계가 지니고 있는 두 번째 문제는 평균으로의 회귀라는 통계적 문제이다. 이러한 인위적 현상은 신뢰롭지 못한 도구에 수반되는 측정오차의 소산이다. 극단적인 점수는 재검사에서는 덜 극단적인 점수가 되는 경향으로 측정되는 것이 통계적인 사실이다. 만약에 한 개인이 보통 이상으로 높은 점수를 보였다면, 그것은 많은 오차 요소와 결합되어 있을 것이다. 그러한 점수는 재검사에서는 다시 높은 점수를 보이기가 쉽지 않다. 그와 같은 개인 점수는 재검사에서는 평균치에 가까워진다. 이러한 경향은 원래 점수가 평균치로부터 멀리 떨어질수록 더 커진다. 집단 대상자들의 점수가 극단적인 경우, 그러한 극단적인 점수의 요소가 무선오차에 기인할 가능성은 커진다. 그리고 아무런 처치가 없는 경우라고 하더라도, 점수는 평균 쪽으로 떨어지며, 집단은 변화가 있는 것처럼 보이게 된다. 만약에 두 집단에 동일한 검사를 실시하고서 한 집단이 다른 집단보다 더 극단적인 값을 보였다면, 연구자는 더 극단적인 집단이 단지 평균을 향한 회귀의 작용 때문에 덜 극단적인 집단보다 더 변화를 보인 것으로 일단 생각해 보는 것이 필요하다. 만약에 서로 다른 처치가 집단들에 적용되었다면, 평균을 향한 회귀로부터 진짜 처치 효과를 분리해 내기가 어렵게 된다.

사실 무선배치(無選配置)를 하고 대상자가 동질적이라면, 사후검사만의 비교로도 종속변인의 차는 독립변인의 수준에 따른 차를 확인할 수도 있다. 무선배치를 하지 않았다면, 설계를 보완하기 위한 통계적 방법이 적용되는 것이 바람직하다(이 방법은 '공변량분석'으로 알려져 있다).

사전검사-사후검사 설계로부터 수집한 자료분석의 두 가지 방법은 이미 논한 바 있다. 직접적으로 변화 점수를 분석하는 것은 간단하고 해석하기가 쉽다. 그러나 그와 같은 방법은 신뢰도가 낮고 통계적 조작상의 문제가 따른다. 제안하려고 하는 두 번째 방법은, 사전검사를 집단이 원래 동질집단인가만을 검증하기 위하여 이용하며 사후검사 점수를 검증하는 것이다. 만약에 모든 집단이 사전검사에서 동일하다면, 사후검사에서의 집단 간 점수의 차는 서로 다른 변화를 지시하는 것이다. 이 방법이 지니고 있는 문제는 한 가지 예를 들어 보는 것이 좋을 것 같다. 누군가가 두 집단에서 사전과 사후검사 자료를 수집했다고 가정하자. 표본의 크기와 두 집단의 변량을 고려하여, 두 집단 간 평균치의 차가 5.00으로 유의한 것으로 밝혀졌다고 하자. 그런데 사전검사에서의 집단 간 평균치의 차는 4.99로서, 사전검사의 차는 없었다. 이 경우, 사전검사에는 유의한 차가 없었으나 사후검사는 유의한 차가 있었기 때문에 집단 간 분명한 차가 있다고 주장할 수 있겠는가? 연구자는 그러한 절차를 가지고 결론을 도출하는 데 주의를 요한다.

이러한 자료를 분석하는 또 다른 방법이 개발되었다. 공변량분석이 이 설계에 사용될 수 있으며 처치조건에 무선적으로 배치한 경우라면 매우 타당한 방법이 된다. 공변량분석(共變量分析)은 사후검사에 의해 사전검사 점수를 통계적으로 조정한 후 비교할 수 있도록 하는 방법이다. 이 방법은 사후검사 만을 분석하는 것보다는 더욱 좋은 검증방법이기는 하지만, 이것이 무선 배치를 대신하기에는 미흡하다.

4. 사후 설계

사후 설계(事後 設計)는 비실험적 설계 중에서 의사(擬似) 실험 설계를 확장한 방법이다. 이것은 한 변인이 독립변인으로 인정될 수 있는 관찰연구나, 대상자를 무선적으로 배치하는 것이 불가능한 실험연구에서 적용된다. 앞에서 지적한 바와 같이, 설계의 논리는 몇 개의 중요한 변인을 두 개 이상의 집단에 결합시킨 후 결합된 대상자에게서 수집된 자료만을 분석하는 것이다. 설계를 도형화하면 다음과 같다.

X_1 O_1

짝짓기

X_1 O_1

여기에서 두 집단은 처치 후 짝짓기 방법으로 구성한 것이다.

예를 들어, 한 연구자가 교사의 자율출퇴근제를 실시하면 업무의 효과성이 높아질 것이라는 것을 검증하려는 설계를 했다고 하자. 연구자는 이러한 연구에 참여하려는 학교를 선정하고, 지원교사들을 자율출퇴근제 집단에 배치하고, 비지원자들은 통제 집단에 배정한 후 두 집단의 업무효과성을 확인하였다. 무선 배치를 하지 않았기 때문에, 연구자는 자율출퇴근제가 업무효과성의 차이를 가져 온 원인이라고 확신할 수 없다. 따라서 연구자는 적절하다고 생각되는 변인에 대하여 결합(짝직기)시켜 분석을 위한 표본을 선정한다. 이 예에서는 연구자는 경력, 연령, 성, 결혼여부 등의 변인에 대하여 결합시킬 수 있다. 그런 후 연구자는 적어도 이와 같은 4개 변인에 대하여 동질적인 두 개의 표본을 만들 수 있게 된다.

그러나 두 집단은 하나의 중요한 변인인 자원(自願) 여부에서 여전히 다르다. 그것은 말하자면 자원하여 참여한 대상자는 호의적으로 반응하며 업무효과의 개선을 보일 것이라는 것이다. 비자원자는 그와는 반대 방식으로 반응할 것이며, 만약에 자율출퇴근제가 학교 전반에 도입되면, 최종적인 결과는 어떤 교사들은 개선되고 어떤 교사들은 더 나빠지게 되어 평균적인 업무효과성과 아무런 차이를 보이지 않을 것이다. 최종적인 분석에서 연구자는 모든 가능한 변인들을 짝짓기 할 수가 없기 때문에 어떤 변인이 가장 중요한 것인지를 알 수 없게 된다.

짝짓기가 지닌 또 다른 중요한 문제는 중다 결합 변인을 지닌 대상자를 찾기가 어렵기 때문에 표본 규모가 축소된다는 점이다. 이러한 표본의 축소는 일반화에 심각한 문제를 던져 준다. 또한, 그들은 전체 표본에서 발견된 원래 효과가 짝짓기를 한 후 상당히 축소된다는 점과, 다른 짝짓기 변인이 추가되면 그 효과가 전체적으로 소멸된다는 점을 유의해야 한다.

그럼에도 불구하고, 사후 설계는 무선배치가 없는 실험적 연구에서는 거의 불가능한 문제, 즉 무선배치가 없는 두 집단 설계의 문제점을 개선하는데 도움을 준다. 짝짓기한 가장 중요한 변인은 아마도 종속변인 그 자체에 관한 사전검사일 것이다. 이것은 적어도 연구자로 하여금 그 집단들이 이 변인에서만은 처음부터 동질적이라고 말할 수 있도록 만든다. 그런 후 변화가 처치와 상호작용한 대상자 선정 과정 때문이라고 할지라도 결론은 두드러진 변화에 관하여 이루어진다. 자율출퇴근제 예에서, 교사들이 이전 업무효과성에 의하여 짝짓기를 한 경우조차 자율출퇴근제는 연구에 기꺼이 참여한 교사들의 업무효과성을 향상시킨다는 확실한 결론을 내릴 것이다. 비자발적 참여자들에 대한 효과는 경험적 검증을 요하는 문제가 된다.

5. 중다 집단 시계별 설계

이 절에서 다루려는 마지막 설계는 중다 집단 시계열 설계(重多集團 時系列 設計)이다. 이 설계는 독립변인의 수준을 나타내는 두 개 이상의 집단에서 종속변인의 중다 측정을 포함한다. 두 번의 특정 시기보다 더 많은 측정이 이루어진다는 점에서 사전-사후검사 설계를 확장한 것이며, 중다 집단에 대한 중단된 시계열 설계를 확대한 것이다. 설계 모형은 다음과 같다.

$$O_1 \quad O_2 \quad O_3 \quad X_1 \quad O_4 \quad O_5 \quad O_6$$
$$O_1 \quad O_2 \quad O_3 \quad X_2 \quad O_4 \quad O_5 \quad O_6$$

이것은 두 집단에 대하여 6회의 측정이 이루어지는 설계이다. 시계열 설계가 단일 집단으로 이루어지는 것이라면, 중다 집단 시계열은 비교적 짧은 기간에 몇 번의 측정이 이루어지거나 긴 시간에 걸쳐 많은 측정이 실시되기도 한다. 측정의 횟수는, 사용할 분석의 형태에 의하여 결정된다. 이와 같은 절차의 어떤 것은 시간간격이 동일하지 않은 경우에도 ANOVA가 적절하기는 하지만, 기본적으로는 측정간의 시간 간격이 상수임을 가정할 수 있어야 한다.

시계열 설계 중에서 가장 간단한 것은 하나의 독립변인이 두 개 이상의 수준을 갖는 것이며, 이러한 처치는 종속변인 측정 계열의 중간에 이루어진다. 이 설계의 장점과 문제는 이 절에서 논한 바 있는 사전검사－사후검사 설계와 비슷하다. 이러한 독특한 설계는 대상자들이 측정하는 일에 적응하는 경향을 보인다 할지라도 도구를 반복하여 사용하기 때문에 도구적 반동에 보다 민감할 수 있다. 이 설계의 강점은 처치 전과 후의 종속변인의 경향을 파악할 수 있다는 점이다. 처치를 하기 전에 이것은 종속변인이 모든 처치 집단에서 시간의 경과에 따라서 안정된 상태에 있는가를 확인할 수 있다. 이것은 특히 대상자들이 무선적으로 배치되지 않은 경우에 중요하다. 처치 후에 중다 측정은 처치의 효과가 즉각적으로 나타나는가, 아니면 시간의 마지막에 나타나는가를 결정할 수 있게 만든다. 프로그램 평가는 가끔 프로그램이나 조정의 결과가 시간경과에 따라 계속 유지되는지를 확인하기 위하여 대상자들에 대한 측정이 긴 시간에 걸쳐서 이루어진다. 그러한 추수연구(追隧硏究)는 태도를 포함한 정의적 특성의 변화, 정신건강과 비행교정에서 자주 수행된다.

시계열에는 몇 개의 측정기간이 포함되며, 처치 집단 간 변화나 경향의 차이를 검증하기 위하여 변량분석이 이용될 수 있다. 그러나 측정을 여러 번 하는 경우 변량분석은 자동적 상관의 문제에 부딪히게 된다. 즉, 반복 측정을 하는 경우, 시간에 따라서 서로 유사한 값을 갖게 됨으로써 그들 측정치는 보다 높은 상관을 갖는 경향이 있다. 이러한 결과는 편향된 통계적 검증을 하게 되며 통계적 유의성을 오도(誤導)할 수 있다. 물론 전반적으로 문제를 해결하는 것은 아니지만, 이 문제를 해결하는 방법이 있기는 하다. 대표적 방법은 자동적 상관을 해결할 수 있는 중다변량분석(MANOVA)을 이용할 수 있다.

측정 횟수가 매우 많은 경우에는 ANOVA나 MANOVA로는 분석을 할 수 없다. 만약에 50회 이상의 측정을 한 경우라면, ARIMA가 이용될 수 있다.

제4절 요인설계

지금까지 논한 실험설계는 단지 하나의 독립변인에 하나의 재검사 변인을 추가한 것이다. 그러나 실제로 수행되는 대부분의 실험설계는 몇 개의 독립변인을 가지며 연구문제상의 종속변인에 대한 독립변인들의 결합효과를 밝히려는 것들이다. 통상 독립변인은 분석을 용이하게 하기 위하여 요인구조에 설정한다. 이러한 구조는 선택된 변인의 수와 성질에 따라서 간단할 수도 복잡할 수도 있다. 두 개의 독립변인을 갖는 가장 간단한 요인설계에서부터 몇 개의 독립변인을 갖는 복잡한 것에 이르기까지 요인설계를 검토하는 것이 이 절의 목적이다.

1. 2 × 2 요인설계

가장 간단한 요인설계(要因設計)는 2 × 2로서, 이것은 각각 두 수준이나 값을 갖는 두 개의 독립변인으로 구성된다. 이 설계는 구조적이므로 한 독립변인의 모든 수준은 다른 독립변인의 모든 수준과 교차 혹은 관련을 맺는다. 예를 들어, 독립변인이 성(남자 대 여자)과 처치(강의법 : A 대 토론법 : B)라면, 설계는 네 개의 처치조합 혹은 칸, 즉 처치 A를 받은 남자, 처치 B를 받은 남자, 처치 A를 받은 여자, 처치 B를 받은 여자 등으로 구성된다. 설계구조는 20명의 대상자와 각 칸에 5명씩을 갖는 경우 〈표 5.1〉에 제시된 바와 같다.

〈표 5.1〉 2 × 2 요인 설계의 예

처치	성	
	남	여
A	대상자 1 대상자 2 대상자 3	대상자 11 대상자 12 대상자 13

	대상자 4 대상자 5	대상자 14 대상자 15
B	대상자 6 대상자 7 대상자 8 대상자 9 대상자 10	대상자 16 대상자 17 대상자 18 대상자 19 대상자 20

이 표에서 볼 수 있는 바와 같이, 독립변인 수준의 모든 가능한 조합이 나타나 있고, 각 칸은 서로 다른 사례나 사회적 특성을 갖는 동일한 대상자 수를 보이고 있다. 이 뒷부분의 두 가지 조건(각 칸의 사례들이 서로 다른 특성을 가져야 한다는 것과 각 칸의 숫자가 동일해야 한다는 것)은 반드시 필요한 것은 아니지만, 이렇게 하는 경우 분석이 매우 용이하게 된다.

요인설계가 지니는 장점과 문제의 대부분은 중다집단 설계에서와 비슷하다. 그러나 요인설계는 혼재(混在) 요인을 통제하기 위하여 이용할 수 있는, 혹은 연구되어야 할 추가적인 측면으로서 변인을 추가할 수 있도록 허용한다는 점을 특징으로 한다. 추가적 통제의 예는 대상자가 사전검사를 받는 것과 받지 않는 것이 구분되는 하나의 변인을 갖는 Solomon 네 집단 설계로서, 이는 다음 절에서 논하게 될 것이다. 이 설계는 도구적 반동의 영향을 확인할 수 있도록 만든다.

대부분의 요인설계는 도구적 반동과 같은 혼재 가능한 것 보다 관심 있는 요인으로서의 독립변인을 포함한다. 이 설계는 독립변인의 독자적인 효과에 추가하여 독립변인의 결합효과를 결정할 수 있도록 하는 장점을 지닌다. 그것은 대체로 주효과(主效果)와 상호작용 효과이다.

요인설계에서 주 효과는 특정 변인에 대한 독립적 효과(수학적 의미보다는 개념적 의미로서)이다. 앞의 예에서는 성에 대한 주 효과와 처치에 대한 주 효과를 파악할 수 있다. 두 수준 각각에서 모든 대상자들의 비교를 하는 것이다. 하나는 처치수준과는 상관없이, 종속변인에 대한 모든 남자와 모든 여자를 비교하는 것이다. 마찬가지로, 처치 주 효과는 그들의 성에 관계없이 모든 A대상자와 모든 B대상자를 비교하는 것이다. 이것은 다른 변인을 무시하고 다른 것과 교차되는 것을 고려하지 않은 상태에서 이루어진다. 평균치는 처치변인의 수준과 교차되는 것을 무시하고 모든 남자와 모든 여자에 대하여 계산한다. 마찬가지로 성과 교차되는 것을 무시하고 A처치 집단과 B처치집단의 평균치를 계산한다.

상호작용 효과는 두 변인을 고려한 결합 혹은 한정된 효과이다. 예에서의 상호작용은 처치 A와 B간의 차이가 남자와 여자에게서도 동일한가, 그리고 거기에는 주 효과가 있는가 하는 문제에 관심을 갖는다. 다시 말하면, 만약에 여자가 A보다 B에 대한 종속변인 측정치에서 더 높다면, 남자도 동일한 양상을 보이는가? 동일한 양상은 남자의 평균치가 여자보다 낮거나 높은 경우라 할지라도 나타날 수 있다.

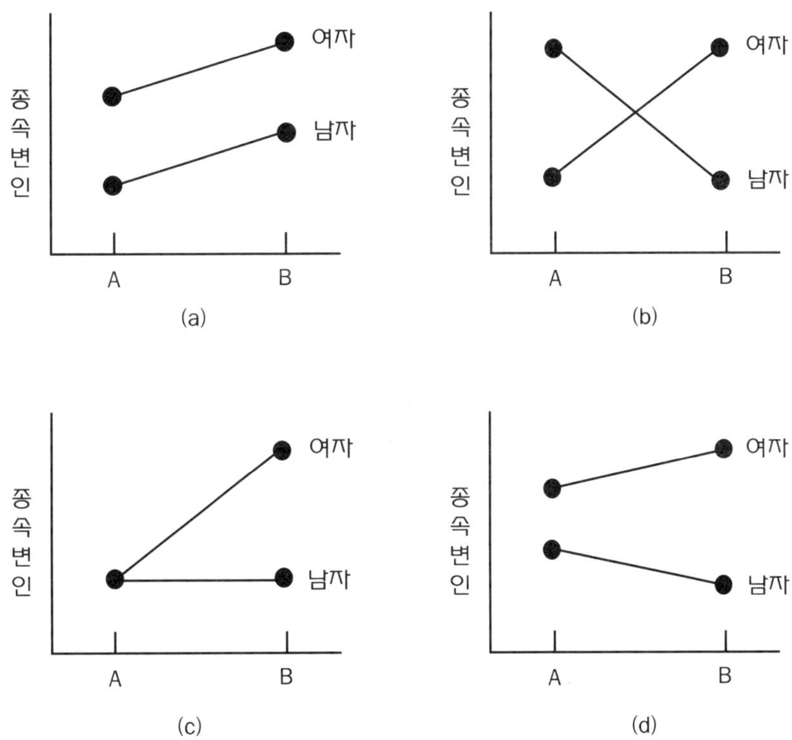

[그림 5.2] 2 × 2 설계에서 가능한 상호작용 효과의 예

상호작용은 예를 가지고 이해하는 것이 이해가 빠르다. [그림 5.2]는 주 효과와 상호작용 효과의 몇 가지 가능한 조합을 그림으로 보여 주고 있다. 각 그림에서

x 축은 각각 A와 B 등 두 개의 값을 취하는 독립변인인 처치를 나타낸다. y 축은 종속변인을, 그리고 성 변인은 두 개의 선으로 나타내고 각각 '남'과 '여'라는 글로 나타내고 있다.

[그림 5.2a]는 두 개의 주 효과는 있으나 상호작용 효과는 없음을 보이고 있다. 여자는 두 처치에서 남자보다 높고, 양성 모두 처치 B는 처치 A보다 높다. 결과의 형태는 양성 모두 동일하기 때문에 상호작용 효과는 없다. 이것은 두 개의 선이 평행이라는 사실로 확인된다.

[그림 5.2b]는 주 효과는 없으나, 상호작용 효과가 있음을 보여 주고 있다. 남자와 여자의 형태는 완전히 반대이다. 남자는 A가 B보다 높고, 여자는 A보다 B가 높다. 전체적으로 하나의 처치는 다른 처치에 비하여 높은 것이 없으며, 한 성이 다른 성보다 높지 않다. 상호작용은 두 개의 선이 'X'자 형태를 취한다.

[그림 5.2c]와 [그림 5.2d]는 두 가지 다른 상호작용을 보여 주고 있다. c의 경우 남자에게서 처치변인에서는 아무런 차이가 없으나, 여자에게서는 차이가 있다. 나아가, 여자와 남자는 A에서는 차이가 없으나 B에서만은 차이가 있다. [그림 5.2d]에서는 여자가 두 처치에서 모두 남자보다 높으면서 반대 형태를 보이고 있다. 여자는 A보다 B에서 높고, 남자는 B보다 A에서 높다. 이러한 형태는 성의 주 효과를 제외하면 [그림 5.2b]와 유사하다.

상호작용은 주 효과보다 결과를 보다 상세하게 진술하며, 보통 상호작용이 발견되면 주 효과는 별로 중요하게 취급하지 않는다. 이것은 특히 차가 여자에게서만 발견되는 [그림 5.2c]와 같은 형태일 경우에 그러하다.

요인 자료의 분석은 변량분석으로 이루어진다. 앞 절에서 언급한 바와 같이, ANOVA는 두 개의 변량추정치를 계산하고 그들의 차가 통계적으로 유의한지를 검증하는 것이다. 그러나 더 복잡한 2 × 2 설계는 검증해야 할 효과가 하나가 아니라 세 개가 있다. 따라서 집단 내 변량과 오차변량의 추정에 덧붙여, 연구자는 모든 세 개의 집단 간 효과, 즉 두 개의 주 효과와 상호작용 효과를 추정하도록 고안해야 한다. 집단 간 전체변량은 검증해야 할 효과 각각의 요소로 구분된다. 각각은 앞 절에서 논한 바와 같은 동일한 통계적 논리에 따라서 오차변량과 비교된다. 따라서 어떤 혹은 모든 것이 유의할 가능성을 가지고 세 개의 검증이 이루어지게 된다.

앞에서 지적한 바와 같이 ANOVA는 두 가지 제한적인 가정이 성립되어야 한다. 첫째, 설계의 각 칸에는 서로 다른 대상자가 포함되어야 하며, 둘째, 각 칸에 들어가는 대상자 수는 동일해야 한다. 각 칸에 서로 다른 대상자를 포함시키는 것은 집단 간 설계로서 분석이 아주 용이하다. 그러나 모든 집단 간 효과를 가져야 할 필요는 없으며, 동일한 대상자가 집단 내 효과를 생성하는 것으로, 한 칸에서 보다 더 많은 칸에서 발견될 수 있다. 이러한 상황이 벌어지는 가장 보편적인 경우는 사전검사 시후검사 설계이다. 독립변인의 하나가 ANOVA에서 집단 내 효과로 포함시킨 측정 시간이다. 그러한 설계인 경우 처치 주 효과는 재검사를 무시하거나 재검사와 결합되었음을 지적하는 것이며, 하나의 처치는 다른 것 보다 종속변인에서 더 높다. 재검사에 대한 주 효과는 사후검사 평균치가 사전검사 평균치와 차를 나타낸다는 것을 의미한다. 상호작용은 사전검사와 사후검사 점수의 형태에서 두 처치 간에 차이가 있음을 가리켜 준다. 이것이 원래 관심 가진 문제인 집단 간 차를 나타내는 효과인 것이다.

집단 내 변인은 재검사에 제한되지 않으며, 실제로 처치변인의 중다 수준은 동일한 대상자에게 적용될 수 있다. 성 X 처치 예에서, 두 처치는 각 대상자에게 주어질 수 있다. 이것의 장점은 집단 간 특질적인 차에 기인하는 오차변량을 감소시키는 경향이 있다. 동시에 이것은 처치가 제시의 순서와 재검사가 혼합되는 문제를 일으킬 수 있다. 제시 순서는 균형맞추기라고 불리는 방법으로 통제할 수 있다. 즉, 대상자의 반은 먼저 A를 받고, 반은 B를 먼저 받음으로써 연구자는 각 순서에 주어지는 동일한 처치를 비교할 수 있다. 그러나 이 방법은 측정의 수에 따라서 이전 처치가 노출되어 결합될 수 있는 문제가 있다. 이것은 처치잔여로부터 도구적 반동을 분리시키는 것을 어렵게 만든다. 반동을 통제하는 방법은 다음에서 논할 것이며, 균형맞추기와 결합할 수 있다. 순서 효과가 나타나지 않기를 항상 원하게 된다. 왜냐하면 그러한 효과는 결과의 해석을 어렵게 만들기 때문이다.

요인설계에서 일어나는 다른 복잡성은 각 칸의 사례가 동일하지 않은 경우이다. 동일한 표본 규모나 직교적(直交的) 설계의 경우, 독립변인들은 전체적으로 독립적이거나 관련성이 없다. 그러나 표본 규모가 동일하지 않게 됨에 따라서 독립변인들은 의존적이고 상호 관련성(비직교적)을 지니게 된다. 따라서 그들은 서로 혼재되기 때문에 각 독립변인의 독립적 효과를 결정하기가 어렵게 된다. 〈표 5.2〉는 칸의 숫자가 동일하지 않을 경우의 주 효과 평균치를 보여 주고 있다.

〈표 5.2〉 동일표본 규모와 비동일 표본 규모 요인설계의 예

(a)

B	A: a_1	A: a_2	전 체
b_1	M = 100 n = 50	M = 150 n = 50	M = 125 n = 100
b_2	M = 200 n = 50	M = 250 n = 50	M = 225 n = 100
전 체	M = 150 n = 100	M = 200 n = 100	

(b)

B	A: a_1	A: a_2	전 체
b_1	M = 100 n = 10	M = 150 n = 90	M = 145 n = 100
b_2	M = 200 n = 90	M = 250 n = 10	M = 205 n = 100
전체	M = 190 n = 100	M = 160 n = 100	

두 설계가 보여 주는 바와 같이, 개별 칸의 평균과 대상자의 전체 수는 두 설계가 동일하다. 그러나 주 효과나 주변 평균치는 각 칸의 표본 규모가 다르기 때문에 서로 다르다. 사실 처치 A의 평균치 a_2는 a_1보다 큰 것으로부터 a_2가 작아지는데까지 완전히 반대이다. 이러한 평균치간의 差의 有意度에 대한 통계적 검증은 동일한 방식에서 왜곡될 것이다. 따라서 직접적인 ANOVA는 올바른 결론을 도출할 수가 없게 될 것이다.

2. Solomon 4집단 설계

Solomon 4집단 설계는 2 × 2 요인설계와 사전검사-사후검사 설계의 결합으로써, 도구적 반동을 통제하기 위하여 이용한다. 이 설계는 대상자가 2 × 2 요인구조에 들어간다는 점에서 요인설계와 비슷하며 대상자가 두 번의 측정을 받지만, 이 경우에는 단지 대상자의 반만이 사전검사를 받는다는 점에서 사전검사-사후검사 설계와 유사하다. 이 형태는 다음과 같이 나타낸다.

O_1	X_1	O_2
O_1	−	O_2
−	X_1	O_2
−	−	O_2

Solomon 4집단 설계는 도구적 반동에 대한 검증인 추가적 측면을 가지는 요인설계의 장점을 모두 가지고 있다. 즉, 두 집단에 대하여 연구자는 그들이 받은 사전검사에서만 다른 대상자를 비교할 수 있다. 나아가, 연구자는 각 처치에 대한 사전검사와 사후검사 간에 발생하는 변화의 정도를 판단할 수 있다. 이 설계는 매우 강력한 것임에도 불구하고 사회과학 분야에서 적용한 것을 찾아보기 어렵다.

Solomon 4집단 설계의 기본적인 논리는 더 큰 설계나 더 작은 설계로 조정할 수 있다는 것이다. 단일집단 사전-사후검사의 경우, 이 방법은 대상자의 반은 사전검사를 생략함으로써 도구적 반동을 통제하는데 이용할 수 있다. 이 설계는 또한 대상자의 반에 사전검사를 추가한다는 동일한 아이디어를 이용하는 두 집단 이상을 포함하는 연구에서 이용할 수 있다. 유일한 제한점은 연구에 포함되는 집단 각각에 적합해야만 하는 대상자의 수가 충분해야 한다는 것이다.

4집단 설계 자료의 분석은 앞에서 논한 분석보다 약간 더 복잡하다. 대상자의 반만이 사전검사를 받았기 때문에 설계는 통계적 입장에서 불완전하다. 즉, 연구자가 모든 자료를 ANOVA 설계에 설정했다면, 대상자의 반에 해당하는 자료는 누락된다. 아마도 가장 좋은 방법은 단계적으로 분석을 실시하는 것이다. 첫 단계는, 사전검사에서의 차가 유의하지 않은가를 검증하기 위하여 사전검사를 받은 두 처치집단을 비교하는 것이다. 이것은 조건에 무선할당이 이루어졌는가를 확인하는 과정인 셈이다. 만약에 차가 있다면, 연구로부터 분명한 결론을 도출하기란 어려워진다. 두 번째 단계는, 모든 사후검사에 대한 분석이다. 이들 자료는 한 요인으로서 처치 수준과 다른 요인으로서 사전검사(실시할 수도 있고 실시하지 않을 수도 있는)를 지닌 2 × 2 요인설계에 들어맞는 것이다. 그런 후 연구자는 관심 가진 주요 가설인 처치의 차를 검증할 수 있고, 다음과 같은 두 가지 방식으로 도구적 반동을 검증하게 된다. 첫째, 연구자는 사전검사를 받은 대상자와 받지 않은 대상자 간에 유의한 차가 있는가를 알 수 있다. 만약 이 검증에서 유의한 차가 발견된다면, 사전검사는 사후검사나 처치 중 어느 하나에 영향을 미친 것이 된다. 상호작용은 두 처치에 관한 사전검사의 차별적인 효과가 있는가를 검증하는 것이다. 즉, 사전검사는 다른 것 보다, 특히 아무런 조작을 받지 않은 통제집단보다 어느 하나의 처치에 더 영향을 미칠 수도 있다.

끝으로, 만약에 사전검사에서의 차가 없고 도구적 반동효과가 없다면, 연구자는 변화된 점수를 분석하고, 사전검사를 받은 대상자의 경우 사전검사에 대하여 조정된 사후검사의 분석을 하려고 할 것이다. 물론 연구자는, 앞에서 논의한, 변화된 점수 분석에 따르는 문제와 관련하여 그와 같은 자료를 분석하는 데 있어서 주의를 기울여야만 한다.

3. M × N 요인설계

2 × 2 요인설계는 몇 가지 제한 내에서 독립변인이 두 개 이상의 수준을 갖는 것으로 확장할 수 있다. 이러한 설계는 2 × 2의 확장이며 2 × 2설계가 지니는 문제와 장점을 지닌다. 특히, 이러한 설계는 연구자로 하여금 동시에 독립변인의 두 개 이상의 수준을 탐구할 수 있도록 한다는 점에서 유용한 경우가 있다.

요인적 연구를 설계함에 있어서, 연구자는 구성해야 할 독립변인의 수준을 몇 개로 할 것인가를 결정해야 한다. 성과 같은 유목 변인인 경우, 가능한 수준의 수는 제한되며 고정된다. 어떤 변인의 경우에는 가능한 수준의 수가 제한되지 않는다. 이것은 특히 시간, 시행의 수, 검사 점수 등과 같이 독립변인이 연속적 척도로 나타낼 수 있는 경우 그러하다.

독립변인이 연속적인 경우, 그리고 연구자가 모든 가능한 수준으로부터 몇 개를 선택해야 하는 경우에는 범주의 제한된 수에 강제적으로 넣기보다는 변인의 연속적 성질을 유지시키는 것이 가장 좋다. 이것은 독립변인이 연령, 수입, 심리검사에서의 점수 등과 같은 대상자 특성인 경우에 가끔 볼 수 있다. 이 경우, 독립변인의 한 차원에서 중앙치보다 높은 집단과 낮은 집단을 분할하여 상위와 하위 등 2분하는 것이 보통이다. 이러한 방법은 독립변인이 2분적인 값을 갖는 변인으로 취급됨으로써 상세한 값들이 무시된다는 점에서 낭비적이라는 문제가 있다. 그럼에도 불구하고 이러한 방법이 자주 사용되는 이유는 명확한 실험설계와 변량분석에 대한 일반적인 선호 때문이다.

이러한 연구설계에서의 가설은 ANOVA 대신 중다회귀분석을 실시함으로써 변인의 모든 상세함을 살리는 검증을 할 수 있다. 앞에서 논한 바와 같이, 중다회귀분석은 연구자로 하여금 종속변인과 독립변인 간 직선적 함수관계를 밝히는 방법이다. 회귀방정식은 다음과 같이 나타낼 수 있다.

$$Y = b_0 + b_1X_1 + b_2X_2 + \cdots\cdots + b_nX_n$$

여기에서 Y는 종속변인을, X는 독립변인을 나타내며, b는 자료로부터 추출된 상수를 나타낸다.

요인설계를 위한 중다회귀분석의 이용은 연구자로 하여금 주효과와 상호작용이 종속변인에 유의하게 관계되는가를 확인할 수 있도록 한다. 연속적 독립변인을 다룰 때, 주효과는 X값에 따라 독립변인의 측정치를 분석에 넣음으로써 규명할 수 있다. 또 상호작용은 독립변인들의 교적(交積)을 나타낸다. 예컨대, 변인 A와 B의 상호작용은 A와 B에 관한 개인점수를 곱하여 규명한다. 대부분의 변인들은 출발점이 서로 다른 점수체계에 바탕하고 있기 때문에, 그들 점수를 곱하기 전에 표준점수로 바꾼 후 곱하는 것이 보통이다.

이러한 방식으로 중다회귀분석을 실시함에 따른 한 가지 곤란점은 등식에서의 효과가 독립적이지 않다는 것이다. 즉, 독립변인들은 상호 관련되었을 수가 있다. 이러한 일이 일어나면, 연구자는 결과를 해석하는데 주의를 기울여야만 한다. 상호 관련된 것을 분석하는 한 가지 방법은 분석에서 효과를 단계적으로 추가하거나 삭제하는 것이다. 예컨대, 단계적 추가 방법에서는, 연구자는 먼저, 첫 독립변인에 대한 종속변인의 회귀식을 구한다. 그런 후 연구자는 종속변인과 두 독립변인간의 관계를 유의하게 증가시키는 결과를 보이는 두 번째 독립변인을 추가시킬 수 있는가를 확인한다. 만약에 두 번째 독립변인도 종속변인의 변량을 유의하게 설명한다고 밝혀지면 다음번의 독립변인을 추가하고, 모든 독립변인이 더 이상 분석에서 추가될 필요가 없다고 판단될 때까지 추가시켜 나간다. 물론, 이 방법이 지니고 있는 중요한 문제는 연구자가 순서를 정해 놓은 가설적 모형을 가지고 있을 때 최대값을 지닌 변인 투입의 순서를 어떻게 밝힐 것인가 하는 것이다.

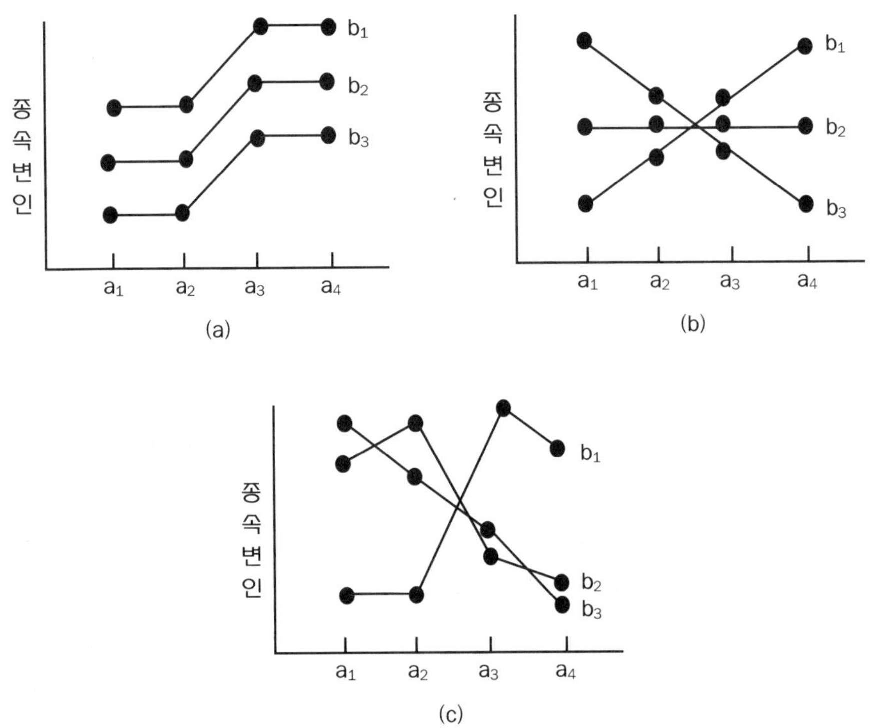

[그림 5.3] m × n 설계에서의 몇 가지 상호작용의 예

m × n 설계에서 상호작용은 그림이 보다 복잡한 형태를 나타내기 때문에 2 × 2보다 다루기가 더 어렵다. [그림 5.3]은 3 × 4 설계가 지닌 몇 가지 가능한 형태를 보이고 있는 것이다. [그림 5.3a]는 주효과는 있으나 상호작용 효과는 없는 상황이다. A 변인은 a_1과 a_2간 혹은 a_3과 a_4간에는 아무런 차이가 없으나, 각 쌍 간에는 차이가 있음을 보여 주고 있다. B 변인의 모든 수준에서는 동일한 형태를 보이지만, b_1이 b_2보다 크고, b_2가 b_3보다 더 크다.

[그림 5.3b]는 주효과는 없으나 유의한 상호작용 효과가 있음을 보여 주고 있다. b_1의 경우, a_1에서 a_4로 증가하는 경향을 보이며, b_3는 완전히 반대 경향을 보이고 있다. b_2의 경우, A의 수준 간에 아무런 차이가 없다. [그림 5.3c]는 세 개 변인의 효과가 복잡한 형태를 보이고 있다. 연구자는 가능한 형태의 수가 여기에서 보이고 있는 세 개 보다 더 많을 수도 있으며, 해석은 2 × 2 형태보다 더욱 어렵고 복잡하다는 점을 유의해야 한다.

4. 3차원 상호작용 요인설계

이론상 연구자는 설계에 몇 개의 독립변인이라도 포함시킬 수 있으며, 충분한 수의 대상자에게서 자료를 수집할 수 있다. 그러나 대상자의 수는 제한될 수 밖에 없기 때문에 실제적인 제한이 따르며, 대규모 설계의 해석은 비실제적인 것이 되기 쉽다.

3차원 상호작용 요인설계의 장점은 명백하다. 연구자는 동시에 몇 개의 독립변인의 결합된 효과를 탐구할 수 있다. 어떤 변인들은 Solomon 네 집단 설계에서와 같이 혼재를 통제하는 것을 가능하게 할 수도 있다. 그러나 이러한 설계의 중요한 결점은 규모가 가져오는 복잡성이다. 각 독립변인 수준의 수는 변인이 추가되는 것만큼 증가한다. 예컨대, 2×2 설계는 단지 4개의 칸을 갖지만, 2×2×2×2의 경우는 이의 네 배가 요구되어 16개 칸이 된다. 각 변인의 세 수준에 따른 동일한 네 개 독립변인 설계는 채워야 할 수많은 사람이 필요한 칸이 81개(3×3×3×3)나 된다.

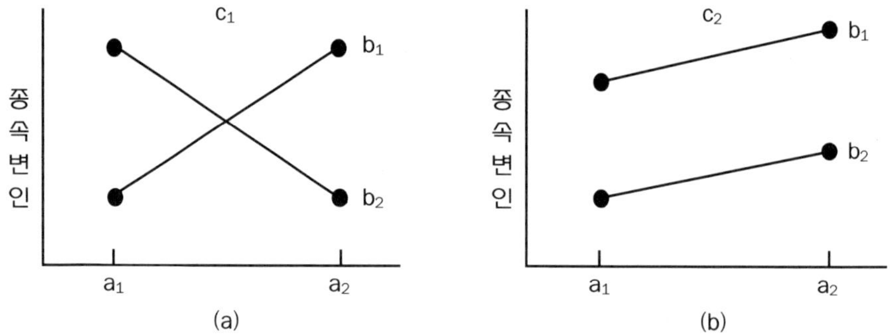

[그림 5.4] 2 × 2 × 2 설계에서 3차원 상호작용의 예

이 설계를 통하여 규명하려는 효과의 수는 독립변인의 수만큼의 주효과와 독립변인들 2개 혹은 3개 변인의 상호작용 효과의 수가 된다. 예컨대, 기대성적(A), 수업태도(B), 전학기 성적(C) 등이 수업평가에 미치는 영향을 밝히려는 연구가 수행된다고 가정할 때, 연구자는 A변인의 효과, B변인의 효과, C변인의 효과, A×B, A×C, B×C의 일차 상호작용 효과, A×B×C의 이차상호작용 효과 등 7개가 된다. 앞에서 살펴본 바와 같이 2차원 상호작용 설계까지는 상호작용 효과에 대한 설명이 가능하지만, 3차원 상호작용은 해석을 매우 어렵게 만든다. 3차원 상호작용은 [그림 5.4]에서 3변인 설계의 경우 이를 보이고 있는 것이다. 3차원 상호작용은 세 차원의 그림으로 나타내게 되기 때문에, 보통 하나의 독립변인에 대한 각 수준에 대하여 다원적인 그림으로 나타내게 된다. 2 × 2 × 2 설계는 3차원 상호작용이 존재함을 보이고 있다. 이 경우, 상호작용은 각 두 변인을 나타내는 그림이 다른 형태를 보인다는 점에서 분명해진다. [그림 5.4a]는 분명한 상호작용이 있으며, [그림 5.4b]는 상호작용이 없다. 따라서 A와 B간의 상호작용은 변인 C의 수준에 의존한다.

더 많은 수준을 갖는 3차원 상호작용은 해석을 더 복잡하게 만든다. 사실 대부분의 연구자들은 그러한 상호작용을 무시하며 그들의 변량 요소를 오차변량으로 간주한다.

반복 설명하지만 3차원 설계인 경우 각 독립변인에 따른 세 가지 主 效果가 있다. 또한 독립변인의 가능한 조합, 즉 A × B, A × C, B × C, 그리고 하나의 3차원 상호작용 등 두 가지 상호작용이 있다. 독립변인의 수가 추가되는 설계인 경우 더 많은 효과가 있으며, 각 변량 요소에 대하여 통계적 유의도를 검증해야 한다.

3차원 요인설계에서는, 연구자는 반드시 집단 간의 모든 효과에 관심을 가질 필요는 없다. 즉, 연구자는 집단 간 효과와 집단 내 효과 중 특정 효과에 관심을 지닐 수 있다. 그들은 약간 다른 계산절차를 필요로 하지만, 기본적으로는 어떤 조합도 가능하다. m × n 설계를 다루는 경우, 효과 유형의 이러한 혼합을 가장 흔하게 사용하는 방법은 집단 간 요인설계에 사전검사와 사후검사를 추가하는 것이다. 더 작은 설계인 경우, 집단 내 요인을 포함하는 상호작용은 집단 간 변인에서의 변화나 그들의 상호작용을 지적하는 것이다.

예컨대, 두 가지 형태의 수업방법과(강의법과 세미나법) 두 가지 형태의 시간계획(8주 동안 주별 8시간씩 수업하는 것과 16주 동안 주당 4시간씩 수업하는 것)의 학습효과를 검증하는 연구를 수행한다고 가정하자. 경과한 시간은 집중과 혼재되었지만, 이 경우에는 그것들을 분리시키는 것은 관심이 없다고 가정한다. 이 연구를 수행하기 위하여 대상자를 구하고 과정내용에 적합한 지식수준(학업성취도)을 종속변인으로 측정한다. 이 연구에 적합한 설계는 수업방법과 집단 간 요소로서의 시간계획과 집단 내 요소로서 사전검사－사후검사를 지닌 2 × 2 × 2 요인설계가 될 것이다. 처치 전부터 처치 후에 이르기까지 종속변인에 관한 수행에서 변화를 반영하는 것으로서 학습이 일어나는가를 결정하기 위하여 재검사 변인이 추가된다. 연구자는 재검사 변인을 누락시킬 수 있으며 독립변인에 대한 사후검사 차를 유추할 수 있도록 처치 후 학업성취도에만 초점을 맞출 수도 있다. 그러나 이 경우에는 사후검사의 차는 단지 사전검사의 차를 반영할 수도 있기 때문에 어떤 진짜 변화가 일어났는가를 알 수 없게 된다. 물론 조건에 무선배치를 하고 표본의 크기를 충분히 함으로써 연구자는 집단 간 동질성을 가정할 것이다. 그러나 무선할당은 그 자체가 변화를 지적하는 것은 아니며, 그것은 처치 후에만 차이를 알 수 있는 것이다. 어떤 조건은 학업성취를 감소시키고 어떤 조건은 그것을 증가시키기 때문에 사후검사의 差를 제대로 밝히기 위해서는 반복 측정으로만이 검증 가능하다.

연구자는 이 설계의 목적이 학습에 미치는 시간계획과 수업형태의 효과를 분리할 것인가, 아니면 결합시킬 것인가를 결정하려는 것임을 마음에 간직할 필요가 있다. 이 설계에 있는 7개의 효과 중에서 단지 4개만이 이 목적에 적합한 정보를 제공해 준다. 상호작용은 집단 간 변인과 여러 처치 집단에 있는 대상자들 간에 학습에 다르게 영향을 미치는 재검사 변인을 포함한다. 재검사 × 수업형태의 상호작용은 학습자가 강의법이나 세미나법 중 어느 방법으로 더 잘 학습하는가를 지시한다. 마찬가지로, 시간계획에 의한 재검사의 상호작용은 8주 대 16주 시간계획에 대한 대상자의 차별적인 학습에 관련된다. 3차원 상호작용이나 재검사 × 수업형태 × 시간계획은 시간계획과 수업형태의 학습에 관한 상호작용적 영향을 반영한다. 예컨대, 강의법의 경우에는 8주 시간계획이 더 나은 학습을 결과한 반면에, 세미나식은 어느 시간계획에서건 학습에 영향을 미치는 바가 유의하지 않은 것으로 나타날 수 있다. 따라서 각 변인의 효과는 다른 것에 의하여 드러난다. 유의한 주 효과에 바탕하여 세미나식이 강의법보다 학생 학습에 더 나은 영향을 미친다는 결론이 옳다고 할지라도 상호작용에 관련해서는 더 상세한 결론이 요청된다. 16주 시간계획 하의 세미나법이 더 나은 방법이라고 할 수 있으나, 다른 세 가지 조합에 의한 방법은 서로 다를 수 있다. 따라서 8주 시간계획을 갖는 세미나식은 다른 시간계획을 갖는 강의법보다 더 낫다고 할 수 없으며 보다 긴 시간을 통하여 그것의 우수함을 확인해 보아야 한다.

세 가지 상호작용이 유의성을 갖지 않는 경우 특별한 값 중의 마지막 효과는 재검사에 대한 주효과이다. 이 효과는 조합된 모든 집단에서의 변화를 지적하는 것이며 조건에 관계없이, 그리고 처치의 차가 없음에도 불구하고 학습에서의 유의한 차가 있는지를 보여준다. 모든 처치들은 동일하게 효과가 있을 수도 있고 없을 수도 있으며, 재검사 주효과가 있는가를 검증해 볼 수 있다.

여기서 분명히 해야 할 것은 3차원 요인설계는 해석이 복잡하다는 점이다. 연구되어야 할 독립변인의 결합효과를 밝힐 수 있다는 이 설계의 장점은 분석과 해석상의 복잡성에 의하여 부분적으로 상쇄되기도 한다. 이러한 설계는 숙련된 연구자에 의하여 적절하게 사용될 때 연구를 위한 강력한 도구가 될 것이다.

5. 위계적 설계

하나의 실험연구에 도 개 이상의 독립변인을 동시에 다루는 요인설계는 독립변인들이 어떤 방식으로 결합되어 실험설계에 통합되느냐에 따라서 서로 다른 실험설계가 이루어진다. 실험설계에서 독립변인들이 통합되는 방식은 완전무선배치 요인설계에서처럼 두 독립변인이 통합되지 않는 방식, 처치-구회설계와 같이 교차적 방식으로 통합되는 방식, 그리고 한 독립변인의 한 수준이 다른 독립변인의 한 수준에만 제한적으로 배속되는 방식으로 통합되는 방식 등이 있다. 이들 중 후자의 방식을 위계적 설계(hierarchical design), 또는 배속설계(nested design)라고 칭한다.

위계적 요인설계는 두 가지 형태의 독립변인, 즉 집단 간과 집단 내 독립변인을 다룬다. 여기에는 세 번째, 그리고 차례대로 끼워진 혹은 위계적(位階的) 변인이 있다. 집단 간과는 반대로 차례대로 끼워진 변인은 순서적인 변인의 모든 수준이 교차되지 않거나 다른 집단 간 변인의 모든 수준에 나타내지 않는다.

차례로 끼운다는 개념은 새로운 것은 아니다. 즉, 집단 간 설계에서 연구자는 대상자를 처치집단에 끼워 넣는다고 생각할 수 있다. 즉, 각 집단에는 서로 다른 대상자들이 있다. 이것은 각 대상자가 독립변인의 각 수준에 나타나는 집단 내 설계와는 반대되는 것을 의미한다. 그러나 효과는 독립변인의 수준이 단지 다른 독립변인의 어떤 수준에서만 발견될 때 차례대로 끼워 넣을 수 있다. 이것은 대상자가 기존의 집단 성원이나 분류된 집단에 존재할 때, 그리고 모든 집단이 처치조건에 배정될 때 자주 일어난다. 만약에 대상자가 집단에 무선 배치되지 않았거나, 처치가 집단 성원 간 상호작용을 포함하고 있는 경우, 전체 집단은 개인이 아니라 대상자가 된다. 만약에 많은 집단이 존재한다면, 연구자는 조건에 무선적으로 그들을 할당할 수 있으며 이 경우 조건에 무선 배치의 모습을 지니고 있다. 많은 경우에 결론은 개인보다는 집단을 대상으로 내려져야 한다.

아마도 개인이 어떤 종류의 집단 속에 들어가는 가장 보편적인 상황은 처치를 위하여 배정된 학급에 들어있는 학생에 관한 연구일 것이다. 그런 경우, 처치가 학급성원, 학급풍토, 학급환경 등과 혼재되기 때문에, 그 학급의 특성을 고려하지 않게 되어 자료를 분석하는데 오류를 범할 수 있다. 거기에는 학급의 특성과 처치간의 상호작용이 있다고 볼 수 있다. 만약에 그러하다면, 학급성원으로부터 수집된 자료가 이용되고 있다고 할지라도, 자료는 학급이 마치 대상자인 것처럼 분석된다. 따라서 처치에 할당된 단위에 끼어 든 대상자가 있는 설계에서는, 연구자는 분석을 위해 적절한 충분한 수의 단위를 지녀야만 한다.

예를 들어, 두 가지 교수법(예 : 강의법과 토론법)이 학업성취도에 미치는 효과를 연구하기 위하여 연구자가 기존 학급학생들을 연구대상으로 했다고 가정하자. 흔히 적용하는 실험설계는 단일요인설계이다(두 반을 선정하여 한 반(40명)에는 강의법을, 다른 한 반(40명)에는 토론법을 일정기간 실시한 후 성적을 비교함). 또 하나의 방법은 2요인 설계로서 각 교수법을 적용하는 학급을 2개 혹은 3개씩 선정하여 학급과 교수법의 상호작용 효과를 검증하는 실험설계를 할 수도 있다(이 경우에는 학급 학생 수가 많다). 여기서 연구자는 독립변인들 간 상호작용효과에 관심이 없거나, 상호작용효과가 없다는 선행연구가 수행되었다면 굳이 많은 연구대상자가 요구되는 요인설계를 하기보다는 위계적 설계를 하는 것이 효과적이다. 한 마디로 위계적 설계에서의 기존 사회적 집단(학급과 같은)은 실험설계 속에 통합된 하나의 독립변인으로 다루어 변량분석에서 주효과를 검증한다는 것이 핵심이다.

이처럼 요인설계 안에서 위계적 변인의 분석은 그러한 상황에 대하여 특수한 절차를 밟는 변량분석으로 이루어진다. 그러한 분석은 두 단계의 과정을 거친다. 첫째는 집단 간 차의 유의성을 검증하는 것이다. 만약에 집단들이 처치 내에서 동질적이라면, 연구자는 대상자들이 그들 처치에 끼어들지 않은 것으로 간주하고 자료를 분석할 수 있다. 만약에 집단 간 차이가 있다면, 집단 그 자체가 분석을 위한 대상이 된다.

간혹 연구자는 위계적이 되도록 의도적으로 연구를 설계하지 않지만, 분할할 수 없는 커다란 사회적 단위 대상으로 연구를 수행해야 할 경우가 있다. 이 경우, 대 단위 집단은 원래 분석의 단위로 생각해야 하며, 연구의 설계는 집단 간 차가 발생하는 경우에는 충분히 대단위가 되도록 해야 한다. 다른 경우에는, 연구자는 대규모의 사회적 단위에 관심을 가질 수 있으나, 자료는 그 단위 내의 개인에게서 수집된다. 이러한 상황은 단위가 학급이 되는 교육연구에서 일어날 수 있으나, 측정은 개인 학생에게서 실시된다. 연구자는 그와 같은 경우에 결론을 개별 학생에게서 도출할 것인지, 아니면 집단적 학급에서 도출할 것인지에 대하여 주의를 기울여야 한다. 만약에 연구자가 학급평균을 계산하고 그것을 분석을 위한 자료로 이용하였다면, 전반적으로 다른 학급에서도 결론을 도출할 수 있지만, 개별 학생들에게서는 결론을 도출할 수 없게 될 수도 있다. 위계적 설계는 개인 대상자와 사회적 단위 양자를 다룬다.

6. 부수적 변인을 지닌 설계

행동과학 연구는 사회적 현상의 복잡한 성격과 개인과 사회 단위들의 커다란 이질성 때문에 큰 오차변량으로 오염되는 경향이 있다. 적어도 요인설계(중다집단 실험 설계도 마찬가지이지만) 내의 이러한 변량의 약간을 제거하거나 통계적으로 통제할 수 있는 두 가지 방법이 있다. 첫째는 구획화 하는 것이며, 둘째는 공변량분석(ANCOVA)을 실시하는 것이다. 여기서는 이러한 방안을 논하며, 양자에 대한 몇 가지 특성을 비교해 보려고 한다.

연구에는 간혹 독립변인과 잠재적으로 관련된, 그리고 설계에서 오차변량으로 설명할 수 있는 변인들이 있다. 이들 추가적 혹은 부수적 변인들을 설계에 추가시킬 수 있으며 ANCOVA에서 오차변량을 분리해 내거나 종속변인을 추가적 변인의 효과로 조정할 수 있는 특별한 방법으로 다룰 수 있다.

구획화 한다는 생각은 부수적 변인을 분석에서 추가적인 독립변인으로 이용한다는 것이다. 그와 같은 설계는 부수적 변인의 각 수준에 동일한 수를 지닌 대상자와 설계의 각 칸에 동일한 수를 포함시킬 것이다. 구획화한 변인에는 성, 지능, 여러 심리 검사 점수 등이 포함된다.

구획화는 가끔 ANOVA에서 오차변량의 크기를 감소시킴으로서 설계의 정확도를 증가시킨다. 대상자나 처치의 특정 특성이 연구에 영향을 미칠 것으로 예상되면, 연구자는 동일한 수의 대상자를 구획화 변인의 각 수준에 넣음으로써 효과를 통제할 수 있다. 예컨대, 동물 연구에서, 한 배 새끼에 대하여 구획화 하는 것이 보통인데, 한 배 새끼 중 동일한 수의 동물을 서로 다른 조건에 할당하게 된다. 따라서 3가지 조건 각각에 대하여 10마리가 필요하다면, 연구자는 세 조건 각각에 3마리씩을 넣고 나머지 1마리는 각 조건 중에서 어느 조건에 무선 할당하게 된다. 한 배 새끼는 분석에서 효과가 될 것이며, 한 배 새끼간의 유의한 차이가 있는가를 검증하게 될 것이다. 이 설계는 상호작용에 대한 검증은 불가능한 것으로, 설계의 한 배 새끼 칸에 각 처치상의 단일 사례만이 존재함을 유의해야 한다.

인간 연구에서 구획화 변인에는 가끔 성, 지능, 사회경제적 지위, 거주지 등이 포함된다. 검사점수와 같은 연속적 변인의 경우, 연구자는 양분이나 삼분을 하고서 그들의 적절한 수준에 대상자를 배치한다. 구획화 변인이 종속변인과 관계를 가지고 있는 것이 사실이라면, 구획화 변인은 관심가진 독립변인에 관한 통계적 유의성이 발견될 가능성이 높아진다. 그들은, 연구자가 구획화 변인의 유의성에는 특별한 관심을 지니고 있지 않더라도, 요인설계에서 어떤 다른 독립변인들과 마찬가지로 취급된다.

공변량분석은 동일한 대상자에게서 이루어지지만, 몇 개의 비연속적 범주 내의 연속적 변인을 축소함이 없이 이루어진다. 따라서 검사점수의 경우, 연구자는 분석에서 부수적 변인을 공변인으로서 다룰 수 있으며 종속변인을 공변인에 조정시키게 된다. ANCOVA는 설계 내의 공변인을 조정하는 통계적 수단이며, 그것은 주어진 일련의 자료 내에 지니고 있거나 지니고 있지 않다는 몇 가지 가정에 기초하고 있다.

ANCOVA는 또한 실험설계에 의해 통제되지 않는 혼재 요인을 통계적으로 통제하기 위하여 이용된다. 예컨대, 연구자가 한 가지 교수법이 다른 방법보다 우수한가를 결정하려 한다고 가정하자. 그는 각 방법에 학급을 할당한 후 두 학급의 학생들이 획득한 지적 수준을 비교한다. 이것은 위계적 설계임을 망각하면, 한 학급 내의 학생들의 평균 지능이 다른 학급의 학생들보다 높을 수 있다. 만약에 이러한 점수에 차이가 있었다면, 두 학급은 비교하기 전에 지능이 같도록 통계적으로 조정되어야 한다. 그와 같은 조정은 ANCOVA의 기본적 가정을 위협하는 매우 민감한 것이며 항상 조정이 가능한 것이 아니다. 잘못된 설계를 교정하기 위한 훌륭한 통계적 조정이란 존재하지 않는다. 이 연구로부터 명확한 결론을 도출하기 위해서는 교수법에 학생들과 학급을 무선적으로 배치하는 것이 요구된다.

Feldt(1958)는 부수적 변인을 다루는 데 있어서 구획화와 ANCOVA의 사용을 비교한 바 있다. 그는 각 방법으로 동일한 자료를 분석함으로써 두 방법을 대비시켰다. 부수적 변인은 ANCOVA에 적합한 연속적 변인이었다. 구획화를 위하여 부수적 변인들은 다양한 수의 범주로 재부호화 하였다. ANCOVA가 약간 더 정확하기는 하지만, 그의 결론은 자료 속의 모든 정보를 이용하기 때문에, ANCOVA는 중요한 몫을 하는 가정이 흔들리는 것에 대해서는 민감하다고 결론지었다. 따라서 구획화가 이용과 이해의 측면에서 추천할 만하며, 실제 적용에서 가정이 흔들리는 데는 덜 민감하다고 할 수 있다.

7. 중다변인 설계

지금까지 논의한 모든 설계들은 단일 종속변인을 갖는 것이며 그들이 중다 변인들을 포함한다는 사실에도 불구하고 단일변인 설계로 간주한 것이다. 최근에 중다변인 설계(重多變因 設計)의 인기가 높아지고 있다. 그것은 중다 종속변인을 갖는 것이다. 보다 복잡한 설계를 지향하는 이러한 추세는 두 가지 이유를 반영한다. 그것은 사회적 현상이 복잡하기 때문에 단일 측정으로는 그와 같은 복잡성을 감소시킬 수가 없다는 점과 자료분석을 위한 컴퓨터가 널리 이용되게 되었다는 점이다.

이 책에서 논한 어떤 실험설계든지 하나 이상의 종속변인에서 자료를 수집함으로써 중다변인 설계로 확장시킬 수 있다. 동일한 설계에서 중다 종속변인을 포함시키는 설계의 잇점은 측정치간의 복잡한 관계를 결정할 수 있도록 하는 데 있다. 이것은 측정이 잘 발달되지 못한 분야에서 특히 중요하며, 몇 가지 다른 도구의 이용이 연구에 추가될 수 있다. 중다 측정은 또한 복잡하고 다차원적 현상의 연구에서 중요하다. 예컨대, 과업수행은 단일 변인으로는 쉽게 측정되지 않는다. 수행의 최저 요건은 과업수행의 속도와 정확성이다. 타자치기의 기본적 과업은 타이핑의 속도, 오타의 수, 지면 설계의 산뜻함 등이 포함된다.

중다변인 자료를 다루는 가장 쉬운 방법은 이전 단일변인 예 중의 어떤 것을 이용하는 방법인 단일변인 분석의 계열을 따르는 것이다. 연구자가 5개의 종속변인을 지닌 2×2 요인설계로부터 자료를 수집했다고 가정하자. 연구자는 각 종속변인에 따른 분리한 2×2 ANOVA를 수행하고 분리된 결과를 각각 해석할 수 있을 것이다. 이 방법은 5개변인 간 서로 다른 형태를 지니는 경우에 해석상의 어려움이 있기는 하지만, 계산상으로나 개념상으로 비교적 간단하다. 그러나 이 방법은 중요한 문제가 있다. 그것은 통계가 기초하고 있는 기본적인 확률이론상의 문제이다. 유의성 검증을 할 때, 연구자는 특정 결과가 순전히 우연에 의하여 일어날 가능성을 계산한다. 대체로 $p < .05$ 관례가 채택된다. 어떤 단일 통계적 비교의 경우, 혹은 ANOVA

내의 모든 비교에 대하여 확률수준은 .05에 머물러 있다. 그러나 重多比較가 동일한 통계로 수행될 때, 확률은 선택한 수준에 머무르지 않는다. 즉, 연구자가 .05수준에서 100회의 비교를 했다면, 그는 5회는 우연에 의해서만 유의한 것으로 기대할 수 있다. 2×2 설계의 경우, 5개 종속변인에 걸쳐서 하나 이상의 유의한 효과가 발견될 확률은 정해진 확률 수준보다 더 크다.

중다변인 자료가 안고 있는 확률문제를 피하는 데는 두 가지 방법이 있다. 하나는, 보다 엄격한 수준에서 각각을 비교하기 위한 유의수준을 정함으로써 전반적으로 확률수준을 .05에 머무르도록 하는 것이다. 그러나 이 방법은 특히 몇 개의 종속변인을 지니는 경우 너무 보수적이다. 만약에 연구자가 .01수준에서 정했다면, 그는 모든 효과에 대한 모든 종속변인들이 .02수준에서는 유의함에도 불구하고 아무런 유의한 차이가 없다고 결론짓게 된다.

더 나은 방법은 모든 종속변인을 동시에 분석하는 중다변인 통계적 방법을 이용하는 것이다. 이 방법은 또한 단일변인 방법이 무시한 종속변인간의 복잡한 관계를 밝힐 수 있는 장점이 있다.

이 책에서 논의한 대부분의 설계들은 ANOVA를 사용할 수 있는 것들이며, 그들의 모든 것은 중다변인 변량분석(MANOVA)의 대상이다. 더 복잡하고 약간 다른 계산 절차를 필요로 하지만, MANOVA는 설계상의 각 효과에 대한 중다변인 검증을 할 수 있게 한다. 이러한 중다변인 검증은 모든 종속변인이 동시에 유의한 효과가 있는지를 알려 준다. 만약에 효과가 있다면, 어떤 개별 종속변인에서 효과가 있으며 종속변인들이 어떻게 관련되는가에 대한 추가적 분석이 수행된다. 그러한 분석은 매우 복잡하므로 컴퓨터의 이용이 불가피하다.

중다변인 방법이 복잡한 자료분석을 위한 강력한 방법이기는 하지만, 이것을 적절하게 이용하는 데는 충분한 고려가 요구된다. 그것을 이용하기 위해서는 통계적 방법 자체와 더불어 컴퓨터 프로그램화된 컴퓨터 패키지에 관한 지식을 필요로 한다. 분석의 결과는 또한 해석하기가 매우 어렵고, 어떤 분야는 해석을 위한 명확한 규칙이 없는 경우도 있다. 많은 사회과학의 경우, 중다변인 설계는 중다변인 방법과 컴퓨터에 관한 많은 지식을 요하는 것이다.

탐구주제

1. 조사연구(기술적 연구)의 연구설계와 실험연구의 연구설계가 어떤 점이, 어떻게 다른가를 설명하시오.
2. 조사연구의 내적 타당도와 외적 타당도를 저해하는 요인을 열거하고, 설명해 보시오.
3. 독립변인들 간 상호작용효과를 규명하기 위한 연구 주제를 들고, 상호작용효과의 의미를 구체적으로 설명하시오.
4. "실험연구는 근본적으로 외적 타당도의 제약을 받는다(외적 타당도가 낮다)"라는 진술의 근거를 제시하고, 이를 해결하기 위한 방법을 기술하시오.

제 6 장

자료의 통계적 분석방법

연구를 수행하기 위해서는 연구의 목적과 문제해결에 적합한 자료의 수집, 그리고 수집한 자료를 연구문제의 성격에 적합하게 분석하고 그 결과를 해석하는 것이 필수적이다. 흔히 자료의 통계적 분석 작업은 개인용 PC를 이용한 통계분석 프로그램(SPSS, SAS 등)에 의존하면 되는 것으로 생각하는 경향이 있으나 이는 매우 잘못된 사고방식이다. 자신이 연구하고자 하는 문제에 적합한 통계적 분석 방법에 대한 기본적인 지식을 지니고 있지 않은 상태에서 이러한 통계 분석 프로그램에 의존한다는 것은 연구활동이 통합적으로 이루어지지 못하는 일일 뿐만 아니라 통계적 분석 자료의 해석을 곤란하게 만든다. 따라서 PC를 활용한 통계적 분석 프로그램은 통계학에 대한 기본적인 지식과 통합되어 활용되어야 한다.

제6장에서는 기초적인 통계학에 대한 내용을 다룬다. 연구에서 수집하고 분석할 자료의 성질, 통계적 분석과 관련한 기본적인 개념, 집단의 특성을 기술하는 데 이용되는 통계학, 집단내 개인의 위치를 밝히는 데 이용되는 통계학, 집단간 차이를 규명하는 데 이용되는 통계학 등을 학습한다. 특히, 교육과 교육학 분야의 학위논문 작성을 위해 자료의 분석에 적용되는 t검증, 변량분석, 카이자승 검증 방법의 원리와 과정을 구체적인 예를 중심으로 이해한다.

학습목표

1. 교육연구에서 통계적 추리의 상황을 예를 들어 설명할 수 있다.
2. 통계적 가설 검증의 논리를 기술할 수 있다.
3. 유의도 검증의 의미를 기술할 수 있다.
4. 일방검증과 양방검증의 의미를 구체적인 예를 들어 설명할 수 있다.
5. 통계적 검증에서의 두 가지 오류에 대하여 설명할 수 있다.
6. 수집한 자료의 정리 방법과 표 작성 방법을 기술할 수 있다.
7. 집단의 특성을 기술하기 위한 집중경향치와 변산도치에 대하여 설명할 수 있다.
8. 하위집단들의 평균치(M)와 표준편차(SD)가 주어졌을 때 이를 이용하여 집단 전체의 평균치와 표준편차를 구할 수 있다.
9. 표준점수의 필요성과 용도를 설명할 수 있다.
10. 다양한 특성의 원점수에 바탕한 통계치가 주어졌을 때 표준점수를 이용하여 집단내 개인의 위치를 밝힐 수 있다.
11. Z검증의 절차를 기술할 수 있다.
12. t검증의 경우와 절차를 기술할 수 있다.
13. 변량분석표가 주어지면, 표를 해석할 수 있다.
14. 카이자승 검증의 경우와 검증 절차를 기술할 수 있다.

제1절 통계적 개념과 원리

1. 통계란 무엇이며, 왜 통계를 공부하는가?

Statistics is the theory and method of analyzing quantitative data obtained from samples of observations in order to study and compare sources of variance of phenomena, to help make decisions to accept or reject hypothesized relations between the phenomena, and to aid in making reliable inferences from empirical observations(Kerlinger, 1973 : 185).

통계는 첫째, 인간행동과 사회 현상에 관한 체계적인(과학적인) 탐구를 가능하게 하고 의사결정을 객관적이고 합리적으로 할 수 있도록 돕는다. 즉, 개인 혹은 집단의 어떤 특성을 기술, 설명, 예언, 통제하기 위한 구체적이고 객관적인 자료 근거를 필요로 할 때 이 필요를 충족시킬 수 있다. 또한 평가에서 자료의 다양한 분석의 필요를 충족시킬 수 있고 측정도구의 양호도를 검증할 수 있다.

둘째, 연구를 수행하기 위한 수단을 제공한다. 즉, 행동과학 연구란 인간행동의 다양한 변인과 요인들을 측정하여 측정치들의 집단 간 비교나 차이, 관계성 등을 규명하는 작업이다. 이는 대부분 도구를 이용한 측정치들의 통계적 분석에 의해 이루어진다.

셋째, 인간의 논리적인 사고력을 육성하는 데 기여한다. 즉, 자료분석을 위한 통계적 방법은 매우 논리적이고 체계적인 접근을 요한다. 통계적 분석 방법의 학습은 자신의 연구문제 해결을 위한 최선의 분석 방법의 적용, 그 대안의 모색 등과 같은 방법을 배움으로써 논리적으로 사고하는 능력을 기르는 데 좋은 도구이다.

2. 통계학의 내용

1) 기술통계학(descriptive statistics)

하나의 집단, 하나의 자료 묶음에 관한 통계학으로서 관찰 대상의 양적 자료를 수집, 분석, 정리 및 해석하는 통계적 방법이다. 이 통계의 목적은 원자료(raw data)의 양적 축소와 사용 목적에 적합하도록 집약시켜 간결한 형태로 표현함으로써 연구하고자 하는 현상을 있는 그대로 기술해 내는 것이다. 여기에는 일반적으로 빈도분포표 작성 및 해석 방법, 도표화 방법, 백분위(百分位) 및 표준점수와 같은 점수의 표시 방법, 정상분포곡선, 집중경향치, 변산도치, 상관관계 분석 등이 해당된다. 그리고 기술통계학은 추리통계학의 기초를 제공하기도 한다.

2) 추리통계학(inferential statistics)

추리통계학이란 표본(sample)을 이용한 통계학이라고 할 수 있다. 전집을 직접 측정하여 전집측정치를 분석의 대상으로 삼을 때는 통계치(statistics)가 곧 전집치(全集値, parameter)가 되므로 통계치 자체의 신뢰성을 의심할 필요가 없다. 그러나 전집으로부터 추출한 표본을 연구 대상 혹은 측정 대상으로 하여 표본의 통계치를 구한 경우에는 그 통계치로 전집치를 추리하는 것이 불가피하며, 이러한 추리의 절차를 거치는 통계학을 추리통계학이라고 한다.

추리통계학에서는 표본분포와 표준오차, 통계치의 신뢰도 혹은 유의수준, 통계치가 계산된 전집에 대한 기본적인 가정의 충족 등이 중요한 주제가 된다.

추리통계는 다시 모수적 통계와 비모수적 통계로 나눈다. 모수통계(母數統計, parametric statistics)란 모집단의 분포가 정상분포를 이룬다는 가정이 성립될 때 적용하는 통계이며, 비모수통계(非母數統計, non-parametric statistics)란 모집단의 분포가 편포되어 있거나 정상분포로부터 벗어나 있다고 판단할 때 적용하는 통계이다. 연구자가 수집한 자료가 그 전집의 점수분포가 정상분포 가정이 성립되는가를 판단하는 기준은 기존의 이론적 배경이나 선행 연구, 사전 조사 자료 등 경험적으로 입증된 자료가 된다. 예컨대, 인문계 고등학교 학생들의 남학생과 여학생의 모집단 성적분포는 정상분포 가정을 충족시킬 수 있다. 그러나, 특별한 연구목적으로 표집한 학업부진학생 혹은 학업 우수 집단의 성적분포는 정적 혹은 부적편포를 이룰 것으로 가정할 수 있다.

3. 통계적 추리

대부분의 연구는 추리통계가 적용된다. 즉 전집(母集團) 전체를 연구대상으로 하여 실험이나 조사가 이루어지는 것이 아니라, 전집으로부터 일정한 사례를 표집한 표본에 포함된 사례를 대상으로 실험이 이루어지거나 조사가 이루어지고, 이들 사례로부터 측정한 측정치를 가지고 통계적 분석을 한 후, 그 결과를 기초로 전집의 특성을 추리하는 방식을 취한다. 그러므로 연구자는 통계적 추리에 관한 기본적인 지식을 충분히 지니고 있을 때 타당한 연구를 수행할 수 있는 것이다.

1) 통계적 추리의 상황

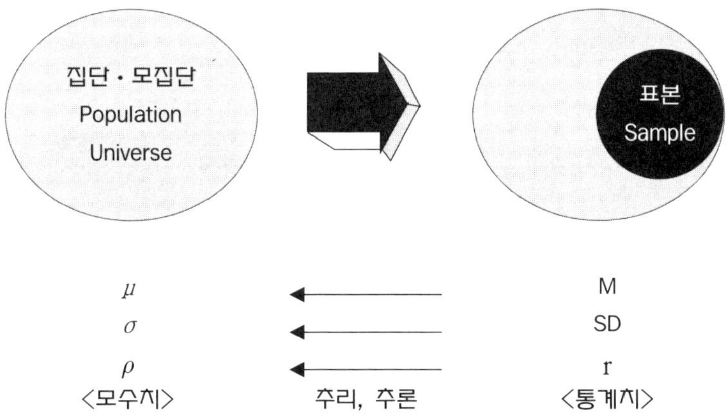

모 집 단	표 본
관심이 대상이 되는 모든 개체의 관측 값이나 측정값의 집합	모집단에서 실제로 추출한 관측값이나 측정값

기술 통계	추리 통계
자료를 정리 · 요약하는 방법	정보를 분석하며 모집단의 특성을 과학적으로 추정하는 방법
표, 그래프	t-test, ANOVA, 회귀분석 등

	모수치	통계치
대상	모집단의 특성	표본에서 계산된 특성
표시	그리스, 로마자로 표시	알파벳으로 표시
평균	μ	M
표준편차	σ	SD

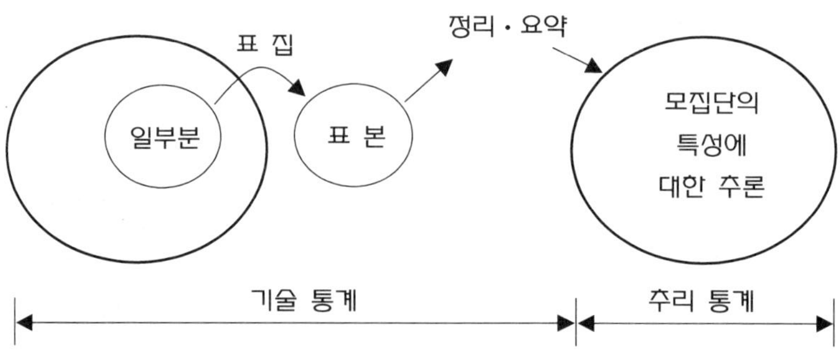

2) 추리와 추론의 정확성은 어떤 요인에 의해 영향을 받는가?

이처럼 연구가 추리 혹은 추론의 과정을 따라서 어떤 결론에 도달한다고 할 때, 추리나 추론은 항상 정확할 수가 없다. 전집 자체의 모든 사례를 연구대상으로 삼지 않았기 때문에 추리나 추론에는 항상 오류가 발생하기 마련이다. 이와 같은 추론의 오류를 최소화하기 위해서는 전집에 근접하는 표집으로 표본을 만들거나(연구대상자 수를 늘리는 방식) 대표적 표집 방법으로 표본을 만들거나 해야 한다. 물론 전자보다는 후자의 방식이 추론의 정확성을 높이는 데 도움을 준다.

3) 그래도 여전히 통계치의 신뢰도 문제는 남는다. 어떻게 해결할 것인가?

이 문제를 추리통계가 해결해 준다. 문제 해결의 논리는 다음과 같다.

(1) **표본분포**(sample distribution)

계속 표집한(그림 6.1 참조) 표본의 통계치들의 분포로서 표집한 횟수가 많다면 표본분포는 정상분포를 가정할 수 있다.

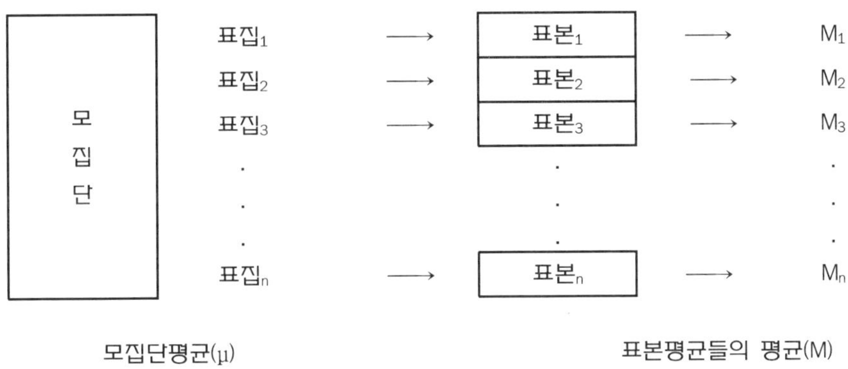

[그림 6.1] 계속 표집의 과정

(2) **평균치의 표본분포**

M_1, M_2, M_3, ……, M_n 들의 분포를 평균치의 표본분포라고 하며, 이들 점수(평균치들)분포는 평균치, 표준편차가 존재한다. 다른 통계치들, 즉 표준편차, 중앙치, 상관계수 등도 마찬가지로 표본분포에서의 표준편차가 존재한다.

(3) **표준오차**(standard error)

표준오차란 계속 표집하여 만들어진 표본들의 어떤 통계치(평균치, 표준편차,

중앙치, 상관계수 등)들의 표본분포상의 표준편차로서 그 통계치들의 변산도를 지시해 준다. 이는 통계치의 신뢰도, 즉 그 통계치가 모수치에서 얼마나 이탈되어 있는가를 지시해 준다. 따라서 표준오차가 크다는 말은 통계치로 모수치를 삼을 때 그 만큼 오차가 크다는 것을 의미하게 된다. 그러므로 표준오차는 통계치를 이용하여 일정 신뢰도 수준에서 모수치가 놓일 범위를 추리하거나 영가설을 검증하는 데 유용한 통계치이다.

(4) 통계치의 신뢰도(예측의 경우에도 동일하게 적용됨)

통계치 ± 신뢰계수 × 통계치의 표준오차

95% : 1.96

99% : 2.58

문제 : 어떤 표본의 통계치로서 평균치(M)가 80이고, 계산한 평균치의 표준오차(σ_M)가 5.3인 경우, 전집의 평균치를 95% 신뢰수준에서 추리하라.

답 : $80 \pm 1.96 \times 5.3 = 80 \pm 10.39 = 69.61 - 90.39$ 즉, 전집의 평균치가 69.61-90.39가 될 가능성이 95%이다(95% 신뢰할 수 있다).

제2절 | 자료의 통계적 분석방법

1. 통계적 분석내용과 자료의 정리

1) 기초 통계학이 다루는 내용과 통계적 자료

(1) 기초 통계학의 내용

① 통계적 자료와 자료의 정리 방법 : 빈도분포표

② 집단의 대표치를 구하는 통계적 방법 : 집중경향치

③ 집단의 이질성 여부를 밝히는 통계적 방법 : 변산도

④ 두 변인의 상관 정도를 밝히기 위한 통계적 방법 : 상관계수

⑤ 상관계수를 이용한 예측 : 회귀선과 예측

⑥ 점수의 비교를 위한 통계적 방법 : 백분위점수와 표준점수

⑦ 통계치의 신뢰도

⑧ 두 통계치의 차이검증을 위한 통계학 : Z검증, t검증

⑨ 두 집단 이상의 통계치 차의 유의도 검증 : 변량분석(ANOVA)

⑩ 빈도자료의 집단 반응 차의 유의도 검증 : 카이자승(χ^2) 검증

(2) 통계적 자료

① 유목자료 : 질적 유목과 양적 유목

② 빈도(frequency) : 특정 유목에 해당하는 사례의 수

③ 수량자료와 측정치 : 도구를 이용하여 재어서 얻은 수치들/재어서 얻은 수치

2) 빈도분포

(1) 원자료 분포

관찰, 혹은 측정결과 얻어진 가공하기 전의 원자료 집합은 무질서하며 집단의 특성을 파악하기 곤란하다. 다음의 예에 제시된 측정치들을 보라.

【예】 고교 3학년 51명의 EQ 검사 결과

28	36	15	23	27	41	34	35	38	20	25	52	58	43	42	45	47
48	50	33	26	35	37	41	48	39	32	36	38	35	19	24	26	41
35	27	41	33	36	38	27	17	30	31	43	25	36	29	34	22	30

(2) 빈도분포

측정치의 크기에 따라서 열거하고, 해당 측정치에 해당하는 빈도를 세어 표로 만든 것으로 이 집단은 어떤 점수분포를 보이며, 어느 점수대에 보다 많은 사례가 몰려 있으며, 대략적으로 점수들의 흩어진 정도는 어떻게 기술할 수 있는가를 밝힐 수 있다.

1 단순빈도분포표

단순빈도분포표는 검사결과를 일정한 순서(주로 오름차순)로 나열하여 해당 전후의 빈도를 정리한 표이다.

〈표 6.1〉 단순빈도분포표의 예

점수, 측정치, X	빈도, f
70	1
69	1
68	2
67	2
66	2
65	5
62	2
60	3
58	2
56	1
55	2
54	3
53	2
52	2
51	1
50	1

2 묶음빈도분포표

묶음빈도분포표는 측정치들을 일정한 급간(3점 또는 5점)을 정하여 해당하는 전체의 빈도를 정리한 표이다. 사례수가 많거나 측정치들이 많은 경우 요약·정리해 줌으로써 집단의 측정치 분포와 특성을 간략하게 나타내 주는 효과가 있다.

〈표 6.2〉 묶음빈도분포표의 예

급간, X	세기표	빈도, f
68 – 70	////	4
65 – 67	~~////~~ ////	9
62 – 64	//	2
59 – 61	///	3
56 – 58	///	3
53 – 55	~~////~~ //	7
50 – 52	////	4

3 누가빈도분포표

점수 급간은 그대로 작성한 후 빈도 란의 숫자를 아래에서 위로 올라가면서 누가적으로 제시한 표. 최상위 점수 혹은 급간의 누가빈도수는 전체 사례수(N)와 동일하다.

4 누가백분율빈도분포표

누가빈도의 백분율을 구한 후 백분율을 누가적으로 합쳐 작성한 표로 오자이브 곡선(ogive curve)이라고도 한다.

〈표 6.3〉 누가빈도분포표, 누가백분율빈도분포표의 예

X	f	cf	p	cp
95	1	58	1.72	99.97
93	2	57	3.45	98.25
90	2	55	3.45	94.8

89	3	53	5.17	91.35
88	3	50	5.17	86.18
87	5	47	8.62	81.01
86	6	42	10.34	72.39
85	5	36	8.62	62.05
82	7	31	12.07	53.43
81	6	24	10.34	41.36
80	5	18	8.62	31.02
79	4	13	6.89	22.4
78	2	9	3.45	15.51
77	3	7	5.17	12.06
74	2	4	3.45	6.89
73	1	2	1.72	3.44
72	1	1	1.72	1.72

2. 통계적 분석의 실제

1) 집단의 특성을 기술하기 위한 통계적 방법

(1) 집중경향치

〈표 6.4〉 집중경향치를 밝히기 위한 가상적 자료

수학점수 (X)	빈도 (f)	누가빈도 (cf)	수학점수 (X)	빈도 (f)	누가빈도 (cf)	수학점수 (X)	빈도 (f)	누가빈도 (cf)
31	1	1	47	3	16	60	3	37
33	1	2	49	3	19	63	4	41
35	2	4	51	5	24	66	4	45
37	2	6	52	1	25	70	1	46
40	2	8	53	1	26	75	1	47
45	2	10	55	4	30	76	2	49
46	3	13	56	4	34	100	1	50

① 최빈치(Mode, Mo) = 51

② 중앙치(Median, Mdn) = 52.5 → N/2에 해당하는 사례의 점수

③ 평균치(Mean, M, $\overline{X}$) = $\frac{\Sigma fX}{N}$ = 2681/50 = 53.62

④ 편포된 분포에서의 집중경향치들의 위치

* 대칭분포 : Mo = Mdn = M
* 정적 편포 : M 〉 Mdn 〉 Mo
* 부적 편포 : M 〈 Mdn 〈 Mo

⑤ 평균치들의 평균치 $M_{comb} = \frac{\Sigma N_i M_i}{\Sigma N_i}$

【예제 1】 고등학교 2학년 5개 반의 기말고사 성적 평균치가 다음과 같다. 2학년 전체의 평균치를 구하라.

반	1	2	3	4	5
N	45	52	40	46	55
M	70	74	65	77	74
SD	5.6	4.8	4.0	5.2	5.8

$$M_{comb} = \frac{45 \times 70 + 52 \times 74 + 40 \times 65 + 46 \times 77 + 55 \times 74}{45 + 52 + 40 + 46 + 55} = 17210/230 = 74.83$$

⑥ 극단적인 점수가 미치는 영향 : Mo 〈 Mdn 〈 M

⑦ 세 가지 집중경향치의 용도가 서로 다르다.

⑧ 평균치의 성질

㉮ 개별 점수와 평균치의 차(편차, X)의 합은 항상 '0'이다.

㉯ 평균치를 이용한 편차제곱의 합[$\Sigma(X-M)^2$]은 평균치가 아닌 어떤 수를 가지고 편차제곱의 합을 구한 값[$\Sigma\{X-(M\pm C\}^2$]보다 항상 작다. 이를 "최소자승원리"라고 한다.

㉰ 집단의 개별 사례에 일정한 점수(C)를 더하거나 뺀 후 계산한 평균치는 원래의 평균치에 C를 더하거나 뺀 값과 같다.

$$\frac{\Sigma(X \pm C)}{N} = M \pm C$$

㉣ 모든 사례의 점수에 일정한 점수(C)를 곱하거나 나누었을 경우에는 원래의 평균치에 C를 곱하거나 나눈 것과 같다.

$$\frac{\Sigma CX}{N} = C \cdot M$$

㉤ 극단적인 점수를 지닌 사례가 소수 존재하여 이들 극단적인 점수가 대표치에 미치는 영향을 배제하고자 할 경우에는 중앙치를 구하며, 극단적인 점수를 포함하려는 경우에는 평균치를 구하는 것이 합리적이다.

2) 변산도

(1) 변산도를 통하여 알 수 있는 정보

① 두 집단 중에서 어느 집단의 사례들이 보다 동질적이고 이질적인가(집단간, 개인간 변산도)

② 학생 개인의 성적은 어느 정도 안정적인가 (개인내 변산도)

(2) 변산도의 종류

① 범위(Range, R) : 100-31＝69, 혹은 (100-31) ＋ 1＝70

② 사분편차(Quartile Deviation : Q) : 60.125-45.825/2＝7.15

$Q_1 = 40.5$, $Q_3 = 80.1$로 가정할 때 Q를 구하면, 사분편차를 구하는 공식 $Q = \frac{Q_3 - Q_1}{2}$에 의해, $Q = \frac{80.1 - 40.5}{2} = 19.8$ 이다.

전체 사례수의 25%	전체 사례수의 25%	전체 사례수의 25%	전체 사례수의 25%

Q_1(1.4분점) Q_2(2.4분점) Q_3(3.4분점)

아래에서부터 25% 사례가 포함되는 사례의 점수(40.5)

위로부터 25% 사례가 포함되는 사례의 점수(80.1)

(3) 표준편차(Standard Deviation : SD, S)=12.72

$$S.D = \sqrt{\frac{\Sigma(X-M)^2}{N}} = \sqrt{\frac{\Sigma\chi^2}{N}} \qquad (1)$$

$$= \sqrt{\frac{\Sigma\chi^2}{N} - M^2} \qquad (2)$$

$$= \frac{1}{N}\sqrt{N\Sigma\chi^2 - (\Sigma\chi)^2} \qquad (3)$$

위 공식 (1)에 의해 표준편차를 계산하는 절차

① 평균치를 구하고, 각 사례의 측정치(점수)에서 평균치를 뺀다(X−M). 이 수치를 '편차'라고 부르고 x로 나타낸다. 따라서 x=X−M 이다.

② 편차를 제곱한 후 이를 모든 사례에 대하여 합한다(이 값을 '자승화', 또는 '편차제곱의 합'이라고 부른다).

③ 자승화를 전체 사례수로 나눈다.

④ 제곱근을 구한다.

위 공식 (2)에 의해 표준차를 계산하는 절차

① 평균치를 구하고 이를 제곱한다.

② 원점수를 제곱한 후 사례수를 곱한다. 그리고 이들 숫자를 합한다.

③ 계산한 값들을 공식에 대입한다.

(4) 표준편차의 병합

$$S_{comb} = \frac{1}{\sqrt{N}}\sqrt{N_1(s_1^2+d_1^2)+(s_2^2+d_2^2)+\cdots N_n(s_n^2+d_n^2)}$$

① $d_1 = M_1 - M_{comb}$ ② $d_2 = M_2 - M_{comb}$ ③ $d_3 = M_3 - M_{comb}$

[단, M_{comb}는 병합 표준편차를 나타냄]

문제 1 다음의 자료를 이용하여 2학년 5개 반 전체의 표준편차를 구하라.

	1반	2반	3반	4반	5반
N	45	52	40	46	55
M	70	74	65	77	74
SD	5.6	4.8	4.0	5.2	5.8

(5) 변산도 계수(CV)＝100s/M

① 측정단위가 다른 두 변인 이상의 변산도를 비교할 때 : 신장과 성적

② 측정단위는 같으나 평균치의 차가 심한 두 집단의 변산도를 비교할 때 : 중학생과 대학생의 영어 어휘력 성적

문제 2 주부 200명을 대상으로 1개월간 가계비와 사교육비를 조사한 결과 다음과 같다. 어느 변인의 변산도가 큰지 설명하시오.

	M	SD
가계비	683,600원	185,800원
사교육비	206,200원	62,500원

(6) 표준편차의 해석 방법

M ± 1.00 SD → 사례수의 68.26%

M ± 1.96 SD → 사례수의 95%

M ± 2.58 SD → 사례수의 99%

〈신뢰계수〉

(7) 표준편차의 특성

① 집단의 모든 사례에 일정한 수(C)를 더하거나 뺀 후 표준편차를 구하면 원래의 표준편차는 달라지지 않는다.

② 집단의 모든 사례에 일정한 값(C)을 곱한 후 표준편차를 계산하면 그 수의 절대치만큼 표준편차는 커진다.

2) 상관도와 상관계수(coefficient of correlation)

(1) 상관계수를 계산하는 예 몇 가지

① 지능과 학업성적간에는 어떤 관계(상관)가 있는가?

② 국어 성적과 수학 성적간에는 어떤 관계가 있으며, 이러한 상관은 성별에 따라서 차이가 있는가?

③ 1학기 성적과 2학기 성적 간에는 어떤 관계가 있는가?

④ 성별 직업적성과 직무성과와의 관계는?

(2) 상관계수의 성질

① 크기(절대치)와 방향(부호)

② 계수이며, 절대영점이 없음

③ 상관계수의 범위 : 1 ~ 0 ~ -1

(3) 계산 방법

1 적률상관계수

$$r = \frac{\Sigma xy}{\sqrt{(\Sigma x^2)(\Sigma y^2)}} \quad [x = X - MX,\ y = Y - MY]$$ …… 편차점수에 의한 계산

$$= \frac{\Sigma xy}{N \cdot \sigma x \cdot \sigma y}$$ ……………… 편차와 표준편차를 이용한 계산

$$= \frac{N\Sigma XY - (\Sigma X)(\Sigma Y)}{\sqrt{[N\Sigma X^2 - (\Sigma X)^2][N\Sigma Y^2 - (\Sigma Y)^2]}}$$ …… 원점수에 의한 계산

*** (상관계수) 계산 절차**

① 편차점수에 의한 계산

X	Y	x(X−Mx)	x^2	y(Y−My)	y^2	x · y
		Σx	Σx^2	Σy	Σy^2	Σx · y

② 원점수를 이용한 계산

X	Y	X^2	Y^2	X · Y
ΣX	ΣY	ΣX^2	ΣY^2	ΣX · Y

2 등위차 상관계수

두 변인의 자료가 모두 순위, 등수로 되어 있을 때

- 스피어맨의 Roh, ρ=6Σd2/N(N2-1) [d : 두 변인의 등위의 차로, 중복등위의 경우 평균치로 등위를 정한다.]

3 특수 상관계수

① **양류 상관계수**(point-biserial correlation coefficient : r_{pb}) : 하나의 연속 변인과 하나의 양분변인

[예 : 기억력과 흡연여부]

$$r_{pb} = \frac{M_1 - M_2}{Sx}\sqrt{pq}$$

② **Φ계수**(Phi coefficient) : 두 변인 모두 양분변인인 경우

[예 : 중학생과 고등학생의 수행평가 지지여부/ 도시와 농촌−교사평가 찬반]

		변인 X : 도시/농촌		
변인 Y	찬성	a	b	a−b
	반대	c	d	c+d
		a+c	b+d	

$$\Phi = \frac{bc - ad}{\sqrt{(a+c)(b+d)(a+b)(c+d)}}$$

③ **유관계수**(contingency coefficient : C) : 질적 유목의 수가 각각 2개 이상일 때

$$C = \sqrt{\frac{x^2}{n + x^2}} \quad * \ x^2\text{은 } \Sigma\frac{(f_o - f_e)^2}{f_e}$$

[예 : 종교활동 참여 정도와 가정생활 만족도] …… 5점척도/3점척도

(4) 상관계수 해석 방법

1 언어적 해석

.90 이상 : 극히 높은 상관 .70-.89 : 높은 상관

.40-.69 : 보통의 상관 .20-.39 : 낮은 상관

.00-.19 : 상관이 없거나 극히 낮은 상관

2 변량에 의한 해석방법

r의 제곱, 즉 r^2을 결정계수라고 한다. 이 값은 변인 X가 변인 Y의 변량을 설명하는 양을 일컫는다.

예 : 지능(X)과 성적(Y)의 r = .60이라면, X에 의하여 설명할 수 있는 Y변량은 36%이며, 나머지 64%는 X가 아닌 다른 어떤 변인이 Y변인 변량을 설명(작용)한다.

(5) 상관계수를 이용한 예측

1 최소자승법

X, Y 두 변인의 관계를 나타내는 1차 방정식의 직선(회귀선)을 긋는 방법

2 편차점수를 이용한 예측 방정식(회귀방정식)

$$y' = r\frac{s_y}{s_x}x \qquad x' = r\frac{s_x}{s_y}y$$

3 예측의 절차

① X, Y의 평균치(M) 계산

② X, Y의 표준편차(s) 계산

③ r_{xy}의 계산

④ 회귀방정식 유도

【예제 2】 고교생 200명을 대상으로 지능과 수학 성적을 측정하여 다음과 같은 통계치를 구했다.

	N	M	SD	r
지능	200	110	8.0	.60
수학성적	200	75	5.0	

문제 1 지능 115의 수학성적은 얼마나 되는지 회귀방정식을 구하고 예측하라.

풀 이 $y' = r\frac{s_y}{s_x}x$ $\quad y' = .60 \times 5.0/8.0x = .375x$

$y' = .375 \times (115\text{-}110) = 1.875$

따라서 지능지수 115는 평균치(120)로부터 5만큼 높은 쪽으로 이탈되어 있으며, 이러한 X변인의 편차점수를 이용하여 Y변인의 편차점수를 예측해 본 결과 Y평균치(75)로부터 1.875만큼 이탈된 것으로 예측할 수 있다.

문제 2 수학성적 70은 지능이 어느 정도 되는지 회귀방정식을 구하고 예측하라.

풀 이 $x' = r\frac{s_x}{s_y}y$ $\quad x' = .60 \times 8.0/5.0y = .96y$

$$x' = .96 \times (70\text{-}75) = -4.8$$

따라서 수학성적 70은 평균치(75)로부터 5만큼 낮은 쪽으로 이탈되어 있으며, 이러한 Y변인의 편차점수를 이용하여 X변인(지능)의 편차점수를 예측해 본 결과 X평균치(110)로부터 −4.8만큼 이탈된 것으로 예측할 수 있다.

4 점수를 이용한 예측

$$Y' = r\frac{s_y}{s_x}(X - M_x) + M_y \qquad X' = r\frac{s_x}{s_y}(Y - M_y) + M_x$$

【예제 3】 지능지수 120인 학생의 수학성적을 예측하기 위한 회귀방정식과 예측치는?

풀 이 $Y' = r\frac{s_y}{s_x}(X - M_x) + M_y$

$y' = .60 \times 5.0/8.0\ (X\text{-}110) + 75 = .375X + 33.75$(회귀방정식)

$y' = .375 \times 120 + 33.75 = 45 + 33.75 = 78.75$(예측치)

따라서 지능지수 120인 학생의 수학성적은 78.75쯤 될 것으로 예측할 수 있다.

문제 3 수학성적 80인 학생의 지능지수를 예측하기 위한 회귀방정식을 구하고 지능지수를 예측하시오.

5 회귀방정식에 의한 예측의 정확도(예측의 신뢰도)

① r=1이 아닌 이상 예측은 정확한 것이 아니다. 예측의 신뢰도는?

② 추정의 표준오차

$\sigma_{(estY)} = \sigma_y\sqrt{1 - r^2}$ …… X로 Y를 예측

$\sigma_{(estX)} = \sigma_x\sqrt{1 - r^2}$ …… Y로 X를 예측

③ 신뢰도 한계

예측치 ± 신뢰계수 × 추정의 표준오차

68% : 1

95% : 1.96

99% : 2.58

【예제 4】 지능지수 120인 학생의 수학점수를 95% 신뢰수준에서 예측하라.

풀 이 ㉮ $y' = 78.75$

㉯ $\sigma_{(est\ Y)} = \sigma_y \sqrt{1 - r^2} = 5.0\ \sqrt{1 - .60^2} = 4.0$

㉰ $78.75 \pm 1.96 \times 4.0 = 70.91 \sim 86.59$

따라서 지능지수 120인 학생의 수학점수는 70.91~86.59 사이에 놓일 확률이 95%이다. 혹은, 지능지수 120인 학생의 수학점수를 95% 신뢰도로 예측하면 70.91~86.59가 될 것이다. 혹은, 지능지수 120인 학생의 수학점수가 70.91~86.59 사이가 될 것으로 예측할 때 이러한 예측이 맞을 가능성은 95%가 될 것이며, 틀릴 확률은 5%가 될 것이다.

3) 점수의 비교를 위한 통계적 방법

(1) 원점수에 의한 비교

1 원점수란?

검사나 고사의 결과로 채점되어 나온 점수

2 원점수가 지니고 있는 문제점

① 절대영점(비교할 준거)이 없어 점수 자체의 절대적인 의미가 없다

② 측정단위의 비율관계 성립 안됨. 80점은 40점의 2배?

③ 비교가 불가능하다

㉳ : 영희의 영어 79점은? 영어 79점과 음악 79점은 동일 수준?

창수가 영어 80점, 국어 90점이라면, 어느 과목이 우수?

(2) 등위 점수에 의한 비교

1 등위 점수란?

순위 혹은 석차를 나타내는 수치

2 문제점

① 집단의 크기(사례수)가 다를 경우 비교가 불가능

② 등위점수의 동간성이 없다(점수의 크기에 관한 정보 없음)

예 :

등수	1	2	3	4	5	6	7	8	9
점수	95	91	90	86	85	83	80	79	70
차	4	1	6	1	2	3	1	9	

(3) 백분위(百分位)와 백분점수(百分點數)에 의한 비교

> 대학수학능력 시험을 치른 결과 영수의 수리탐구 성적의 백분위는 85이다. 즉, 영수보다 수리탐구 성적이 낮은 학생은 전체 수험생의 85%이며, 영수보다 높은 성적을 받은 수험생은 15%로서 수능시험을 치른 수험생 중에서 상위수준에 속한다.

백분위(percentile ranks)란 분포에서 어떤 점수 아래에 있는 사례수의 백분율(%)을 일컫는다. 그리고 백분점수(percentiles or percentile score)란 사례의 일정한 %가 그 점 아래에 있는 척도상의 점수를 말한다. 그러므로 백분위와 백분점수는 사실상 집단 내 점수의 같은 위치를 나타내는 것으로 %로 나타내느냐, 아니면 원점수 척도상의 수치로 표시하느냐의 차이가 있을 뿐이다. 곧 이들은 같은 척도상의 대응되는 점수이다. 예컨대, 영수라는 학생이 대학수학능력시험 500점 만점에서 438점을 받았는데 이 점수 아래에 전체 응시자의 75%가 있다면 영수의 백분위는 75이며, 백분위 75의 백분점수는 438점($C_{75}=438$)이다. 이를 백분척도(百分尺度)라고 한다. 백분위와 백분점수를 구하는 방식을 다음의 두 경우에서 살펴본다.

1 묶음자료에서의 계산

〈표 6.5〉 가상적인 묶음자료

X	*f*	*cf*	*cp*	정확한계
95～99	1	50	100	94.5～99.5
90～94	2	49	98	89.5～94.5
85～89	4	47	94	84.5～89.5
80～84	5	43	86	79.5～84.5
75～79	8	38	76	74.5～79.5
70～74	10	30	60	69.5～74.5
65～69	6	20	40	64.5～69.5
60～64	4	14	28	59.5～64.5
55～59	4	10	20	54.5～59.5
50～54	2	6	12	49.5～54.5
45～49	3	4	8	44.5～49.5
40～44	1	1	2	39.5～44.5

① **백분위를 알고 백분점수를 구하는 방법** : 위 자료에서 C_{50}을 구해보자. 이는 전체사례수를 낮은 점수부터 시작해서 50%에 있는 점수를 구하는 것이다. 전체 사례수가 50이므로 그 50%는 25번째 사례이며, 바로 이 위치에 해당하는 사람의 점수를 구하는 문제가 된다. 이 사례는 누가빈도 20으로부터 5의 빈도만큼 위쪽의 점수가 될 것이다. 그러므로 누가빈도 20까지의 점수 정확상한계 69.5에 그 위쪽으로 5명의 점수를 구한 점수를 더하여 구하면 된다.

누가빈도 20의 위 급간 70～74에는 10명이 포함되어 있다. 이 10명은 급간의 크기 5점에 골고루 분포되어 있다고 가정한다. 그러면 이 급간에 포함되어 있는 10명 중 1명의 점수는 5/10이며, 1명의 점수에 5명 몫을 구해야 하므로 5를 곱하면 된다. 이 과정을 정리하면 다음과 같다.

$C_{50} = 69.5 + [(5/10) \times 5] = 72$

이를 공식으로 나타내면 다음과 같다.

$$P.S = L.L. + i\left(\frac{Pr \times N - cf}{f}\right)$$

여기서, *P.S* : 백분점수

L.L. : 백분점수가 들어 있는 급간의 정확하한계

Pr : 백분위

i : 급간의 크기

cf : 백분점수가 들어 있는 급간 아래 급간까지의 누가빈도

f : 백분점수가 들어 있는 급간의 빈도

N : 사례수

② **백분점수를 알고 백분위를 구하는 방법** : 예컨대, 위 〈표 6.5〉의 자료에서 원점수 74에 해당하는 백분위를 구한다면, 74점까지의 누가빈도 30을 전체사례수 50으로 나누고 100을 곱하여 구한다. 즉 원점수 74의 백분위는 30/50×100=60이다. 그리고 백분위 60에 해당하는 백분점수는 74이다. 이 같은 백분위 점수 계산에서 소수점 이하는 모두 올려서 정수로 하는 것이 보통이다.

원점수 81의 백분위를 계산해 보자. 〈표 6.5〉에는 81점까지의 누가빈도가 나타나 있지 않다. 이 경우에는 보간법을 활용한다. 즉, 점수 81점이 있는 급간의 아래까지의 누가빈도는 38이다. 점수 79.5와 84.5 사이에는 빈도 5개가 있다. 이 두 점수 사이에 빈도 5가 골고루 분포되어 있다고 가정하면, 점수 79.5와 81.5 사이에는 2개의 빈도가 있는 셈이다. 따라서 점수 81점(상한계점수 81.5)까지의 누가빈도는 38+2=40이다. 이를 숫자로 정리해 보면 다음과 같다.

$$38+(5\div 5)\times(81.5-79.5)=40$$

따라서 40은 전체 50명의 80%에 해당하므로 원점수 81의 백분위는 80이다.

이를 다시 기호로 표시하면 다음과 같다.

$$Px=\frac{100}{N}\left[cf+\left(\frac{X-L.L}{i}\right)f\right]$$

여기서, *N* : 전체 사례수

cf : 백분점수 X가 들어 있는 바로 아래 급간까지의 누가빈도

X : 주어진 백분점수

$L.L$: 주어진 백분점수 X가 들어 있는 급간의 정확하한계
i : 급간의 크기
X : 어떤 점수(X)의 정확상한계점수
f : 주어진 백분점수(X)가 있는 급간의 빈도

【예제 5】 〈표 6.5〉에서 원점수 72에 해당하는 백분위를 구하라.

$$Pr = \frac{100}{N}\left[20 + \left(\frac{72 - 69.5}{5}\right)10\right] = \frac{100}{50}\left[20 + \frac{2.5}{5} \times 10\right] = 2(20 + 5) = 50$$

따라서 백분점수 72의 백분위는 50이며, 백분위 50의 백분점수는 72이다.

2 묶지 않은 자료에서의 백분점수와 백분위 계산 방법

〈표 6.6〉 가상적인 자료

X	f	cf	X	f	cf
97	1	50	79	2	22
91	1	49	78	4	20
90	1	48	77	2	16
89	3	47	76	1	14
88	2	44	75	1	13
87	2	42	73	1	12
86	6	40	72	2	11
85	2	34	70	3	9
84	2	32	69	1	6
83	1	31	68	2	5
82	3	28	67	1	3
81	2	26	62	1	2
80	2	24	61	1	1

① 백분위를 알고 백분점수를 구하는 방법

첫째, 구하려는 백분점수에 해당하는 백분위를 이용하여 해당 사례수를 구한다. 즉, NP = 백분위/100 × 총 사례수

둘째, 어느 구간의 누가빈도가 NP와 같으면 그 구간 점수의 정확상한계가 구하려는 백분점수가 된다.

예컨대, 〈표 6.6〉에서 백분위 40에 해당하는 백분점수를 구하려면, 먼저 백분위 40에 해당하는 빈도, 즉 NP=(40/100)×50=20을 구한다. 이는 누가빈도로 20번째의 사례를 의미한다. 〈표 6.6〉에서 보면, 누가빈도 20에 해당하는 점수는 78이며, 그 정확상한계점수는 78.5이다. 이것이 백분위 40에 해당하는 백분점수이다.

만약에 NP와 동일한 누가빈도가 없는 경우에는 NP보다 높은 누가빈도 가운데서 가장 낮은 누가빈도의 구산 점수를 찾으면 된다. 그 구간의 정확상한계점수를 Xu라고 하면, 구하려는 백분점수는,

백분점수=Xu−[(해당 구간의 누가빈도−NP)/해당 구간의 빈도]

〈표 6.6〉에서 백분위 70에 해당하는 백분점수를 구한다면, 이의 사례수는 50/100×50=25이다. 누가빈도 25가 표에 나타나 있지 않으므로 70백분위 점수=81.5−(26−25/2)=81이다. 따라서 백분위 70에 해당하는 백분점수는 81이 된다.

② **백분점수를 알고 백분위를 구하는 방법**

백분위=100/N[해당 점수의 누가빈도-(해당점수의 빈도/2)]

예컨대, 〈표 6.6〉에서 원점수 78점의 백분위는 100/50[20−(4/2)]=36

문제 4 〈표 6.6〉을 이용하여 백분위 65에 해당하는 백분점수를 구하라.

이와 같은 절차를 거쳐 계산한 백분위 점수는 크면 클수록 원점수가 높음을 뜻한다. 그러나 우리나라의 대학수학능력 시험 성적을 나타내는 방식의 하나인 석차백분위점수는 석차를 백분위점수로 나타낸 것으로 원점수가 높을수록 석차는 낮기 때문에 석차백분위점수도 낮게 된다는 점을 유의할 필요가 있다.

백분위점수 척도는 등위척도의 약점, 즉 비교하고자 하는 집단들의 사례수가 동일하지 않을 경우 등위의 비교가 무의미하게 되는 문제점을 모든 집단의 사례수를 100으로 같게 하고 어떤 점수의 상대적 위치를 표시해 준다는 장점을 갖는다.

따라서 50%는 중간 위치이고, 25%는 중간에서 다시 아래 부분의 중간 정도의 위치이며, 75%는 상위 50% 사례의 중간에 해당하는 위치라는 것을 쉽게 알려준다. 이러한 장점 때문에 표준화 검사의 척도로 많이 사용하고 있다.

그러나 백분위척도는 척도로서의 동간성이 없는 것이 가장 큰 단점이다. 즉, 백분위척도는 중앙부분(40~60%)에서는 적은 개인차를 크게 표시하고, 양극단 부분(0~10%와 90~100%)에서는 큰 개인차를 적게 표시한다. 따라서 10%와 20%간의 차와 50%와 60%간의 차가 같지 않다. 90%와 95%간의 차는 50%와 55%간의 차보다 사실상 훨씬 더 크다. 이를 표로 나타내면 다음과 같다.

〈표 6.7〉 구간점수의 구성비와 백분위(percentile)와의 관계

구간점수	1	2	3	4	5	6	7	8	9
백분위 점수	100~97	96~90	89~78	77~61	60~41	40~24	23~12	11~5	4~1
상대비율 (%)	4	7	12	17	20	17	12	7	4
누가비율 (%)	4	11	23	40	60	77	89	96	100
석차백분위 점수	1~4	5~11	12~23	24~40	41~-60	61~77	78~89	90~96	97~100

위 표에서 확인할 수 있듯이, 중앙의 백분위점수 19점(6~41)이라는 간격을 구간점수 '5'로 표시하고, 구간점수 '1' 혹은 '9'는 백분위점수 4 간격에 의해 표시되고 있다. 이러한 백분위점수체계의 문제점을 해결하고자 고안된 점수비교체제가 표준점수이다.

(4) 표준점수에 의한 비교

1 표준점수란?

서로 다른 특성, 서로 다른 측정자료의 분포에서(원점수 분포)의 측정치들을 표준적인 척도로 전환하여 공통적인 점수체계로 비교하는데 사용되는 척도상의 점수

2 표준점수의 종류와 원점수의 변환체제

① 종류 : Z점수, T점수, 스태나인(Standard Nine), H점수 등 여러 가지가 있다.

② 그러나 모든 표준점수 체계는 Z점수에 기초하고 있다. 따라서 표준점수란 일반적으로 Z점수를 일컫는다.

[Z점수 척도의 대략적인 모습]

Z	-3	-2	-1	0	+1	+2	+3

3 표준점수 Z에 의한 정상분포곡선하의 면적 비율

[구체적인 사항은 통계 서적 정상분포곡선 수표 참조]

Z	-3	-2	-1	0	+1	+2	+3
				.3413	.1359.	0214	.0014

※ 정상분포 : 0을 중심으로 좌우 대칭(양쪽 면적 동일)

4 Z점수

$$Z = \frac{X-M}{SD}$$ [X : 원점수, M= 평균치, SD= 표준편차]

5 T점수 : 대부분의 사례(99.76%)가 포함되는 범위는 20~80)

$$T = \frac{X-M}{S} \times 10 + 50 \rightarrow 10Z + 50$$

$$T = 10Z + 50$$

문제 5 학생수가 45명인 K중학교 2학년 1반의 영어고사 평균치가 83점, 표준편차가 7.0이다. 90점 받은 학생의 Z점수와 T점수는 얼마인가?

【예제 5】 다음 표에서 3명의 두 교과 성적의 상대적 위치는?

과목	학급의 통계치		철수	수영	영희
	M	SD			
영어	75	7.0	83	75	68
국어	82	7.3	83	75	68

풀 이 (　)는 내신등급임

'철수'의 영어 Z점수 Z=83-75/7=1.14(1)

'수영'의 영어 Z점수 Z=75-75/7=0.00(3)

'영희'의 영어 Z점수 Z=68-75/7=-1.00(5)

'철수'의 국어 Z점수 Z=83-82/7.3=0.12(2)

'수영'의 국어 Z점수 Z=75-82/7.3= -0.96(4)

'영희'의 국어 Z점수 Z=63-82/7.3= -2.60(6)

해 석 정상분포곡선의 원리를 이해하고 있지 않은 경우, 현재로서는 '철수'의 영어, '철수'의 국어, '수영'의 영어, '수영'의 국어, '영희'의 영어, '영희'의 국어 순으로 우수하게 나타났다.

【예제 6】 어느 고등학교에서 대학입시를 위한 선택과목 내신성적을 내려는데 문제가 생겼다. 점수 획득이 용이한 A과목을 선택한 경우와 점수 획득이 어려운 B과목의 갈등을 어떻게 풀어낼 것인가가 고민이기 때문이다. 이 문제를 해결하기 위하여 Z점수로 +2 이상은 1등급, +1～+1.99는 2등급, 0 ～+0.99는 3등급, -0.1～-1은 4등급, -1.1～-2.00은 5등급, -2.1 이하는 6등급으로 판정하기로 하였다. 다음 학생들의 내신등급을 정하라.

과목	통계치	학 생 명
A	M=89 SD=4.2	길동 86, 영숙 89, 영희 94, 철수 93, 명진 90, 숙진 82, 경숙 76, 경희 78
B	M=63 SD=5.8	영수 64, 갑돌 75, 삿갓 60, 선달 70, 치수 72, 선희 68

풀 이 (   )는 내신등급임

길동의 Z점수 Z=86-89/4.2=-0.71(4) 영숙의 Z점수 Z=89-89/4.2=0.00(3)

영희의 Z점수 Z=94-89/4.2=1.19(2) 철수의 Z점수 Z=93-89/4.2=0,952(3)

명진의 Z점수 Z=90-89/4.2=0.238(3) 숙진의 Z점수 Z=82-89/4.2=-1.667(5)

경숙의 Z점수 Z=76-89/4.2=-3.09(6) 경희의 Z점수 Z=78-89/4.2=-2.62(6)

영수의 Z점수 Z=64-63/5.8=0.172(3) 갑돌의 Z점수 Z=75-63/5.8=2.069(1)

삿갓의 Z점수 Z=76-63/5.8=2.241(1) 선달의 Z점수 Z=70-63/5.8=1.207(2)

치수의 Z점수 Z=72-63/5.8=1.552(1) 선희의 Z점수 Z=68-63/5.8=0.862(3)

해 석 B과목을 선택한 학생들의 성적은 A과목 선택자들에 비하여 낮지만, 집단 내에서의 위치, 혹은 내신등급은 대부분 더 우수하다.

문제 6 학생수가 350명인 K중학교 2학년 영어고사 평균치가 72점, 표준편차가 5.0이다. 80점 받은 영수의 Z점수와 T점수는 얼마인가? 또 영수보다 성적이 우수한 학생은 몇 %이며, 몇 명인가?

문제 7 철수의 성적은 다음과 같다. 각 교과 성적의 위치를 평가하라.

구분	국어	영어	수학
철수 성적	81	60	57
학급 평균	87	55	52
표준편차	5.0	10.0	5.0
N	60	60	60

6 H점수

대부분의 사례(99.74%)가 포함되는 범위는 8-92

$$H = \frac{X-M}{S} \times 14 + 50 \rightarrow 14Z + 50$$

7 스테나인(구간표준점수)

스테나인이란 집단 전체 사례를 9개의 등급점수로 표시하는 표준점수체제로서 Standard Nine, Stay in Nine의 준말이다. 정상분포곡선의 원리에 합치되는 표준점수체제이다. 각 구간점수에 해당하는 사례의 백분율과 구간점수를 A에서 E까지 5등급으로 전환할 경우의 점수관계는 다음과 같다.

구간표준점수	1	2	3	4	5	6	7	8	9
백분율 (%)	4	7	12	17	20	17	12	7	4
A B C D E	E	- D -			- C -		- B -		A

문제 8 철수의 수학 성적은 다음과 같다.

구분	철수 성적	학 급		
		M	SD	N
통계치	90	87	5.0	57

① 철수 수학성적의 집단 내 위치를 설명하라.
② 철수의 Z, H, C점수를 구하라.
③ 집단 내 성적을 A-E로 평정할 때 철수의 평점은?

4) 통계치의 신뢰도

<조사, 연구의 상황>

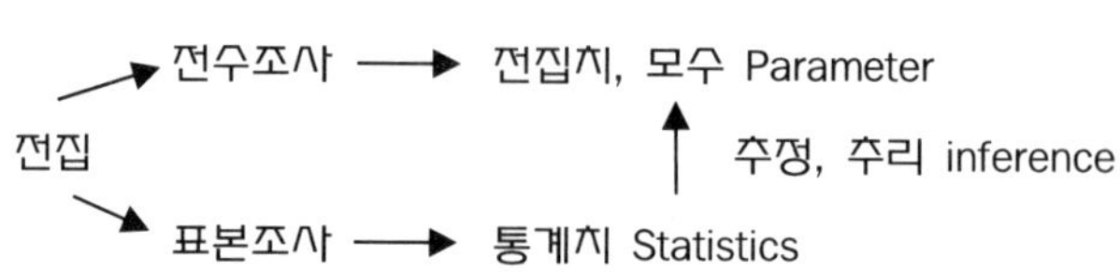

(1) 통계적 추리의 상황

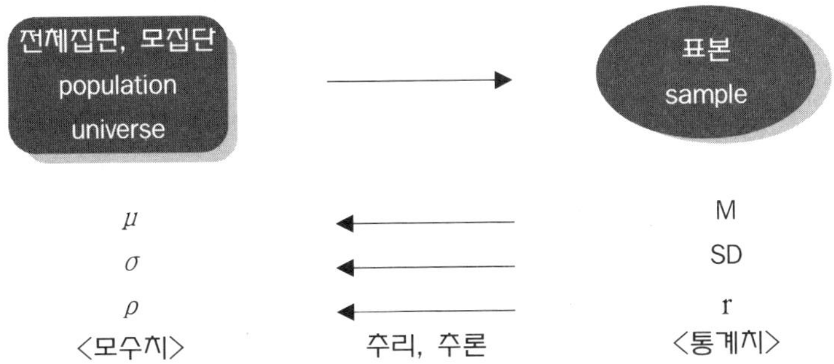

(2) 추리와 추론의 정확성은 어떤 요인에 의해 영향을 받는가?

① 표본의 규모

② 표집 방법 : 대표적 표집/편파된 표집

(3) 대표적 표집(representative sampling)

모집단을 대표할 수 있는 표집방법(제4장 참조)을 적용하여 표집할 때 추리와 추론의 정확성이 높아진다.

(4) 그래도 여전히 통계치의 신뢰도 문제는 남는다. 어떻게 해결할 것인가?

1 표본분포(sample distribution)

계속 표집한 표본의 통계치들의 분포는 통계치들의 평균치를 중심으로 좌우가 대칭인 정상분포를 가정할 수 있다.

2 평균치의 표본분포

전집으로부터 계속 표집하여 구성한 표본들의 측정치에 기초한 표본들의 평균치들을 마치 개별 측정치의 분포와 같이 어떤 분포를 이룬다. 이 분포는 평균치들의 평균치, 평균치들의 표준편차가 존재한다.

3 표준오차(standard error)

어떤 통계치의 표본분포상의 표준편차를 해당 통계치의 표준오차라고 칭한다. 통계치가 평균치인 경우 '평균치의 표준오차', 통계치가 표준편차인 경우에는 '표준편차의 표준오차' 라고 부른다. 이들 통계치의 표준오차는 다음과 같이 구한다. 그리고 통계치의 표준오차가 크다는 것은 해당 통계치의 평균치로부터 다른 통계치들이 보다 이탈되었다는 것을 뜻한다.

① 평균치의 표준오차(standard error of the Mean)

$$S_M = \sigma_M = \frac{s}{\sqrt{N}}$$

② 표준편차의 표준오차 $\sigma_\sigma = \frac{.71\sigma}{\sqrt{N}} = \frac{\sigma}{\sqrt{2N}}$

③ 중앙치의 표준오차 $\sigma_{Mdn} = \frac{1.253\sigma}{\sqrt{N}} = \frac{1.858Q}{\sqrt{N}}$

④ 상관계수(r)의 표준오차 $\sigma_r = \frac{1-r^2}{\sqrt{N}}$

특히 r = −1 ~ 0 ~ 1 의 성질 때문에 0에 가까운 경우가 아니면, r들의 표본분포는 정상분포를 가정하기 곤란하며(편포된 분포를 지님), r의 표준오차는 다르게 계산해야 한다. 즉,

① r → Fisher의 Z계수로 환산 ([수표 1] 참조)

② $\sigma_z = \frac{1}{\sqrt{N-3}}$

③ Z의 신뢰도 한계 정함

④ Z의 신뢰도 한계 → r로 전환 ([수표 1] 참조)

[수표 1] 상관계수 ⟷ 표준점수 Z 환산표

r → Z	r → Z	r → Z	r → Z
.01 .010	.26 .266	.51 .563	.76 .996

.02	.020	.27	.277	.52	.577	.77	1.020
.03	.030	.28	.288	.53	.590	.78	1.045
.04	.040	.29	.299	.54	.604	.79	1.071
.05	.050	.30	.309	.55	.618	.80	1.099
.06	.060	.31	.321	.56	.633	.81	1.127
.07	.070	.32	.332	.57	.648	.82	1.157
.08	.080	.33	.343	.58	.663	.83	1.188
.09	.090	.34	.354	.59	.678	.84	1.221
.10	.100	.35	.365	.60	.693	.85	1.256
.11	.110	.36	.377	.61	.709	.86	1.293
.12	.121	.37	.389	.62	.725	.87	1.333
.13	.131	.38	.400	.63	.741	.88	1.376
.14	.141	.39	.412	.64	.758	.89	1.422
.15	.151	.40	.424	.65	.775	.90	1.472
.16	.161	.41	.436	.66	.793	.91	1.528
.17	.172	.42	.448	.67	.811	.92	1.589
.18	.181	.43	.460	.68	.829	.93	1.658
.19	.192	.44	.472	.69	.848	.94	1.738
.20	.203	.45	.485	.70	.867	.95	1.832
.21	.214	.46	.497	.71	.887	.96	1.946
.22	.224	.47	.510	.72	.908	.97	2.092
.23	.234	.48	.523	.73	.929	.98	2.298
.24	.245	.49	.536	.74	.950	.99	2.647
.25	.256	.50	.549	.75	.973		

(5) 통계치의 신뢰도

통계치 ± 신뢰계수 × 통계치의 표준오차

95% : 1.96

99% : 2.58

문제 9 N=130 M=26.4 s=5.20인 경우, 평균치의 95% 신뢰도 구간을 구하시오.

문제 10 전집으로부터 표집한 집단의 통계치가 다음과 같다.

N=300, M=80, s=7.5인 전집의 평균치와 표준편차를 99% 신뢰도 수준에서 추정하라.

문제 11 N=180의 표본에서 X, Y 두 변인간 r=.70이다. 전집의 r의 95% 신뢰도 구간을 구하시오.

(6) 소표본 통계치의 신뢰도

N=30 미만일 때는(정확하게 120미만일 때) 표본분포가 정상분포와 다른 t분포를 이룬다.

1 표본분포가 정상분포인 경우와 t분포인 경우의 차이점

① 분포곡선의 중앙부 면적이 95%, 혹은 99%가 되는 Z값, t값(신뢰계수)이 서로 다르다.

- Z의 경우 : 95%는 ±1.96, 99%는 ±2.58
- t의 경우 : 자유도(df)에 따라서 신뢰계수가 결정됨.

즉, 일정 신뢰도(95% 혹은 99%)의 신뢰계수가 정상분포와는 다르다.

② t분포는 df에 따라서 중앙 면적이 95%, 혹은 99%가 되기 위한 t값이 달라지며, df, 혹은 사례수가 적을수록 커진다.

③ 표준오차의 크기는 표본의 크기가 큰 경우에 비해 작은 경우 적은 값을 지니므로 이를 해결하기 위해서는 N−1, 즉 자유도를 고려하여 구해야 한다.

2 자유도(df : degree of freedom)란?

일정한 조건을 충족시키는 범위 안에서 자유로운 값을 가질 수 있는 사례 혹은 통계치의 갯수

3 소표본 통계치의 신뢰도

통계치 ± 신뢰계수 × 통계치의 표준오차

95% : 자유도에 따라

결정

① 소표본 통계치(평균치)의 표준오차 $\sigma_M = \frac{S}{\sqrt{N-1}}$

② df = N − 1

③ [수표 2]의 t분포 수표에서 신뢰계수 이용(df)

[수표 2] t분포표 (양측검증) : 자유도별 일정 신뢰도에 따른 신뢰계수

df	.05(95%)	.01(99%)	df	.05(95%)	.01(99%)
1	12.706	63.657	18	2.101	2.878
2	4.303	9.925	19	2.093	2.861
3	3.182	5.841	20	2.086	2.845
4	2.776	4.604			
5	2.571	4.032	21	2.080	2.831
6	2.447	3.707	22	2.074	2.819
7	2.365	3.499	23	2.069	2.807
8	2.306	3.355	24	2.064	2.797
9	2.262	3.250	25	2.060	2.787
10	2.228	3.169	26	2.056	2.779
			27	2.052	2.771
11	2.201	3.106	28	2.048	2.763
12	2.179	3.055	29	2.045	2.756
13	2.160	3.012	30	2.042	2.750
14	2.145	2.977			
15	2.131	2.947	40	2.021	2.704
16	2.120	2.921	60	2.000	2.660
17	2.110	2.898	120	1.980	2.617
			∞	1.960	2.576

문제 12 N = 24, M = 72, SD = 4.5인 경우 전집의 평균치가 놓일 범위를 95% 신뢰수준에서 구하라.

5) 집단 간 차이 검증을 위한 통계적 방법

(1) 두 집단의 통계치(평균치, 상관계수 등)의 차이의 유의성을 밝히기 위한 방법 : Z 검증

1 Z검증의 조건

① 사례수가 큰 대표본(N=120 이상)이어야 한다.

② 표본분포가 정상분포를 가정할 수 있어야 한다.

③ 두 집단의 통계치 간의 차이가 유의한가를 검증한다.

2 기본적인 용어

① **통계치의 차의 표본분포**

두 전집으로부터 각각 일정한 사례수를 계속 표집하여 구성한 표본의 통계치의 차이에 바탕한 분포를 통계치의 차의 표본분포라고 한다. 무한정한 표집의 통계치의 차의 표본분포는 정상분포를 이룰 것을 가정할 수 있다.

② **통계치의 차의 표준오차**

통계치의 차의 표본분포의 표준편차를 '통계치의 차의 표준오차'라고 부른다. 이 값이 크면 클수록 두 통계치의 차가 '0'을 중심으로 넓게 분포되어 있는 것이다.

[수표 3] 정상분포곡선 수표의 예(N=1, S=1을 가정한 경우)

Z (X-M/S)	M에서 Z까지의 면적	큰 부분의 면적	작은 부분의 면적	Z점상의 종축치
0.00	.0000	.5000	.5000	.3989
0.01	.0040	.5040	.4960	.3989
0.02	.0080	.5080	.4920	.3989
·				
·				
·				
1.00	.3413	.8413	.1587	.2420
·				

·				
·				
1.96	.4750	.9750	.0250	.0584
·				
·				
·				
2.58	.4951	.9951	.0049	.0143
·				
·				
3.00	.4987	.9987	.0013	.0044

③ **유의수준**

유의수준이란 가설검증시 영가설의 기각 여부를 결정하는 한계점을 확률적으로 표시한 것이다.

$p=.05$, $p<.05$ $p=.01$, $p<.01$: 정상분포 곡선하의 면적 비율
(95% 수준) (99% 수준) : 정상분포 곡선하의 면적 백분율
([수표 3] 참조)

④ **독립표본과 상관표본**

• **독립표본**

서로 다른 두 모집단에서 표집한 집합으로서, 예컨대 고등학교 3학년 남학생과 여학생의 전집으로부터 각각 200명씩을 표집했다면, 이 두 표본은 독립표본인 것이다.

• **상관표본**

- 상관표집 : 부부나 형제와 같이, 어느 한 쪽의 표집은 다른 한쪽의 표집과 관련되어 표집된다.
- 결합표집 : 실험전 동등성을 갖도록 지능이나 학력 등이 짝을 이루어 두 집단이 표집되는 경우이다.
- 반복표집 : 한 집단에 대하여 두 번 측정이 이루어 질 때

3 공식

• **독립표본**

$$Z = \frac{M_1 - M_2}{\sigma_{DM}} \qquad \sigma_{DM} = \sqrt{\frac{S_1^2}{n_1} + \frac{S_2^2}{n_2}}$$

【예제 7】 J대학의 인문사회계열과 이공계열 학생 간 용돈의 규모를 조사한 결과가 다음과 같다. 두 모집단의 평균 용돈액수 간에 차이가 있는가를 검증하라.

구 분	N	M	S	Z
인문사회계열	150	58,400	10,250	2.296
이공계열	144	55,300	12,710	

〈가설검증〉

① 가설의 성격 : 양측검증

② 평균의 차의 표준오차 계산

$$\sigma_{DM} = \sqrt{\frac{S_1^2}{n_1} + \frac{S_2^2}{n_2}} = \sqrt{\frac{10250^2}{150} + \frac{12710^2}{144}} = 1,349.9$$

③ Z값을 구함

Z = 58,400 - 55,300 / 1,349.9 = 2.296

④ 가설의 기각여부 결정 : Z값 2.296은(Z = 2.296) p = .05일 때의 임계치 cv = 1.96보다 크므로 영가설을 기각하고 대립가설을 채택한다.

⑤ 결론

· 95% 신뢰수준에서 인문사회계와 이공계 학생의 용돈 규모는 차이가 있다.

· 인문사회계와 이공계 학생의 용돈 규모는 5% 수준에서 유의한 차이가 있다. 즉, 인문사회계 학생들의 용돈규모가 이공계 학생들에 비하여 유의하게 많다.

• **상관표본**

$$Z = \frac{M_1 - M_2}{\sqrt{(S_{M_1}^2) + (S_{M_2}^2) - 2(r)(S_{M_1})(S_{M_2})}}$$

$[S_M = \frac{S}{\sqrt{n}}$ r : 두 집단간의 상관계수]

【예제 8】 S교수가 개발한 정서지능 육성프로그램의 효과가 있는가를 규명하기 위하여 고교생 130명씩을 실험집단과 통제집단으로 나누어 실험집단에 10주간 매주 3시간씩 훈련을 실시하였다. 훈련 전에 두 집단의 동등성을 유지하기 위하여 몇 가지 변인에 대한 평균치와 표준편차를 동일하게 하였다. 결과가 다음과 같다. 이 프로그램의 효과를 검증하라.

구 분	N	M	S	Z
실험집단	130	78,5	10.3	.36
통제집단	130	77.1	12,8	

〈가설검증〉

① 가설의 성격 : 단측검증

② 표준오차 계산

$$S_{M1} = \frac{S_2}{\sqrt{n_1}} = \frac{10.3}{\sqrt{130}} = 0.90 \quad S_{M2} = \frac{S_2}{\sqrt{130}} = \frac{12.8}{\sqrt{130}} = 1.12$$

③ 공식에 의해 Z값을 구함

$$Z = \frac{78.5 - 77.1}{\sqrt{(0.90)^2 + (1.12)^2 - 2(0.36)(0.90)(1.12)}} = 1.05$$

④ 가설의 기각여부 결정 : Z=1.05는 p=.05일 때의 일방검증시의 임계치 cv=1.654에 미치지 못하므로 영가설을 기각하지 못함.

⑤ 결론 : 프로그램의 효과는 유의하지 않다(없다)

(2) 두 소표본의 통계치(평균치, 상관계수 등)의 차이의 유의성을 밝히기 위한 방법 : t 검증

① 소표본의 경우 통계치의 표본분포는 정상분포를 이루지 않으며(Z점수분포가 아님) t분포를 이룬다.

② t분포는 자유도(df : degree of freedom)에 따라서 변한다.

③ 자유도가 작아짐에 따라서 t분포는 중앙이 납작해지고, 양끝이 치켜 올라가는 모습을 보인다.

④ 자유도란 n-1이다. 차의 유의도 검증시 $df = (n_1 + n_2) - 2$

⑤ t점수에 의해 분할되는 정상분포곡선하의 면적이 Z분포와 다르다.

⑥ Z검증과 t검증과의 차이점

· 자유도를 고려하여 일정 유의수준의 임계치(t값)구하는 일

· t검증은 표본 평균의 표준오차 계산시 자유도(n-1) 반영

$$z\text{검증시} : \sigma_M = \frac{S}{\sqrt{n}} \rightarrow t\ \text{검증시}\ \sigma_M = \frac{s}{\sqrt{n-1}}$$

⑦ t값의 계산 : 전집의 변량을 아는 경우와 모르는 경우 공식이 다르다.

[모르는 경우]

$$t = \frac{M_1 - M_2}{S_{M1-M2}} \quad \text{여기서} \quad S_{M1-M2} = \sqrt{\frac{S_1^2}{n_1 - 1} + \frac{S_2^2}{n_2 - 1}}$$

【예제 9】 행복감 증진프로그램을 실시한 결과가 다음과 같다. 남자와 여자 간 행복감지수의 차이가 있는가를 검증하라.

성 별	n	M	S	t
남	23	3.35	1.03	
여	22	5.27	1.08	

① 가설의 설정 : 양방검증

② 평균치의 차의 표준오차(S_{M1-M2}) 계산

$$S_{M1-M2} = \sqrt{\frac{S_1^2}{n_1 - 1} + \frac{S_2^2}{n_2 - 1}}$$

$$= \sqrt{\frac{1.03^2}{23-1} + \frac{1.08^2}{22-1}} = 0.322$$

③ t값 계산

$$t = \frac{5.27 - 3.35}{0.322} = 5.963$$

④ 자유도에 따른 유의수준별 임계치(t값) 확인

$df = (23 + 22) - 2 = 43$

양방검증이므로 $df = 43$일때의 임계치는

$p < .05$ 수준에서 $cv = 2.110$

$p < .01$ 수준에서 $cv = 2.898$

계산되어 나온 t값은 2.898을 넘고 있다.

⑤ 결론 : 남녀간 행복감지수의 평균치는 p〈.01 수준에서 유의한 차이가 있다. 따라서 프로그램의 효과는 여자에게서 더 크다.

효과의 크기(effect size)

비교하려는 집단이 동질집단의 경우 혹은 사례수가 매우 많은 대표본의 경우에는 집단간 평균치가 별 차이가 없음에도 불구하고 t검증을 해 보면, 통계적으로 유의한 차가 나타나는 경우가 더러 있다. 즉, 실제로는 별 차이가 없음에도 불구하고 유의성 검증 결과는 유의한 차이가 나타나는 경우가 있다.

이러한 경우, 효과의 크기(델타, Δ)를 계산해 보아 이 값이 0.5 이상이면 유의한 차이가 있다고 해석하는 방식이 있다. 이는 두 집단간(실험집단과 비교집단) 평균치의 차를 비교집단의 표준편차로 나누어 구한다. 예컨대, 실험집단의 평균치가 35, 표준편차가 8.3이고, 비교집단의 평균치가 28, 표준편차가 9.5라면, 효과의 크기 $\Delta = 35 - 28/9.5 = 0.737$이다. 이는 0.5보다 큰 값이다. 따라서 두 집단 간 평균치의 차는 유의하다고 결론내릴 수 있다.

---

(3) 두 집단, 혹은 그 이상의 집단간 평균치의 차의 유의성을 밝히기 위한 방법 : 변량분석(ANOVA), F검증

1 변량(variance)이란?

행동과학적 연구는 과학적인 문제를 적절하게 진술하고 그 문제에 대한 보편타당한 해답을 추구하는 일이다. 그러한 과학적인 문제에의 해답은 현상 혹은 변인간의 관계성이나 차이점을 규명함으로써 주어진다. 그러므로 차이, 즉 변량이 없다면 변인간의 관계나 차이를 밝힐 수 없으며 과학적 연구란 불가능해지게 된다. 예컨대, 지능과 학업성적간의 관계, 혹은 지능지수가 높은 학생집단과 낮은 집단간 자아개념의 차이가 있는가를 연구하려고 할 때, 연구대상 학생들의 지능지수 측정치가 모두 동일하다면(常數) 연구가 이루어질 수가 없는 것이다. 연구대상 학생들의 지능지수가 다양하게 분포되어야 연구가 가능해진다. 다시 말해서 측정치는 얼마의 변량을 가지고 있어야 연구가 가능해지는 것이다.

변인의 측정치인 숫자의 집합을 있는 그대로 연구하는 경우가 있으나, 행동과학적 연구는 대부분 수의 집합을 두 가지 방법, 즉 집중경향치와 변산도치를 구하여 연구를 수행한다. 수의 집합을 대표하는 하나의 수치를 나타내는 집중경향치 중 가장 신뢰로운 것이 평균치(M)이며, 수의 집합들이 어느 정도 흩어져 있는가를 나타내는 변산도치 중 역시 가장 신뢰로운 것이 표준편차(s, SD)이다. 그리고 표준편차의 제곱을 변량(V, variance)이라고 하며 통계적 분석에서는 변량이 주로 이용된다.

2 평균치와 변량의 계산

X={11, 12, 13, 14, 15} 라는 5명의 측정치 집합이 있다고 가정하자.

$$\mathrm{M} = \frac{\Sigma X}{N} \ [1] \rightarrow \ \mathrm{M} = \frac{11+12+13+14+16}{5} = \frac{65}{5} = 13$$

$$\mathrm{V} = \frac{\Sigma x^2}{n} \ [2] \quad x = \mathrm{X} - \mathrm{M} : \text{편차}, \ \Sigma x^2 : \text{자승화(sum of square)}$$

X	x	x^2
11	-2	4
12	-1	1
13	0	0
14	1	1
15	2	4

ΣX : 65

M : 13

Σx^2 10 → V = 10/5 = 2

3 변량의 종류

① 모집단변량(population variance)과 표집변량(sampling variance)

② 체계적 변량(systematic variance)과 오차변량(error variance)

▶ 체계적 변량(systematic variance)

점수가 다른 방향에 비해 한 방향으로 더 많이 치우치게 하는 '원인이 되는', 혹은 이미 알고 있거나 알지 못하는 어떤 영향력에 기인한 측정치의 변화량이다.

- 체계적 영향 : 예측할 수 있는 방법으로 사상을 일으키게 하는 자연 및 인위적인 영향
- 실험연구란 체계적인 영향의 정도 혹은 체계적 변량을 극대화하려는 노력이다.

▶ 오차변량(error variance) – 무선변량

- 우연에 의해 나타나는 측정치의 변동 혹은 변화
- 측정할 때 나타나는 자체 상쇄적인 변동, 상·하, 좌·우로 변하는 측정치상의 변산
- 표집변량
- 확인할 수 없는, 통제할 수 없는 변량

③ 집단간 변량(between-group variance)과 집단내(within group) 변량, 전체(total)변량

▶ 집단간 변량(V_b) : 집단간 차이

· 집단의 평균치를 기준으로 편차를 구한 후 변량을 계산한 통계치
· 실험변량(experimental variance)
· 체계적 변량의 중요한 하나의 유형

➡ 집단내 변량(V_w) : 각 집단 변량의 평균치

➡ 전체 변량(V_t) = V_b + V_w

[예 : 비구조화한 수업내용(A_1)과 구조화한 수업내용(A_2)간 수업내용의 이해도에 차이가 있는가?]

A_1	A_2
3	6
5	5
1	7
4	8
2	4
M : 3	6

[집단간 변량(V_b)]

	x	x^2
M_1 3	−1.5	2.25
M_2 6	1.5	2.25

M : 4.5

Σx^2 4.50 → $V_b = 4.50/2 = 2.25$

[집단내 변량(V_w)]

A_1	x	x^2	A_2	x	x^2
3	0	0	6	0	0
5	2	4	5	−1	1

1	−2	4	7	1	1
4	1	1	8	2	4
2	−1	1	4	−2	4
M : 3			6		
Σx^2 10			10 → $V_{A1}=10/5=2$		

$V_{A2}=10/5=2$

$V_W=2+2/2=2$

[전체 변량(V_t)]

X	x	x^2
3	−1.5	2.25
5	.5	.25
1	−3.5	12.25
4	− .5	.25
2	−2.5	6.25
6	.5	2.25
5	.5	.25
7	2.5	6.25
8	3.5	12.25
4	− .5	.25

ΣX : 45

M : 4.5 → $V_t=42.5/10=4.25$

Σx^2 42.50

$V_t\,(4.25)=2.25+2.0$

④ 공변량(covariance, CoV 혹은 V_{xy}) 두 변인의 순서쌍의 편차점수의 교적합

· CoV 혹은 $Vxy=\Sigma xy/n$ [x = X-Mx, y = Y − My]

· 두 변인간의 관계지수(적률상관계수 r) = $\frac{Co\,Vxy}{\sqrt{V_x \cdot V_y}}$

4 변량분석의 전제 조건

① 종속변인이 양적 변인이어야 한다.

② 각 모집단 분포가 정상분포여야 한다.

③ 모집단의 변량이 같아야 한다.

5 변량분석 결과표의 예

SV(변량원)	SS(자승합)	df(자유도)	MS(변량추정치)	F
집단간 (SS_B)	46.23	2	46.23/2 = 23.115	23.115/2.43 =9.513
집단내 (SS_W)	34.0	14	34/14 = 2.43	
전체 (SS_t)	80.23	16		

6 각 통계치의 계산 방법

① 자승합(SS)

· 집단간 자승합(SSB) : n (하위집단 평균-전체평균)^{2}의 합

· 집단내 자승합(SSW) : (원점수-하위집단평균)^{2}의 합

· 전체자승합(SST) : (원점수-전체평균)^2 의 합 또는 SS_B + SS_W

② 자유도(df)

· 집단간 자유도(df_1) : 하위집단의 수 − 1

· 집단내 자유도(df_2) : 전체 사례수 − 집단의 수

· 전체 자유도(dft) : df_1 + df_2, 혹은 N − 1

③ 변량추정치(MS)

· 집단간 변량추정치(M_{S1}) : SS_B / df_1

· 집단내 변량추정치(M_{S2}) : SS_W / df_2

④ F값 계산

$F = MS_1 \ / \ MS_2$

7 F값에 의한 유의도 검증 방법

통계서적의 부록 F분포 수표에서 df_1과 df_2가 교차하는 지점의 값을 임계치로 하여 이 값보다 계산된 F값이 크면 "집단 간에 유의한 차이가 있다"라고 하고, 작으면 "집단 간 차이가 없다"라고 판정한다.

[예제 10] 3집단에게 3가지 서로 다른 교수-학습전략(A,B,C)을 사용하여 수업을 한 후 각 집단에서 무선표집을 하여 학력을 측정한 결과 다음과 같은 결과가 나타났다. 3가지 교수-학습전략의 효과를 검증하라.

A : 3 3 4 5 5 ………… 강의와 기억

B : 4 6 7 8 8 9 ………… 강의와 질문

C : 5 8 8 8 9 10 ………… 강의와 형성평가, 질문

[검증 절차]

① 세 집단의 평균치와 전체평균치 계산

$M_1 = 4 \ \ M_2 = 7 \quad M_3 = 8 \quad M_G = 6.47$

② 집단간 자승합(SS_B) 계산

$SS_B = \{5(4-6.47)^2\} + \{6(7-6.47)^2\} + \{6(8-6.47)^2\} = 46.24$

③ 집단내 자승합(SS_W) 계산

$SSW = \{(3-4)^2 + (3-4)^2 + (4-4)^2 + (5-4)^2 + (5-4)^2\} + \{(4-7)^2 + (6-7)^2 + (7-7)^2 + (8-7)^2 + (8-7)^2 + (9-7)^2\} + \{(5-8)^2 + (8-8)^2 + (8-8)^2 + (8-8)^2 + (9-8)^2 + (10-8)^2\} = 34.00$

④ 전체 자승합(SS_t) 계산

$SS_t = SS_B + SS_W = 46.23 + 34 = 80.23$

⑤ 자유도 계산

$df_1 = J - 1 = 3 - 1 = 2$

$df_2 = N - J = 17 - 3 = 14$

$df_t = N - 1 = 16$ 혹은 $df_1 + df_2$

⑥ 변량추정치 계산

$MS_B = SS_B\ /\ df_1 = 46.23\ /\ 2 = 23.115$

$MS_W = SS_W\ /\ df_2 = 34\ /\ 14 = 2.43$

⑦ F 값 계산

$F = MS_B\ /\ MS_W = 23.115\ /\ 2.43 = 9.512$

⑧ 변량분석표 작성

SV	SS	df	MS	F
집단 간	46.23	2	12.115	9.512
집단 내	34.00	14	2.43	
전 체	80.23	16		

⑨ 유의수준 결정 및 결론 내리기 : 통계서적의 부록 수표 [F분포표]에서 df_1과 df_2가 교차하는 지점의 임계치 확인 → p=.05일 때의 cv=3.74, p=.01일 때의 cv=6.51 → 계산된 F값(9.512)은 6.51보다 크므로 영가설 기각하고 대립가설 수용 → 따라서 3집단 간 평균치는 99% 수준에서 유의한 차이가 있으며, C교수-학습전략이 가장 효과적이다.

(4) 사후검증(post hoc test)

지금까지 살펴본 변량분석을 일원변량분석이라고 부른다. 일원변량분석은 독립변인이 하나이면서 이 변인이 셋 이상의 수준을 갖는 경우에 적용하는 통계적 검증방법이다. 그런데, 일원변량분석 결과는 3개 이상 집단의 평균치 차가 있는가, 차이가 있다면 통계적으로 얼마나 신뢰할 수 있는 차이인가를 전체적 개괄적으로 밝혀 준다. 이는 차이가 있다고 밝혀졌을 때 구체적으로 어떤 집단 간의 차이인가를 밝혀 주는 것은 아니다. 또 집단 간 차이가 없다고 할 때, 구체적으로 어떤 집단 간의 통계치의 차이가 유의하고 어떤 집단 간에는 유의하지 않은가 등에 관한 정보는 제공해 주지 않는다. 이 문제를 앞의 [예제 10]을 통하여 살펴보자.

연구자는 3집단에게 3가지 서로 다른 교수-학습전략(A, B, C)을 사용하여 수업을 한 후 각 집단에서 무선표집을 하여 학력을 측정한 결과 3개 집단 간 학력의 평균치가 $p<.01$ 수준에서 유의한 것으로 밝혔다. 그리고 학력의 평균치는 C집단이 가장 높고, B, A의 순이다. 일원변량분석은 이와 같은 정보만을 제공해 줄 뿐, A와 B집단 간, A와 C집단 간, B와 C집단 간의 평균치 차이가 통계적으로 유의한 차이인가에 관한 정보는 제공해 주지 않는다. 바로, 이와 같은 구체적인 쌍을 이루는 집단 간 차이가 유의한가를 검증해 볼 필요성이 있을 수 있다. 이 점은 세 집단 간 평균치의 차가 유의하지 않은 결과가 나타난 경우에도 마찬가지다.

집단이 많을 경우에는 평균치들이 군집을 이루는 경우가 있는 데 이 평균치의 군집 간에 유의한 차이가 있는가를 밝힐 필요가 있는 경우가 있으며, 특정 평균치가 다른 평균치들과 유의한 차가 있는가를 규명할 필요가 있는 경우도 있다. 이러한 필요성을 충족시키기 위하여 앞에서 소개한 t검증방법이 사용될 수 있다. 그러나 t검증방법은 계산 절차가 복잡하고 결과 해석상 문제가 있다. 그래서 변량분석 결과를 바탕으로 하는 F의 사후검증(다원비교검증) 방법이 고안되어 사용되고 있다. Scheffe검증법, Turkey검증법, Duncan검증법, Dunnett검증법, Newman-Keuls 검증법, 계획비교법(planned comparison), 경향분석법(trends analysis) 등이 그것이다. 그리고 이와 같은 사후검증 방법들은 SPSS, SAS와 같은 통계분석프로그램들이 개발되어 컴퓨터로 쉽게 분석할 수 있다.

이들 사후검증 방법들 중에서 가장 흔하게 이용되는 방법이 Scheffe검증법, Turkey검증법, Duncan검증법 등이다. 이 중 Scheffe검증법은 변량분석 결과가 의미있는 F를 보일 때 집단들을 비교하는 데 적용되며 각 집단의 사례수가 동일하지 않은 경우에도 적용할 수 있다. 이에 비해 Turkey검증법은 '진실로 의미 있는 차이 검증법(honestly significant difference test)'이라고 부르기도 하는 데, 변량분석 결과로 얻은 F가 유의한 경우, 그리고 집단의 사례수가 동일한 경우에 적용하는 검증방법이다.

(5) 이원(二元)변량분석

지금 소개한 변량분석을 일원변량분석 혹은 간단히 F검증이라고 부른다. 이는 실은 실험연구에서 한 개의 독립변인에 따른 여러 개의 실험조건을 가진 경우에, 각 실험조건들 간에 종속변인 통계치의 차이가 있는가, 즉 종속변인 변량은 각 실험조건에 따라서 유의하게 다른가 하는 문제를 해결하려는 방법이다. 다시 말하면, 일원변량분석은 다루고 있는 독립변인이 하나이며 그것이 둘 이상의 조건(혹은 집단)을 갖는 경우에 적용되는 통계적 검증방법이다.

어떤 실험방안은 두 개 또는 두 개 이상의 실험조건(집단)을 갖는 경우도 있다. 이 같은 실험방안을 **요인설계**(factorial design)라고 하고 이에 적용하는 변량분석을 **요인변량분석**(factorial analysis of variance) 또는 **다원(多元)변량분석**이라고 부른다. 물론, 다원변량분석은 실험연구에만 적용되는 통계적 검증방법은 아니며 조사연구에서도 적용할 수 있다. 예컨대, 교사의 수업에 대한 학생평가가 학생의 교사 선호도와 교과 선호도에 따라서 차이가 있는가를 검증하려고 한다고 가정하자. 이 경우, 연구자는 교사 선호도를 측정하여 상, 하 두 집단을 구성할 수 있으며, 교과 선호도도 마찬가지다. 이 상황에서 연구자가 관심 갖는 통계적 분석의 예는 다음과 같다.

첫째, 교사 선호도 두 집단 간에 수업평가의 평균치는 차이가 있는가?

둘째, 교과 선호도 두 집단 간에 수업평가의 평균치는 차이가 있는가?

이 두 가지 문제는 두 번의 일원변량분석 대상이다. 그러나 연구자는 다른 또 하나의 문제를 지닐 수 있다. 그것은 교사 선호도와 교과 선호도가 수업평가에 미치는 상호작용 효과가 있는가 하는 것이다. 이와 같이, 연구변인 중 독립변인의 차원이 2개인 경우를 이원변량분석이라고 하고, 3개인 경우의 변량분석을 삼원(三元)변량분석이라고 한다. 이원변량분석과 삼원변량분석의 원리, 분석의 과정 등은 근본적으로 동일하며, 변량분석 결과 해석상 차이가 있을 뿐이다. 여기서는 이원변량분석을 구체적인 사례를 가지고 살펴보고자 한다.

연구자는 중학교 1학년 남학생 15명과 여학생 15명을 무선적으로 표집하여 남녀 각각 개별단어 암송방법(A), 문장암기방법(B), 게임놀이방법(C) 등 세 가지 방법으로 단어 학습을 시킨 후 그 재생을 측정하였다. 그 결과가 다음과 같다고 하자.

〈표 6.8〉 성별 학습유형에 따른 어휘학습 결과

		학습방법(변인 가)		
		A	B	V
성별 (변인 나)	남학생(Ⅰ)	13 19 21 16 11	21 14 16 21 13	21 15 22 19 17
	여학생(Ⅱ)	16 14 21 19 23	22 19 16 20 29	32 27 25 27 21

이 자료로 6개 집단별 평균치를 구한 결과는 다음 표와 같다.

〈표 6.9〉 집단별 종렬 및 횡렬평균치와 전체평균치

		학습방법(변인 나)			종렬평균치
		A	B	C	
성별 (변인 가)	남학생(Ⅰ)	16.0	17.0	19.6	17.5
	여학생(Ⅱ)	18.6	21.2	26.4	22.1
횡렬평균		17.3	19.1	23.0	19.8

그리고 이 통계치를 가지고 이원변량분석한 결과는 다음과 같다.

〈표 6.10〉 변량분석 결과

변량원(SV)	SS	df	MS	F	p
변인 가(성별)	158.70	1	158.70	9.75	〈.01
변인 나(학습유형)	163.47	2	81.74	5.02	〈.05
상호작용 : 가×나	24.80	2	12.40	.76	n.s
집 단 내	390.40	24	16.27		
전 체	737.37	29			

이와 같은 변량분석 결과는 어떻게 해석하는가? 〈표 6.10〉을 〈표 6.9〉와 동시에 관련지어 해석하면 다음과 같다. 첫째, 독립변인 성별 간에는 p〈.01 수준에서 유의한 차이가 있다. 즉, 여학생이 남학생에 비해 어휘학습 능력이 우수하다(주효과 1). 둘째, 다른 하나의 독립변인인 학습유형 간에는 p〈.05 수준에서 유의한 차이가 있다. 즉, 학습유형 C, B, A순으로 어휘학습이 효과적이다(주효과 2). 셋째, 어휘학습에 미치는 성 변인과 학습유형 변인의 상호작용효과는 유의하지 않다.

그러면, **상호작용효과**란 무엇을 뜻하는가? 앞의 〈표 6.9〉의 성별과 학습유형이 상호 교차하는 6개의 평균치들은 두 변인이 상호작용하여(결합되어) 만들어진 수치이다. 결과는 여학생의 C유형이 학습효과가 가장 크고, 남학생의 A유형이 학습효과가 가장 낮다는 사실을 보여주고 있다. 그러나 남학생과 여학생 각각 학습유형별 학습효과는 A, B, C 유형으로 가면서 증진되고, 학습유형을 고려함이 없이 여학생이 남학생보다 학습효과가 높다(평균치가 크다). 이것은 하나의 규칙이다. 이러한 규칙이 드러나는 경우에는 두 변인의 상호작용효과는 없음을 뜻한다.

다시 어느 연구자가 개별화 수업모형과 협동학습모형이 문제해결력에 미치는 영향을 연구하기 위해 자료를 분석한 결과가 다음과 같다고 가정하자.

〈표 6.11〉 2×2 실험설계에 의한 결과의 평균치

		수업모형(변인 A)		횡행 평균치	평균치 차
		개별화	협동학습		
성별	남	20	27	23.5	7
(변인 B)	여	26	18	22.0	8
종렬 평균치		23.0	22.5		
평균치 차		6	9		

이 표를 보면, 이원분석을 해 봐야 알겠지만 그 결과는 다음과 같을 것이다. 즉, 수업모형을 무시하고 성별 간 문제해결력은 평균치의 차가 '1'로서 유의한 차가 아니다. 또 성 변인을 무시하고 수업모형 간 문제해결력은 협동학습이 개별화모형에 비해 문제해결력이 우수하며, 그 차는 유의할 것이다. 그런데, 성별과 수업모형을 상호 관련지어 보면 남학생은 협동학습에서, 여학생은 개별화모형에서 문제해결력 평균치가 크게 나타나고 있다. 이는 곧 성과 수업모형 두 변인 간 상호작용

효과가 있음을 나타낸다. 이는 "각 실험조건 집단의 평균치를 이은 선은 서로 평행을 이룰 것이다"라는 영가설 검증이 되는 셈이다. 변인 A와 변인 B 간의 상호작용 F비가 일정한 의미수준에 미달되면 변인들은 가법적(加法的)으로(같은 방향으로) 상호작용한다는 가설을 긍정하게 된다.

(5) 두 집단 이상의 사례수나 백분율의 차의 유의성을 밝히기 위한 방법 : χ^2 검증

1 χ^2 검증에서 고려해야 할 사항

① χ^2 검증은 관찰빈도와 기대빈도(이론빈도) 간의 차가 유의한지를 검증하는 방법이다.

② 기대빈도의 환산은 각각의 검증법에 따라서 다르다.

③ 한 유목의 각 칸의 빈도는 적어도 '5' 이상이어야 한다.

④ 자유도 계산은 통계를 적용하는 공식에 따라 달라진다.

⑤ 자유도에 의한 임계치를 확인하고, 계산된 χ^2값이 해당 임계치(CV)보다 큰지 적은지를 통하여 큰 경우 차가 있다고 결론 내린다.

2 공식

$$\chi^2 = \sum \frac{(f_o - f_e)^2}{f_e}$$ [f_0 : 관찰빈도 f_e : 기대빈도]

3 df = K − 1, 혹은 (R − 1)(C − 1)

(단, K는 집단의 수, R은 열의 수, C는 행의 수)

4 단일유목간 차이 검증

예 고교생의 학급편성방식에 대한 찬반에 차이가 있는가?
교사의 근무지역 선호도에 차이가 있는가?
대학생들이 선호하는 옷 색상에 차이가 있는가?
학생이 선호하는 교사연령에 차이가 있는가?

【예제 11】 중학생 600명을 대상으로 좋아하는 교과목을 조사한 결과가 다음과

같다. 이들이 좋아하는 과목에 차이가 있는가를 검증하라.

국어 : 200 　　수학 : 100 　　특활 : 300

[검증과정]

① 영가설 설정 : 좋아하는 교과목에는 차이가 없다.

② 기대빈도 계산 : 단일유목간 차이검증시 기대빈도의 계산은 전체빈도수를 유목의 수로 나누어 구함

③ χ^2 계산

유목수	(1) *fo*	(2) *fe*	(3) *fo* − *fc*	(4) $(fo-fe)^2$	(5) $(fo-fe)^2/fe$
국 어	200	200	0	0	0
수 학	100	200	100	10000	50.0
특 활	300	200	-100	10000	50.0

$\chi^2 = 0 + 50 + 50 = 100$

④ 자유도 계산 $df = k - 1 = 3 - 1 = 2$

자유도 2일 때의 임계치 cv는 p = .05인 경우 5.991

p = .01인 경우 9.210

⑤ 결론 : 계산된 $\chi^2 = 100$은 9.210보다 크므로 99% 수준에 유의한 차이가 있다. 즉, 중학생들은 특활을 가장 좋아하고 수학을 가장 싫어한다.

5 복합유목간 차이 검증

㉠ 고교생의 혼성학급 편성에 대한 찬반 의견의 차이가 있는가?

학생 성별간 이상적인 학생상 의견의 차이가 있는가?

지역별 직장만족도의 차이가 유의한가?

교사연령별 선호하는 교수방법의 차이가 있는가?

【예제 12】 직장생활을 하는 남녀 60명을 대상으로 가정생활만족도를 조사한 결과가 다음과 같다. 남녀간에 차이가 있는가를 검증하라.

	열 (C)		행합계(TR)	
	남	여		
만족	8	12	20	행(R)
보통	1	25	17	
불만	10	13	23	
열합계	30	30	60	

[검증과정]

① 영가설 설정 : 남녀간 가정생활만족도는 차이가 없다.

② 각 집단별 기대빈도 계산 : 행의 합을 유목의 수(2)로 나누어 계산한다.

③ χ^2값 계산

	만족	보통	불만
(1) fo	남자 8 여자 12	12 5	10 13
(2) fe	남자 10 여자10	8.5 8.5	11.5 11.5
(3) $fo-fe$	남자 −2 여자 2	3.5 3.5	−1.5 1.5
(4) $(fo-fe)^2$	남자 4 여자 4	12.25 12.25	2.25 2.25
(5) $(fo-fe)^2/fe$	남자 0.4 여자 0.4	1.44 1.44	0.20 0.20

$\chi^2 = 0.4 + 0.4 + 1.44 + 1.44 + 0.2 + 0.2 = 4.08$

④ df 계산 : $df = (R-1)(C-1) = (2-1)(3-1) = 2$

⑤ df에 해당하는 임계치를 수표에서 확인

p = .05일 때 cv = 5.991p = .01일 때 cv = 9.210

⑥) 결론 : 계산된 x^2 값이 5.991에 못 미치므로 영가설 수용, 즉 남녀간 가정생활 만족도에는 유의한 차가 없다

6 독립성 검증

① 의미 : 두 유목변인 간에 관계가 있느냐 없느냐의 검증

② 예

- 교사의 직전학습 방법과 선호하는 교수방법 간에 관계가 있는가?
- 고객의 구매빈도와 백화점까지의 거리 간에 상관이 있는가?
- 학생의 지능과(IQ) 정서지능(EQ) 간에는 상관이 있는가?
- 모의 지능과 자녀의 지능 간에는 관계가 있는가?

【예제 13】 모의 지능과 자녀의 지능을 측정한 결과 다음과 같은 결과가 나타났다. 이 두 변인 간에 관계가 있는가를 검증하라.

자녀 /모	낮음	보통	높음	계
높음	103	57	22	182(R_1)
보통	83	43	10	136(R_2)
낮음	11	8	5	24(R_3)
계	197(C_1)	108(C_2)	37(C_3)	342(T)

[검증과정]

① 영가설 설정 : 모의 지능과 자녀 지능감에는 관계가 없을 것이다.

② 유목별 기대빈도 계산

"독립성 검증에서의 기대빈도는 (행의 빈도×열의 빈도) / 전체 빈도수"로 구함

유목 1 : $182 \times 197/342 = 104.84$ 유목 2 : $182 \times 108/342 = 104.84$

유목 3 : $182 \times 37/342 = 19.69$ 유목 4 : $136 \times 197/342 = 78.34$

유목 5 : $136 \times 108/342 = 42.95$ 유목 6 : $136 \times 37/342 = 14.71$

유목 7 : $24 \times 197/342 = 13.82$ 유목 8 : $24 \times 108/342 = 7.58$

유목 9 : $24 \times 37/342 = 2.60$

③ x^2값 계산

	자/ 모	낮 음	보 통	높 음
fo	낮음	103	83	11
	보통	57	43	8
	높음	22	10	5
fe	낮음	104.84	57.47	19.69
	보통	78.34	42.95	14.71
	높음	13.82	7.58	2.60
$fo-fe$	낮음	−1.84	25.53	−8.69
	보통	−21.34	0.05	−6.71
	높음	8.18	2.42	2.40
$(fo-fe)^2$	낮음	3.39	651.78	75.52
	보통	455.40	0.00	45.02
	높음	66.91	5.86	5.76
$(fo-fe)^2/fe$	낮음	0.03	11.34	3.84
	보통	5.81	0.00	3.06
	높음	4.84	0.77	2.22

$\chi^2 = 10.68 + 12.11 + 9.12 = 31.91$

④ 자유도에 따른 임계치 확인

$df = (R-1)(C-1) = (3-1)(3-1) = 4$ $df=4$일 때 $p=.05$의 임계치는 9.488, $p=.01$의 임계치는 13.277

⑤ 영가설 수용 여부 확인 : 계산된 χ^2값은 $p=.01$의 임계치는 13.277을 넘고 있으므로 영가설 기각

⑥ 결론 : 모의 지능지수와 자의 지능지수는 서로 의존적이다. 즉, 모의 지능과 자녀의 지능은 서로 상관이 있다.

7 적합도 검증(Goodness of fit test)

〈검증의 예〉

- 학력고사 점수분포는 정상분포를 이룬다고 할 수 있는가?
  성적을 A 25%, B 35%, C 35%, D 5%로 산출하려고 한다. 어떤 고사결과가 이러한 분포를 이룬다고 할 수 있는가?
- 주사위를 던져서 나온 숫자들이 주사위 확률에 얼마나 접근하는가?

【예제 14】 W대학교는 학생들의 성적을 A : 10%이내, B : 20%이내, C : 40%

이내, D : 20%이내, F : 10% 이내 등으로 평가하기로 규정해 놓고 있다. L교수가 100명을 대상으로 성적을 낸 결과가 다음과 같다. 이 교수는 대학교의 성적 산출 규정을 잘 지키고 있는가를 검증하라.

성적	사례수
A	20
B	20
C	20
D	28
F	12

[검증 과정]

① 영가설 설정 : 교수의 학점 분포는 학교의 성적 산출 규정 분포와 일치한다.

② 기대빈도의 산출

성적	사례수	확률치(p)	기대빈도(E=np)
A	20	.10	100(.10)=10
B	20	.20	100(.20)=20
C	20	.40	100(.40)=40
D	28	.20	100(.20)=20
F	12	.10	100(.10)=10

③ χ^2값 계산

성적	*fo*	*fe*	*fo-fe*	$(fo-fe)^2$	$(fo-fe)^2/fe$
A	20	10	10	100	10
B	20	20	0	0	0
C	20	40	−20	400	10
D	28	20	8	64	3.2
F	12	10	2	4	0.4
					$x^2=23.6$

④ 자유도에 따른 임계치 확인

$df=(k-1)=(5-1)=4.$

$df=4$일 때 p=.05의 임계치는 9.488, p=.01의 임계치는 13.277

⑤ 영가설 수용 여부 확인 : 계산된 χ^2값(23.6)은 p=.01의 임계치는 13.277을 넘고 있으므로 영가설 기각

⑥ 결론 : 교수가 부여한 '학점 분포는 대학의 학점 산출 규정과 일치할 것이다'라는 영가설을 기각한다. 따라서 교수의 성적 부여 결과는 학교 당국의 학점 부여 규정에 위배된다.

(6) 인과관계 추론을 위한 통계적 방법

1 관계성과 인과관계 추론

행동과학적 연구의 대부분은 집단 간 차이 여부와 변인간의 관계성 정도를 밝히는데 초점을 맞춘다. 앞에서 살펴 본 Z검증이나 t검증, 변량분석, χ^2 검증 등은 집단 간 통계치의 차이의 유의성을 밝히는 통계적 분석 방법이다. 여기서는 두 변인 이상의 변인 간(독립변인과 종속변인) 관계성을 규명하는 통계적 방법을 간단하게 소개하고자 한다.

흔히 연구자들은 변인간의 관계성을 추구함으로써 인과관계를 밝힌 것처럼 연구결과나 결론을 진술하려는 유혹에 빠져드는 경우가 있다. 예컨대, 어떤 연구자가 "자아효능감이 학업스트레스에 미치는 영향"이라는 논문 제목으로 연구를 수행했다고 가정하자. 연구자는 두 변인을 측정하기 위한 척도를 사용하여 자료를 수집하고 통계적 분석을 한 후 자아효능감 점수가 높은 집단이 낮은 집단에 비해 학업스트레스 점수가 유의하게 높았다고 치자, 연구자는 논문 제목에 '영향'이라는 용어를 사용했을 뿐만 아니라 자신의 연구는 두 변인 간 인과관계가 있는 것처럼 결론을 내리는 경우가 많다. 그러나 자아효능감이 학업스트레스의 원인으로 작용했다거나, 학업스트레스가 자아효능감에 영향 받아 결정되었다는 증거는 아무 것도 없다. 물론 그러한 추정이 어느 정도 가능하기는 하지만, 이와 같은 조사연구에서 인과관계를 밝힌 것처럼 결론 내리는 것은 잘못된 것이다. 학업스트레스를 결정하는 요인들에 대한 적절한 통제가 이루어지지 않았으며, 두 변인간의 관계 혹은 영향을 행사하는 방향이 양방향이라고 생각할 수 있기 때문이다. 그러므로 이 연구의 제목은 '자아효능감과 학업스트레스와의 관계'라고 진술하는 것이 타당하다. '영향' 혹은 인과관계

를 밝히기 위해서는 오염변인을 적절하게 통제하거나 제거할 수 있도록 설계된 실험연구가 수행되어야 하며, 이론적 경험적으로 독립변인과 종속변인간의 영향력 행사의 방향이 분명하게 밝혀져야 한다.

2 회귀분석(regression analysis)

독립변인과 종속변인 간에 어떤 관계가 있는가는 연구자들이 관심 갖는 주요 관심사이다. 회귀분석(回歸分析)이란 그와 같은 관계성 정도를 나타내는 통계치(상관계수)에 기초하여 하나 이상의 독립변인들이 종속변인에 미치는 영향의 정도는 얼마나 되며, 독립변인들 중 종속변인을 설명하는 양이 가장 큰 것은 무엇이고, 독립변인들로 종속변인의 변량을 설명할 수 있는 적합한 모형은 어떻게 되는가 등을 밝히기 위한 통계분석 방법이다. 독립변인이 1개인 경우에는 단순(simple)회귀분석이라고 하며, 독립변인이 2개 이상일 경우 중다(重多, multiple)회귀분석이라고 한다.

회귀분석을 위한 기본 조건

① 독립변인은 양적 변인 혹은 질적 변인(유목변인) 어느 것도 무방하다.
② 종속변인은 양적 변인이어야 한다.
③ 종속변인은 정상분포 가정을 충족시켜야 한다.

예컨대, 연구자가 "초, 중, 고등학교 학생들의 학교생활만족도 결정요인 연구"라는 제목으로 연구를 수행한다고 가정하자. 연구자는 이론적 배경과 경험적 자료 등에 근거하여 학교생활만족도에 영향을 미치리라고 판단되는 요인으로 동료관계, 교사와의 관계, 학업성취도, 진로계획, 학업자아개념, 학교의 풍토 등 6개의 독립변인을 설정하여 일련의 학생들을 대상으로 독립변인과 종속변인을 측정한 후 중다회귀분석을 할 수 있다.

이 가상적인 연구의 예에서 연구자가 밝힐 수 있는 내용은 다음과 같은 것들이다.

첫째, 6개 독립변인이 학교생활만족도에 미치는 영향의 정도(결정계수 R^2)는 얼마인가?

둘째, 6개 독립변인 각각이 학교생활만족도에 영향을 주는 정도는 얼마나 되며(회귀계수 B, 혹은 표준화 회귀계수 β), 독립변인 중 학교생활만족도에 가장 큰 영향을 미치는 변인은 무엇이며, 얼마 정도 영향력을 갖는가?

셋째, 6개의 독립변인 중 학교생활만족도에 유의한 결정력을 갖지 못하는 변인은 무엇인가?

넷째, 학교생활만족도에 유의한 영향력을 갖는 독립변인들의 회귀방정식은 어떻게 나타낼 수 있으며, 나타난 회귀방정식은 통계적으로 유의한가?

3 판별분석(判別分析, discriminant analysis)

판별분석은 기본적으로 회귀분석과 동일한 논리를 지닌다. 다만, 종속변인이 질적 변인 혹은 유목변인이어야 한다는 점과 판별분석을 위한 조건이 회귀분석에 비해 까다롭다는 점이 다르다. 기본적인 아이디어는 두 다른 집단을 판별(변별)해 내는 독립변인이 무엇이며, 독립변인들 중에서 두 집단을 변별해 내는 힘이 가장 큰 것이 무엇인가를 밝히려는 경우 적용할 수 있는 통계적 방법이다.

예컨대, 진로계획으로서 진학집단과 취업집단, 이혼 찬성집단과 반대집단, 학업 우수아와 부진아 집단 등 두 집단을 구분 짓는데 중요할 것으로 판단되는 독립변인을 설정하고 판별분석을 할 수 있다. 또한 종속변인이 양적 변인 혹은 연속적 변인인 경우, 연구자가 유목변인으로 전환한 후 판별분석을 할 수 있다. 예를 들어, 학교생활 적응도 검사를 실시한 후 검사점수를 기준으로 적응집단과 부적응집단, 혹은 적응도의 상, 중, 하 세 집단으로 분류한 후 설정한 독립변인들이 이에 어떻게 관계되어 있거나 영향력이 어느 정도인지를 분석해 낼 수 있다. 종속변인의 범주가 2개인 경우 판별분석이라고 하며, 3개 이상일 경우 중다판별분석이라고 부른다. 판별분석을 위한 기본 조건은 다음과 같다.

판별분석을 위한 기본 조건

(1) 종속변인이 질적 변인 혹은 유목변인이어야 한다.
(2) 각 독립변인들은 정상분포 가정이 충족되어야 한다.
(3) 독립변인들이 상호 독립적이어야 한다.
(4) 비교하려는 각 집단간 독립변인 측정치들의 동변량성 가정이 충족되어야 한다.
(5) 종속변인에 영향을 미칠 것으로 추정되는 중요한 독립변인이 누락되지 않아야 한다.

이들 조건 중 가장 충족시키기 어려운 점이 (3)항이다. 특히, 교육이나 사회 혹은 인간 심리 현상은 각 변인들이 독립적이라는 가정을 충족시키기가 어렵다. 연구자는 사전에 이 점을 충분히 검토한 후 통계적 분석을 설계해야 한다. 이들 조건의 충족이 어렵다고 판단되는 경우에는 다음에 소개하는 로지스틱 회귀분석을 하게 된다.

4 로지스틱 회귀분석(logistic regression analysis)

로지스틱 회귀분석은 앞에서 소개한 회귀분석과 개념상 논리는 동일하다. 다만, 차이점은 종속변인이 이분변인(二分變因)인 경우와 자료분석을 위한 기본 가정이 회귀분석에 비해 느슨하다는 점이다. 이분변인의 예로서 찬성/반대, 합격/불합격, 승진/승진보류, 물품구매/구매하지 않음, 좋아함/싫어함 등을 들 수 있다.

특히, 판별분석에서는 독립변인들이 상호 독립적이어야 한다는 조건의 충족이 요구되지만, 로지스틱 회귀분석은 이 조건이 반드시 충족될 필요는 없다. 교육현상을 비롯한 인간과 사회의 제 현상은 종속변인에 영향을 미치는 독립변인들이 복잡하게 서로 얽혀 있어 독립변인들 간 독립성 가정이 사실상 충족되기가 어렵다. 따라서 특별한 경우 외에 대부분 판변분석 자체는 불가능하다고 보아야 하며 로지스틱 회귀분석을 하는 것이 타당하다고 본다.

이 외에도 변인들의 관계성 분석방법으로 **경로분석**(path analysis)이 있다. 이 방법은 이론과 경험적 연구에 기초하여 변인들의 관계성에 관한 관계성 모형(경로모형)을 설정하고, 각 변인들이 어떤 방식으로, 어느 정도의 관계성을 가지고 최종적인 종속변인에까지 이르는가의 경로를 규명하는 것이다.

제 7 장

논문과 연구보고서 작성방법

학위논문을 작성하거나 연구보고서를 작성하는 일은 획일적인 규칙이 있어 반드시 준수해야 할 기계적인 작업은 아니다. 그러나 이 일은 학문분야별로 혹은 연구보고서를 제출할 기관이 요구하는 어떤 체제나 형식이 있어 그러한 체제와 형식에 적합시키는 일이 요구된다. 아무리 훌륭한 연구를 수행했다 할지라도 논문이나 연구보고서가 제대로 작성되지 못하여 심사에서 통과되지 못하는 등 낭패를 볼 수 있다.

이 장에서는 학위논문 작성을 염두에 두고, 논문의 글쓰기 방법, 인용방법, 참고문헌 제시방법 등을 주로 한국교육학회에서 요구하는 형식을 기초로 기술하고자 한다. 그리고 논문과 연구보고서를 평가할 때 적용하는 일반적인 평가기준을 검토하고, 논문 작성에서 특히 유의해야 할 사항이 무엇인가를 살펴봄으로써 논문의 형식적 타당성을 높이기 위한 방안을 이해하고자 한다.

학습목표

1. 논문의 글쓰기 방법을 적용하여 기존 논문의 글쓰기에 대한 논평을 할 수 있다.
2. 직접인용과 간접인용의 의미와 인용방법을 자신의 논문 작성에서 적용할 수 있다.
3. 참고문헌의 제시순서와 제시방법을 익혀 자신의 논문에 적용할 수 있다.
4. 연구논문이나 연구보고서의 평가기준의 중요한 항목을 설명할 수 있다.
5. 논문작성에서 유의할 사항을 지적하고, 논문 요약서 작성방법에 따라서 타인의 논문 혹은 자신의 논문 요약서를 작성할 수 있다.

제1절 논문의 글쓰기 방법

논문이란 일정한 절차에 따라서 연구한 바를 글로 나타낸 것이다. 아무리 훌륭한 연구를 수행했다고 하더라도 논문이 요구하는 글쓰기가 제대로 되지 않으면 논문의 가치를 상실하게 된다. 어떤 유형의 연구든지 연구논문의 글쓰기 방법으로서 다음과 같은 사항을 염두에 둘 필요가 있다.

1. 쉬운 용어와 문장

논문은 연구자 자신뿐만 아니라 연구논문을 읽는 독자들도 무엇을 표현하고자 했는가, 글의 의미가 무엇인가를 쉽게 이해할 수 있도록 쉬운 용어와 문장으로 쓴다. 논문을 작성한 자신도 잘 이해하지 못하는 용어나 문장 혹은 문단이 있어서는 안 되며, 어려운 용어나 문장을 구사한 것이 논문의 질을 높일 것으로 생각할 필요는 없다.

[검토해 볼 논문의 글 예 1]

이와 같은 현실적인 요구들 속에서도 교육기관의 장학활동과 장학의 체계적인 전문성과 구체성은 부족하나 그렇다고 어려운 여건이기는 하나 교육의 출발점인 교사들의 교육을 포기할 수는 없다. ………(중간 생략) 왜냐하면, 모든 교사가 경험이나 능력 면에서 개인적인 차이가 있음을 인정하여 교사들에게 장학 형태에 대한 선택의 기회를 제공함으로써 교사 개인의 욕구를 반영할 수 있어 교사들의 풍토지각에 긍정적인 영향을 주기도 한다.

[검토해 볼 논문의 글 예 2]

3. 용어의 정의

가. 학급풍토

학생들이 생활하고 있는 학급에는 학급풍토(classroom climate)라는 것이 있다. 풍토란 학급의 사회적 풍토로서 일반적으로 학급 구성원들의 상호관계와 분위기 등 많은 것을 포함한다. 우연히 교실에 들어갔을 때 처음 느껴지는 감(feeling tone)이 있는데 이것이 학급풍토의 냄새이다. 즉 학급풍토란 학급분위기라 할 수 있다.

2. 간결, 효과적인 문장

논문은 문학작품이나 자서전, 수필, 심지어 논설문과는 다르다. 문학작품처럼 기교를 부리거나 감정을 나타내는 문장, 호소하려는 문장, 근거 없이 주장하려는 문장, 고백적인 표현 등은 들어설 자리가 없다. 하나의 문장에는 한 가지 사항을 전달하도록 하며, 중문이나 복문, 장황하고 중언부언하는 표현은 피한다. 가장 짧은 문장으로 나타낼 수 있을 때까지 줄이고 또 줄이는 과정을 거쳐야 한다. 효과적인 문장이란 전달하고자 하는 바를 손상시키지 않는 범위 내에서 짧은 문장을 뜻한다.

[검토해 볼 논문의 글 예 3]

사회적으로 주장되고 있는 교사평가 때문에 교사들은 교직생활에 대한 의욕을 상실하고 있으며, 교직에 대한 파아란 꿈을 접어야 하는가에 대하여 깊은 고뇌에 빠져 있으며, 교사평가가 교사의 전문성 신장보다는 교직에서 쫓겨 나야할 사람을 선별해내려는 은폐된 장치라고 믿고 있으므로 교사평가는 절대로 실시되어서는 안 되며, 교육의 질 향상이라는 궁극적인 목표달성을 위해서는 교사평가의 목적, 내용, 방법 등에 관한 전반적인 검토가 이루어져야 할 것이며 평가자에 대한 논의도 새로이 이루어져야 할 것이다.

3. 문단(文段)의 구성

문단(글의 단락)이란 한 가지 아이디어를 체계적이고 논리적으로 표현한 일련의 문장의 집합이다. 하나의 문단에는 몇 개의 문장이 포함될 수 있으나, 그 문단에는 통일된 한 가지 생각이 전개되고 있는 것이다. 문단을 적절하게 끊지 않으면 무엇을 표현하려고 하는가를 이해하기 어렵게 된다. 내용의 전후 관계를 치밀하게 따져서 문단을 구성함으로써 글의 흐름이 자연스럽게 되도록 한다.

문단을 적절하게 끊기가 어려운 경우 문장 하나를 하나의 문단으로 취급하여 논문을 작성하는 예가 종종 있다. 이러한 논문의 글쓰기는 피해야 하며, 문단을 구성하도록 해야 한다.

4. 정확한 문장 표현

문장의 기본 요소는 주어와 동사이다. 주어는 있으나 동사가 없다든지, 주어가 무엇인지 분명하지 않은 경우가 있다. 이러한 사항을 항상 염두에 두고 문장을 쓰며, 맞춤법과 띄어쓰기, 한자, 약자나 기호, 구두점, 구문, 인칭, 직위의 사용 등 문법에 맞는 글을 쓴다. 또 연구논문에는 특별한 경우(예 : 대화내용을 사실대로 옮겨 적어야 할 경우)가 아니면 선생님, 부모님, 원장님 등에서 '님'과 같은 존칭어, "○○○는 A와 B간에 차이가 있음을 밝혔습니다"와 같은 경어를 쓰지 않는다.

[검토해 볼 논문의 글 예 4]

현행 교원단체의 역할과 기능이 연구한 교원단체의 역할과 기능의 구체적인 연구내용이 실증적으로 비교 구명하지 못한 까닭에, 아직도 연구된 교원단체의 역할과 기능이 교원단체에 미치는 긍정적인 영향에 대해서 확신을 갖지 못하는 사람들에게 좀 더 설득력 있는 실증적 자료를 제시할 수 없다는 한계를 지니고 있다.

5. 문어체의 사용

연구논문은 대면관계에서의 대화내용을 글로 표현한 것이 아니므로(질적 연구에서는 가능하지만) 구어체보다는 문어체로 표현한다. 지나치게 겸손한 표현이나 독단적 표현, 지나치게 단정적인 표현, 문학적 표현 등은 피한다.

6. 용어와 문체의 일관성

연구논문에는 다양한 용어들이 사용되기 마련이다. 이들 용어는 논문 전체에서 하나의 용어로 통일하여 표현하도록 한다. 또 시제, 문체, 문단 구성 방식, 번호 붙이기 등도 통일을 시켜 논문 전체가 일관성을 갖도록 한다.

7. 문장의 시제

문장의 시제는 논문의 어느 부분이냐에 따라서 달라질 수 있기 때문에 획일적으로 말할 수는 없으나 대체로 다음과 같은 방식을 취한다.

1) 현재형으로 표현하는 경우

① 연구의 필요성, 목적을 기술할 때
② 연구의 내용, 혹은 연구문제를 진술하는 부분
③ 다양한 정의방식을 검토한 후 자신의 입장에서 개념의 정의를 내릴 경우
④ 어떤 이론의 일반적인 진술을 인용할 때
⑤ 연구결과에 바탕하여 논의를 전개할 때
⑥ 결론을 기술할 때

2) 과거형으로 표현할 내용들

① 선행 연구결과를 개괄하거나 인용할 때
② 연구의 방법, 즉 표집방법, 측정도구, 자료수집과 관찰 방법, 자료 분석 방법 등을 기술할 때
③ 연구 결과의 해석내용을 기술할 때
④ 연구결과를 요약할 때

3) 미래형으로 할 경우

① 가설(가설의 진술은 반드시 미래형으로만 진술하는 것은 아니며, 현재형으로 진술하기도 한다.)
② 제언하려는 내용을 기술할 때

제2절 인용과 참고문헌

1. 인 용

연구란 타인의 연구물 자료의 도움 없이 연구를 수행하기가 불가능한 것은 아니지만 누군가에 의해서 생산해 놓은 지적 탐구활동의 자료들을 참고하거나 이들의 도움에 힘입어 수행되기 마련이다. 특히, 학문이 발전하고 급격하게 변화하는 세계에서는 순수한 창의적인 연구란 상상하기 어렵다. 그러므로 연구나 학문이란 기존의 학문발전의 토대 위에서 전개되는 현상 탐구활동이며, 기존의 연구를 확장시키거나 심화시키는 일이라고 표현할 수 있다.

연구를 수행하는 과정에서 누구나 다른 사람의 이론을 밝혀 놓고 있는 저서, 번역서, 논문, 학술연구지, 잡지, 신문, 정부간행물, 인터넷 등 다양한 자료를 참고하게 된다. 타인의 글의 일부를 그대로 논문 작성과정에서 옮겨오거나 글의 내용을 요약 혹은 연구자의 언어로 재구성하는 일 등을 **'인용(quotation)'**이라고 한다. 그러므로 인용의 경우 그 글에 대한 출처를 논문이 요구하는 형식에 적합하고 명확하게 밝히는 일은 연구자의 연구윤리를 실천하는 일임과 동시에 원문 생산자에 대한 예의이며 논문 독자들에 대한 연구자의 서비스 정신을 실천하는 일이기도 하다. 특히, 오늘날 지적재산권의 문제가 제기되고 있는 바와 같이, 인용의 경우 이러한 문제에 휘말리지 않기 위해서도 논문 작성자는 인용에 각별히 유의해야 한다.

인용을 나타내는 방법은 학문영역에 따라서 매우 다양하다. 교육학 분야의 각 학회 간에도 인용이나 각주, 참고문헌 및 표와 그림을 나타내는 형식으로 튜레이비언식(turabian type)과 미국심리학회식(APA : American Psychological Association type)을 병용하거나 양자 중 한 가지를 사용하고 있다. 튜레이비언식은 각주(脚註)를 사용하며, APA식은 각주를 사용하지 않고 본문에 저자나 연구자명과 출판연도만을 ( )속에 나타내고(페이지까지 밝히는 것이 정확한 것이다), 참고문헌에 해당 자료의 구체적인 내용을 일괄적으로 나타내는 방식이다. 현대 교육학 관계

논문들이 APA식을 취하는 방향으로 진행되고 있으므로 여기에서는 APA식에 대하여 기술하고자 한다.

1) 직접인용

직접인용은 원문의 특정 부분을 글자를 누락시킴이 없이 그대로 자신의 논문에 옮겨오는 것을 뜻한다(원문의 20행 이상을 직접인용하는 것은 바람직하지 않다). 인용문이 짧을 경우에는(1~2행 정도) " "이나 『 』 등으로 인용했음을 분명하게 나타내면 된다.

인용문이 긴 경우,

① 줄을 바꾸어 한 행 띄어 본문에서 왼쪽과 오른쪽에 세 칸 정도 들여 쓰는 별개의 문단으로 기술한다.

② 본문 글자크기보다 작은 글자로 인용한 글임을 나타낸다.

③ 문단의 끝 부분의 ( )속에 원문의 쪽수를 표기한다.

이를 예시하면 다음과 같다.

표상중개 과정의 원리를 보다 공식적인 용어로 표현한 Osgood 등(1957)의 말을 인용하면 다음과 같다.

> "지시대상이 아닌 어떤 자극이 그 지시대상을 표상하는 기호가 되는 것은 그 지시대상이 유기체 내부에 중개과정을 일으키기 때문이며, 이 과정은 ① 그 지시대상이 일으키는 전 행동(반응)의 한 부분이 ② 만약 지시대상이 아닌 자극과 지시대상이 접근해 있지 않았더라면 일어나지 않았을 반응을 일으키는 과정이다"(p. 7).

또 인용문 중의 논문에 밝힐 필요가 없는 어구나 문장의 일부를 생략하는 경우에는 생략 방식으로 ……을 사용한다. 그리고 인용을 하는 경우에는 항상 저자나 연구자, 연도, 쪽수가 표기되어야 하며, 참고문헌에는 완전한 출처를 밝혀야 한다.

2) 간접인용

간접인용은 직접인용과는 달리, 원문을 요약하거나 원문의 내용을 연구자의 이해방식에 따라서 연구자의 글로 나타내는 것을 일컫는다. 간접인용에서 중요한 것은 원문의 뜻이 왜곡되거나 이해되지 않은 내용을 연구자 나름대로 자의적으로 해석해서는 안 된다는 점이다. 간접인용을 하는 경우에는 인용부호를 사용하지 않으며, 문장 속에서 저자나 연구자의 이름과 연도를 ( ) 속에 밝히는[예 : 교사의 수업효율성 개념화 연구에 의하면(손충기, 1994)] 참조인용 방식을 취하며, 구체적인 원문의 출처와 페이지는 참고문헌 제시방식에 따라서 밝혀야 한다.

3) 참조인용

위에 제시한 바와 같이, 간접인용인 경우 참조인용 체제에 따라서 인용했음을 밝히게 된다. 참조인용(reference citation)은 논문의 본문에 저자나 연구자 명과 연도, 페이지만을 밝히고, 구체적인 출처는 참고문헌에서 밝히는 방법이다.

(1) 1인 저자 혹은 연구자의 단일 저서 혹은 논문인 경우

① …… 구체적으로 어떤 변인이 수업의 질에 영향을 주고 있는지에 대한 개념적 모형이나 실제적 증거는 부족하다(황정규, 1992:1).

② 김호권(1982:148)은 수업모형을 크게 수업전략, 학습조건, 교사행동의 세 가지로 구분하고 그 중 교사 행동모형은 다른 두 가지 보다 더 강조되고 연구되어야 할 필요가 있다고 지적하였다.

(2) 공동 저작이나 연구일 경우

① 저자 혹은 연구자가 3인 공동인 경우에는 3인의 이름 모두를 밝히고 연도표기를 한다. [㉑ : 그들은 교사행동의 개념규정과 측정도 매우 어렵다고 했다(Centra & Potter, 1980:273). 교사효율화를 위한 교사변인에 대한 탐구는 주로 교사자질을

규명 연구였다(김선양 · 신용일, 1991)].

② 4인 이상 공동저작이나 연구인 경우, 한국의 경우에는 '대표자 명 외'로, 외국의 경우에는 'et al.'로 나타낸다.

㉮ : (김경자 외, 2003:187, Bransford et.al., 2000:57)

③ 한 저자나 연구자가 동일 연도에 2편 이상을 출판하여 그러한 저서나 논문을 인용하는 경우에는 연도 뒤에 a, b, c 등의 문자를 붙여 본문에 나타내고, 이를 참고문헌에서도 같은 방식으로 출처를 구체적으로 밝힌다.

㉮ : 손충기의 연구에 의하면(1998a, 1998b, 1998c), 대학생들의 성격은 적어도 4년이라는 대학생활기간에 변화되지 않는다.

④ 동일한 내용 혹은 내용 영역에 대한 저자나 연구자들의 저서 혹은 논문을 인용하였을 경우에는 ' ; ' 표시로 저자나 연구자를 구분하고 모두 표기한다.

㉮ : 교사의 수업효율성에 관한 연구는 1970년대부터 활발하게 이루어져 왔다 (김호권, 1981 ; 이용숙 · 조영태, 1989 ; 박경숙, 1985 ; 김충행, 1982 ; 배호순, 1991 ; 황정규, 1992 ; 허경철, 1988).

2. 참고문헌

참고문헌은 직접참고문헌(reference)과 직 · 간접참고문헌(bibliography)으로 구분한다. 직접참고문헌(reference)은 논문 작성과정에서 직접 혹은 간접인용한 문헌이며, 직 · 간접참고문헌(bibliography)은 인용한 자료는 물론, 인용하지는 않았으나 논문 작성과정에서 보충적인 자료로 참고했거나, 독자들에게 해당 저서 혹은 연구물을 안내함으로써 보다 깊이 있는 연구를 위해 참고가 될 것으로 판단되는 자료들의 목록이다. APA형식에서는 참고문헌(reference)을 요구하는 것이 일반적이다.

1) 각주와 참고문헌 제시 방식의 차이점

참고문헌의 제시 양식과 각주(참조각주)의 제시 양식은 원칙적으로는 동일하다고 볼 수 있으나 다음과 같은 점에서 약간의 차이를 나타낸다(김병성, 1996).

① 양서(洋書)의 경우 저자명을 표시함에 있어서 각주에서는 이름이 먼저 오고 성이 나중에 오며, 참고문헌에서는 성을 먼저 쓰고 이름은 나중에 쓴다.

② 각주에서는 저자명 다음에 쉼표(,)를 하고 참고문헌에서는 마침표(.)를 한다.

③ 각주에서는 서명 다음에 마침표를 하지 않으나 참고문헌에는 마침표를 한다.

④ 각주에서는 출판사항을 ( ) 속에 "(출판사 소재지명 : 출판사명, 출판연도)"와 같은 방식으로 표기하지만, 참고문헌에서는 출판사항을 ( )속에 넣지 않고 "출판사 소재지명 : 출판사명"으로 밝힌다.

⑤ 둘째 줄 이하로 이어질 경우 둘째 줄부터는 각주는 5~6자 정도 내어서 쓰고, 참고문헌은 2~3자 정도 들여서 쓴다.

2) 참고문헌 제시 순서

일반적으로 참고문헌은 다음과 같은 순서로 제시된다.

① 참고문헌은 크게 국내서적과 외국서적으로 구분하여 한국서적을 먼저 저자나 연구자 성명의 가, 나, 다 순서로 제시한다.

② 다음으로 양서를 제시하며 그 제시 순서는 저자나 연구자의 성의 알파벳 순으로 한다.

③ 일서까지 포함할 경우 그 제시 차례는 국내서, 일서, 양서의 순서로 제시한다.

④ 동일 저자의 책이 둘 이상일 때는 두 번째부터 저자명은 생략하고 그 위치에 '__'으로 대신 표시한다.

⑤ 동일 저자일 경우에는 오래된 연구물 순으로 제시한다.

⑥ 서양 저자의 경우 성을 먼저 쓰고 이름은 머리글자만 쓰기도 한다.

⑦ 위의 각각의 순서에 단행본(연구논문 포함)을 먼저 쓰고 간행물을 다음에 적는다.

참고문헌 제시 방법의 예

임창재(1996). 학습양식. 서울 : 형설출판사.

홍은숙(1999). 전인교육을 위한 교과교육의 모형 연구. 한국교육학회. ***교육학연구, 37, 3.*** 221-246.

Eysenck, H. J.(1965). Fact and fiction in psychology. New York : Penguin.

참고문헌의 표기방식은 단행본이냐 또는 정기간행물이냐를 비롯한 문헌의 출처에 따라 약간의 차이가 있다. 단행본과 정기간행물이 참고문헌 목록으로 제시될 경우 들어가야 할 사항과 그 순서는 다음과 같다.

단행본의 경우

① 저자의 성명(서양 인명은 성을 먼저 쓰고 이름은 머리글자(initial)만 쓸 수도 있다.)
② 출판연도(괄호로 묶어 제시한다)
③ 단행본의 제목(구별을 위하여 진한 활자로 표기하거나 이탤릭체로 표기한다)
④ 판수(해당되는 경우)
⑤ 출판지명(출판지명 뒤에 콜론(:)을 찍는다.)
⑥ 출판사명
⑦ 페이지

- 밝혀야 될 필요성이 있는 경우 : 학술지에 수록된 논문, 저서의 인용부분, 정기간행물 등으로 해당 참고문헌 말미에 한 페이지일 경우에는 페이지 수를, 두 페이지 이상일 경우에는 " - "으로 해당 페이지를 아라비아 숫자로 나타낸다.(예 241-243)
- 페이지를 밝히지 않아도 되는 경우 : 논문의 일반적인 참고사항인 경우, 인용한 자료의 특정 페이지를 밝히기가 곤란한 경우

정기간행물의 경우

① 필자의 성명(서양 인명은 성을 먼저 쓰고 이름은 머리글자만을 쓸 수도 있다.)
② 출판연도(괄호로 묶어 제시한다)

③ 논문의 제목
④ 논문이 실린 잡지의 이름(진한 활자를 사용하거나 이탤릭체로 표기한다)
⑤ 권, 호수를 밝히되, 따로 혹은 권(호수) 방식으로 표기한다.
⑥ 페이지(밝혀야 될 필요성이 있는 경우에 한한다.)

이상 제시한 양식과 표기법을 중심으로 하여 실제적인 예를 들어 보면 다음과 같다.

국내 단행본

김병성(1994). 교육연구방법. 서울 : 학지사.
황정규(1992). 학교학습과 교육평가. 서울 : 교육과학사.

외국 단행본

Dewey, J., (1931). Democracy and education : An introduction to thephilosophy of education. New York : Macmillan Co.
(제목은 첫 문자만을 대문자로 쓴다.)

외국 학술지 속의 논문

Nash, B.(1981). The effects of classroom spatial organization on four and five year old children's learning. *British Journal of Educational Psychology, 51(4),* 144-155.

국내 간행물

길양숙(1992). 효율적인 교사의 특징과 수업의 원리. 강원대학교 교육문제연구소. **교육연구, 2**, 199-212.
박경숙(1985). 수업의 평가. 한국교육개발원. 새수업 방안 탐색 : 교육자료 TL 84-1. 333-353.

외국 간행물

Paivio, A.(1975). Perceptual comparisons through the mind's eye. Memory & Cognition, Vol.3, 635-647.

Pillemer, D, B, and Light, R. J.(1980). Synthesizing outcomes : how to use research evidence from many studies. *Harvard Eduactional Review, 50(2),* 176-195.

기관 간행물

기관 간행물은 특별한 저자가 없으므로 기관명이 저자명을 대신한다. 그 외의 표기 방법은 단행본이나 정기 간행물의 표기 방법에 준한다. 또한 정부기관이나 공공기관의 경우에는 출판사항을 따로 표기하지 않는다.

교육부(1983). 교육통계연보.

한국교육총연합회(1998). 한국교육총람.

저자가 여러 명일 경우

3명까지는 모두 밝히고, 4명 이상인 경우 한국은 '외'로, 외국은 'et al.'로 표기한다.

길형석 · 손충기(1997). 교육과정과 교육평가. 서울 : 동문사. (저자 2인)

강승호 외(1999). 현대 교육평가의 이론과 실제. 서울 : 양서원.(이 저서는 5인 공저임)

Rosch, E., & Lloyd, B. B.(1978). Cognition and categorization. Hillsdale, NJ : Lawrence Erlbaum.

편저자

편저자의 경우에는 한국은 '(편)'을, 외국은 1인의 경우 이름 다음에 '(ed.)'를, 2인 이상의 경우 '(Eds.)'를 표기한다.

정범모 · 이성진(편)(1979). 학업성취의 요인. 서울 : 교육과학사.

Steger, J. A.(ed.)(1971). Readings in statistics. New York : John Wiley

Letheridge, S., & Cannon C. R.(Eds.) (1980). Bilingual education, New York : Praeger..

부제가 붙은 경우

김의철 · 박영신(1997). 한국 청소년의 심리, 행동특성의 형성 : 가정, 학교, 친구, 사회 영향을 중심으로. 한국교육심리학회. **교육심리연구, 12(2),** 51-84.

Markus, H. & Kitayama, S.(1991). Culture and self : Implications for cognition, emotion, and motivation. *Psychological Review, 98*, 224-253.

재판 이상인 경우

강승호 외(1999). 현대 교육평가의 이론과 실제(개정판). 서울 : 양서원.

김병성(1994). 교육과 사회(2판). 서울 : 학지사.

Fenstermacher, G. D., & Soltis, J. F.(1992). Approaches to teaching(2nd ed.). Teachers College, Columbia University.

번역서

김정환(역)(1985). 인간주의 교육학. J. M. Rich의 Humanistic foundations of education. Worthington, Ohio : Charles A. Hones Publishing Co. 서울 : 배영사.

Anderson, J. W.(Trans.)(1958). Multivariate analysis, N.Y. : Jonn Wiley & Sons, In Co.

재인용

Wright, B.(1975). The affective and cognitive consequences of an open education elementary school. *American Educational Research*

Journal, 12, 449-468을 인용한 손충기(1994). 교사의 수업행동 진단척도 개발과 그 타당화 연구. 박사학위논문, 인하대학교 대학원.

학위논문

김충행(1982). 교사효율성에 대한 학생평정과 그 피드백 효과에 관한 분석적 연구. 박사학위 논문, 동국대학교 대학원.

최재석(1999). 중학생의 가정환경 과정변인과 자아개념, 학습양식 및 학업성적과의 관계. 석사학위논문, 원광대학교 교육대학원.

Huh, K. C.(1985). The role of teacher logic and clarity in student achievement. Unpublished doctoral dissertation, University of Stanford.

신문, 주간지, 월간지

김이연(2000. 2. 21). "교육을 생각하며 : 졸업식". 교육소식, 제1면.

김영철(2000. 1. 9). "교육개혁의 명암". 주간조선, 180, pp. 153-155.

Nash, J. M.(1993, January 11). "The Most Wanted Particle". Time, p. 43.

"2001년부터 컴퓨터교육 필수 : 정보소양인증제 중학교까지 확대".(2000. 2. 14). 한국교육신문, 제6면.

"Limets on Arms Reexports More than Halved".(1993. August 5) The Korea Herald, p. 1.

미발표물

미발표문에 관계되는 자료에는 여러 가지가 있을 수 있으므로 참고문헌에 제시하는 일정한 체재를 제시하기는 어렵다. 그러나 대개 발표자(발표자가 분명치 않을 경우에는 그 기록의 출처에 관한 정보), 문서명, 관계되는 문서분류기호, 발표 또는 기록일자, 발표지 또는 기록 보관지 등 연구자가 해당 자료의 출처를 가능한 한 상세하게 밝히는 것이 필요하다.

허 형(1982. 10.). "인지능력과 인지양식과의 관계". 한국교육학회 82년차 학술대회 발표논문, 서울대학교 교수회관.

이종승(1996). "충남대학교 입학시험 결과 분석". 미출간 유인물, 충남대학교.

기타 저자나 연구자명, 혹은 출판사항이 불명확한 경우

저자나 연구자, 혹은 출판사항이 분명하지 않을 경우에는 연구자가 할 수 있는 능력의 범위 내에서 독자들이 어떤 자료를 참고했는지를 알 수 있는 데까지 해당 자료의 출처를 상세하게 밝히도록 노력해야 한다.

이상 제시한 양식은 교육학 관계의 연구문헌이나 보고서에서 주로 사용되는 APA 형식을 중심으로 하여 참고문헌 표기방식의 예를 들어 본 것이다. 물론, 교육학 분야의 다양한 학회에서 발행되는 학술지에 제시하는 참고문헌 제시 방식도 분과학회에 따라서 통일되어 있지 않을 정도로 일정한 양식을 획일적으로 적용하기가 어렵다. 따라서 학위논문의 경우에는 해당 대학원의 참고문헌 제시 방법에 따라서, 현장연구의 경우에는 주관 기관의 요구 사항에 따라서, 그리고 학회에 보고할 논문은 해당 학회가 요구하는 방법에 따라서 적절한 방법을 취하면 될 것이다.

제3절 | 연구논문, 연구보고서 평가기준 예시

작성된 학위논문, 연구논문이나 연구보고서의 질을 평가하기 위한 기준은 일률적으로 제시하기는 어렵다. 논문이나 연구보고서의 성격과 목적, 해당 기관이 요구하는 체재와 내용 구성 방식, 보다 중요시 여기는 평가 항목 등이 다를 수 있기 때문이다. 이와 같은 어려움을 염두에 두고, 여기서는 참고할 수 있는 몇 가지 예만을 제시하고자 한다.

1. 현장교육연구보고서 평가기준의 예 1

평가항목	평 가 내 용	배점(%)
1. 현장 공헌도	(1) 연구주제가 교육현장의 필요에 부합하는 정도 (2) 연구주제의 교육현장에의 중요성 (3) 연구결과의 교육현장에서의 활용가능성	30
2. 연구 내용	(1) 연구주제에 적합한 연구문제를 선정하였는가? (2) 중요한 연구문제를 선정하였는가? (3) 연구문제의 배경에 관한 이론적 경험적 연구가 충분하게 분석 검토되었는가? (4) 교육현장의 실태 분석과 이론적 기초 위에 가설이 설정되었는가?	20
3. 연구 방법	(1) 연구주제와 문제를 해결하는데 적절한 연구설계가 수립 적용되었는가? (2) 대상의 선정, 도구의 개발 혹은 선정, 자료수집, 통계적 분석 방법 등의 적합성 (3) 참고문헌과 자료 등은 풍부하게 적합한 것으로 수집·분석하였는가? (4) 객관적이며 정확성을 기하였는가?	20
4. 창의성	(1) 연구문제와 문제해결의 접근법이 얼마나 창의적인가? (2) 새롭고 참신한 교육현장연구인가?	15
5. 체재	(1) 교육현장연구보고서가 요구하는 체재를 잘 갖추었는가? (2) 주제 – 연구문제 – 가설 – 방법 – 결과 – 결론 등은 일관성이 있는가?	15
계		100

2. 교육학 학위논문의 평가기준의 예 2

[행동과학적 연구]

평가 영역	평가 기준	미흡 우수 ① ② ③ ④ ⑤
연구제목	(1) 학문분야에서의 중요한 주제를 설정하였다.	① ② ③ ④ ⑤
	(2) 제목은 논문의 전체적인 내용을 간명하게 표현해 주고 있다.	① ② ③ ④ ⑤
	(3) 연구주제는 참신하며 도전감을 불러일으킨다.	① ② ③ ④ ⑤
연구문제 (혹은 연구내용)	(1) 연구주제에 적합한 연구문제를 설정하였다.	① ② ③ ④ ⑤
	(2) 연구문제는 이론적으로, 실제적으로 중요하다.	① ② ③ ④ ⑤
	(3) 연구문제는 분명하게 진술하였다.	① ② ③ ④ ⑤
연구방법	(1)* 이론의 검토는 연구주제와 문제를 해결하는 데 적절한 것으로 이루어졌다.	① ② ③ ④ ⑤
	(2) 연구대상 표집방법과 특성이 분명하게 기술되었다.	① ② ③ ④ ⑤
	(3)* 연구도구의 개발 혹은 선정 절차가 분명하고 타당하게 밝혀졌으며, 구성 내용, 측정학적 요건이 잘 밝혀졌다.	① ② ③ ④ ⑤
	(4) 자료수집과 자료의 통계적 분석방법이 적절하다.	① ② ③ ④ ⑤
	(5) 참고문헌 등 자료를 풍부하게 수집하여 타당하게 분석하고 활용하였다.	① ② ③ ④ ⑤
논문의 체재	(1) 학위논문이 요구하는 체재를 갖추었다.	① ② ③ ④ ⑤
	(2)* 주제 – 연구문제 – 가설 – 방법 – 결과 – 결론 등은 일관성이 있다	① ② ③ ④ ⑤
	(3) 결론은 연구문제와 일관되게, 연구 결과에 기초하여 타당하게 내려졌다.	① ② ③ ④ ⑤
논문 작성의 적절성	(1) 연구의 필요성과 목적이 분명하게 진술되었다.	① ② ③ ④ ⑤
	(2) 글을 단문으로 분명하게 작성하였다.	① ② ③ ④ ⑤
	(3) 연구의 제한점, 용어의 정의 등이 필요한 것들로 기술되었다	① ② ③ ④ ⑤
계	*표는 10점 만점 항목임	100점 만점

3. 일반적인 논문의 평가기준의 예

평가항목	평 가 내 용	배점(%)
1. 논문 주제의 적합성	(1) 연구주제가 학문분야에서 얼마나 중요한가? (2) 연구주제는 논문의 전체적인 내용을 간명하게 표현하고 있는가? (3) 연구결과의 이론적 실제적 기여도는 큰가?	15
2. 연구 내용	(1) 연구주제에 적합하고 타당한 연구문제를 선정하였는가? (2) 중요한 연구문제를 선정하였는가? (3) 연구문제의 배경에 관한 이론적 경험적 연구가 충분하게 분석 검토되었는가?	20
3. 연구 방법	(1) 연구주제와 문제를 해결하는데 적절한 연구설계가 수립 적용되었는가? (2) 대상의 선정, 도구의 개발 혹은 선정, 자료수집, 통계적 분석 방법 등이 적합하게 이루어졌는가? (3) 참고문헌과 자료 등은 풍부하게 적합한 것으로 수집 분석하였는가?	30
4. 체 제	(1) 학위논문이 요구하는 체재(참고문헌 제시방법 포함)를 잘 갖추었는가? (2) 주제 – 연구문제 – 가설 – 방법 – 결과 – 결론 등은 일관성이 있는가? (3) 장, 절, 항의 제목에 적합한 내용 구성인가? (4) 결론은 연구문제와 일관되게, 연구 결과에 기초하여 타당하게 내렸는가?	30
계		100

4. 교육학 학위논문의 평가기준의 예 3[문헌 연구]

평가 영역	평가 기준	미흡 ①	②	③	④	우수 ⑤
연구제목	(1) 학문분야에서의 중요한 제목을 설정하였다.	①	②	③	④	⑤
	(2) 제목은 논문의 전체적인 내용을 간명하게 표현해 주고 있다.	①	②	③	④	⑤
	(3)* 논문제목은 참신하며 도전감을 불러일으킨다.	①	②	③	④	⑤
연구문제 (혹은 연구내용)	(1) 연구주제에 적합한 연구문제를 설정하였다.	①	②	③	④	⑤
	(2)* 연구문제는 학술적으로, 실제적으로 중요하다.	①	②	③	④	⑤
	(3) 연구문제(내용)는 분명하게 진술하였다.	①	②	③	④	⑤
연구방법	(1) 참고문헌 등 자료를 풍부하게 수집하여 타당하게 분석하고 활용하였다.	①	②	③	④	⑤
	(2)* 문헌 및 자료 분석의 준거가 타당하고 적절하다.	①	②	③	④	⑤
	(3) 연구방법론에 기여할 수 있는 창의적인 연구방법이 적용되었다.	①	②	③	④	⑤
논문의 체재	(1) 학위논문이 요구하는 체재를 갖추었다.	①	②	③	④	⑤
	(2)* 주제를 다루는 데 적합한 논문체재를 갖추었다.	①	②	③	④	⑤
논문 작성의 적절성	(1) 연구의 필요성과 목적이 분명하게 진술되었다.	①	②	③	④	⑤
	(2) 글을 단문으로 분명하게 작성하였다.	①	②	③	④	⑤
	(3) 연구의 제한점, 용어의 정의 등이 필요한 것들로 기술되었다.	①	②	③	④	⑤
	(4)* 결론은 연구내용과 일관되게, 연구 결과에 기초하여 타당하게 내려졌다.	①	②	③	④	⑤
계	*표 항목은 10점 만점임	100점 만점				

5. 일반적인 논문의 평가기준 예 4

평가 기준	평가 항목	배점
독창성	연구제목의 참신성	20
	연구방법의 독창성	
	연구결과의 독창성	
객관성	근거 있는 진술	20
	내용 기술의 객관성	
정확성	각종 정보와 자료의 정확성	20
	문장 진술, 용어 선택의 정확성	
일관성	논문 전체 구조의 일관성	20
	서술방식의 일관성	
	용어사용의 일관성	
논문의 체재	요구하는 내용체제 충족도	10
	요구하는 형식체제 충족도	
논문의 가치	이론적, 방법적, 문제해결, 개선 등에의 기여도	10
계		100

이상의 연구논문이나 연구보고서의 평가 기준을 이해하고, 이에 기초하여 논문이나 보고서를 작성하는 외에 연구자들이 신경 써야 할 또 하나의 요소가 논문(연구보고서 포함)의 **편집과 디자인**이다. 논문의 편집과 디자인 방식이 획일적으로 정해질 수 있는 것은 아니다. 그러나 각 대학원이나 학회는 나름대로 논문 편집 방법이 대체로 정해져 있어 이를 따르도록 요구하고 있다. 여기서는 한국교육학회가 정한 논문 편집 기준 중 중요한 사항만을 제시하고자 한다.

(1) 편집 용지를 용지의 종류와 용지 여백두기
(2) 논문제목의 글자모양과 크기, 장평, 자간
(3) 본문의 글자모양과 크기, 장평, 자간 및 문단모양(줄간격, 들여쓰기)
(4) 요약의 글자모양, 크기, 장평, 자간
(5) 장, 절, 항 등의 번호붙이기, 글자크기, 장평, 자간, 줄 간격, 들여쓰기
(6) 인용문의 글자모양과 크기, 문단모양
(7) 각주의 글자모양과 문단모양
(8) 인용문헌 제시 방식
(9) 참고문헌 제시방식
(10) 영문초록 작성과 편집 방식
(11) 표와 그림의 번호 작성 및 그리기 방식

제4절 논문 작성에서 유의할 점

1. 체계성

학위논문이란 관계, 차이, 사실을 규명하기 위한 매우 무미건조한 글이다.

1) 체계성이란 연구활동은 일정하게 정해진 길을 따라 가는 작업이다. 일정한 흐름으로부터 벗어나지 않는 것

2) 논문체재의 주요 항목들인 연구주제(제목) – 연구의 필요성 – 연구목적 – 연구내용 – 이론적 배경 – 연구방법 – 연구결과 – 결론 – 제언 – 참고문헌 – 부록(질문지)에 이르기까지 체계적으로 작성되어야 한다.

3) 흔히 범하는 오류의 예

(1) 연구주제, 연구내용과 관련 없는 이론을 장황하게 나열하는 경우
(2) 연구내용과 연구결과, 결론 등이 일관성이 없는 경우
(3) 연구와 관계없는, 연구하지도 않은 내용을 제언에 기술하는 경우

2. 타당성

학위논문이란 제목에 가장 적합한 글쓰기이다.

1) 주제, 타이틀(장, 절, 항의 제목)에 맞는 글쓰기

㉰ 연구의 필요성 : 이 연구가 필요한 이유를 기술하라.
연구의 목적 : 이 연구가 달성하려는 목적만을 기술하라.
용어의 정의 : 연구에서 특별히 정의해야만 하는 용어의 의미만을 기술하라.
연구 결과 : 연구를 통하여 드러난 사실적 내용을 기술하라.
결론 : 연구결과에 기초하여 연구자가 주장하는 바를 기술하라.

3. 이론적 배경

논문이란 완전한 창작이 아니라 누군가 연구해 놓은 결과를 기초로 작성하는 글쓰기이다.

1) 이론적 배경은 그 자체가 연구내용이 아니다.
2) 이론적 배경의 기능
   (1) 연구가 필요한 이유를 기존 이론을 통하여 밝히고 이를 정당화
   (2) 연구내용, 연구문제 설정의 기초 제공
   (3) 연구도구 개발의 기초자원 제공
   (4) 연구결과의 해석 및 논의를 위한 자원의 기능
3) 이론적 배경에서 다루어야 할 내용
   (1) 개념의 의미
   (2) 구인의 요인들 : 측정도구 개발 혹은 선정의 기초 제공
   (3) 구인의 형성에 영향을 미치는 요인들 : 연구변인 간의 관련성에 관한 통찰력 얻음
   (4) 구인과 관련된 연구 동향 : 연구자의 연구주제의 학문적 위치 파악

4. 선행 연구들 고찰

논문이란 선행연구들의 고찰(리뷰)을 통하여 자신의 주제가 연구분야에서 차지하는 위치, 선행연구들과의 관련성, 자신의 연구가 필요한 이유 등을 체계적으로 정리한 글쓰기이다.

1) 연구자, 혹은 선행연구의 내용이나 성격에 따라서 일정한 기준에 의해 체계적으로 분류하고 범주화해야 한다.

2) 특별히 연구가 충분하지 않은 내용을 밝히거나 자신의 연구주제가 연구될 필요성을 드러낸다.

3) 선행연구 고찰 내용은 자신의 연구 결과를 다양한 각도에서 논의하기 위한 정보를 수집하는 일이다.

5. 정확성

논문이란 사실적 근거에 바탕한 글쓰기이다.

1) 사실에 근거한 논문 작성
2) 문헌고찰 : 기계적으로 옮겨 적지 말 것
3) 고찰하고 참고한 문헌의 인용을 정확하게 할 것 : 직접인용, 간접인용

6. 글쓰기

논문이란 타인에게도 이해되어야 하며, 논술문의 요건을 갖춘 글쓰기이다.

1) 단문으로 쓰기
2) 문장의 성립 요건을 갖추기 : 주어와 동사
3) 맞춤법, 띄어쓰기, 오자, 탈자에 유의
4) 문단 나누기

7. 통계적 분석

실증적인 논문의 경우, 연구문제나 연구내용을 다루는 데 가장 적합한 통계적 분석 방법이 적용되는 글쓰기이다,

1) 연구문제를 해결하는 데 가장 적합한(타당한) 통계분석
2) 고급스런 통계분석이 항상 좋은 것이 아니다.
3) 자신의 논문에 적용한 통계적 분석 방법에 대하여 기초적인 내용을 이해

8. 연구도구(검사지 혹은 질문지)

실증적인 논문의 경우, 연구문제나 연구내용을 다루는 데 가장 적합한 도구가 사용되어야 한다.

1) 개발되어 있는 도구를 사용할 경우, 최신의 도구 사용
2) 개발되어 있는 도구라 할지라도 신뢰도는 밝혀야 함
3) 개발되어 있는 도구의 한계점을 파악하고, 이를 개선하는 방법 적용

9. 참고문헌 수집 및 분석

논문이란 기존의 이론이나 연구 결과에 기초하여 작성되는 글쓰기이다.

1) 가장 가까운 곳에서 생산된 논문, 문헌, 자료의 수집
2) 최신의 논문, 문헌, 자료의 수집
3) 연구주제에 가장 가까운 논문, 문헌, 자료의 수집
4) 독서카드 작성, 혹은 컴퓨터에 입력하기
   (1) 인용할 내용은 책(논문)명, 연구자, 출판연도, 출판한 곳, 페이지
   (2) 인용 내용 기술

10. 요약서(발표용) 작성 방법

학위논문 작성이 어느 정도 완성되면, 본격적인 심사과정에 들어가기 전에 심사위원과 대학원생들이 참여한 자리에서 "논문 개요 발표"를 하게 된다. 이를 위해 작성하는 것이 논문 요약서이다. 요약서는 말 그대로 논문의 요약서이며, 요약서를 보지 않고서도 자신의 말로 표현할 수 있어야 한다.

요약서 체재는 다음과 같다.

1) 표지, 목차

2) 연구의 필요성 및 목적 : 1쪽 이내로 요약

3) 연구문제(혹은 연구내용), 용어의 정의 : 원문대로

4) 이론적 배경 : 절, 항, 목의 타이틀만 제시하여 전체적인 구조를 조망할 수 있도록

5) 연구의 방법

   (1) 연구대상 및 표집방법 : 표로 제시하고, 대상자 선정방법 요약

   (2) 연구도구 : 요약하되, 가능한 한 표로 제시

   (3) 자료수집 및 분석 방법 : 요약

6) 연구결과 : 중요한 내용 요약하되, 가능하면 표로 제시

7) 결론 및 제언 : 원문대로

8) 참고문헌

9) 부록(질문지 혹은 검사지)

참고문헌

강봉규(1994). 통계학 : 연구자료처리의 통계적 방법. 서울 : 형설출판사.
강봉규 · 손충기 · 이기종(2006). 교사를 위한 통계학 : 현장연구의 통계적 방법. 서울 : 태영출판사.
김계현(2000). 상담심리학 연구. 서울 : 학지사.
김병성(1996). 교육연구방법. 서울 : 학지사.
김연희 · 문승태 · 장선철(2003). 교육연구방법. 서울 : 동문사.
문수백(2003). 학위논문작성을 위한 연구방법의 실제. 서울 : 학지사.
박광배(1999). 변량분석과 회귀분석. 서울 : 학지사.
박도순(2001). 교육연구방법론(개정판). 서울 : 문음사.
백순근(2004). 학위논문 작성을 위한 교육연구 및 통계분석. 서울 : 교육과학사.
백용덕(1995). 교육통계. 서울 : 형설출판사.
변창진 · 문수백(1999). 사회과학연구를 위한 실험설계 · 분석의 이해와 활용. 서울: 학지사.
성태제(2002). 타당도와 신뢰도(개정판). 서울 : 학지사.
______(2001). 현대 기초통계학의 이해와 적용(개정판). 서울 : 교육과학사.
______(1998). 교육연구방법의 이해. 서울 : 학지사.
성태제 · 시기자(2006). 연구방법론. 서울 : 학지사.
송해균 · 류청산(1997). SPSS/PC^{+}를 이용한 교육현장연구법. 서울: 학문사.
손충기 · 백영균 · 박정환(2004). 내가 하는 통계분석 SPSS : DOS에서 WINDOWS 12.0까지. 서울 : 학지사.
손충기(2000). 교육 · 심리 · 사회 연구방법론. 서울 : 동문사.
송인섭(1997). 연구방법론. 서울 : 도서출판 상조사.
이군희(2001). 사회과학 연구방법론. 서울 : 법문사.

이종승(1984). 교육연구법. 서울 : 배영사.
조주행(1999). 주관단채별 논문작성의 실제 현장교육연구 워크. 서울 : 교육과학사.
황정규(1998). 학교학습과 교육평가. 서울 : 교육과학사.

Bailey, K. D.(1994). Methods of social research(4th ed.). New York: The Free Press.

Borg, W. R., & Gall, M. D.(1989). Educational research : An introduction(5th Ed.). New York : Longman.

Campbell, D. & Stanley, J.(1963). Experimental and quasi-experimental design for research. Chicago: Rand McNally.

Charles, C. M.(1998). Introduction to educational research(3rd ed.). New York : Longman.

Cook, T. D. & Campbell, D. T.(1979). Quasi-experimention : design and 무밎냐 issues for field settings. Chicago: Rand McNally.

Creswell, J. W.(1994). Research design : Qualitative & quantitative approaches. Thousand Oaks : SAGE Publications.

Guilford, J.(1954). Psychometric method, 2nd ed. New York: McGraw-Hill.

Kerlinger, F. N.(1973). Foundations of behavioral research(2nd ed.). New York : Holt, Rinehart and Winston.

Kiess, H. O.(1989). Statistical concepts for the behavioral sciences. Massachusetts : Allyn and Bacon.

Lewis-Beck, M. S.(ed.). (1993). Experimental design & methods, International handbook of quantitative applications in the social sciences, Vol.3, California: Sage Publications, Inc.

Spector, P. E.(1973). Research designs. Series: Quantitative applications in the social sciences. California: Sage Publications, Inc.

[부록] 학위청구논문 계획서 예

e-러닝 내용 제시에 있어서 색채가 기억에 미치는 효과

The Effect of Color on Memory in e-Learning Content Presentation

○○대학교 대학원

○○○○ 전 공

○ ○ ○

2007년 월

목 차

표 목 차

I. 서 론

가. 1. 연구의 필요성 및 목적

21세기를 흔히 정보화 사회라고 말한다. 또 정보통신 기술의 발전과 이 기술을 이용한 새롭고 다양한 미디어의 등장을 두고 미디어 혁명기라고 말하기도 한다. 정보전달매체가 어떻게 변화하고 진화하든 중요한 것은 정보이다. 우리는 매일같이 수많은 정보를 만나게 되며 그러한 정보를 이용하여 문제를 해결하거나 개념 형성과 같은 인지활동을 수행한다. 그리고 문제해결 및 인지활동의 수행에는 기억이 절대적임을 알 수 있다.

우리는 흔히 기억의 중요성을 간과하기 쉬우나, 기억은 모든 인지적 활동의 기본적 근거라고 할 수 있다. 기억 능력이 없거나 기억 능력에 장애가 있다면 우리는 정상적인 삶을 도저히 유지할 수 없을 것이다(이정모 외, 2003). 이는 정보화 시대에 얼마나 많은 정보가 유통되고 생산되든, 그 정보를 활용하여 인지활동을 전개할 수 있는 기억이 바탕이 되어야 한다는 것을 의미한다. 이러한 기억은 학습과 연관이 있다. 흔히 학습은 환경으로부터 정보를 저장하는 과정이고 기억은 저장된 정보를 재생 또는 인출하는 과정이라고 한다. 그런데 정보의 저장을 기억이라고 한다면 기억은 학습의 결과가 될 것이므로 학습과 기억은 여러 가지 면에서 동전의 앞뒤 관계 같은 것이라 하겠다(박찬웅, 1998). 이처럼 기억과 학습은 서로 영향을 주고받는 불가분의 관계이다. 이는 학습의 방법이 어떠한 형태로 진행되든 인지에 도움이 되고, 기억에 긍정적이어야 함을 뜻한다.

[중 략]

이처럼 색채는 인간의 기억에 직・간접적인 영향을 미친다고 할 수 있다. 기억과정의 주의에 영향을 미치고, 심리적・정서적인 영향을 통하여 학습태도에 영향을 미치며, 생리적인 뇌파작용 등을 통하여서도 기억과 학습에 영향을 미친다고 보여 진다.

이처럼 색채가 인간에게 미치는 영향이 지대함에도 불구하고 이에 대한 체계적인 연구가 수행되지 못했다.

따라서 본 연구의 목적은 보편적인 학습의 틀로 자리 잡고 있는 e-러닝의 내용제시에 사용되고 있는 색채가 기억에 어떤 영향을 미치는지 밝혀보려는 것이다. 즉 색채에서 파장에 따른 색상의 차이나, 배색의 차이에 따라 기억에 어떠한 영향을 미치고 있는가를 규명하려는 것이다.

더 나아가 이 결과를 통해서 색채의 홍수라고 하는 현대 사회에 있는 학습자들에게 기억에 좋은 영향을 미치는 색채를 활용한 e-러닝 콘텐츠를 제공하는데 도움을 주고 무분별한 색채의 사용이 학습에 저해 요소가 되지 않도록 하는 방향성을 제시하고자 한다.

2. 연구의 문제

본 연구는 e-러닝에서 제시되는 학습내용의 외형적 디자인에서의 색채 차이가 기억에 어떤 영향을 미치는지를 알아보는 실험 연구로서 그 구체적인 연구 문제는 다음과 같다.

가. 학습 내용에서의 색상 차이가 기억에 미치는 영향에 유의한 차이가 있는가?

첫째, 학습 내용에서의 색상 차이가 회상에 미치는 영향에 유의한 차이가 있는가?

둘째, ……

나. ……

3. 용어의 정의

(1) e-러닝(e-Learning) 내용 제시

e-러닝이란 'electronic Learning'의 약자로 전기적 신호를 매개로하여 학습을 제공하고 진행하는 교육방법으로 컴퓨터와 인터넷 등을 학습 매체로 활용하는 컴퓨터 기반의 광범위한 학습형태이다. e-러닝 내용 제시란 보편적으로 학습 콘텐츠를 일컬을 수 있으나, 본 연구에서는 형식적 디자인 측면만을 고려하여 모니터로 제공 되는 학습콘텐츠의 시각적 내용으로 정의한다.

(2) ……

(3) ……

4. 연구의 제한점

본 연구는 다음과 같은 제한점을 갖는다.

첫째, 색에 대한 반응과 색이 인체에 미치는 영향 등은 연령에 따라 차이가 있을 수 있으며, 본 연구에서는 실험 대상을 고등학생으로 선정하였으므로 연구 결과에 대해 다른 연령층으로 일반화 하는데 제한점이 있다.

둘째, 색채가 기억에 미치는 효과만을 실험하는 것으로 색채에는 객관적 요인 외에 주관적인 요인이 존재하는데, 이러한 주관적 개인차 변인을 철저히 통제하는데 제한이 있다.

셋째, 통제된 실험실과 실험도구를 사용하여 결과를 도출하는 것으로 결과를 일반화하여 학습 콘텐츠에 적용하였을 때 그 효과가 달라질 수 있다.

Ⅱ. 이론적 배경

1. 기억 체계

(1) 기억과 주의

(2) 기억 이론

(3) 기억의 단계

(4) 기억의 인출과정

2. e-러닝

(1) e-러닝의 개념

(2) e-러닝의 특성

(3) e-러닝에서의 내용제시

3. 색채의 영향

(1) 색의 기초
(2) 색의 배색
(3) 디지털 색채
(4) 색의 영향

4. 선행연구고찰

Ⅲ. 연구가설

본 연구는 e-러닝 내용제시에 있어서 색채의 차이가 기억에 미치는 효과를 알아보고, 이를 통하여 학습 콘텐츠를 디자인함에 있어서 기억에 좋은 영향을 미치는 색채를 활용 할 수 있도록 하는 것을 목적으로 하고 있다.
앞에서 제시한 연구 문제 및 이론적 배경을 기초로 하여, 본 연구에서 실험을 통하여 검증해보고자 하는 가설은 다음과 같다.
〈가설 Ⅰ〉 내용제시에 있어서 파장에 따른 색상의 차이가 기억에 미치는 효과에는 유의한 차이가 있을 것이다.
[이하 생략]

Ⅳ. 연구방법

1. 연구 대상

본 연구는 2006년 현재 K도 A시에 소재한 B고등학교 학생들 중에 180명을 군집표집으로 하여 연구대상으로 선정한다. 30명은 사전실험 집단으로 구성하며, 150명은 각각 30명씩 5개 집단으로 하여 1개 집단은 실험 1을 처치하고, 4개 집단은 실험 2를 처치한다.

2. 실험도구

실험자가 포토샵과 플래시 MX를 이용하여 직접 실험 자극을 제작한다. 실험자극은 실험 1과 실험 2로 나누어 제작한다. 우선 실험 1의 자극은 흰색 바탕에 빛의 3원색인 빨강, 녹색, 파랑 색상의 3가지 단어를 각각 제시한다. 글자는 한 화면에 3단어씩 총 3번에 걸쳐 9개의 단어를 제시하고(단기기억의 청크 고려), 사후 검사를 실시한다. 처치는 총 3회를 실시한다(총 27개 단어 제시).

[중 략]

1) 검사도구

(1) 사전검사

〈실험 2〉에서 동질 집단 검증을 위한 사전 검사를 실시하며, 이 검사를 위한 검사 도구는 사후 검사와 동일한 회상 검사와 재인검사를 실시한다. 측정도구는 실험자가 직적 제작한다.

(2) 사후검사

본 연구에서 색상의 차이에 따른 응답자의 기억 반응은 회상과 재인으로 측정하고자 한다. 측정 도구는 실험자가 직접 제작하도록 한다.

회상 검사는 "조금 전에 제시된 화면에서 기억나는 단어를 모두 적어 주세요." 라는 지시문으로 측정한다. 재인 검사는 피험자가 화면에서 본 단어들을 목록으로 작성하여 제시하고, 그 중에서 본 기억이 나는 단어들에 표시를 하도록 하여 측정한다.

3. 실험 설계

가. 실험 1

〈가설 Ⅰ〉의 검증을 위한 실험으로 단일 집단에 실험처치를 한 후 회상 검사와 재인 검사를 순차적으로 실시하여 그 결과를 분석한다.

〈표 1〉 가설 1의 실험설계

G_1	X_1	O_1	O_2

G_1 : 그룹

X_1 : 실험 1의 처치

O_1 : 실험 1의 회상 검사

O_2 : 실험 1의 재인 검사

나. 실험 2

〈표 2〉 가설 2, 3의 실험설계

G_1	O_1	X_1	O_2	O_3
G_2	O_1	X_2	O_2	O_3
G_3	O_1	X_3	O_2	O_3
G_4	O_1	X_4	O_2	O_3

O_1 : 실험 2의 동질성검사

G_1~G_4 : 실험집단

X_1~X_4 : 실험 2의 처치

O_2 : 실험 2의 회상 검사

O_3 : 실험 2의 재인 검사

실험 2는 실험도구에서 기술한 바와 같이 네 개의 집단으로 구성하여 각각의 실험자극을 처치하고, 회상검사와 재인검사를 순차적으로 실시한다. 〈가설 Ⅱ〉와 〈가설 Ⅲ〉의 검증을 위한 실험설계는 〈표 2〉와 같으며, 〈가설 Ⅳ〉의 검증을 위하여 〈표 3〉과 같이 2×2요인 방안으로 설계하여 4개 집단의 상호작용 결과를 분석한다.

〈표 3〉 실험 방안 : 2×2 요인방안

공통 조건 : 동일색 배색 차별 조건 : 명도차	공통 조건 : 반대색 배색 차별 조건 : 명도차
공통 조건 : 명도차이가 작은 배색 차별 조건 : 색상차	공통 조건 : 명도차이가 큰 배색 차별 조건 : 색상차

4. 실험 절차

본 연구의 실험 절차는 〈표 4〉와 같다.

〈표 4〉 연구 실험 절차

연구 활동	일 정
연구대상 선정	2006. 7. 2 - 7. 13
실험도구 제작	2006. 7. 2 - 8. 20
사전 실험	2006. 9. 1. - 10. 3.
사전 검사	2006. 9. 1.
실험 처치 및 사후 검사	2006. 10. 5. - 12. 20.
통계 처리 및 자료 분석	2006. 12. 20. - 2007. 1. 30
논문 작성	2007. 1. 30 - 2. 28.

5. 자료 분석

본 연구에서는 모니터에서의 색상 차이가 기억에 미치는 효과를 알아보기 위하여 측정 결과를 SPSS 12.0을 사용하며 실험 1과 2를 빈도 분석을 통하여 자료를 분석하고, 실험 2는 이원변량분석(Two-Way ANOVA)을 통하여 4집단 간의 통계치 차이의 유의도를 검증하고, 집단 간의 색채의 색상 및 명도의 차이에 따른 기억의 효과 정도를 분석한다.

Ⅴ. 예상되는 연구의 결과

본 실험연구에서는 색채의 차이, 즉 파장의 차이에 의한 색상의 차이와 배색에 있어서의 색상과 명도의 차이가 기억에 유의미한 영향을 미친다는 결과가 도출되리라 예상된다. 이 결과는 웹 자료나 컴퓨터 모니터를 통해 제공되는 이러닝 내용 즉 학습 콘텐츠를 디자인하는데 있어서 중요한 정보에 기억효과가 높은 색을 활용하거나, 기억에 도움이 되는 배색을 활용하여 콘텐츠를 디자인 할 수 있도록 하는데 도움을 줄 수 있을 것이다.

참고 문헌

강이철(2001). 코스웨어 설계를 위한 교육공학의 이론과 실제. 서울 : 학지사.

박성숙(2003). 광고매체에서의 색채마케팅에 관한 연구 : 텔레비전 광고를 중심으로. 경희대학교 교육대학원 석사학위논문.

성현란 외 6인(2001). 인지발달. 서울 : 학지사.

윤선길(2004). 옥외광고의 색상과 명도 차이가 상점의 기억 및 지각에 미치는 영향. 한국광고학보, 6(2), 173-200.

이은정(1991). 색채와 시지각적 현상에 관한 연구. 동덕여자대학교 대학원 시각디자인 석사학위논문.

최은화(2001). 색채 지각이 아동의 정서 발달에 미치는 영향에 관한 연구. 원광대학교 대학원 석사학위논문.

Arnheim, Rudolf. (1954). Art and visual perception. 김춘일(역). (1995). 미술과 시지각. 서울 : 미진사.

[이하 생략]

총괄평가

1. 다음의 이것은 무엇에 대한 설명인가?

ö 이것은 추정된 결과인 종속변인의 추정된 원인이다. ö 이것은 실험연구에서는 처치변인 혹은 실험변인이라고 부른다. ö 이것은 보통 분류변인이라고도 한다.

(1) 매개변인 (2) 독립변인 (3) 구획변인 (4) 통제변인

2. 다음 중 통제변인을 잘 못 설명한 것은?
   (1) 그 영향을 사전에 혹은 통계적인 방법으로 봉쇄시키거나 제거할 대상이 되는 변인이다.
   (2) 연구자가 종속변인에 영향을 미칠 것이라고 예상한 독립변인 이외의 변인이다.
   (3) 연구자는 이 변인들을 완변하게 봉쇄시키거나 제거해야만 연구가 타당하게 된다.
   (4) 이 변인은 이론적 혹은 경험적으로 밝힐 대상이다.

3. 다음 중 변인의 측정의 조작적 정의라고 할 수 없는 것은?
   (1) 학업성취도 3수준은 우수(80점 이상), 보통(79점-65점), 낮음(64점 이하) 등으로 분류한다.
   (2) 사회성이란 타인과의 원만한 관계를 유지하고 맺어나가는 개인의 성향으로 정의한다.
   (3) 자기주도적 학습능력이란 "자기주도적 학습능력" 측정 검사를 통하여 나타난 지수이다.
   (4) 학업성취도는 중간고사와 기말고사의 평균치를 일컫는다.

4. 다음 중 수업방법의 실험적 조작적 정의를 가장 잘 나타내고 있는 것은?
   (1) 강의법 : 교사가 교과서 내용을 판서하고 해설하는 등의 수업진행 방법
   (2) 토론법 : 특정 주제에 관하여 의견을 주고받는 수업방법
   (3) 브레인스토밍 : 브레인스토밍의 원칙에 따라 집단 구성원들이 문제를 해결하기 위한 방안을 추출해 내는 수업방법
   (4) 협동학습법 : 집단 구성원들이 서로 협력 협동하여 진행하는 수업방법

5. 다음 밑줄 친 수는 어느 측정수준인가를 지적하시오.

한・일 국가대표 축구경기가 11월 27일에 열렸다. 스릴 100%의 경기였다. 2대2 동점 상황에서 종료 1초를 남기고, 11번을 달고 뛴 손용운 선수의 일본 문전 약 15미터에서의 오버헤드킥이 얼마나 강했던지 일본의 골키퍼가 공을 안고 골문 안쪽으로 밀려들어간 것이다. 11명의 스타팅 멤버를 선정할 때 11번째로 선정된 손용운 선수는 기자단이 매긴 개별 선수들의 팀 기여도 10점 중 9.3을 받아 MVP에 선정되었다.

6. 다음 중 가설을 잘 못 설명한 것은?
   (1) 기존의 이론이나 선행연구 등에 근거하여 설정하는 것이므로 반드시 긍정되어야 한다.
   (2) 경험적인 연구결과에 앞서 세우는 연구결과에 대한 잠정적인 진술이다.
   (3) 변인과 변인 간의 관계로 진술되며, 경험적으로 그 진위 여부를 검증한다.
   (4) 경험적 근거를 확보하기 전에는 수정이 가능하지만, 일단 연구가 진행된 후에는 임의로 바꿔서는 안 된다.

7. 영가설을 잘 못 설명한 것은?
   (1) 연구가설과 반대방향으로 설정한다.
   (2) $Ho : \mu_1 = \mu_2$ 또는 $\mu_1 - \mu_2 = 0$
   (3) 연구자가 설정한 연구가설을 검증하기 위한 통계적 방편으로 설정한다.
   (4) 연구자는 영가설을 통계치가 제공하는 확률의 측면에서 평가한 후 연구가설의 채택 혹은 기각여부를 결정한다.
   (5) 영가설을 대립가설 혹은 대체가설이라고 부르기도 한다.

8. 다음 설명 중 틀린 것은?

(1) 김교사는 "기말고사 성적이 1반과 2반 간에 차이가 있을 것이다"라는 가설을 검증하기 위하여 일방검증을 하였다.
(2) 연구학교로 지정된 K중학교에서는, "방과 후 사회봉사 프로그램이 자아성찰력 향상에 긍정적인 영향을 미칠 것이다"라는 가설을 일방검증하였다.
(3) 가설의 양방검증이란 관계나 차이에 관한 이론적 혹은 경험적 근거가 불충분할 때 주로 적용한다.
(4) 일방검증 대상의 가설이란 이론이나 경험적 자료에 기초하여 증감 방향이 분명한 가설을 일컫는다.

9. 영가설이 참이어서 이를 긍정하고, 연구가설을 부정한 결과가 나타났다. 이 연구자의 현재 입장은 어떻게 설명할 수 있는가?
(1) 가설검증에서 제1종 오류를 범했다.
(2) 정확한 결론을 내렸다.
(3) 가설검증에서 제2종 오류를 범했다.
(4) 이 상황에서는 정확한 판단을 하기 곤란하다.

10. 유의도 혹은 유의수준에 대한 설명으로 <u>부적절한</u> 것은?
(1) 연구가설 혹은 연구결과에 대한 신뢰도를 지칭한다.
(2) 유의도가 클수록 연구결과를 보다 확신할 수 있으며, 더욱 의의가 큰 것이다.
(3) 행동과학 분야의 연구에서 유의도는 통상 95%, 혹은 99%로 설정한다.
(4) 유의도 95% 혹은 99%는 각각 $p<.05$, $p<.01$로 표기한다.
(5) 유의도 $p<.05$, $p<.01$ 등은 영가설을 부정하고, 연구가설을 채택하는 기준이다.

11. 보통 연구 상황은 전집의 사례들을 모두 직접 관찰하지 않고, 일부의 사례를 표집한 표본을 대상으로 실시한다. 이 경우에, 표본의 통계치로 전집치를 추론 혹은 추리할 때 불일치하기 마련이다. 이와 같은 통계치와 전집치간 불일치를 설명하는 용어는 무엇인가?
답 :

12. 학부모를 대상으로 교사평가에 대한 의견을 파악하기 위하여 전화번호부의 전화번호를 이용한 전화면접을 실시하기로 하였다. 연구대상자의 표집과 관련하여 전화번호부를 무엇이라고 하는가?
(1) 표본추출률 (2) 요소 (3) 표본체제 혹은 표본틀 (4) 표집단위

13. 연구대상자 표집에서 가중표집 혹은 가중표본추출이 적용되어야 할 경우로 적합하지 않은 것은?
   (1) 남녀 교사의 구성비가 매우 불균형적인 초등학교 교사의 성별 교사평가에 대한 태도 비교
   (2) 전국의 고등학교 남녀 학생 간 통일에 대한 의식을 비교하기 위해 특정 지역을 선정할 때
   (3) 전라북도의 노인 인구비율이 시와 군에 따라서 심한 차이를 보이고 있는 상황에서
   (4) 정상학생과 비행학생의 학교생활 적응도 비교 연구

14. 다음 중 연구주제(제목) 선정의 일반적 기준으로 부적절한 것은?
   (1) 가능한 한 새롭고 참신한 주제를 선정한다.
   (2) 이론적, 실제적 측면에서 중요한 주제를 선정한다.
   (3) 연구자의 능력에 비추어 수행하기 쉬운 주제를 선정한다.
   (4) 이미 이루어진 연구라 할지라도 연구가치가 있으면 주제로 선정한다.

15. 다음 중 연구문제 진술의 일반적인 기준이라고 할 수 없는 것은?
   (1) 연구문제는 이론적 논리적으로 해답을 제시할 수 있는 것을 진술한다.
   (2) 연구문제는 둘 또는 그 이상의 변인간의 관계로 표현한다.
   (3) 질문형식으로 분명하고 명확하게 진술한다.
   (4) 연구문제는 그 배경과 성격도 기술하여 연구문제의 정당성을 지녀야 한다.

16. 자료수집에서 발생하는 오차의 유형을 가장 바르게 설명한 것은
   (1) 해석적 오차: 연구자의 자료수집 목적이나 방법, 이해가 불충분하여 발생하는 오차
   (2) 변산적 오차: 피검사자의 응답과정에서의 진지성, 이해력, 편견과 부주의 등으로 인한 오차
   (3) 검사자 오차 : 검사 실시를 위한 환경의 부적절, 검사자의 정서적 불안감 등에 의한 오차
   (4) 항상적 오차 : 피검사자의 가정환경과 같은 고정되어 있는 변인에 의한 오차

17. 다음은 어떤 자료수집 방법에 대한 기술인가?

- 이 방법을 빈도기록법이라고도 부른다.
- 이 방법은 특정 행동특성을 일정한 시간을 정하여 그 동안의 관찰사항을 정리하며 반복하여 기록하는 방법이다.
- 이 방법은 행동 단위가 비교적 짧고 일정한 시간 사이의 행동 발생 정도를 양적으로 측정하는 데 적합한 방법이다.

(1) 조직적 관찰법 (2) 행동요약법 (3) 시간표집법 (4) 장면표집법

18. 다음은 어떤 자료수집 방법에 관한 설명인가?

이 방법은 관찰하려는 행동특성을 장기간에 걸쳐 계속 관찰하는 것으로 종단적 자료수집 방법이라고 할 수 있다. 이 방법은 한 개인 혹은 소수의 피험자를 장기간에 걸쳐 계속해서 관찰하게 되므로 개인의 전체성, 전일성, 변화성을 세밀하게 연구하는 데 좋은 자료를 제공해 준다.

(1) 행동요약법 (2) 시간표집법 (3) 장면표집법 (4) 전기적 관찰법

19. 다음은 어떤 자료수집 방법에 대한 설명인가?

연구자는 학생들의 시험부정행위가 시험상황 조건에 따라서 어떤 양상을 보이는가를 연구하기 위하여 다음과 같은 3가지 조건을 만들어 자료를 수집하였다.
(1) 친한 친구들만으로 구성한 무감독 상황
(2) 친하지 않은 급우들로 구성한 무감독 상황
(3) 학력의 등질반인 무감독 상황

(1) 실험적 관찰법 (2) 비조직적 관찰법 (3) 시간표집법 (4) 장면표집법

20. 다음은 어떤 자료수집 방법에 대한 설명인가?

- 개인의 행동특성을 사실대로 파악하기 위하여 구체적인 행동사례를 가능한 한 상세히 기록하는 방법이다.
- 관찰자가 피관찰자에 대하여 의미 있다고 생각하는 사건의 단순한 기록이다.
- 사례연구와 유사하지만, 과거의 기록, 발달사, 가족관계 등은 기록하지 않는다.

(1) 행동요약법 (2) 전기적 관찰법 (3) 일화기록법 (4) 사건표집법

21. 다음은 어떤 자료수집 방법의 특징을 기술한 것인가?

◦ 많은 인원을 대상으로 짧은 시간에 자료를 수집할 수 있다. ◦ 수집한 자료의 통계적 분석이 비교적 용이하다. ◦ 응답자의 반응이 어느 정도 신뢰할 수 있는지에 관한 정보를 파악하기 곤란하다.

(1) 관찰법 (2) 질문지법 (3) 면접법 (4) 의미변별법 (5) Q분류법

22. 질문지를 제작할 때는 다음과 같은 사항을 유의하여야 한다. 그 가장 중요한 이유는 무엇인가?

◦ 질문의 문장은 그 뜻이 분명하고 간단해야 한다. ◦ 하나의 문항에는 한 가지 내용만을 묻는다. ◦ 문항의 수는 연구목적의 달성 범위 내에서 최소가 되도록 구성한다. ◦ 응답자의 지적 혹은 정의적 수준에 맞는 문항을 제작한다.

(1) 응답시간의 최소화 (2) 자료의 통계적 분석의 용이성
(3) 반응의 신뢰성 제고 (4) 연구의 외적 타당성 제고

23. 특정 대상(교사, 학교, 가정, 친구 등)에 대하여 개인의 느낌이나 지각을 직접적으로 묻기보다는 간접적으로 드러내도록 다양한 형용사 쌍에 대한 응답을 평가차원, 능력차원, 활동차원 등 3차원에서 분석하는 자료수집 혹은 측정도구를 무엇이라고 일컫는가?

(1) 질문지법 (2) 사회성측정법 (3) Q분류법 (4) 의미변별법

24. 연구를 위한 측정도구가 갖추어야 할 조건으로서 타당도를 가장 잘 설명하고 있는 것은?

(1) 측정도구는 누가 측정하거나 언제 측정하거나 비슷한 결과가 나타나야 한다.
(2) 측정도구는 적정 수준의 난이도를 지녀 너무 어렵거나 너무 쉬워서는 안 된다.
(3) 창의성 측정도구가 창의성의 정의에 충실하게, 창의성만을 측정하고 있다.
(4) 학습양식을 측정하는 도구로 측정한 결과 두 번, 세 번 채점해도 같은 결과가 나왔다.

25. 다음과 같은 상황에서 학생들이 문제를 제기하고 있는 측정도구의 조건은 무엇인가?

수학담당 교사가 수학과 시험문항을 개발하여 시험지를 제작하여 시험을 치렀다. 그런데, 학생들이 수업시간에 배운 내용이 아닌 문제가 출제되었다고 불만과 교사에 대한 불신감을 토로한다. 또 이렇게 시험문제를 출제하면 공정하지 못하다고 불평한다.

(1) 타당도 (2) 신뢰도 (3) 객관도 (4) 실용도

26. 다음은 측정도구(대학 시험지)가 갖추어야 할 어떤 조건에 관한 내용인가?

입사시험의 사정자료 중 대학 재학시의 성적을 포함하는 경우가 있다. 그런데 S사는 대학 성적이 신뢰할 수 없다고 하여 성적의 실질 반영률을 종전의 20%에서 10%로 낮추기로 결정하였다. 이 회사에서는 대학 성적과 입사 후의 근무평가 간에 상관도가 낮다는 경험적 자료에 근거하여 이러한 결정을 했다고 발표했다. 결국 이 회사는 대학에서 성적을 산출해 낸 시험문제들이 회사생활에 필요한 내용을 제대로 반영하지 못하다는 문제를 제기한 것이다.

(1) 공인타당도 (2) 예언타당도 (3) 구인타당도 (4) 내용타당도

27. 연구자가 자신이 개발한 자기효능감 측정도구가 타당한가를 검증하기 위하여 자기효능감 전체 점수와 자기효능감의 5개 하위 요인들의 점수 간 상관계수를 구했더니 모두 일정 수준이상으로 높게 나타났다. 그래서 연구자는 자신이 개발한 측정도구가 타당하다고 결론내렸다. 이 연구자는 어떤 유형의 타당도를 검증했는가?

(1) 공인타당도 (2) 예언타당도 (3) 구인타당도 (4) 내용타당도

28. 어떤 연구자가 청소년 비행에 관한 태도와 행동을 연구하기 위하여 척도를 구성하였다. 그런데 이 척도를 살펴 본 교사들이 "이러한 척도를 사용하는 것은 오히려 청소년들로 하여금 비행을 미화하거나, 비행에 빠져들도록 유도하는 문항들이 포함되어 있다"는 지적을 하고 있다. 교사들이 문제를 제기하고 있는 척도의 조건은?

(1) 체제적 타당도 (2) 생태학적 타당도 (3) 구인타당도 (4) 잠재적 타당도

29. 다음 중 측정도구가 갖추어야 할 '신뢰도' 조건으로만 묶인 것은?

가. 동일한 측정도구를 동일한 대상에게 3주 간격으로 실시하고, 두 시기 간 측정치의 상관계수를 산출하였다.
나. 동일한 측정도구로 측정한 결과를 전문가 2명이 채점한 후 두 사람의 채점 점수의 상관계수를 산출하였다.
다. 동일한 측정도구를 해당분야 전문가들에게 원래 재려고 한 바를 충실하게 재는 측정도구인가를 반응하도록 한 후 전문가들 간의 반응의 일관성(합치도)을 구했다.
라. 동형이라고 할 근거를 지닌 2개의 측정도구를 개발한 후, 대상자들에게 실시하여 두 검사 측정치 간의 상관계수를 구했다.
마. 동일한 특정을 측정하는 도구에의 응답을 기초로 검사를 전체적으로 둘로 나눠 마치 두 개의 검사를 실시한 것으로 간주하고 두 검사점수 간 상관계수를 구했다.

(1) 가-다-마 (2) 나-라-마 (3) 나-다-라 (4) 가-나-마 (5) 가-라-마

30. 측정도구의 신뢰도로서 Cronbach의 α를 가장 잘 설명하고 있는 것은?
(1) 한 검사를 두 번 실시하여 얻은 측정치간의 상관계수이다.
(2) 각 문항과 전체 검사점수 간의 상관도로서 문항동질성 계수라고도 부른다.
(3) 다른 신뢰도 확인 방법에 비해 계수가 크게 나오기 때문에 한 검사의 최대 신뢰도라고 할 수 있다.
(4) 문항상관도가 높아야 하므로 하나의 검사에는 여러 가지 특성이나 능력을 재는 이질적인 검사여야 한다.

31. 다음 두 사람의 대화는 측정도구의 어느 조건에 관한 이야기인가?

김 교사 : 수행평가가 중요하기는 한데 측정도구 준비에 너무 많은 시간이 걸리고 결과의 채점에도 너무 많은 시간이 걸려 실용성이 문제입니다.
이 교사 : 그렇습니다. 요즘은 학생이나 학부모들이 수행평가 성적에 이의를 제기하는 경우가 늘어나고 있어 고민입니다.

(1) 타당도 (2) 신뢰도 (3) 객관도 (4) 실용도

32. 다음 중 단순무선표집이 적절하게 사용되기 <u>어려운</u> 경우는?
(1) 전집의 크기가 매우 큰 경우
(2) 모집단에 대한 사전지식이 충분하지 않은 경우

(3) 모집단 요소들이 누락되지 않은 표본체제를 구할 수 있을 경우
(4) 모집단의 요소들이 비교적 동질적인 경우

33. 다음의 여러 표집방법들을 가장 잘 기술한 것은?

가. 서울시 고교생을 대상으로 학생 인권의식을 조사하기 위하여 전체 고등학교 중 3%에 해당하는 학교를 단순무선표집 방법으로 선정하였다.
나. W대학생의 TOEIC시험 성적을 측정하기 위하여 단과대학, 학부, 학년, 성 등의 구성비를 고려하여 최종 응시자를 각 계층별로 표집하였다.
다. 서울시민의 학생 인권의식을 조사하기 위하여 구에서 1개 구를, 해당 구에서 3개 동을, 각 동에서 각각 5개 반을 표집하고, 해당 반의 주민 중 일정 수를 선정하였다.
라. J시의 시민을 대상으로 청소년의 인터넷 사용실태를 조사하기 위하여 가구별 전화번호부를 이용하여 임의로 어느 하나의 번호를 정한 후 일정한 수를 건너뛰면서 필요한 조사대상자를 정했다.
마. 일반사회인의 교사평가에 학부모의 참여에 대한 의견을 조사하기 위하여 오후 6시부터 7시 사이에 일정한 장소를 지나가는 시민을 조사대상으로 하였다.

(1) 가-유층표집 (2) 나-군집표집 (3) 다-단계적 표집 (4) 라-편의표집
(5) 마-체계적 표집

34. 실험연구의 내적 타당도를 가잘 설명한 것은?
(1) 독립변인과 종속변인 간의 관계에 관한 가설이 지지되는 정도
(2) 실험적 처치의 진짜 효과를 사실대로 밝히고 있는 정도
(3) 연구 결과를 보다 넓은 집단이나 대상에 일반화 할 수 있는 정도
(4) 실험에서 사용한 독립변인과 종속변인을 신뢰롭게 측정해 낸 정도

35. 다음 중 실험연구의 내적 타당도 저해 요인으로만 묶인 것은?
(1) 역사-성숙-도구의 비타당성-호손효과-비대표적 표본
(2) 역사-도구적 반동-시간경과에 따른 도구의 변화-변별적인 대상자 탈락
(3) 처치에 대상자 할당에서의 편향-통계적 회귀-피험자 선발-검사실시와 실험처치 간 상호작용
(4) 도구의 비신뢰성-도구의 비타당성- 피험자 선발-선발과 성숙의 상호작용-비대표적 표본

36. 어떤 연구자가 다음과 같은 실험설계로 “중학생의 인터넷 윤리프로그램이 인터넷 윤리의식 향상에 미치는 영향” 연구를 수행했다. 이 실험설계에 대하여 잘 못 설명한 것은?

$$O_1 \qquad X \qquad O_2$$

(1) 이 설계는 처치 외에 다른 어떤 요인이 처치 후의 변화에 관련되었는가를 확인하기 곤란하다.
(2) 연구의 내적 타당도는 처치 기간이 길면 길수록 낮아진다.
(3) 사후검사 점수가 사전검사 점수보다 유의하게 높다고 할지라도, 그것은 사전검사를 받은 경험이 영향을 미쳤을 수도 있다.
(4) 사전검사 점수가 실험이 끝난 후에도 지속되고 있는가를 확인하기가 곤란하다.

37. Solomon 네 집단 설계를 기호로 나타내고, 이 설계의 내용과 특징을 기술하시오.

38. 다음 중 표본분포의 표준오차에 대한 설명으로 가장 적절한 것은?
(1) 표준오차 값이 크면 클수록 통계치의 신뢰도는 커진다.
(2) 계속 표집한 표본들의 표준편차들의 평균치를 중심으로 흩어져 있는 정도를 일컫는다.
(3) 표집의 횟수가 일정 한도 이상으로 증가하면 표준오차도 증가하는 경향이 있다.
(4) 표준오차가 크다는 것은 통계치로 모수치를 삼을 때 그 만큼 오차가 적다는 것을 뜻한다.
(5) 통계치를 이용하여 일정 신뢰도 수준에서 전집치가 놓일 범위를 추리하거나 연구가설을 검증하는데 이용되는 통계치이다.

39. 어떤 표본의 평균치가 70, 계산한 표준오차가 10이다. 이러한 통계치로 전집의 평균치를 95% 신뢰수준에서 추리했더니 60.4~89.6이다. 이에 대한 설명으로 올바른 것은?
(1) 표본의 평균치는 모집단의 모수치와 95% 정도 합치한다.
(2) 전집의 평균치가 놓일 범위는 60.4~89.6이다.
(3) 전집의 평균치가 70이라는 것을 95% 신뢰할 수 있다.
(4) 전집의 평균치는 60.4~89.6 사이에 있다는 주장을 95% 신뢰할 수 있다.

(5) 전집의 평균치는 60.4~89.6 범위 밖에 존재한다는 주장이 틀릴 가능성은 5% 이상이다.

40. 어느 고등학교 학생들의 수학시험 성적의 통계치로서, M=73, Mdn=78이다. 이 집단의 점수분포는 대략 어떤 모습을 지니고 있는가?

(1) 정상분포　(2) 정적편포　(3) 부적편포　(4) 알 수 없다

41. 어떤 측정도구로 측정한 결과 대부분의 사례들의 점수는 60~80 사이에 놓여 있으나, 극히 일부의 사례가 98점 이상을 받았다. 이 집단의 집중경향치로서 가장 합리적인 것은?

(1) 최빈치　(2) 중앙치　(3) 평균치　(4) 가중평균치

42. 평균치의 성질에 대한 다음 설명 중 <u>틀린</u> 것은?

(1) 평균치는 개별 사례들의 측정치(점수)를 모두 합한 후 사례수로 나누어 구한다.
(2) 개별 사례의 점수와 평균치 간 차의 합은 항상 0이다. 즉, $\sum(X-M) = 0$이다.
(3) 평균치를 이용한 편차제곱의 합은 평균치가 아닌 어떤 수를 이용한 편차제곱의 합보다 항상 크다.
(4) 모든 사례에 일정한 수(C)를 더하거나 뺀 후 계산한 평균치는 원래의 평균치에 C를 더하거나 뺀 값과 같다.

43. 어느 중학교 학생 200명의 지능을 측정하여 분석한 결과가 다음과 같다. 이 집단의 지능지수 특성을 가장 잘 설명한 것은?

M = 113　　SD = 9.0

(1) 이 중학교 학생들의 지능지수는 전국의 평균치보다 약간 높은 편이다.
(2) 이 중학교 학생들의 지능지수는 평균치로부터 이탈된 정도가 비교적 심하다.
(3) 지능지수 95.4에서 130.6 사이에 190명이 포함된다.
(4) 200명 모두가 포함되는 지능지수의 범위는 95.4에서 130.6이다.

44. 표준편차(SD)의 특성을 <u>잘 못</u> 기술한 것은?

(1) 집단의 모든 사례에 일정한 수(C)를 더하면 원래의 표준편차는 변하지 않는다.
(2) 집단의 모든 사례에 일정한 수(C)를 빼면 원래의 표준편차는 변하지 않는다.
(3) 집단의 모든 사례에 일정한 수(C)를 곱한 후 표준편차를 구하면 C값만큼 커진다.

(4) 극단적인 측정치를 지닌 사례를 제외하고 변산도치를 구할 경우 표준편차가 합리적이다.

45. 어느 고등학교 학생을 대상으로 학교생활만족도(X)와 학력(Y) 간 상관계수(r)를 구했더니 .70이 계산되었다. 이에 대한 설명으로 틀린 것은?
(1) 두 변인 간에는 비교적 높은 상관이 있다.
(2) 학력 변량의 49%는 학교생활만족도 변인에 의하여 설명할 수 있다.
(3) 학력 변량의 약 50%는 학교생활만족도 변인 외의 변인들에 의해 설명할 수 있다.
(4) 학교생활만족도는 학력은 비교적 강한 인과관계를 지니고 있다.

46. 검사나 고사에 의해 측정되어 나온 점수를 원점수라고 한다. 이 원점수가 지니고 있는 문제점이라고 할 수 없는 것은?
(1) 비교의 준거인 절대영점이 없어 점수 자체의 절대적인 의미가 없다.
(2) 측정단위의 비율관계가 성립이 되지 않는다.
(3) 원점수는 구하기는 쉬우나 통계적 분석에 많은 시간이 소요된다.
(4) 측정단위가 다른 원점수들의 비교가 불가능하다.

47. 백분위점수 혹은 백분위척도에 대한 설명으로 적절하지 <u>못한</u> 것은?
(1) 백분위점수란 사례의 일정한 %가 그 점 아래에 있는 척도상의 점수이다.
(2) 어느 학생이 100점 만점 중 80점을 받고, 80점 아래에 전체 응시자의 80%가 있다면, 그 학생의 백분위점수는 80이다.
(3) 백분위점수는 모든 집단의 사례수를 100으로 같게 하여 어떤 점수의 집단 내 상대적 위치를 비교하도록 해 준다.
(4) 백분위점수로 나타내는 백분위척도는 중앙부분에서는 큰 개인차를 적게 표시하고, 양극단부분에서는 적은 개인차를 크게 표시해 주는 문제점을 지닌다.

48. 철수의 영어 기말고사 성적과 학년(120명)의 수학성적 통계치가 다음과 같다. 이 표에 대한 설명으로 <u>틀린</u> 것은?

구 분	철수 성적	학급의 통계치	
		평균치(M)	표준편차(SD)
통계치	90	85	5

(1) 철수 수학성적의 Z점수는 1이다.
(2) 철수보다 낮은 점수를 받은 학생은 전체의 약 50%인 60명이다.
(3) 철수보다 높은 점수를 받은 학생은 전체의 약 16%로서 철수의 성적은 우수한 편이다.
(4) 철수의 T점수는 60점이다.

50. 다음 표는 학급 60명을 대상으로 한 기말고사 성적이다. 이 표에 대한 해석으로 올바른 것은?

구 분	국 어	영 어	수 학
철수 성적	85	80	90
학급 평균치	86	75	88
표준편차	5.0	6.0	8.0

(1) 3과목 중 철수의 성적이 가장 우수한 과목은 수학이다.
(2) 철수의 영어 성적의 T점수는 약 58점으로 3과목 중 가장 우수하다.
(3) 철수의 교과 성적의 순위는 수학, 국어, 영어 순이다.
(4) 철수 교과 성적의 순위는 수학, 영어, 국어 순이다.

51. 사례수가 적은 소표본의 통계치의 표본분포는 t분포를 이룬다. t분포의 특성을 잘 못 기술한 것은?
(1) t분포는 정상분포로부터 벗어난 분포이다.
(2) t분포는 자유도(사례수-1)에 따라서 다른 모습을 보인다.
(3) 자유도가 작아짐에 따라서 t분포는 중앙이 납작해지고, 양끝이 치켜 올라가는 모습을 보인다.
(4) t점수에 의해 분할되는 정상분포곡선하의 면적은 Z분포의 그것과 동일하다.

52. 변량(V, variance)에 대한 설명으로 틀린 것은?
(1) 어떤 집단의 변량이 크다는 것은 이질적인 집단임을 의미한다.
(2) 변량은 표준편차를 제곱하여 구한다.
(3) 변량은 편차제곱의 합을 사례수로 나눈 후 평방근을 구한 값이다.
(4) 집단 간 변량은 집단의 평균치를 기준으로 편차를 구한 후 계산한 통계치이다.

53. 어떤 연구자가 3가지 교수법이 자기주도적 학습태도에 미치는 영향을 연구하기

위하여 자료를 분석한 기초통계치가 다음 표와 같다.

교수법	사례수	학습태도 평균치	학습태도 표준편차
강의법	30	25.0	3.6
소집단토론법	30	27.3	3.8
협동학습법	30	29.1	3.5

그리고 이와 같은 기초통계치를 가지고 변량분석을 실시하여 다음과 같은 결과가 나타났다. 연구결과를 잘 못 설명한 것은?

변 량 원	자승합(SS)	자유도(df)	변량추정치(MS)	F	유의도
집단 간	46.23	2	23.11	9.51	.01
집단 내	34.0	14	2.43		
전 체	80.23	16			

(1) 3가지 교수법이 자기주도적 학습태도에 미치는 영향은 유의하게 다르다.
(2) 자기주도적 학습태도에 가장 긍정적인 영향을 미치는 교수법은 협동학습법이다.
(3) 자기주도적 학습태도에 미치는 소집단토론법과 협동학습법의 영향은 유의하게 다르다.
(4) 3가지 교수법이 자기주도적 학습태도에 미치는 영향은 $p<.01$수준에서 유의한 차이가 있다.

54\. 어느 연구자가 교사와 학부모를 대상으로 교장공모제에 대한 찬반의견을 조사한 후 자료의 통계적 분석을 하려고 한다. 기초자료의 분석 결과가 다음과 같다. 두 집단 간 의견이 통계적으로 차이가 있는가를 검증하기 위해 적용할 검증방법은?

집 단	찬 성	반 대
교 사	126	27
학부모	142	53

(1) 카이자승(X^2) 검증 (2) t검증 (3) 변량분석 (4) Z검증

55\. 논문 혹은 연구보고서 작성에서 타인의 글을 인용하는 '직접인용'의 의미 혹은

방법을 잘 못 설명한 것은?

(1) 직접인용이란 원문을 요약하거나 원문의 내용을 연구자가 이해한 바를 기술한 것이다.

(2) 인용문이 짧을 경우에는 " "이나 「 」 등으로 인용했음을 분명하게 밝힌다.

(3) 인용문이 긴 경우에는 본문의 상하 좌우에 여백을 두어 별개의 문단으로 기술한다.

(4) 인용한 글의 원문 출처와 쪽수는 참고문헌에 구체적으로 밝힌다.

56. 각주와 참고문헌 제시방식의 차이점을 올바로 기술한 것은?

(1) 각주는 본문의 해당 면 하단에, 참고문헌은 논문이나 연구보고서 말미에 제시하는 것이 다르며, 표기방식은 동일하다.

(2) 양서의 저자명을 표시할 때 각주는 성이 먼저 오고 이름이 나중에 오며, 참고문헌은 그 반대다.

(3) 각주에서는 저자명 다음에 쉼표(,)를 하지만, 참고문헌에서는 마침표(.)를 한다.

(4) 각주에서는 출판사항을 괄호에 넣어 표기하지만, 참고문헌에서는 괄호로 표기하지 않는다.

저자 소개

손 충 기

□ 약력

공주사범대학 교육학과 졸업/서울대학교 대학원 교육학과 졸업/인하대학교 대학원 교육학박사/한국행동과학연구소 학습 · 검사 · 사회 · 조직 개발연구부장 역임

현재, 원광대학교 교육학과 교수

□ 주요 논문 및 저서

한국 초등학교 아동의 정의적 행동 특성/한국 초등학교 교육의 평가 I, II(공동)/한국 고교생의 진로의식/학습부진아의 정의적 행동특성 연구/중등학교 교사의 수업에 대한 학생평가의 타당성연구/교사의 수업행동 진단척도 개발과 그 타당화 연구/행동적 수업목표의 진술(N. E. Gronlund)(역서)/교육학개론(공저)/교육과정과 교육평가/교육 · 심리 · 사회 연구방법론/내가하는 통계분석 SPSS 외 다수

교육연구방법론

초판발행 2006년 8월 30일
4 판발행 2010년 8월 10일

저 자 손 충 기
발행인 김 현 태
발행처 태영출판사

주 소 (152-705) 서울 구로구 구로동 104-10 동남오피스텔 201호
전 화 02 · 839-3757, 839-3752
팩 스 02 · 837-3754
등 록 2005년 5월 30일 제12-421호
홈페이지 http://www.taeyeongbook.co.kr
E-mail tys2005@paran.com
ISBN 89-91777-50-3 93370
정 가 17,000원

NAVER 태영출판사

* 잘못 만들어진 책은 교환해 드립니다.